Hamburgisches Hafen- und Schiffahrtsrecht

HAMBURGISCHES HAFEN- UND SCHIFFAHRTSRECHT

zusammengestellt von

Dr. iur. Karl Küster

Rechtsanwalt

1957

CRAM, DE GRUYTER & CO., HAMBURG

Einbandentwurf: Hans Kühne, Hamburg

Satz: Walter de Gruyter & Co., Berlin
Druck: Thormann & Goetsch, Berlin-Neukölln

Der Name „Hamburg“ umfaßt vor allem die Begriffe:
Handel, Seefahrt, Schiffbau, Hafen.

Dr. Studt — Dr. Olsen, Hamburg, Die Geschichte einer Stadt

Inhalt

IV. Sicherheit in Hafen-, See- und Binnenschiffahrt

V. Hafen- und Binnenschiffsverkehr

A. Hafenverkehr

Seite

B. Binnenschiffsverkehr

VI. Hafenbetrieb

Abkürzungen

AA.	=	Amtlicher Anzeiger, Teil II des Hamburgischen Gesetz- und Verordnungsblattes
a. a. O.	=	am angeführten Ort
ABl.	=	Amtsblatt der Freien und Hansestadt Hamburg
Anm.	=	Anmerkung
AO.	=	Anordnung
AZO.	=	Allgemeine Zollordnung
BA.	=	Bundesanzeiger
BGB.	=	Bürgerliches Gesetzbuch
BGBl.	=	Bundesgesetzblatt
HGS.	=	Hamburgische Gesetzsammlung
HGVBl.	=	Hamburgisches Gesetz- und Verordnungsblatt
HVBl.	=	Hamburgisches Verordnungsblatt
OWG.	=	Gesetz über Ordnungswidrigkeiten
PrGS.	=	Preußische Gesetzsammlung
RABl.	=	Reichsarbeitsblatt, auch: Regierungsamtsblatt
RGBl.	=	Reichsgesetzblatt
RMBl.	=	Reichsministerialblatt
S.	=	Seite
StGB.	=	Strafgesetzbuch
VO.	=	Verordnung
WGBl.	=	Gesetz- und Verordnungsblatt des Zweizonen-Wirtschaftsrates bzw. des Wirtschaftsrates für das Vereinigte Wirtschaftsgebiet
ZG.	=	Zollgesetz
I	=	Teil I
II	=	Teil II
[ ]	=	Bemerkungen des Herausgebers

Vorwort

Rückschauend auf Form und Inhalt der Rechtsetzung auf dem Gebiete des Hafen- und Schiffahrtsrechts der Freien und Hansestadt Hamburg der letzten hundert Jahre — die amtlichen Verkündungsorgane weisen insoweit eine geradezu verwirrende Fülle von Einzelvorschriften aus — ist zwar die Tendenz des Gesetzgebers zur Zusammenfassung, Vereinfachung und Übersichtlichkeit hin, wesentlich bedingt durch die Schaffung Groß-Hamburgs, unverkennbar, doch ist dem allumfassenden Organismus „Wirtschaft einer Welthafenstadt" entsprechend die Vielgestaltigkeit geblieben. Sie wäre noch sichtbarer geworden, hätten nicht der Wunsch, Umfang und Preis dieses Buches in einer vernünftigen Relation zu halten, sowie das Bestreben, sowohl dem praktischen Wirtschaftler wie dem interessierten Juristen eine geordnete Übersicht zu geben, geboten, den öffentlich-rechtlichen Vorschriften vor den privatrechtlichen (z. B. verbandsseitige schifffahrtsbezügliche Bedingungen wie die Charter-Bedingungen der Norddeutschen Tankreeder-Vereinigung e. V.), den Bestimmungen von Dauer vor den schneller veraltenden (z. B. Beschlüsse des Hamburger Frachtenausschusses), grundsätzlichen Regelungen vor Randgebieten (z. B. Deichrecht und Wasserrecht) sowie unübersichtlichen, vielfach geänderten und schwer erreichbaren Rechtsmaterien vor anderweitig bereits abgedruckten bzw. ohne weiteres erhältlichen (z. B. hamburgische Ausführungsbestimmungen zum Handelsgesetzbuch betr. Schiffahrtsrecht) den Vorrang zu gewähren. Gewiß ist es mißlich, daß trotz der engen Verzahnung von Landesrecht und Bundesschiffahrtsrecht letzteres nur in Hinweisen vertreten ist, daß Muster, Vordrucke und Anlagen teils fortgelassen werden mußten und daß durchaus wichtige Gesetze, Verordnungen usw. (z. B. die Hafenumschlagsordnung) nur als Hinweise oder auszugsweise erwähnt sind, es ist aber durchaus vorgesehen, Auswahl und Zusammenstellung der Texte von Gesetzen, Verordnungen und Bekanntmachungen später den Bedürfnissen der Praxis des mit Hafen und Schiffahrt verbundenen Kaufmanns noch besser anzupassen. Zunächst sollte überhaupt erst einmal eine umfassende, handliche und erschwingliche Dokumentation des historisch gewachsenen und sicherlich als prototypisch geltenden Hafen- und Schiffahrtsrechtes der Außenwirtschaftsschleuse der deutschen Bundesrepublik präsentiert werden, welche der Hamburger Schiffahrts- und Außenhandelskaufmann auch seinen in- und ausländischen Geschäftsfreunden an die Hand geben, aber auch der Wirtschaftsjurist als Fundstelle benutzen kann.

In den z. T. sehr alten Vorschriften ist die frühere Schreibweise beibehalten worden. Es ist selbstverständlich, daß an Stelle vergangener Währungseinheiten die neuen Währungsbezeichnungen zu setzen sind. Dem Umstand, daß die Strafbestimmungen teilweise überholt, die Behördenzuständigkeiten teilweise andere sind, wurde durch Anmerkungen Rechnung getragen.

Hamburg, den 12. November 1956.

Karl Küster

I. Wiederaufbau

1. Verfassung der Freien und Hansestadt Hamburg

vom 6. Juni 1952 (HGVBl. I S. 117)

Präambel Abs. 1

Die Freie und Hansestadt Hamburg hat als Welthafenstadt eine ihr durch Geschichte und Lage zugewiesene, besondere Aufgabe gegenüber dem deutschen Volke zu erfüllen. Sie will im Geiste des Friedens eine Mittlerin zwischen allen Erdteilen und Völkern der Welt sein.

Artikel 2 Abs. 2

Hoheitsrechte, welche die Freie und Hansestadt Hamburg außerhalb ihres Hoheitsgebietes ausübt, bleiben erhalten. Dies gilt besonders für Hoheitsrechte in Cuxhaven, im Gebiet der Elbmündung und auf der Elbe.

2. Gesetz über den Aufbau der Hansestadt Hamburg

vom 11. April 1949 (HGVBl. I S. 45)

II. Planung des Aufbaus

1. Aufbaupläne

§ 6

Inhalt des Aufbauplanes

(1) Im Aufbauplan ist darzustellen:

1. wie das Aufbaugebiet städtebaulich entwickelt werden soll, insbesondere mit Rücksicht auf ... die Erfordernisse des Hafens ...

2. Durchführungspläne

§ 12

Wirkung des Durchführungsplanes

Die Feststellung des Durchführungsplanes bewirkt:

4. Öffentliche Wege und Wasserwege, die im Durchführungsplan nicht mehr als solche ausgewiesen sind, gelten als aufgehoben und eingezogen; die Frontrechte daran erlöschen.

3. Erste Verordnung zur Durchführung des Gesetzes über den Aufbau der Hansestadt Hamburg

vom 9. August 1949 (HGVBl. I S. 178)

Artikel 9

Zu § 12 Nr. 4

Die zuständige Wege- oder Wasserpolizeibehörde bestimmt, von wann ab der aufgehobene und eingezogene Weg oder Wasserweg für den öffentlichen Verkehr gesperrt ist.

4. Gesetz über den Aufbauplan der Hansestadt Hamburg

vom 20. Juli 1950 (HGVBl. I S. 151)

Einziger Paragraph Abs. 1 Satz 2

Der Aufbauplan stellt grundlegend die Planungsabsichten der Hansestadt Hamburg dar.

Anlage (Erläuterungen)

B. Aufteilung und Bedeutung der Flächen

Hafen

Der Ausbau des Hafengebietes wird davon abhängig sein, inwieweit Hamburg seine frühere Bedeutung als kontinentale Hafenstadt für den Überseehandel und als wichtiger Platz für die Küsten- und Binnenschiffahrt wieder erreicht und wie es den Wettbewerb mit anderen Hafenstädten aufnehmen kann. Wie bisher soll auch künftig das nördliche Elbufer in Altona für die Fischereihafenanlagen, deren Erweiterung berücksichtigt ist, und die östlich angrenzenden Ufergebiete bis zu den St. Pauli-Landungsbrücken der Küstenschiffahrt zur Verfügung stehen. Für die zerstreut liegenden Binnenschiffahrtsanlagen wäre eine Zusammenlegung mit Erweiterungsmöglichkeiten an zwei schon vorhandenen Hafenbecken in Rothenburgsort möglich.

Große Gebiete bei Kattwyk und Hoheschaar, zwischen den vorhandenen Harburger und Hamburger Hafenanlagen, deren Zusammenschluß seit der Gründung der Hamburg-Preußischen Hafengemeinschaft angestrebt wird, sind den Erweiterungsmöglichkeiten des Hafens für Seeschiffe vorbehalten. Auf die Vergrößerung des Harburger Hafens nach Osten und Westen, sowohl an seeschiffahrts- wie binnenschiffahrtstiefen Hafenbecken, ist ebenfalls weitgehend Rücksicht genommen. Die seither landwirtschaftlich genutzten oder brachliegenden Flächen westlich des Köhlbrandes und die Niederung zwischen Finkenwerder und Altenwerder sind als Hafenerweiterungen vorgesehen.

c) Binnenschiffahrtswege

1. Alsterkanäle

Der Abfluß aus dem Binnenalsterbecken soll verbessert werden. Zu diesem Zweck wird das Admiralitätsstraßenflet verbreitert und die beiden Schleusen zu einer Schleuse zwischen Graskeller und Slamatjenbrücke vereinigt. Diese soll mit 200-t-Kähnen (bisher mit 80-t-Kähnen) befahren werden können. Unterhalb der Schleuse wird das Admiralitätsstraßenflet auf 50 m verbreitert. Damit wird genügend Raum für wartende Kähne geschaffen. Die Hochwasserabführung vom Alsterflet zum Nicolaiflet soll beibehalten werden.

2. Billekanäle

Für die Verbesserung des Billekanal-Systems wird eine 1 000-t-Schleuse ostwärts der vorhandenen Großen Brandhofer Schleuse vorgeschlagen.

3. Hammerbrookkanäle

Da das Hammerbrookgebiet Industriegebiet bleiben soll, sollten die Kanäle erhalten bleiben, wo ein wirklicher Bedarf vorliegt.

4. Anschluß an den Mittellandkanal

Die Durchführung des Hansakanals ist fraglich geworden. Der Aufbauplan sieht trotzdem die Freihaltung der hierfür notwendigen Flächen vor.

5. Gesetz über die Räumung von Trümmergrundstücken und die Verwertung von Trümmern (Enttrümmerungsgesetz)

vom 31. Juli 1948 (HGVBl. S. 75)

IV. Entziehung der Nutzung und Beschränkung des Eigentums an Grundstücken

§ 10

Rechte der Verwaltung

(1) Um Trümmer befördern, lagern oder verwerten zu können, kann die zuständige Behörde die Nutzung an Grundstücken vorübergehend entziehen und das Eigentum an Grundstücken beschränken; sie kann mit derartigen Nachteilen für den Grundstückseigentümer verbundene Anordnungen insbesondere treffen,

3. um Kanäle und Wasserläufe zuzuschütten[1]);

---

[1]) vgl. Bekanntmachung über Aufhebung und Zuschüttung von Fleten im Ortsteil Innenstadt vom 30. 7. 1945 (HVBl. S. 17).

6. Erste Durchführungsverordnung zum Gesetz über die Bezirksverwaltung in der Hansestadt Hamburg

vom 21. Februar 1950 (HGVBl. S. 53) in der Fassung der Anordnung vom 20. März 1951 (HGVBl. S. 51)

§ 1 Abs. 1

Die Bezirksämter nehmen die in der Anlage aufgeführten Verwaltungsaufgaben der Freien und Hansestadt Hamburg im Rahmen der Bestimmungen des Gesetzes über die Bezirksverwaltung selbständig wahr.

§ 5

(1) Unberührt bleiben

c) die Aufgaben der Behörde für Wirtschaft und Verkehr — Strom- und Hafenbau — auf den Gebieten des Bau- und Vermessungswesens (Abschnitte M und P der Anlage);

d) die Aufgaben der Finanzbehörde auf dem Gebiet der Liegenschaftsangelegenheiten (Abschnitt V der Anlage) . . . im Hamburger Hafen, auf dem Altonaer Elbufer, in dem Hafen- und Industriegelände in Billbrook . . .

(2) Die zuständigen Fachbehörden können im Einvernehmen mit dem Amt für Bezirksverwaltung Änderungen der räumlichen Abgrenzung für die Aufgaben nach Absatz 1 Buchstaben c und d vornehmen.

Anlage

A. Allgemeine Verwaltungsangelegenheiten

9. Vollstreckungsverfügungen nach

b) dem Gesetz über die Ausübung des Verwaltungszwanges durch die Hamburger-Freihafen-Lagerhaus-Gesellschaft.

K. Gesundheitswesen

1. Aufgaben des Gesundheitsamts nach dem Gesetz über die Vereinheitlichung des Gesundheitswesens sowie dem Gesetz zur Bekämpfung der Geschlechtskrankheiten mit Ausnahme

b) der Aufgaben des . . . hafenärztlichen Dienstes,

d) der Aufgaben der Geschlechtskrankenfürsorge für Seeleute der Handelsmarine.

5. Gesundheitspolizei
mit Ausnahme

1) der Aufgaben des Hafenarztes.

M. Bauwesen

26. Wasserpolizeiliche Maßnahmen, insbesondere nach der Polizeiverordnung über den Schutz der öffentlichen Wasserläufe und ihrer

Anlagen, nach dem Preußischen Wassergesetz sowie den entsprechenden Bestimmungen für einzelne Wasserläufe.

27. Wahl der Schaumänner, Geschäftsführung für das Schauamt sowie Maßnahmen nach § 6 der Wasserschauordnung.

Q. Wirtschaftsangelegenheiten

12. Erteilung von ... Bootsangelkarten ...

7. Gesetz über die Aufhöhung der Bezirke Hammerbrook und Klostertor

vom 20. Juli 1950 (HGVBl. I S. 164)

§ 2

Kanäle und Schleusen

(1) Von den im Aufhöhungsgebiet (§ 1) liegenden Kanälen und Schleusen sind die erste Hammerbrookschleuse, der Schleusenkanal, der Mittelkanal und der Sonninkanal sowie der Südkanal zwischen der Hammerbrookstraße und Hochwasserbassin zu erhalten.

(2) Die übrigen im Aufhöhungsgebiet liegenden Kanäle und Schleusen werden aufgehoben und eingezogen; sie sind zuzuschütten.

(3) Die Sperrung der aufgehobenen Wasserwege für den Verkehr wird durch die zuständige Behörde besonders bekanntgegeben. Bis dahin bleiben die Vorschriften über die öffentlichen Wasserläufe anwendbar.

8. Viertes Gesetz zur Übernahme von Sicherheitsleistungen zur Förderung der Hamburger Wirtschaft

vom 12. Novermber 1955 (HGVBl. I S. 329)

§ 1

Der Senat wird ermächtigt, zu Lasten der Freien und Hansestadt Hamburg Sicherheitsleistungen in Höhe von 80 Millionen DM zur Förderung von Handel und Gewerbe sowie der Passagierschiffahrt zu übernehmen.

§ 2

Die Verbindlichkeiten der Freien und Hansestadt Hamburg aus der Übernahme von Sicherheitsleistungen nach diesem Gesetz sowie

nach den Gesetzen zur Übernahme von Sicherheitsleistungen zur Förderung der Hamburger Wirtschaft vom 27. Februar 1953, 2. Oktober 1953 und 14. Februar 1955 (HGVBl. 1953 S. 31 und 243, 1955 S. 38),

und dem Gesetz zur Übernahme von Sicherheitsleistungen zur Förderung des Seeschiffbaues vom 14. März 1955 (HGVBl. I S. 111) dürfen einen Gesamtbetrag von 190 Millionen DM nicht überschreiten. Hierbei sind nur die jeweils am Jahresanfang noch bestehenden Hauptforderungen ohne Zinsen und Nebenkosten zu berücksichtigen.

§ 3

Übersteigt die Sicherheitsleistung im Einzelfall 500000,— DM oder sollen für den gleichen Begünstigten Sicherheitsleistungen von mehr als 1 Million DM übernommen werden, so bedarf die Übernahme der Sicherheitsleistungen der Genehmigung des Bürgerausschusses. Das gleiche gilt, wenn Sicherheitsleistung und Kreditgewährung der Freien und Hansestadt Hamburg zusammen den Betrag von 1 Million DM überschreiten.

§ 4

(1) Die Ermächtigung nach § 1 erlischt am 31. März 1957.

(2) Die Laufzeit der Sicherheitsleistungen darf über das jeweils laufende Rechnungsjahr hinausgehen, jedoch nicht über den 31. März 1980.

§ 5

Der Senat wird ermächtigt, Richtlinien für die Übernahme der Sicherheitsleistungen zu erlassen. Die Richtlinien sind dem Bürgerausschuß zur Kenntnis zu bringen.

9. Gesetz zur Übernahme von Sicherheitsleistungen zur Förderung des Seeschiffbaues

vom 14. März 1955 in der Fassung des Gesetzes vom 14. Januar 1956 (HGVBl. 1955 S. 111 u. 1956 S. 3)[1])

§ 1

Der Senat wird ermächtigt, zu Lasten der Freien und Hansestadt Hamburg Sicherheitsleistungen bis zur Höhe von 60 Millionen DM zur Förderung des Baues von Seeschiffen mit einer Höchstdauer von im Einzelfall bis zu 30 Jahren zu übernehmen.

§ 2

Übersteigt die Sicherheitsleistung im Einzelfall 500000,— DM oder sollen für den gleichen Begünstigten Sicherheitsleistungen von mehr als 1 Million DM übernommen werden, so bedarf die Übernahme der Sicher-

---

[1]) hinsichtlich Schiffbaufinanzierung durch die Bundesrepublik siehe Gesetz über Darlehen zum Bau und Erwerb von Handelsschiffen vom 27. 9. 1950 (BGBl. S. 684) nebst Durchführungsbestimmungen und Richtlinien für die Übernahme von Bürgschaften und die Gewährung von Zinsbeihilfen für Darlehen zum Bau und Erwerb von Handelsschiffen vom 14. 10. 1955 (BA. 1955 Nr. 201); gemäß § 9 Abs. 2 des Gesetzes vom 27. 9. 1950 wirkt das Land Hamburg in einem Beirat mit.

heitsleistungen der Zustimmung des Bürgerausschusses. Das gleiche gilt, wenn Sicherheitsleistung und Kreditgewährung der Freien und Hansestadt Hamburg zusammen den Betrag von 1 Million DM überschreiten.

§ 3

Die Ermächtigung nach § 1 erlischt am 31. März 1957.

§ 4

Der Senat wird ermächtigt, die zur Durchführung dieses Gesetzes erforderlichen Richtlinien zu erlassen. Die Richtlinien sind dem Bürgerausschuß zur Kenntnis zu bringen.

10. Anordnung über Zuständigkeiten nach dem Gesetz über die Eintragung von Schiffspfandrechten in ausländischer Währung

vom 28. November 1950 (AA. S. 871)

[Die der obersten Landesbehörde nach dieser Gesetzgebung zustehenden Befugnisse sind in der Anordnung für die Hansestadt Hamburg auf die Behörde für Wirtschaft und Verkehr übertragen.]

II. Hafen Hamburg

1. Hafengesetz

vom 21. Dezember 1954 (HGVBl. I S. 169)

I. Allgemeine Bestimmungen

§ 1

Geltungsgebiet

(1) Die Vorschriften dieses Gesetzes gelten, soweit nichts anderes bestimmt ist, im Hamburger Hafen. Hierzu gehören alle Elbarme und die mit ihnen in Verbindung stehenden Wasserläufe und Wasserflächen zwischen einer bei Oortkaten (km 607,5) quer über die Elbe verlaufenden Linie einerseits und der bei Tinsdahl (km 639) über die Elbe verlaufenden hamburgischen Landesgrenze andererseits mit Ausnahme

a) der Dove Elbe oberhalb der Tatenberger Schleuse,
b) der Bille oberhalb der Roten Brücke,
c) der Alster oberhalb der Alsterschleuse an der Schleusenbrücke,
d) der Este,
e) der Alten Süderelbe,
f) der Wasserflächen zwischen dem südlichen Elbufer bei Cranz und der südlichen Regulierungslinie des Hauptfahrwassers,
g) der Wasserflächen am linken Elbufer zwischen Oortkaten und Fünfhausen südlich der Regulierungslinie.

(2) Unter die Vorschriften dieses Gesetzes fallen ferner die Landungsanlagen und ihre Zugangsbrücken innerhalb des bezeichneten Geltungsgebietes sowie die angrenzenden öffentlichen Lösch- und Ladeplätze, Uferbefestigungen und Kaimauern.

(3) Die Grenzen des Hamburger Hafens sind aus der Anlage 1 ersichtlich.

§ 2

Anwendbare Rechtsvorschriften

(1) Neben diesem Gesetz und seinen Durchführungsbestimmungen gelten ergänzend:

a) die Seeschiffahrtstraßen-Ordnung Erster Teil, vom 6. Mai 1952 (BGBl. II S. 553),
b) die Seestraßenordnung vom 22. Dezember 1953 (BGBl. II S. 603) oder die an ihre Stelle tretende Rechtsvorschriften.

(2) Die Strandungsordnung v. 17. Mai 1874 (RGBl. S. 73) findet in ihrer jeweils geltenden Fassung für den ganzen Hamburger Hafen Anwendung.

(3) Die Vorschriften der Deutschen Binnenschiffahrtpolizeiverordnung vom 12. April 1939 (RGBl. II S. 655)[1]) oder die an ihre Stelle tretenden Rechtsvorschriften gelten, soweit diese Verordnung in den nachfolgenden Bestimmungen ausdrücklich für anwendbar erklärt ist.

§ 3

Zuständige Behörden

Die zur Durchführung dieses Gesetzes zuständigen Behörden bestimmt der Senat, soweit in diesem Gesetz nicht bereits Bestimmungen getroffen sind.

§ 4

Begriffsbestimmungen

(1) Als Fahrwasser im Sinne dieses Gesetzes und der Seeschiffahrtstraßen-Ordnung gelten alle Wasserläufe und Wasserflächen, soweit sie von Wasserfahrzeugen befahren werden können.

(2) Als Hafenfahrzeuge gelten alle ausschließlich zur Verwendung im Hafen bestimmten Fahrzeuge. Soweit dieses Gesetz Vorschriften für Binnenschiffe enthält, finden sie auf Hafenfahrzeuge nur Anwendung, wenn dies ausdrücklich bestimmt ist.

(3) Als Barkassen sind Fahrzeuge mit Maschinenantrieb anzusehen, die vollständig offen oder nur teilweise mit einem Deck versehen sind.

(4) Als Seeschiffhäfen gelten die in der Anlage 2 aufgeführten Hafenteile, als Binnenschiffhäfen gelten alle übrigen Hafenteile.

(5) Unter Schiffsführung ist der Führer eines Wasserfahrzeugs (z. B. Kapitän, Schiffer) oder sein gesetzlich anerkannter Vertreter (insbesondere der Steuermann) zu verstehen.

§ 5

Verhalten im Hafen

Im Geltungsgebiet dieses Gesetzes hat sich jeder so zu verhalten, daß der Verkehr nicht gefährdet wird; er muß ferner sein Verhalten so einrichten, daß kein anderer geschädigt oder mehr, als nach den Umständen unvermeidbar, behindert oder belästigt wird.

§ 6

Hoheitsfahrzeuge

Fahrzeuge, die für hoheitliche Aufgaben eingesetzt sind, sind von den Bestimmungen dieses Gesetzes befreit, soweit die Erfüllung ihrer Aufgaben es erfordert.

---

[1]) außer Kraft seit 1. 1. 1955; siehe nunmehr VO. zur Einführung der Binnenschiffahrtstraßen-Ordnung vom 19. 12. 1954 (BGBl. II 1954 S. 1135, 1955 S. 4, 100).

II. Hafenlotsen

§ 7

Gestellung von Hafenlotsen

(1) Seeschiffen von mehr als 120 cbm Nettoraumgehalt wird vom Oberhafenamt auf Anforderung bei Ankunft im Hafen, bei Platzveränderungen und, soweit verfügbar, auch bei Verholungen im inneren Werftverkehr und bei Abfahrt aus dem Hafen ein Hafenlotse gestellt.

(2) Ankommende Seeschiffe, die einen Hafenlotsen verlangen, haben bei Dockenhuden die durch die Lotsensignalordnung vom 27. Oktober 1933 in der Fassung der Verordnung vom 5. November 1935 (RGBl. 1933 II S. 909, 1935 II S. 749)[1]) vorgeschriebenen Signale zu geben. Sie haben so langsam zu fahren, daß das Lotsenversetzfahrzeug ohne Gefahr längsseit kommen kann. Sie haben eine vorschriftsmäßige Lotsenleiter auszubringen.

§ 8

Nautische Beratung der Schiffsführung durch Hafenlotsen

(1) Der begleitende Hafenlotse ist nautischer Berater der Schiffsführung. Diese ist, auch während der Anwesenheit des Hafenlotsen an Bord, für die Führung des Schiffes verantwortlich und hat sich hierbei ständig auf der Brücke aufzuhalten.

(2) Die Schiffsführung hat dem Hafenlotsen unverzüglich, nachdem er an Bord gekommen ist, etwaige Mängel, die die Manövrierfähigkeit des Schiffes beeinträchtigen, mitzuteilen.

§ 9

Aufsichtsbefugnisse der Hafenlotsen

(1) Die Schiffsführung ist verpflichtet, Anordnungen des Hafenlotsen zur Durchführung der zoll-, devisen- und paßrechtlichen sowie der gesundheits-, hafen- und schiffahrtspolizeilichen Vorschriften nachzukommen.

(2) Weigert sich die Schiffsführung, diese Anordnungen zu befolgen, so kann der Hafenlotse seine nautische Beratung (§ 8) einstellen.

§ 10

Lichterführung der Lotsenversetzfahrzeuge

Die Lotsenversetzfahrzeuge müssen bei Nacht im Topp ein rotes, über den ganzen Horizont sichtbares Licht und etwa 1 m über diesem ein ebensolches weißes Licht führen. Das weiße Licht muß wenigstens 3 Seemeilen

---

[1]) außer Kraft seit 1. 10. 1955; siehe nunmehr VO. über die Seelotsreviere, ihre Grenzen und die Lotsensignale (Allgemeine Lotsordnung und Lotsensignalordnung) vom 20. 9. 1955 (BGBl. II S. 881).

und das rote wenigstens 1 Seemeile sichtbar sein. Außer diesen Lichtern haben die Lotsenversetzfahrzeuge, wenn sie sich in Fahrt befinden, die vorgeschriebenen Seitenlichter und das Hecklicht zu führen.

III. Meldepflicht, polizeiliche Überprüfung

§ 11
An- und Abmeldung

(1) See- und Binnenschiffe sind nach ihrer Ankunft sowie vor ihrer Abfahrt von der Schiffsführung, den Reedern oder deren Bevollmächtigten (Makler, Agentur, Verband) zu melden. Das Nähere regeln die Durchführungsbestimmungen.

(2) Seeschiffe haben am Tage ihrer Abfahrt oder, wenn sie nachts auslaufen, am Tage vor ihrer Abfahrt die Flagge P des Internationalen Signalbuches zu führen.

§ 12
Polizeiliche Ankunftsüberprüfung

(1) Alle See- und Binnenschiffe, die von See kommen, werden bei ihrem Eintreffen im Hafen durch die Hafenpolizei überprüft. Die Schiffsführung hat den überprüfenden Beamten der Hafenpolizei alle Papiere vorzulegen, die sich auf das Schiff, auf gefährliches Ladungsgut sowie auf die Besatzung und die Fahrgäste beziehen.

(2) Vor Abschluß der polizeilichen Überprüfung dürfen die an Bord befindlichen Personen nur mit Erlaubnis des überprüfenden Beamten der Hafenpolizei das Schiff verlassen. In besonders begründeten Ausnahmefällen kann der Schiffsführer schon vorher an Land gehen.

(3) Es ist verboten, die in Absatz 1 genannten Schiffe zu betreten oder mit Fahrzeugen an ihnen anzulegen, bevor sie von der Hafenpolizei überprüft sind. Die Vertreter der Behörden dürfen schon vor Abschluß der polizeilichen Überprüfung an Bord gehen, wenn nicht gesundheitspolizeiliche Vorschriften oder Einzelanordnungen dies ausschließen. Das gleiche gilt für die Reeder, ihre Bevollmächtigten, deren Angestellte und die für Lösch-, Lade- und Reparaturarbeiten benötigten Leute, soweit in diesen Fällen ein Erlaubnisschein der Hafenpolizei vorgewiesen werden kann.

§ 13
Polizeiliche Abfahrtsüberprüfung

(1) Alle nach See auslaufenden See- und Binnenschiffe werden vor Verlassen des Hafens durch die Hafenpolizei überprüft.

(2) Die Schiffsführung, die Reeder oder deren Bevollmächtigte haben den Zeitpunkt der Abfahrt der Hafenpolizei mindestens zwei Stunden vorher anzuzeigen.

(3) Die Schiffsführung hat den überprüfenden Beamten der Hafenpolizei alle Papiere vorzuzeigen, die sich auf das Schiff, auf gefährliches Ladungsgut sowie auf die Besatzung und die Fahrgäste beziehen.

(4) Ohne polizeiliche Überprüfung und Erlaubnis zur Abfahrt darf kein See- oder Binnenschiff aus dem Hafen nach See auslaufen.

§ 14

Landgang

(1) Das Recht zum Landgang bestimmt sich nach den gesetzlichen Vorschriften.

(2) Die Schiffsführung ist verpflichtet, der Hafenpolizei unverzüglich Mitteilung zu machen, wenn eine mit dem Schiff angekommene Person vorzeitig oder entgegen dem erteilten Landgangsverbot das Schiff verläßt.

§ 15

Zurücklassen von Ausländern

(1) Die Schiffsführung darf Ausländer (Nichtdeutsche), die mit dem Schiff angekommen sind, nur mit vorheriger Genehmigung der Hafenpolizei an Land zurücklassen.

(2) Die Genehmigung wird nur erteilt, wenn die Schiffsführung oder der Reeder einen angemessenen Betrag für die Beförderung des Ausländers in seine Heimat und für andere dem Staat erwachsende Aufwendungen hinterlegt oder eine sonstige Sicherheit leistet. Soweit der hinterlegte Betrag die Kosten übersteigt, wird er erstattet.

(3) Absatz 2 gilt entsprechend für die Erlaubnis zur Abfahrt des Schiffes, wenn ein Ausländer an Bord fehlt, ohne daß die erforderliche Genehmigung für sein Zurückbleiben an Land erteilt worden ist.

(4) Diese Regelung gilt für Fahrgäste nur, wenn ihnen nach § 14 Absatz 1 ein Landgangsverbot erteilt worden ist.

§ 16

Ausnahmen

Von der An- und Abmeldepflicht sowie der polizeilichen Ankunfts- und Abfahrtsüberprüfung sind befreit:

a) deutsche und fremde Hoheitsfahrzeuge,
b) Sportfahrzeuge,
c) Fahrgastschiffe, die zwischen Hamburg und den deutschen Nordseebädern oder Orten an der Elbe regelmäßig verkehren,
d) Schlepper mit Ausnahme der von See kommenden und nach See gehenden Schlepper,
e) Marktfahrzeuge,
f) Fischereifahrzeuge mit weniger als 400 cbm Nettoraumgehalt.

IV. Liegen im Hafen

§ 17

Liegeplätze

(1) Seeschiffen wird der Liegeplatz bei der Ankunft durch das Oberhafenamt, in der Regel durch Vermittlung des das Schiff begleitenden Hafenlotsen, Binnenschiffen durch das zuständige Hafenamt angewiesen. Die Durchführungsbestimmungen können Abweichendes vorsehen. Das unbefugte Hinlegen von See- und Binnenschiffen ist verboten.

(2) Beansprucht das Schiff einen Liegeplatz am Kai, so hat es vor der Ankunft außerdem die Erlaubnis des verfügungsberechtigten Kaibetriebes einzuholen.

(3) Die Benutzung des Liegeplatzes kann zeitlich begrenzt werden.

(4) Regelmäßigen Reihenfahrern und häufig wiederkehrenden Binnen- und kleinen Seeschiffen kann ein fester Liegeplatz angewiesen werden.

(5) Die Anweisung des Liegeplatzes kann, auch in den Fällen der Absätze 3 und 4, geändert oder widerrufen werden.

(6) Hafenfahrzeuge dürfen nur an den jeweils für sie bestimmten Plätzen liegen.

§ 18

Platzveränderungen

(1) Ein neuer Liegeplatz darf nur mit Erlaubnis der Hafenbehörden (§ 17 Absatz 1) eingenommen werden. Ist der neue Liegeplatz ein Kaiplatz, so hat das Schiff zuvor die Erlaubnis des verfügungsberechtigten Kaibetriebes einzuholen.

(2) Binnenschiffen kann die Genehmigung zur Benutzung mehrerer Lösch- und Ladeplätze gleichzeitig erteilt werden.

§ 19

Liegen von Binnenschiffen und Hafenfahrzeugen

(1) Binnenschiffe und Hafenfahrzeuge sind so hinzulegen und zu befestigen, daß die Liegeplätze der Seeschiffe und der Verkehr, insbesondere an Hafeneinfahrten, engen Fahrwasserstellen, Schleusen und Brückendurchfahrten, nicht versperrt werden.

(2) Das Hinlegen unter Brücken ist untersagt.

(3) Binnenschiffe und Hafenfahrzeuge dürfen an Kais und Seeschiffen nur anlegen, wenn sie dort zu löschen oder zu laden haben. Eine Liegeplatzanweisung nach § 17 ist in diesem Fall nur für Binnenschiffe von über 150 t Tragfähigkeit erforderlich.

(4) Binnenschiffe und Hafenfahrzeuge haben ihren Liegeplatz am Kai oder Seeschiff nach dem Löschen oder Laden, an den Zollstellen nach der

Zollabfertigung unverzüglich zu verlassen und sich an die für sie bestimmten Plätze hinzulegen. Dies gilt auch, wenn ein Binnenschiff den Liegeplatz nur für eine begrenzte Zeit benutzen darf (§ 17 Absatz 3) und das Löschen und Laden vor Ablauf dieser Zeit beendet hat.

§ 20

Aufliegen

Die Schiffsführung hat das Aufliegen eines Seeschiffs vorher beim Oberhafenamt, das Aufliegen eines Binnenschiffs vorher beim zuständigen Hafenamt anzumelden. § 17 Absatz 1 bleibt unberührt.

§ 21

Ankern und Schwojen

(1) Fahrzeuge und andere Schwimmkörper dürfen nur mit Erlaubnis des zuständigen Hafenamtes ankern. Dieser Erlaubnis bedarf es nicht zum Zwecke des Drehens oder Schwojens oder bei unmittelbar drohender Gefahr. Seeschiffe, die zum Zwecke des Drehens oder Schwojens den Anker benutzen, haben bei Nacht die für in Fahrt befindliche Schiffe vorgeschriebenen Lichter zu führen.

(2) Absatz 1 findet keine Anwendung außerhalb des Tonnenstriches auf der Elbe und dem Köhlbrand.

(3) Das Ankern und Schleppen von Ankern ist verboten:

a) an Stellen, wo Kabel oder Düker versenkt sind,
b) an Stellen, wo Bagger oder Rammen liegen oder wo Strombauarbeiten ausgeführt werden,
c) beim Durchfahren von Schleusen,
d) über dem Elbtunnel,
e) im übrigen an Stellen, die durch Ankerverbotsschilder nach den Vorschriften der Deutschen Binnenschiffahrtpolizeiverordnung[1]) gekennzeichnet sind.

§ 22

Lichterführung festgemachter Binnenschiffe und Hafenfahrzeuge

(1) In Abweichung von § 19 der Seeschiffahrtstraßen-Ordnung gilt für die Lichterführung der festgemachten Binnenschiffe und Hafenfahrzeuge

a) in Seeschiffhäfen:

1. außerhalb der für Hafenfahrzeuge allgemein zur Verfügung gestellten und durch Tafeln als solche kenntlich gemachten Liegeplätze haben nur die Binnenschiffe und Hafenfahrzeuge, die der Fahrwasserseite zunächst liegen, ein über den ganzen Horizont sichtbares weißes Licht zu führen;

---

[1]) siehe Anm. 1 zu § 2.

2. innerhalb der nur für Hafenfahrzeuge allgemein zur Verfügung gestellten und durch Tafeln als solche kenntlich gemachten Liegeplätze brauchen Hafenfahrzeuge auch das unter Ziffer 1 erwähnte Licht nicht zu führen;

b) in Binnenschiffhäfen:
eine Pflicht zur Lichterführung besteht nicht.

(2) Diese Erleichterungen gelten nicht auf der Elbe, auf dem Köhlbrand und im Reiherstieg nördlich der Argentinienbrücke.

§ 23

Verwendung von schwimmenden Geräten

(1) Schwimmende Getreide-, Kohlen- und Ballastheber, schwimmende Kräne und andere schwimmende Geräte dürfen nur mit Erlaubnis des zuständigen Hafenamtes verwendet werden.

(2) Sollen schwimmende Hebegeräte, die Staub entwickeln, an Fahrzeugen verwendet werden, die an den Anlagen eines Kaibetriebes liegen, so ist auch die Zustimmung des Kaibetriebes nachzuweisen.

§ 24

Zugang zu den Schiffen, herausragende Gegenstände

(1) See- und Binnenschiffe, die am Ufer, an Kais oder sonstigen Landungsanlagen liegen, müssen durch Brücken, Stege, Laufplanken oder Treppen zugänglich sein. Diese Zugänge und die Befestigungen der Schiffe dürfen den Verkehr an Land oder auf den Landungsanlagen nicht behindern.

(2) Seeschiffe müssen an jeder Wasserseite, an der gelöscht oder geladen wird, mindestens eine Sturmleiter oder Fallreeptreppe ausbringen.

(3) Für die Beschaffenheit der in den Absätzen 1 und 2 genannten Zugänge verbleibt es bei den jeweiligen Unfallverhütungsvorschriften der See-Berufsgenossenschaft und der Binnenschiffahrts-Berufsgenossenschaft. Bei ausländischen Schiffen müssen die Zugänge den deutschen Unfallverhütungsvorschriften annähernd entsprechen.

(4) Über die Fahrzeugseiten dürfen Gegenstände nur so weit herausragen, daß der Schiffsverkehr nicht behindert wird. Herausragende Gegenstände müssen am äußersten Ende durch ein rotes Tuch, nachts durch eine rote Lampe gekennzeichnet werden. Außenbords hängende Anker, die den Hafenverkehr behindern oder die Verkehrssicherheit beeinträchtigen, sind einzuhieven und zusätzlich zu sichern.

(5) Doppelschrauben sind während des Liegens im Hafen durch am Heck übergehängte und bis dicht über den Wasserspiegel herabgelassene Balken oder sonstige geeignete Vorkehrungen deutlich sichtbar zu kennzeichnen. Bei Nacht sind diese Vorkehrungen ausreichend zu beleuchten.

§ 25

Vertäuen

(1) Fahrzeuge und andere Schwimmkörper müssen fest und sicher vertäut werden, jedoch so, daß die Befestigung, wenn nötig, rasch gelöst werden kann.

(2) Sie dürfen nur an den in die Kaimauern eingelassenen Pollern, Ringen oder an anderen Befestigungsvorrichtungen der Ufereinfassungen und der Landungsplätze oder an den um die Pfahlgruppen gelegten Ketten, nicht aber an einzelnen Pfählen der Pfahlgruppen oder an Streichpfählen vor den Kaimauern befestigt werden. Vor allem ist das Festmachen, sei es auch vorübergehend, an Steigeleitern, Leuchtfeuern, Pegeln und ähnlichen Anlagen oder an anderen Vorrichtungen, die nicht zum Festmachen bestimmt sind, untersagt.

(3) Müssen fremde Fahrzeuge oder Schwimmkörper losgeworfen werden, so sind sie unverzüglich wieder ordnungsgemäß zu vertäuen.

(4) Leinen, die die Benutzung des Fahrwassers behindern können, dürfen ohne Erlaubnis des zuständigen Hafenamtes nur zum Verholen ausgebracht werden. Sie müssen bei Tag und Nacht in geeigneter Weise kenntlich gemacht werden.

(5) Die Schiffsführung ist für alle Vorsichtsmaßregeln verantwortlich, die durch Änderung des Wasserstandes sowohl in den der Ebbe und Flut zugänglichen als auch in den abgeschleusten Hafenteilen erforderlich werden.

§ 26

Abbäumen

Seeschiffe dürfen nur mit Erlaubnis des zuständigen Hafenamtes abgebäumt werden.

§ 27

Bewachung

(1) See- und Binnenschiffe müssen während ihres Aufenthalts im Hafen ausreichend besetzt sein.

(2) Hafenfahrzeuge müssen während ihres Aufenthalts in Seeschiffhäfen so besetzt oder bewacht werden, wie es die im Verkehr erforderliche Sorgfalt verlangt. Vom Schluß der regelmäßigen Arbeitszeit bis zum Beginn der Arbeitszeit am nächsten Werktage genügt es, diese Fahrzeuge in Zeitabständen, die den jeweils im Hafen herrschenden Verkehrs-, Wetter-, Tide- und Eisverhältnissen angemessen sind, vom Lande oder Wasser oder vom Schiff aus zu beaufsichtigen.

(3) Soll ein See- oder Binnenschiff ohne Besatzung in einem Seeschiffhafen aufliegen, so muß sich mindestens ein schiffahrtkundiger Wachmann

an Bord befinden. Soll das Fahrzeug in einem Binnenschiffhafen aufliegen, so genügt es, wenn dem zuständigen Hafenamt eine geeignete Person namhaft gemacht wird, die sich verpflichtet, behördliche Anordnungen auszuführen.

(4) Die Schiffsräume aufliegender Schiffe müssen den Hafenbeamten und Hafenpolizeibeamten jederzeit zugänglich sein. Vorrichtungen zur Abgabe von Notsignalen und zum Vertäuen müssen ständig bereitliegen.

(5) Verantwortlich für die Einhaltung dieser Bestimmungen sind die Schiffsführung, die zur Bewachung eingesetzten Personen, in den Fällen der Absätze 2 bis 4 auch der Eigentümer oder Besitzer des Fahrzeugs.

(6) Weitergehende Vorschriften der Berufsgenossenschaften bleiben unberührt.

§ 28

Drehen der Schrauben von See- und Binnenschiffen

(1) Stilliegende See- und Binnenschiffe dürfen die Schrauben nur mit langsam arbeitender Maschine und nur dann drehen, wenn das Schiff den Grund nicht berührt. An Ufermauern und Kais ist hierfür die Erlaubnis des zuständigen Hafenamtes erforderlich.

(2) See- und Binnenschiffe dürfen beim An- und Ablegen an den Kais die Schrauben nur drehen, wenn das Schiff flott ist, und nur so, daß der Kai nicht beschädigt und die Hafensohle nicht aufgewühlt wird.

(3) Maschinenproben dürfen nur mit Erlaubnis des zuständigen Hafenamtes an den hierfür besonders vorgesehenen Plätzen vorgenommen werden.

(4) Solange die Schrauben gedreht werden, müssen naheliegende oder in die Nähe kommende Fahrzeuge durch einen am Heck aufzustellenden Warnposten rechtzeitig gewarnt werden. Stilliegende Seeschiffe müssen außerdem Warnungstafeln ausbringen, die am Heck dicht über dem Wasserspiegel aufzuhängen und nachts zu beleuchten sind. Die Warnungstafeln sind zu entfernen, sobald das Drehen beendet ist.

(5) Bei gefahrdrohender Annäherung von Fahrzeugen ist die Schraube zu stoppen.

§ 29

Liege- und Ankerplätze für Sport- und Kleinfahrzeuge

(1) Am Nordufer der Unterelbe sind für Sport- und Kleinfahrzeuge in der Zeit vom 1. April bis 15. Oktober Liege- und Ankerplätze auf Grund von Gebrauchserlaubnissen (§ 56) eingerichtet.

(2) Während dieses Zeitraumes finden die Vorschriften über Lichter und Signale dort keine Anwendung; andere Fahrzeuge dürfen an diesen Stellen nicht fahren oder ankern.

V. Fahren im Hafen

§ 30

Fahrregeln

(1) Die Vorschriften der Seeschiffahrtstraßen-Ordnung über Wegerechtschiffe gelten nur auf der Unterelbe, dem Köhlbrand, der Nordelbe unterhalb der Freihafenelbbrücke und der Süderelbe unterhalb der westlichen Brücke.

(2) Die Bestimmungen des § 37 Absätze 3, 4 und 6 der Seeschiffahrtstraßen-Ordnung (Signalaustausch beim Überholen) finden keine Anwendung.

(3) Fahrzeuge, die ohne betriebsklare Maschine mit Schlepperhilfe im Hamburger Hafen verholen, haben die Lichter und Zeichen für manövrierunfähige Fahrzeuge (Artikel 4 [a] der Seestraßenordnung) nur zu führen, sofern dies aus Sicherheitsgründen vom Oberhafenamt im Einzelfall angeordnet wird. Den so gekennzeichneten Fahrzeugen müssen andere in Fahrt befindliche Fahrzeuge, auch die Wegerechtschiffe, aus dem Wege gehen. Beim Vorbeifahren müssen beide Teile ganz langsam fahren.

(4) Vor dem Einfahren in Hafenbecken und enge Seitenarme, vor dem Ausfahren aus ihnen, an unübersichtlichen Stellen und beim Queren der Einfahrten von Hafenbecken ist ein langer Ton zu geben. Hafenbecken in diesem Sinne sind auch der Reiherstieg und der Köhlbrand.

§ 31

Benutzung des Fahrwassers

(1) Sämtliche Fahrzeuge haben so zu fahren, daß sie die Verkehrswege nicht mehr und nicht länger als nötig in Anspruch nehmen. Es ist verboten, Fahrzeuge quer treiben zu lassen.

(2) Die Schiffahrt muß außerhalb der allgemein üblichen Verkehrswege, auf der Elbe und dem Köhlbrand insbesondere außerhalb des Tonnenstrichs, und in der Nähe von Baustellen oder beschädigten Strom- und Hafenbauwerken mit unbezeichneten Untiefen und unbezeichneten Schiffahrtshindernissen rechnen. Auf diesen Wasserflächen ist besonders vorsichtig zu fahren.

(3) Von den Bestimmungen des § 22 der Seeschiffahrtstraßen-Ordnung über die Wrackbezeichnung kann im Hamburger Hafen abgewichen werden.

§ 32

Fahrregeln für Segelfahrzeuge, Barkassen, Motor-, Ruder- und Paddelboote

(1) Segelfahrzeuge, die nicht kreuzen müssen, haben die Mitte des Fahrwassers zu meiden und sich auf der an ihrer Steuerbordseite liegenden Seite des Fahrwassers zu halten. Auf der Elbe unterhalb der Köhlbrand-

mündung haben sie sich, auch wenn sie elbabwärts fahren, dem Südufer und dem südlichen Tonnenstrich so nahe zu halten, wie es ihr Tiefgang erlaubt.

(2) Sobald ein Seeschiff einen langen Ton als Warnungszeichen gibt, müssen alle Segelfahrzeuge dem Seeschiff aus dem Wege gehen.

(3) Barkassen und Motorboote haben die Mitte des Fahrwassers zu meiden und sich auf der an ihrer Steuerbordseite liegenden Seite des Fahrwassers zu halten. Ein Queren des Fahrwassers ist auf dem kürzesten Wege auszuführen; hierbei ist allen anderen Fahrzeugen rechtzeitig auszuweichen.

(4) Ruder- und Paddelboote dürfen, auch wenn sie unter Segel sind, nur am Rande des Fahrwassers fahren. Ein Queren des Fahrwassers ist ohne Aufenthalt auf dem kürzesten Wege auszuführen; hierbei ist mit Ausnahme von Barkassen und Motorbooten allen anderen Fahrzeugen und Schleppzügen auszuweichen.

(5) Paddelboote müssen zwischen dem Niederhafen und Neumühlen an der Nordseite hinter den Landungsanlagen fahren.

§ 33

Nebelsignale

(1) Die in der Seestraßenordnung vorgeschriebenen Nebelsignale sind mindestens jede Minute zu geben.

(2) Hafenfahrzeuge sowie Sportfahrzeuge bis zu 7 m Länge über alles brauchen das Nebelhorn und die Glocke zur Abgabe von Nebelsignalen nicht zu führen.

(3) Zur Sicherung des Hafenverkehrs können von ortsfesten Stellen Nebelsignale gegeben werden. Das Nähere regeln die Durchführungsbestimmungen[1]).

§ 34

Schallsignale

(1) In Erweiterung des § 28 Absatz 1 der Seeschiffahrtstraßen-Ordnung sind auch solche Schallsignale zulässig, die zum Herbeirufen von Assistenz für Schiffe und bei der Assistenz selbst erforderlich werden.

(2) § 28 Absatz 2 der Seeschiffahrtstraßen-Ordnung gilt nicht für Seeschiffe.

§ 35

Jollenführersignal

(1) Fahrzeuge im Hafen können zum Herbeirufen eines Jollenführers bei Tage die Flagge N des Internationalen Signalbuches, bei Nacht in

[1]) siehe Bekanntmachung über Nebelsignale im Hafen vom 25. 9. 1956 (AA. S. 927).

Deckshöhe, nahe der Fallreeptreppe, ein rotes und darunter ein weißes Licht zeigen.

(2) Das Jollenführersignal ist zu entfernen, sobald der Zweck dafür entfällt.

§ 36

Schlepperlichter

Binnenschiffe und Hafenfahrzeuge dürfen die in Artikel 3 (a) der Seestraßenordnung vorgeschriebenen weißen Lichter in einem geringeren Abstand als 1,83 m (6 engl. Fuß) voneinander führen, falls Einrichtung und Bauart des Fahrzeugs dies bedingen. Das unterste dieser beiden Lichter muß jedoch mindestens 1 m über den Seitenlichtern geführt werden.

§ 37

Hecklicht

Die Bestimmungen über Hecklichter gelten nicht für die in § 9 der Seeschiffahrtstraßen-Ordnung genannten Fahrzeuge.

§ 38

Rundumlicht auf Schuten

(1) Schuten, die nicht durch eigene Maschinenkraft fortbewegt werden, dürfen an Stelle der in der Seestraßenordnung und Seeschiffahrtstraßen-Ordnung vorgeschriebenen Lichter ein über den ganzen Horizont sichtbares weißes Licht führen. Das Licht muß auf ausreichende Entfernung und auch von höheren Fahrzeugen aus erkennbar sein.

(2) Bei zwei nebeneinander geschleppten Schuten genügt ein solches Licht.

(3) Auf den Kanälen zur Alster braucht dieses Licht nur von der letzten geschleppten Schute geführt zu werden.

§ 39

Lichterführung von Binnenschiffen

In Fahrt befindliche Binnenschiffe und Flöße des Mittel- und Oberelbeverkehrs können im Hamburger Hafen auch die in der Deutschen Binnenschiffahrtpolizeiverordnung[1]) vorgeschriebenen Lichter führen.

§ 40

Schleppzüge

(1) Schleppzüge dürfen, soweit sie außer dem Schlepper aus zwei oder mehr geschleppten Fahrzeugen bestehen, insgesamt höchstens die in den Durchführungsbestimmungen vorgesehene Länge und Breite haben.

---

[1]) siehe Anm. 1 zu § 2.

(2) Unterhalb des Seemannshöftes darf die Schlepptrosse der Schleppzüge höchstens 90 m lang sein. In allen übrigen Teilen des Hafens muß sie so weit aufgekürzt werden, wie es die sichere Führung des Schleppzugs erfordert.

(3) Jedes geschleppte Fahrzeug muß eine schiffahrtkundige Person (z. B. Ewerführerlehrling mit ausreichender Ausbildung) als Führer an Bord haben; für zwei nebeneinander geschleppte Schuten genügt ein Führer. Auf den Kanälen zur Alster genügt es, wenn sich auf jeder zweiten hintereinander geschleppten Schute, immer aber auf der letzten Schute, ein Führer befindet.

(4) Die Verwendung von Decksleuten der Schlepper als Bemannung der geschleppten Fahrzeuge ist verboten, wenn hierdurch der Schlepper unterbemannt wird.

(5) Das Anlegen oder Anhängen an ein in Fahrt befindliches Fahrzeug ist ohne ausdrückliche Zustimmung der Schiffsführung verboten. Bei Schleppzügen darf außerdem nur an dem letzten Anhang festgemacht werden.

(6) Für Schleppzüge im Verkehr mit der Mittel- und Oberelbe gelten oberhalb der Norderelbbrücken und der Harburger Eisenbahnbrücke die Bestimmungen der Deutschen Binnenschiffahrtpolizeiverordnung[1]).

(7) Für die Einhaltung dieser Bestimmungen sind die Schiffsführung des Schleppers, in den Fällen des Absatzes 3 auch der Eigentümer oder Besitzer und die Schiffsführung des geschleppten Fahrzeuges, in den Fällen des Absatzes 5 auch die Schiffsführung des anlegenden oder sich anhängenden Fahrzeugs verantwortlich.

§ 41

Zollfahrzeuge im Fahrwasser

Zollfahrzeuge haben, solange sie zur Beobachtung unvertäut im Fahrwasser liegen, auch wenn sie nicht ausweichpflichtig sind, nach Aufforderung und Signalverständigung Seeschiffen aus dem Wege zu gehen. Das Signal des Seeschiffs ist ein langer Ton, das Anwortsignal des Zollfahrzeugs ist ein langer, ein kurzer und ein langer Ton.

§ 42

Fahren im Köhlbrand

(1) Fahrzeuge im Längsverkehr müssen auf der Strecke zwischen Neuhofer Seeschiffs-Kanal und dem Kabelturm langsam fahren.

(2) Seeschiffe haben bei der Fahrt Köhlbrand abwärts auf der Höhe des Neuhofer Seeschiffs-Kanals, bei der Fahrt Köhlbrand aufwärts beim Passie-

---

[1]) siehe Anm. 1 zu § 2.

ren des Kabelturms einen langen Ton von mindestens 8 Sekunden Dauer abzugeben.

(3) Im Querverkehr müssen Binnenschiffe und Hafenfahrzeuge ohne Maschinenantrieb geschleppt werden.

(4) Die Köhlbrand-Fährschiffe haben den Antritt einer Fahrt durch zwei lange Töne von je 10 Sekunden Dauer anzukündigen. Im Betrieb führen sie folgende Signale:

a) bei Tage: im Topp des Signalmastes einen schwarzen Rhombus;

b) bei Nacht: die nach Artikel 2 und 10 der Seestraßenordnung für ein in Fahrt befindliches Fahrzeug mit Maschinenantrieb vorgeschriebenen Lichter und 2 m über dem Dampferlicht drei rote ringsum sichtbare Lichter senkrecht übereinander in einem Abstand von je 2 m.

§ 43

Kuhwerder Vorhafen; Einfahrt und Ausfahrt

(1) Aufkommende Seeschiffe von mehr als 45,75 m (150 engl. Fuß) Länge, die in den Kuhwerder Vorhafen einfahren wollen, haben von der Mündung des Köhlbrands an bei Tage im Vortopp an gut sichtbarer Stelle einen Wimpel, bei Nacht im Großtopp oder an gut sichtbarer Stelle eine rote Lampe unter dem zweiten Dampferlicht zu führen.

(2) Aus dem Kuhwerder Vorhafen ausfahrende Seeschiffe haben rechtzeitig für etwa erforderliche Schleppkraft zu sorgen. Sie dürfen vordere Schlepper erst loswerfen, wenn das Seeschiff auf der richtigen Seite der Norderelbe angelangt ist und stromrecht liegt.

§ 44

Befahren enger Hafenteile

(1) Kanäle, Fleete und andere enge Fahrwasser dürfen nur mit mäßiger Geschwindigkeit befahren werden.

(2) Im übrigen wird die Benutzung dieser Fahrwasser in Durchführungsbestimmungen geregelt.

§ 45

Passieren von Brückendurchfahrten

(1) Brücken, deren Pfeiler das Fahrwasser einschränken, sind nur in mäßiger Geschwindigkeit, und zwar an der rechten Seite oder, wenn mehrere Brückenöffnungen vorhanden sind, durch die rechte Öffnung zu durchfahren, sofern nicht eine andere Öffnung durch Tafeln für die Durchfahrt bestimmt ist.

(2) Schwimmende Einheiten dürfen die Brücken nur hintereinander durchfahren. Ein Begegnen ist nur gestattet, wenn das Fahrzeug unzwei-

felhaft hinreichend Raum für die gleichzeitige Durchfahrt gewährt. Vorfahrt hat, wer mit dem Strom fährt.

(3) Beschränkungen der Durchfahrtbreiten werden nach den Bestimmungen der Deutschen Binnenschiffahrtpolizeiverordnung[1]) gekennzeichnet.

§ 46

Passieren beweglicher Brücken

(1) Während der Betriebszeit sind Fahrzeuge, welche nach Einrichtung ihrer Masten und Schornsteine oder wegen zu hoher Decksladung unter den beweglichen Brücken nicht hindurchfahren können, berechtigt, das Öffnen der Brücken zu fordern, soweit die Verkehrs- und Wasserverhältnisse es zulassen. Außerhalb der Betriebszeit werden die Brücken nur geöffnet, wenn das Fahrzeug spätestens ein halbe Stunde vor Betriebsschluß angemeldet ist.

(2) Fahrzeuge, die das Öffnen der beweglichen Brücken verlangen, haben bei ihrer Annäherung zwei lange Töne zu geben. Sie dürfen die Brücken jedoch nur mit maschineller Triebkraft oder mit Schlepperhilfe und erst dann durchfahren, wenn die Bewegung der Brücke beendet und das Durchfahrtsignal erteilt ist.

(3) Den Anordnungen der Brückenbedienung ist unverzüglich Folge zu leisten.

(4) Diese Regelung gilt entsprechend für sonstige Schwimmkörper.

§ 47

Benutzen von Schleusen

(1) Während der Betriebszeit kann ein Durchschleusen gefordert werden, wenn die Verkehrs- und Wasserverhältnisse es zulassen. Stauschleusen werden auch außerhalb der Betriebszeit nach vorheriger Anmeldung bedient, wenn das Fahrzeug spätestens eine halbe Stunde vor Betriebsschluß an der Schleuse angemeldet ist.

(2) Fahrzeuge, die ein Durchschleusen verlangen, haben bei ihrer Annäherung zwei lange Töne zu geben.

(3) Schleusen sind so zu befahren, daß die Schleusentore nicht berührt und die Schleusenkammern nicht beschädigt werden können. Beim Ein- und Ausfahren ist die Geschwindigkeit auf das geringste Maß herabzumindern, das erforderlich ist, um das Fahrzeug steuerfähig zu erhalten.

(4) Den Anordnungen der Schleusenbedienung, auch über die Reihenfolge des Durschschleusens, ist unverzüglich Folge zu leisten.

(5) Diese Regelung gilt entsprechend für sonstige Schwimmkörper.

---

[1]) siehe Anm. 1 zu § 2.

§ 48

Anstrandsetzen von Fahrzeugen

(1) Das Anstrandsetzen von Fahrzeugen für länger als drei Tage bedarf der Erlaubnis des zuständigen Hafenamtes. An Deichstrecken sowie am rechten Ufer der Unterelbe in der Zeit vom 30. Mai bis 1. September ist die Erlaubnis in jedem Falle erforderlich.

(2) Absatz 1 gilt nicht für Sportfahrzeuge.

VI. Einzelvorschriften

§ 49

Kennzeichnung der Hafenfahrzeuge

Jedes Hafenfahrzeug muß, von außen beiderseits deutlich sichtbar und unverwischbar, die amtliche Nummer und die Bezeichnung des Ortes seiner Eintragung tragen. Verantwortlich hierfür ist der Eigentümer oder Besitzer des Fahrzeugs.

§ 50

Bezeichnung und Meldung gesunkener Fahrzeuge und Gegenstände

(1) Stellt die Schiffsführung eines Fahrzeugs oder der Führer eines anderen Schwimmkörpers unbezeichnete, gesunkene Fahrzeuge oder andere unbezeichnete, unter Wasser liegende Gegenstände fest, die eine Gefahr für die Schiffahrt bedeuten können, so ist der nächsten Hafendienststelle unverzüglich Anzeige zu erstatten.

(2) Hat ein Fahrzeug oder ein anderer Schwimmkörper die Bezeichnung eines Schiffahrtshindernisses beschädigt, abgerissen oder in anderer Weise unkenntlich gemacht, so muß die Schiffsführung oder der Führer des Schwimmkörpers, in einem Schleppzug die Schiffsführung des Schleppers, das Schiffahrtshindernis sofort behelfsmäßig ausreichend bezeichnen, es sei denn, daß die Bezeichnung von anderer Seite übernommen oder eine Überwachung der Stelle sichergestellt ist. Ferner ist der Sachverhalt der nächsten Hafendienststelle unverzüglich zu melden.

§ 51

Allgemeine Warn- und Sperrsignale

(1) Will ein Seeschiff von mehr als 45,75 m (150 engl. Fuß) Länge ein Hafenbecken verlasssen, so hat es kurz vor der Abfahrt im Vortopp oder an der höchsten Mastspitze am Tage an gut sichtbarer Stelle einen schwarzen Ball, bei Nacht ein rotes Licht zu setzen. Als Hafenbecken im Sinne dieser Vorschrift gelten insbesondere alle in der Anlage 2 aufgeführten

Seeschiffhäfen. Kurz vor Verlassen des Köhlbrands und des Reiherstiegs in Richtung Norder- oder Unterelbe sind die gleichen Signale zu setzen. Sobald das Schiff stromrecht liegt, ist das Signal zu entfernen. Das Signal dient zur Warnung, ein Wegerecht begründet es nicht.

(2) Wird auf einem Polizeifahrzeug außer der Bezeichnung als Dienstfahrzeug am Tage eine rote Flagge, bei Nacht außer den Lichtern für Fahrzeuge in Fahrt ein rotes, über den ganzen Horizont sichtbares Licht in einem Abstand von höchstens 1,5 m senkrecht unter einem über den ganzen Horizont sichtbaren blauen Licht gezeigt, so bedeutet dies für die durchgehende Schiffahrt eine vorübergehende Sperrung des Fahrwassers.

(3) Schiffahrtgefährdende Stellen an Kaistrecken, Hafen- und Uferanlagen können durch rote Flaggen gekennzeichnet werden.

(4) An Fahrzeugen des staatlichen Peil- und Leuchtfeuerdienstes, die bei Ausführung ihrer Arbeiten eine rote Flagge führen, darf nur mit langsamer Fahrt vorbeigefahren werden.

§ 52

Fischanlandungen

Fischereifahrzeuge dürfen ihre Fänge nur im Fischereihafen anlanden. Die zuständige Behörde kann Ausnahmen zulassen.

§ 53

Fischen im Hafen

(1) Das Fischen mit Grundschleppnetzen ist verboten.

(2) In den Durchführungsbestimmungen kann für einzelne Hafenteile jedes Fischen verboten werden. Die Hafenbehörden können Ausnahmen zulassen.

§ 54

Verhüten der Verunreinigung des Hafens, Beschädigung von Hafenanlagen

(1) Es ist verboten, Öl, Ölrückstände, stark ölhaltige Bilgenwässer, Asche, Schlacken, Abfall oder andere Stoffe, welche den Hafen verunreinigen oder den Verkehr behindern können, ins Wasser zu werfen, fallen oder abfließen zu lassen. § 56 bleibt unberührt.

(2) Die Beseitigung von ölhaltigen oder anderen verunreinigenden Stoffen kann in Durchführungsbestimmungen geregelt werden.

(3) Beim Löschen und Laden von Ballast, Schlacken, Asche, Bauschutt, Unrat und anderen Gütern, die den Hafen verunreinigen können, sind untergespannte Persennige oder andere Vorrichtungen zu verwenden, die geeignet sind, die Verunreinigung des Hafens zu verhindern. Die gleichen Maßnahmen sind beim Auspumpen von Wasser und beim Gebrauch von Schiffsaborten zu treffen, um Beschädigungen oder Beschmutzungen zu vermeiden.

(4) Ist durch ein Fahrzeug oder einen anderen Schwimmkörper eine Beschädigung von Hafenanlagen oder -einrichtungen verursacht worden, so hat die Schiffsführung, der Eigentümer oder der Besitzer des Fahrzeugs oder Schwimmkörpers die Beschädigung unverzüglich einem Hafenamt oder der Hafenpolizei anzuzeigen.

§ 55

Verbote

Verboten ist

a) das Hinlegen von Fahrzeugen zum Lagern von Altmaterial ohne Erlaubnis des zuständigen Hafenamtes,
b) das Abbrennen von Feuerwerkskörpern oder bengalischen Streich- und Zündhölzern ohne Erlaubnis der Hafenpolizei,
c) jede sportliche Veranstaltung ohne Erlaubnis der Hafenpolizei,
d) das unbefugte Auffischen von Kohlen,
e) das Befahren der Landungsanlagen, Pontons und Zugangsbrükken mit Fahrrädern, Kraftfahrzeugen und Fuhrwerken sowie mit Karren ohne sicher wirkende Bremsvorrichtung,
f) das unbefugte Benutzen und Entfernen von öffentlich ausgelegten Rettungsgeräten,
g) das unbefugte Betreten von Leuchtfeuer-, Pegel-, Schleusen- und abgesperrten Landungsanlagen, das eigenmächtige Öffnen oder Schließen von Absperrvorrichtungen und das unbefugte Bedienen von Schleuseneinrichtungen.

VII. Sondergebrauch

§ 56

Gebrauchserlaubnis

(1) Jede über den Gemeingebrauch hinausgehende Inanspruchnahme der Wasserflächen des Hafens auf hamburgischem Staatsgebiet ist nur auf Grund einer Gebrauchserlaubnis zulässig. Hierunter fallen insbesondere

a) das Errichten und Halten von Anlagen in, an oder über dem Wasser,
b) das Zuführen von festen, flüssigen oder gasförmigen Stoffen und die Entnahme von Wasser,
c) die Inanspruchnahme eines Liegeplatzes durch Wasserfahrzeuge, schwimmende Anlagen und andere Schwimmkörper.

(2) Die Erlaubnis nach Absatz 1 Buchstabe c) entfällt für Liegeplätze, die auf Grund der §§ 17 bis 19 in Anspruch genommen werden.

(3) Die Erlaubnis kann befristet und unter Bedingungen und Auflagen

erteilt, ferner auch nachträglich mit Auflagen versehen werden. Sie ist jederzeit widerruflich, wenn bei ihrer Erteilung nichts anderes bestimmt ist oder wenn sie nicht befristet ist. Unabhängig hiervon ist der Widerruf in allen Fällen möglich, in denen Auflagen trotz Aufforderung der zuständigen Behörde nicht erfüllt werden.

(4) Die Durchführungsbestimmungen können für Wasserflächen, die nicht Bundeswasserstraße sind und die im Eigentum eines andern als der Freien und Hansestadt Hamburg stehen, Erleichterungen vorsehen.

(5) Die baupolizeilichen Vorschriften bleiben unberührt.

§ 57

Ältere Genehmigungen

(1) Für Genehmigungen und Verleihungen aus der Zeit vor Inkrafttreten dieses Gesetzes gilt bis zu ihrem Ablauf das bisherige Recht.

(2) Soweit Genehmigungen nach Absatz 1 nicht unwiderruflich oder nicht befristet erteilt sind, erlöschen sie jedoch drei Jahre nach Inkrafttreten dieses Gesetzes. Das Recht, Genehmigungen im Einzelfall früher zu widerrufen, bleibt unberührt.

§ 58

Einziehung gegen Entschädigung

(1) Gebrauchserlaubnisse (§ 56), Genehmigungen und Verleihungen (§ 57), die unwiderruflich oder befristet sind, können aus überwiegenden Gründen des öffentlichen Wohls, insbesondere der Hafenplanung, des Schiffsverkehrs oder der Wasserwirtschaft, eingezogen werden.

(2) Im Falle der Einziehung ist eine Entschädigung zu gewähren, deren Höhe unter gerechter Abwägung der Interessen der Allgemeinheit und der Beteiligten bestimmt wird. Wegen der Höhe der Entschädigung ist der Rechtsweg vor den Verwaltungsgerichten gegeben.

§ 59

Aufhebung wasserrechtlicher Vorschriften

Wasserrechtliche Vorschriften, insbesondere des preußischen Wassergesetzes vom 7. April 1913 (PrGS. S. 53) und seiner Änderungen, werden im Geltungsgebiet des § 56 mit dessen Inkrafttreten aufgehoben, soweit sie den §§ 56 und 58 entgegenstehen. § 57 bleibt unberührt.

VIII. Aufsichts-, Zwangs- und Bußgeldbestimmungen

§ 60

(1) Die Hafenbeamten und Hafenpolizeibeamten sind berechtigt, die zur Durchführung dieses Gesetzes und der auf Grund dieses Gesetzes ergan-

genen Rechtsverordnungen erforderlichen Maßnahmen zu treffen. Sie können diese Maßnahmen auf Kosten des Betroffenen entweder selbst oder durch andere (Ersatzvornahme) sofort durchsetzen. Insbesondere sind sie befugt, Fahrzeuge und andere Schwimmkörper, die den Verkehr im Hafen behindern oder unerlaubt einen Liegeplatz benutzen, sofort zu verlegen oder verlegen zu lassen. Im übrigen gelten die allgemeinen gesetzlichen Bestimmungen.

(2) Die Hafenbeamten und Hafenpolizeibeamten dürfen zur Ausübung ihres Dienstes jederzeit alle Hafenanlagen, Fahrzeuge und Schwimmkörper betreten.

(3) Die Gewerbeaufsichtsbeamten sind berechtigt, die zur Abwendung von Gefahren für Leben und Gesundheit der Arbeitnehmer erforderlichen Anordnungen zu treffen, insbesondere können sie notfalls die Fortsetzung der Arbeit untersagen, bis die gerügten Mängel beseitigt sind. Absatz 1 Sätze 1, 2 und 4 und Absatz 2 gelten auch für die Gewerbeaufsichtsbeamten bei der Durchführung ihrer Aufgaben.

(4) Zur Erfüllung dieser Aufgaben können im Rahmen des Grundgesetzes für die Bundesrepublik Deutschland und dieses Gesetzes die Grundrechte des Artikels 2 Absatz 2 und der Artikel 8 und 13 des Grundgesetzes eingeschränkt werden.

(5) Die nach den Absätzen 1 und 3 ergehenden Anordnungen sind unverzüglich zu befolgen; dies gilt auch, wenn sie durch Gebots- oder Verbotstafeln bekanntgemacht sind.

§ 61

(1) Ordnungswidrig handelt, wer vorsätzlich oder fahrlässig

a) gegen die Bestimmungen der §§ 5 bis 57 dieses Gesetzes,
b) gegen die im Hamburger Hafen geltenden Bestimmungen der Seeschiffahrtstraßen-Ordnung und der Seestraßenordnung (§ 2),
c) im Geltungsgebiet dieses Gesetzes gegen die in § 67 aufgeführten Verordnungen,
d) gegen die auf Grund dieses Gesetzes erlassenen Rechtsverordnungen, sofern sie ausdrücklich auf diese Bußgeldbestimmung verweisen, oder
e) gegen rechtsmäßige Anordnungen nach § 60 dieses Gesetzes verstößt.

(2) Die Verantwortlichkeit im Sinne des Absatzes 1 beschränkt sich in den Fällen, in denen Anordnungen oder Verbote ausdrücklich an das Fahrzeug (Schiff) gerichtet sind, auf die Schiffsführung, wenn nichts anderes bestimmt ist. Dies gilt insbesondere für die Vorschriften der Seestraßenordnung und Seeschiffahrtstraßen-Ordnung. Die Verantwortlichkeit nach § 5 dieses Gesetzes bleibt in jedem Falle unberührt.

(3) Innerhalb dieses Gesetzes gilt die Beschränkung nach Absatz 2 für die §§ 7 bis 52; ausgenommen sind jedoch die Fälle der §§ 21 Absatz 3, 24 Absatz 4 Satz 1 und 25 Absatz 2, in denen alle vorschriftswidrig handelnden Personen verantwortlich sind, und die Fälle der §§ 11 Absatz 1, 13 Absatz 2 und 48, in denen die Verantwortung auch den Eigentümer oder Besitzer des Fahrzeugs trifft.

(4) Befindet sich auf stilliegenden Fahrzeugen die Schiffsführung nicht an Bord, hat diese, der Eigentümer oder der Besitzer des Fahrzeugs aber einen mit ausreichenden Vollmachten versehenen Schiffahrtkundigen mit ihrer Vertretung beauftragt, so ist der Vertreter an Stelle der Schiffsführung verantwortlich.

(5) Die Absätze 2 bis 4 gelten entsprechend auch für sonstige Schwimmkörper.

(6) Bei Verstößen gegen die §§ 54, 56 und 60 dieses Gesetzes, die in einem gewerblichen Unternehmen begangen werden, kann eine Geldbuße auch gegen eine zum Unternehmen gehörende Aufsichtsperson festgesetzt werden, wenn bei gehöriger Aufsicht das vorschriftswidrige Verhalten verhütet worden wäre.

§ 62

(1) Die Ordnungswidrigkeit kann mit Geldbuße geahndet werden, in den Fällen der §§ 12 Absätze 2 und 3, 54 Absatz 1 und 56 auch der Versuch einer Ordnungswidrigkeit. Die Höhe der Geldbuße beträgt bei Verstößen gegen die §§ 28, 50 Absatz 2, 54 Absatz 1, im Falle des § 61 Absatz 6 und bei Zuwiderhandlungen gegen die auf Grund des § 65 erlassenen Rechtsverordnungen bis zu zehntausend Deutsche Mark, im übrigen bis zu eintausend Deutsche Mark.

(2) In den auf Grund dieses Gesetzes erlassenen Rechtsverordnungen kann vorgesehen werden, daß bei Verstößen gegen deren Bestimmungen auch der Versuch als Ordnungswidrigkeit anzusehen ist.

(3) Bei Verstößen gegen § 53 und die ihn ergänzenden Bestimmungen können das Fischereigerät mit Ausnahme des Bootes, bei Verstößen gegen § 55 Buchstabe b) die Feuerwerkskörper, Streich- und Zündhölzer eingezogen werden.

(4) Das Unterwerfungsverfahren nach § 67 des Gesetzes über Ordnungswidrigkeiten ist zulässig.

IX. Schluß- und Übergangsvorschriften

§ 63

(1) Der Senat wird ermächtigt, durch Rechtsverordnungen Bestimmungen zu erlassen

a) zur Durchführung dieses Gesetzes, insbesondere

1. in den Fällen, in denen das Gesetz auf die Durchführungsbestimmungen verweist,
2. über die Benutzung von Landungsanlagen, Lösch- und Ladeplätzen, Brücken und Schleusen,
3. zur Anpassung der Anlage 2 dieses Gesetzes an die jeweiligen Verkehrsverhältnisse,

b) zur Aufrechterhaltung der öffentlichen Sicherheit und Ordnung im Hafen, soweit allgemeine Vorschriften notwendig sind, um von der Allgemeinheit oder dem einzelnen, auch den auf einem Fahrzeug arbeitenden Personen, Gefahren abzuwehren,

c) über Bau, Ausrüstung, Kennzeichnung, Betrieb, Führung und Bemannung der Hafenfahrzeuge und der anderen im Hamburger Hafen verwendeten Schwimmkörper,

d) über Gebühren für die Inanspruchnahme der Hafenbehörden, über Gebühren für die Benutzung des Hafens und der Hafenanlagen und über sonstige Schiffahrtsabgaben, auch für die in § 4 der 4. Durchführungsverordnung zum Gesetz über Groß-Hamburg und andere Gebietsbereinigungen vom 22. März 1937 (RGBl. I S. 335) genannten Teile des Hafens von Cuxhaven.

(2) Der Senat wird ferner ermächtigt, in Fällen eines Notstandes durch Rechtsverordnungen Bestimmungen über die Errichtung von Sperrgebieten im Hamburger Hafen und auf den ihn umgebenden Landflächen zu erlassen. An Land dürfen die Sperrgebiete höchstens bis zu den in der Anlage 3 angegebenen Grenzen reichen. Die Rechtsverordnungen treten spätestens nach einem Monat wieder außer Kraft. Die Sperrgebiete dürfen nach näherer Regelung in den Rechtsverordnungen zur Durchführung von Arbeitsaufträgen oder bei Nachweis einer sonstigen Notwendigkeit für das Aufsuchen des Sperrgebietes betreten werden.

(3) Der Senat kann ferner im sachlichen Rahmen dieses Gesetzes, insbesondere der §§ 1 Absatz 2 und 63 Absatz 1, durch Rechtsverordnung Bestimmungen für die Dove Elbe oberhalb der Tatenberger Schleuse, die Gose Elbe und den Schleusengraben treffen. Dabei sind die besonderen örtlichen Verhältnisse zu berücksichtigen.

(4) § 60 Absatz 4 gilt entsprechend.

(5) Die Ermächtigung nach Absatz 1 Buchstabe b) erstreckt sich auch auf die den Hafen unmittelbar umgebenden Landflächen, soweit der Verkehr der Wasserfahrzeuge mit dem Land, insbesondere das Löschen und Laden, geregelt wird oder Vorschriften zum Schutze der Wasserläufe, der Hafenanlagen und der Schiffahrt getroffen werden.

(6) Die Gebühren und Abgaben nach Absatz 1 Buchstabe d) sollen so bemessen werden, daß das Gesamtaufkommen nicht höher ist, als es einem angemessenen Verhältnis zu den staatlichen Aufwendungen für den Hafen entspricht; im übrigen gelten die allgemeinen gebührenrechtlichen Vor-

schriften nach Maßgabe des Gebührengesetzes vom 5. Juli 1954 (HGVBl. S. 51).

(7) Die Ermächtigung nach Absatz 1 Buchstabe a) Ziffer 2 kann weiter übertragen werden.

(8) Für die nicht in diesem Gesetz und den dazu erlassenen Rechtsverordnungen geregelten Tatbestände bleibt § 20a des Verhältnisgesetzes in der Fassung des Gesetzes vom 20. Dezember 1954 (HGVBl. S. 155) unberührt.

§ 64

Für andere als die in § 63 Absatz 1 Buchstabe c) genannten Fahrzeuge und Schwimmkörper gelten im ganzen Hafen, auch außerhalb der Bundeswasserstraße Elbe, die bundesrechtlichen Vorschriften über Bau, Ausrüstung, Kennzeichnung, Führung und Bemannung, soweit Rechtsverordnungen nach § 63 nichts Besonderes bestimmen.

§ 65

(1) Der Senat wird ermächtigt, Entgelte der Hafenschiffahrt für den Hamburger Hafen und die nichtbundeseigenen Wasserstraßen im ganzen Gebiet der Freien und Hansestadt Hamburg durch Rechtsverordnung festzusetzen.

(2) Die Entgelte sind so festzusetzen, daß die Leistungsfähigkeit der Hafenschiffahrt und die Wettbewerbsfähigkeit des Hafens gewahrt werden. Sie sind Festentgelte, soweit nicht der Senat Höchst- oder Mindestentgelte oder beides zuläßt.

(3) Der Senat kann durch Rechtsverordnung die Festsetzung der Entgelte einem oder mehreren Frachtenausschüssen übertragen mit der Maßgabe, daß deren Beschlüsse zu ihrer Wirksamkeit der Bestätigung des Senats oder der von ihm bestimmten Behörde bedürfen. In der Rechtsverordnung sind Rechtsstellung, Zusammensetzung, Verfahren und Auskunftsrecht der Ausschüsse zu regeln. An den Sitzungen der Ausschüsse können Vertreter des Bundes ohne Stimmrecht teilnehmen.

(4) Von den festgesetzten Entgelten können zur Vermeidung unbilliger Härten für die Betroffenen oder aus hafenwirtschaftlichen Gründen im Einzelfall Abweichungen zugelassen werden.

(5) Entgelte der Hafenschiffahrt im Sinne des Absatzes 1 sind: Transportsätze, Bugsiertarife, Barkassentarife, Liegegelder; ferner die Entgelte für Extraleute, Überstunden, Nacht-, Sonn- und Feiertagsarbeit, Vermietung von Binnenschiffen und Hafenfahrzeugen, Assistenz für Seeschiffe, Einlagerung von Gütern in Wasserfahrzeugen sowie für Bewachung und sonstige Nebenleistungen, die mit der Beförderung in unmittelbarem Zusammenhang stehen.

§ 66

Soweit andere Gesetze und Verordnungen zur Begrenzung ihres Geltungsgebietes auf den „Hafen Hamburg", den „Hamburger Hafen", auf das Hafengesetz vom 2. Juni 1897 oder die Hafenordnung für den Hafen Hamburg vom 14. März 1930 verweisen, gilt das im § 1 umschriebene Gebiet als Geltungsgebiet dieser Bestimmungen. Vorschriften über Entgelte der Hafenschiffahrt betreffen den Hamburger Hafen und die nichtbundeseigenen Wasserstraßen im ganzen Gebiet der Freien und Hansestadt Hamburg.

§ 67

(1) Folgende Vorschriften gelten als auf Grund der §§ 63 und 65 dieses Gesetzes erlassen:

1. die Hafenpolizeiordnung für den Hafen Hamburg vom 26. Juli 1935 in der Fassung der Verordnungen vom 27. Mai 1947 und 1. Juni 1954 (HGVBl. 1935 S. 157, 1947 S. 29, 1954 S. 31),
2. die Hafengeldordnung für den Hafen Hamburg vom 14. März 1930 in der Fassung der Verordnungen vom 30. April 1930, 26. September 1931, 10. Juni 1936 und 20. November 1951 (HGVBl. 1930 S. 96, 173, 1931, S. 263, 1936 S. 127, 1951 S. 217),
3. die Liegegeldordnung für Ligger in hamburgischen Häfen vom 14. März 1930 in der Fassung der Verordnung vom 5. November 1935 (HGVBl. 1930 S. 117, 1935 S. 231)[1]),
4. die Gebührenordnung für die Benutzung der öffentlichen Anlagen im Hamburger Hafen vom 26. März 1931 in der Fassung der Verordnungen vom 15. Juli 1932, 29. November 1933, 2. Mai 1934, 23. Oktober 1935 und der Satzung vom 26. März 1941 (HGVBl. 1931 S. 89, 1932 S. 215, 1933 S. 535, 1934 S. 210, 1935 S. 227, HVBl. 1941 S. 31),
5. die Hafenordnung für den Sprengstoffhafen auf der Kleinen Kattwick vom 16. Dezember 1907 (ABl. S. 743),
6. die Bekanntmachung, betreffend Maschinensignale auf Flußdampfern im Hamburger Hafen, vom 29. November 1918 (ABl. S. 1915),
7. die Verordnung über entgeltliche Personenbeförderung im Hamburger Hafen vom 29. März 1928 (HGVBl. S. 109),
8. die Ausführungsbestimmungen zur Verordnung über entgeltliche Personenbeförderung im Hamburger Hafen vom 29. März 1928 (HGVBl. S. 110),
9. die Verordnung über Sicherung der Personen- und Güterbeförderung im Hamburger Hafen vom 29. März 1928 (HGVBl. S. 120),

---

[1]) siehe Anm. 1 zur Liegegeldordnung für Ligger.

10. die Polizeiverordnung über den Befähigungsnachweis der Führer von Dampf- und Motorfahrzeugen im Hafen Hamburg vom 30. Dezember 1937 (HGVBl. 1938 S. 5),
11. die Polizeiverordnung über die Verwendung von „Leichtdieselkraftstoff" (LDK) oder „Sonderdieselkraftstoff I" (SDK I) auf Motorfahrzeugen, die im Hafen Hamburg der Personenbeförderung dienen, vom 18. November 1942 (HVBl. S. 55),
12. die Verordnung über die Beseitigung von Ölrückständen aus Schiffen im Hamburger Hafen vom 22. September 1953 (HGVBl. S. 229),
13. die Verordnung über Entgelte der Hafenschiffahrt im Gebiet des Hafens Hamburg vom 11. Dezember 1951 (HGVBl. S. 225),
14. die Verordnung, betreffend Vorschriften über die Fahrt der Dampfschiffe auf der Dove Elbe, der Gose Elbe und im Schleusengraben bei Bergedorf vom 27. Mai 1896 in der Fassung der Bekanntmachungen vom 23. August 1897 und 23. November 1905 (ABl. 1896 S. 231, 1897 S. 381, 1905 S. 612),

ferner im örtlichen Geltungsgebiet dieses Gesetzes:

15. die Verordnung, betreffend Anmeldung und Bezeichnung der Küsten- und Elbfischerfahrzeuge, vom 25. Januar 1901 in der Fassung der Verordnungen vom 16. März 1938 und 17. Oktober 1938 (ABl. 1901 S. 63, HGVBl. 1938 S. 65, HVBl. 1938 S. 203),
16. die Verordnung, betreffend Sicherung der Beförderung von Passagieren mit Dampfschiffen auf der Elbe, vom 9. März 1913 in der Fassung der Verordnungen vom 12. September 1923 und 3. Juni 1947 (ABl. 1913 S. 271, HGVBl. 1923 S. 1074, 1947 S. 31),
17. die Verordnung über den Befähigungsnachweis der Besatzung der auf der Elbe verkehrenden Passagierdampfer vom 14. Oktober 1936 (HGVBl. S. 237),
18. die Verordnung für die Bootsvermieter auf der Elbe und auf der Bille vom 17. Juli 1926 (HGVBl. S. 500),
19. die Verordnung über Bodenentnahme aus der Elbe, ihren Neben- und Altarmen, den Häfen und den Vorlandflächen oberhalb Blankenese vom 22. April 1929 (HGVBl. S. 167),
20. die Polizeiverordnung über den Schutz der öffentlichen Wasserläufe und ihrer Anlagen vom 28. November 1929 (HGVBl. S. 520),
21. die Verordnung über Anmeldung und Bezeichnung kleiner Fluß- und Hafenfahrzeuge vom 23. Dezember 1935 in der Fassung der Verordnung vom 21. Juni 1940 (HGVBl. 1935 S. 271, HVBl. 1940 S. 97),
22. die Polizeiverordnung, betreffend die Beförderung von Ferrosilizium und Mangansilizium usw. vom 9. Oktober 1944 (HVBl. S. 63),

23. die Polizeiverordnung über die Einrichtung, den Betrieb und die Benutzung von Fähren in der Hansestadt Hamburg vom 1. August 1950 (HGVBl. S. 177),
24. die Hafengeldordnung für Cuxhaven vom 14. März 1930 in der Fassung der Verordnungen vom 30. April 1930 und 20. November 1951 (HGVBl. 1930 S. 110 und 174, 1951 S. 217),
25. die Gebührenordnung für die Benutzung der öffentlichen Anlagen im Hafen von Cuxhaven vom 13. Februar 1933 in der Fassung der Verordnungen vom 5. April 1933, 2. Mai 1934 und 3. Juli 1951 (HGVBl. 1933 S. 28 und 77, 1934 S. 210, 1951 S. 102).

(2) Soweit die in Absatz 1 genannten Vorschriften als auf Grund dieses Gesetzes erlassen gelten, finden die in ihnen noch enthaltenen Strafbestimmungen keine Anwendung. Verstöße werden nach den §§ 61 und 62 geahndet, ohne daß es der nach § 61 Absatz 1 Buchstabe d) vorgesehenen Verweisung bedarf.

§ 68

Verstöße, die nach den unter § 67 genannten Vorschriften bisher mit Strafen bedroht waren, sind nach altem Recht zu behandeln, soweit sie vor Inkrafttreten dieses Gesetz begangen worden sind.

§ 69

(1) Dieses Gesetz tritt am 1. Januar 1955 in Kraft.

(2) Gleichzeitig werden alle entgegenstehenden und gleichlautenden Vorschriften aufgehoben, soweit sie nicht bereits außer Kraft getreten sind, insbesondere

1. das Hafengesetz vom 2. Juni 1897 (ABl. S. 227) mit den zu seiner Änderung und Ergänzung ergangenen Vorschriften,
2. die Hafenordnung für den Hafen Hamburg vom 14. März 1930 (HGVBl. S. 81) mit den zu ihrer Änderung und Ausführung erlassenen Bestimmungen,
3. das Gesetz zur Aufhebung des Gesetzes, betreffend die Erhebung eines Hafengeldes in Hamburg und Cuxhaven, vom 14. März 1930 (HGVBl. S. 80),
4. die Polizeiverordnung über Lotsenzwang im Hafen Hamburg vom 14. Mai 1941 (HVBl. S. 45),
5. die §§ 3, 4, 5, 60, 62 und 64 der Hafenpolizeiordnung für den Hafen Hamburg vom 26. Juli 1935 in der Fassung der Verordnung vom 27. Mai 1947 (HGVBl. 1935 S. 157, 1947 S. 29),
6. die Bekanntmachung, betreffend Sicherung des öffentlichen Verkehrs auf den Wasserflächen zwischen Alsterschleuse und Roosen-, Schaartor- und Mühlenbrücke, vom 12. Februar 1912 (ABl. S. 113),

7. die Schleusenordnung vom 24. Oktober 1929 (HGVBl. S. 487) im Geltungsgebiet dieses Gesetzes,
8. die Bekanntmachung, betreffend die Ausführungen von Peilarbeiten im Hafen Hamburg, vom 14. April 1930 (AA. S. 393),
9. die Polizeiverordnung gegen die Verunreinigung des Hafens vom 21. August 1935 (HGVBl. S. 195),
10. die Polizeiverordnung über den Verkehr auf der Wasserfläche unterhalb Finkenwerder vom 14. September 1939 (HVBl. S. 151),
11. die Polizeiverordnung über das Anlegen von Fahrzeugen an Fischdampfern vom 16. Juli 1948 (HGVBl. S. 65).

(3) Ferner werden folgende Vorschriften, soweit sie nicht bereits außer Kraft getreten sind, aufgehoben:

1. das Gesetz, betreffend Anstellung eines Hafenarztes, vom 24. März 1893 (ABl. S. 109),
2. die Bekanntmachung, betreffend die Tätigkeit des Hafenarztes, vom 15. Juli 1893 (ABl. S. 295),
3. die Gesetze, betreffend Anstellung eines Hafeninspectors und Anstellung eines zweiten Hafeninspectors, vom 26. November 1897 und 26. April 1901 (ABl. 1897 S. 515, 1901 S. 207),
4. die Verordnung, betreffend Rettungsringe auf Fracht- und Fischereifahrzeugen, vom 26. Mai 1913 (ABl. S. 310),
5. die Polizeiverordnung über Beförderung von Gütern im Freihafen vom 19. Januar 1928 (HGVBl. S. 41),
6. das Gesetz zur Aufhebung der Betriebs- und Gebührenordnung für die Kaianlagen, des Eisenbahn-Kairegulativs und des Gesetzes über die Erhebung von Wagenstandgeld auf den Hafenbahnen vom 22. August 1930 (HGVBl. S. 327),
7. die Verordnung über Zulassungsbeschränkungen in der Hamburger Hafenschiffahrt vom 10. Oktober 1936 (HGVBl. S. 233),
8. die Satzung über die Erhebung einer Verholgebühr im Hamburger Hafen vom 20. März 1940 (HVBl. S. 38),
9. das Gesetz über den Personen- und Warenverkehr im Hafen Hamburg vom 4. Juni 1950 in der Fassung des Gesetzes vom 23. September 1950 (HGVBl. S. 121 und 183).

Anlage 1

[Die Hafenharte befindet sich am Schluß des Buches, ist im übrigen auch beim Kartogr. Büro Strom- und Hafenbau Hamburg einzusehen. Verwiesen wird auf die Hamburger Hafenverkehrskarte, die sowohl als Falt- wie als Wandkarte im Verlag Cram, de Gruyter & Co. in Hamburg erschienen ist und sich vor allem durch ein Beiheft mit allen praktisch-wesentlichen Angaben über Hafenwirtschaft und -organisation auszeichnet.]

Anlage 2

Seeschiffhäfen im Sinne von § 4 Absatz 4 des Hafengesetzes sind:

Die Altonaer Häfen (mit Ausnahme des Teufelsbrücker Hafens),
der Sandtorhafen,
der Grasbrookhafen,
der Strandhafen,
der Magdeburger Hafen bis zur südlichsten Brücke,
der Bakenhafen,
der Kirchenpauerhafen,
der Segelschiffhafen,
der Hansahafen,
der Indiahafen,
der Südwesthafen,
der Grenzkanal,
der Reiherstieg von der Norderelbe bis zur Plangeschen Mühle,
der Werfthafen,
die Wasserfläche des früheren Trockendocks Elbe XVII,
der Kuhwerder Hafen,
der Kaiser-Wilhelm-Hafen,
der Ellerholzhafen,
der Oderhafen,
der Travehafen,
der Roßhafen,
der Vulkanhafen,
der Vorhafen,
der Kohlenschiffhafen,
der Makenwerder Hafen,
der Parkhafen,
der Waltershofer Hafen,
der Griesenwerder Hafen,
der Petroleumhafen,
das Köhlfleet und die Aue unterhalb der Eisenbahnbrücke,
der Steendiekkanal,
der Rüschkanal,
der Neßkanal,
die Wilhelmsburger Kanäle unterhalb der Brücken bzw. Schleusen,
der Neuhofer Seeschiffs-Kanal,
die Rethe,
der Reiherstieghafen,
der Binnenhafen in Harburg,
die Seehäfen 1 bis 4 in Harburg

und ferner:

die Unterelbe, die Norderelbe unterhalb der Freihafenelbbrücke mit Ausnahme des Niederhafens, der Köhlbrand und die Süderelbe unterhalb der westlichsten Brücke.

Anlage 3

Die in § 63 Absatz 2 des Hafengesetzes genannten Grenzen verlaufen wie folgt:

Nordkante der Straßen Neumühlen, Kaistraße, Elbberg, Große Elbstraße, St. Pauli Fischmarkt, Bei den St. Pauli-Landungsbrücken, Johannisbollwerk, Vorsetzen, Steinhöft, Schaartor, Beim alten Waisenhause, Kajen, Hohe Brücke, Bei dem neuen Krahn, Bei den Mühren, Zippelhaus, Dovenfleet —

nördliche Ufermauer Oberhafen bis zur Oberhafenbrücke —

Nordkante Stadtdeich, Südkante Bei der Brandshofer Schleuse, Nordkante Billwerder Neuer Deich, Nordkante Ausschläger Elbdeich —

Ostkante der Straßen Bergedorfer Heerweg, Andreas-Meyer-Brücke, Billwerder Elbdeich —

Südkante Deichweg am rechten Ufer der Dove Elbe bis zur Höhe der Schöpfstelle, von dort aus westlich über die Schöpfstelle zum Ostufer der Norderelbe —

Einmündung Müggenburger Kanal in die Norderelbe —

südliche Ufer dieses Kanals, des Müggenburger Zollhafens und der Müggenburger Durchfahrt —

Zollzaun Südkante Berliner Ufer —

Südufer Ernst-August-Kanal —

Ostkante Ernst-August-Deich —

Nord- und Ostufer Reiherstieger Wettern, Ostufer Veringkanal —

Südkante Schlengendeich und Wilmansstraße —

Westkante der Straßen Georg-Wilhelm-Straße, König-Georg-Deich, Wilhelmsburger Reichsstraße, Hannoversche Straße —

Nordseite Schienenstrang Harburg-Buxtehude —

Süd- und Westkante Moorburger Straße verlängert bis zum Ufer der Süderelbe —

Ostkante des Deiches am Westufer der Süderelbe und des Dreikatendeiches —

Nordkante Altenwerder Elbdeich —

Nordkante Finkenwerder Straße —

Ostkante der Straßen Auedeich, Sandhöhe, Müggenburg, Steendiek —

Nordkante der Straßen Finkenwerder Norderdeich, Neßdeich verlängert westlich bis zum Elbufer.

2. Verordnung zur Durchführung des Hafengesetzes

vom 7. Januar 1955 (HGVBl. I S. 1)

Auf Grund des § 63 des Hafengesetzes vom 21. Dezember 1954 (HGVBl. S. 169) wird verordnet:

§ 1

Zu § 7:

(1) Seeschiffe, die nicht an Ufermauern oder Kais liegen und die einen Hafenlotsen beanspruchen wollen, haben dies zwei Stunden vor Abfahrt bekanntzugeben; sonst haben sie für die Beförderung des Hafenlotsen an und von Bord selbst zu sorgen.

(2) Als innerer Werftverkehr im Sinne des § 7 Absatz 1 des Hafengesetzes sind alle Schiffsbewegungen innerhalb der Werften mit Ausnahme des Ein- und Ausdockens anzusehen. Hierzu gehören insbesondere die Schiffsbewegungen

a) am Steinwerder Ufer und im Werfthafen,
b) im Steendiekkanal,
c) zwischen Sägerei- und Vulkankai,
d) zwischen Steinwerder Kanal und Fährkanal,

jeweils für die an den genannten Stellen arbeitenden Werften.

§ 2

Zu § 11:

(1) Seeschiffe sind durch Übergabe eines ausgefüllten und unterschriebenen Vordrucks an den Lotsen anzumelden. Ist die Anmeldung beim Lotsen unterblieben oder war das Schiff nicht mit einem Lotsen besetzt, so ist die Anmeldung binnen 24 Stunden durch Abgabe des ausgefüllten und unterschriebenen Vordrucks bei einem der hamburgischen Hafenämter oder bei deren diensttuenden Beamten vorzunehmen.

(2) Binnenschiffe sind binnen 24 Stunden nach der Ankunft durch Abgabe eines ausgefüllten und unterschriebenen Vordrucks bei einem der hamburgischen Hafenämter oder bei deren Beamten anzumelden. Die Anmeldung wird bescheinigt. Diese Bescheinigung ist an Bord des Schiffes aufzubewahren und den Hafen- und Hafenpolizeibeamten auf Verlangen vorzuzeigen.

§ 3

Zu § 11:

(1) Seeschiffe sind durch Abgabe eines ausgefüllten und unterschriebenen Vordrucks an den Hafenlotsen abzumelden. Ist die Abmeldung beim Hafenlotsen unterblieben oder war das Schiff nicht mit einem Hafenlotsen besetzt, so ist die Abmeldung binnen 24 Stunden durch Abgabe des ausgefüllten und unterschriebenen Vordrucks bei einem der hamburgischen Hafenämter oder bei deren Beamten vorzunehmen.

(2) Binnenschiffe sind durch Abgabe eines ausgefüllten und unterschriebenen Vordrucks bei einem der hamburgischen Hafenämter oder bei deren Beamten abzumelden. Die Abmeldung wird bescheinigt.

§ 4

Zu § 12:

(1) Die Schiffsführung jedes von See kommenden See- oder Binnenschiffs hat unverzüglich nach Ankunft im Hafen dem überprüfenden Hafenpolizeibeamten Listen aller an Bord befindlichen Personen nach vorgeschriebenen Mustern auszuhändigen.

(2) Der Schiffsführung wird eine Bescheinigung über die Überprüfung ausgehändigt.

§ 5

Zu § 13:

(1) Bei der Abfahrtsuntersuchung hat die Schiffsführung auf den bei der Ankunft abgegebenen Listen zu bestätigen, daß alle darin aufgeführten Personen mit Ausnahme derjenigen, für die eine Genehmigung der Hafenpolizei zum Zurückbleiben an Land erteilt ist, sich wieder an Bord befinden. Außerdem sind die neu hinzugekommenen Personen aufzuführen.

(2) Absatz 1 gilt nicht für Fahrgäste.

(3) Der Schiffsführung wird eine Bescheinigung über die Überprüfung ausgehändigt. Diese Bescheinigung gilt als Erlaubnis zur Abfahrt, wenn sich aus ihr nichts anderes ergibt.

§ 6

Zu § 17:

(1) Innerhalb des Fischereihafens bestimmt die Fischmarkt Hamburg-Altona G. m. b. H., welchen Platz Fischereifahrzeuge bei der Ankunft oder bei Platzveränderungen einzunehmen haben. Ist eine solche Bestimmung getroffen, so ist eine Liegeplatzanweisung nach § 17 des Hafengesetzes nicht erforderlich.

(2) Unterelbische Binnenschiffe und kleine Küstenfahrzeuge, denen noch kein Liegeplatz angewiesen ist, haben sich zunächst in den Makenwerder Hafen hinzulegen.

(3) In den Harburg-Wilhelmsburger Häfen ankommende Binnenschiffe, die nicht für den Binnenhafen bestimmt sind, haben bis zur Anweisung des Liegeplatzes an den Pfählen am Südufer der Süderelbe unterhalb der Elbbrücken festzumachen.

(4) Die Pfähle in der Süderelbe gegenüber Moorburg sind vorzugsweise für Tankschiffe bestimmt. Andere Fahrzeuge haben Tankschiffen auf Verlangen sofort Platz zu machen.

(5) Im Jachthafen sind Beiboote hinter die Schlengel zu legen.

§ 7

Zu § 17:

Für die Benutzung der St. Pauli- und Altonaer Landungsbrücken, der Landungsanlagen an der Unterelbe und am Stadtdeich gilt folgendes:

a) Die Liegeplätze werden von den zuständigen Aufsichtsbeamten angewiesen.
b) Fahrplanmäßig verkehrende Fahrgastschiffe werden bevorzugt. Früher als eine halbe Stunde vor der festgesetzten Abfahrtszeit dürfen Fahrgastschiffe nur mit Genehmigung des zuständigen Hafenamtes anlegen. Festgesetzte Abfahrtszeiten sind genau innezuhalten. Unregelmäßig verkehrende Fahrgastschiffe haben die Zeit jeder Abfahrt vorher mit dem zuständigen Beamten zu vereinbaren.
c) Binnenschiffe müssen eine halbe Stunde nach der Ankunft wieder ablegen; sie haben, wenn nötig, ankommenden Fahrgastschiffen und Seeschiffen sofort Platz zu machen.
d) Hafenfahrzeuge dürfen unbeschadet des Buchstaben b) nur anlegen, um Fahrgäste an Bord zu nehmen oder abzusetzen, und zwar nur dann, wenn dadurch kein längerer Aufenthalt verursacht wird; sie haben, wenn nötig, ankommenden Fahrgastschiffen und Seeschiffen sofort Platz zu machen.
e) Güter müssen unverzüglich und ohne Unterbrechung geladen und gelöscht werden. Mit dem Löschen darf erst begonnen werden, wenn die Fahrgäste von Bord sind. Güter dürfen nur an den dafür bestimmten Stellen gelagert und nur dann mit Handkarren über die Anlagen bewegt werden, wenn sie nicht getragen werden können.
f) Waren dürfen nicht ausgehökert werden.
g) Das zuständige Hafenamt kann Ausnahmen von den Buchstaben c) bis f) zulassen.

§ 8

Zu § 17:

Die Landungsanlage an der Überseebrücke darf nur mit Zustimmung der Hamburger Hafen- und Lagerhaus AG. benutzt werden.

§ 9

Zu § 17:

Für die Benutzung der öffentlichen Lösch- und Ladeplätze im Hamburger Hafen gilt folgendes:

a) Die Liegeplätze werden von den zuständigen Aufsichtsbeamten angewiesen. An den Pontons der Landungsanlage am Deichtormarkt weist der Marktaufsichtsdienst die Liegeplätze an.

b) Soweit nichts anderes bestimmt wird, dürfen mehrere Fahrzeuge nebeneinander liegen. Der Verkehr zwischen den außenliegenden Fahrzeugen und dem Lande darf von den innenliegenden Fahrzeugen nicht behindert werden.

c) Am Bootsponton in der Aue dürfen nur Boote, Barkassen und kleine Fahrzeuge mit Maschinenantrieb liegen, und zwar nur solange sie Personen oder Sachen absetzen oder übernehmen.

d) Güter müssen nach dem Anlegen der Fahrzeuge und ohne Unterbrechung während der üblichen Arbeitsstunden gelöscht werden. Sie dürfen nur mit Erlaubnis der Aufsichtsbeamten gelagert werden. Diese bestimmen Lagerplatz, Lagermenge und Lagerzeit. Nach Ablauf der Lagerzeit ist der angewiesene Lagerplatz auf Anordnung des Aufsichtsbeamten unverzüglich zu räumen. Gelagerte Güter sind während der Dunkelheit unabhängig von der Straßenbeleuchtung ausreichend zu beleuchten; sie werden amtlich nicht bewacht.

e) Waren dürfen nicht ausgehökert werden. Das zuständige Hafenamt kann Ausnahmen zulassen.

f) Arbeiten, die Staub oder andere Unreinlichkeiten verursachen, insbesondere auch das Sieben von Kohlen, dürfen nur mit Zustimmung des Aufsichtsbeamten ausgeführt werden.

§ 10

Zu § 17:

Für das Liegen im Durchstich und an der Koppelstelle auf der Süderelbe oberhalb der Harburger Eisenbahnbrücke gilt folgendes:

a) Die nördliche Hälfte des Durchstichs ist für den durchgehenden Verkehr freizuhalten.

b) Den talwärts bestimmten Fahrzeugen und Flößen ist es verboten, den Kalte-Hofe-Durchstich als Ankerplatz zu benutzen. Auch unterhalb der Einfahrt zum Peuter Hafen dürfen solche Fahrzeuge und Flöße auf längere Zeit nicht verankert werden, sondern sind sofort nach Ankunft an den vor dem Südufer des Durchstichs befindlichen, mit den Nummern 25 bis 39 bezeichneten Pfahlgruppen zu vertäuen.

c) Beladene Fahrzeuge, die zum Ausgang in den Freihafen bestimmt sind, haben sofort zwecks zollamtlicher Abfertigung an den zwischen Peuter Kanal und Marktkanal befindlichen, mit den Nummern 1 bis 11 bezeichneten Pfahlgruppen zu vertäuen.

d) Bei Entenwerder für die Bergfahrt zollamtlich abgefertigte Fahrzeuge, die ihre Fahrt nicht sofort antreten, haben unverzüglich nach der Abfertigung an den im Durchstich oberhalb der Einfahrt des Peuter Hafens befindlichen, mit den Nummern 1 bis 24 bezeichneten Pfahlgruppen zu vertäuen.

e) Auf der Süderelbe bergwärts bestimmte Fahrzeuge, die ihre Fahrt nicht sofort antreten, haben an den Pfahlgruppen der Koppelstelle oberhalb der Eisenbahnbrücke über die Süderelbe zu vertäuen. Talwärts bestimmte Fahrzeuge dürfen hier nur anlegen, wenn das zuständige Hafenamt nichts anderes anordnet.

f) Sind an den unter Buchstaben b) bis e) angegebenen Stellen geeignete Liegeplätze nicht mehr vorhanden, so sind die Fahrzeuge nach Anweisung des zuständigen Hafenamtes an eine andere Stelle zu legen.

§ 11

Zu § 19:

Die Fahrzeuge der Wurfnetzfischer haben an den Landungsstellen des Fischmarktes den Baum einzuziehen.

§ 12

Zu § 21:

Fischereifahrzeugen, die vor Anker liegend fischen oder mit lebenden Fischen elbaufwärts bestimmt sind, ist das Ankern an der Südseite der Unterelbe bis 50 m nördlich des südlichen Tonnenstriches auf einer Strecke gestattet, die begrenzt wird

a) im Osten durch die Verbindungslinie der Nienstedtener Kirche mit der westlichen Einfahrt des Neßkanals,

b) im Westen durch die untere Hafengrenze.

Ausgenommen hiervon ist die Unterelbe zwischen den Tonnen M und K (Einfahrt zum Mühlenberger Loch). Jedoch dürfen höchstens zwei Fischereifahrzeuge nebeneinander ankern.

§ 13

Zu § 23:

(1) Im Segelschiffhafen, Oderhafen, Roßhafen, Vulkanhafen, Ellerholzhafen, Kaiser-Wilhelm-Hafen, Kuhwerder Hafen, Vorhafen, Kohlenschiffhafen, Waltershofer Hafen, Griesenwerder Hafen und Parkhafen bedarf es zur Verwendung von schwimmenden Geräten keiner Erlaubnis, soweit das Oberhafenamt im Einzelfall aus Verkehrsgründen nichts anderes anordnet.

(2) Dies gilt jedoch nicht bei Einsatz an abgebäumten Fahrzeugen und im Falle des § 23 Absatz 2 des Gesetzes.

§ 14

Zu § 24:

(1) Fahrgäste dürfen von allen Fahrzeugen nur an den dafür vorgesehenen Stellen an Bord genommen oder gelandet werden.

(2) Liegen die Schiffsausgänge und die Oberkante der Anlegestellen nicht in gleicher Höhe, so sind von den Fahrzeugen mindestens 1 m breite und an beiden Seiten mit Geländern versehene Stege oder Laufbrücken auszubringen. Fahrgäste dürfen das Fahrzeug nur unter Benutzung dieser Stege oder Laufbrücken betreten oder verlassen.

(3) Auf Hafenschlepper, Barkassen und Boote findet Absatz 2 keine Anwendung.

(4) Müssen Stege oder Laufbrücken nach Absatz 2 nicht ausgebracht werden, so haben die Fahrgäste die Ausgangspforten der Fahrzeuge zu benutzen.

(5) Fahrgäste dürfen ein Fahrzeug nur betreten oder verlassen, wenn es fest vertäut ist.

(6) Den Fahrgästen sind Besucher von Fahrzeugen gleichgestellt.

§ 15

Zu § 29:

Die Grenzen der nach § 29 an der Unterelbe für Sport- und Kleinfahrzeuge eingerichteten Liege- und Ankerplätze werden im Amtlichen Anzeiger bekanntgemacht. Sofern nichts anderes bestimmt wird, wird die Abgrenzung durch graue Tonnen bezeichnet.

§ 16

Zu § 33 Absatz 3:

(1) Ortsfeste Nebelsignale können mit Glocke oder Membransender gegeben werden.

(2) Die Einrichtung von Signalstellen und die Art der Signale werden im Amtlichen Anzeiger bekanntgemacht[1]).

(3) Eine Gewähr für einwandfreie Bedienung der Signalstellen ist nicht gegeben.

§ 17

Zu § 40:

Die zulässige Länge und Breite der Schleppzüge beträgt:

a) auf der Unterelbe = 450 m Länge und 30 m Breite,

b) auf der Norderelbe unterhalb der Freihafenelbbrücke sowie im Reiherstieg nördlich der Freihafengrenze und in der Rethe

1. wenn die geschleppten Fahrzeuge kein Steuer haben:
   100 m Länge und 22 m Breite,
2. wenn die geschleppten Fahrzeuge ein Steuer haben:
   120 m Länge und 22 m Breite,

c) auf der Süderelbe unterhalb der westlichsten Brücke und auf dem Köhlbrand 200 m Länge und 24 m Breite,

---

1) siehe Bekanntmachung über Nebelsignale im Hafen vom 25. 9. 1956 (AA. S. 927).

d) im Reiherstieg südlich der Freihafengrenze
150 m Länge und 16 m Breite,

e) auf den Kanälen zur Alster unterhalb der Schleusenbrücke
160 m Länge und eine Fahrzeugbreite,
auf dem Bleichenfleet oberhalb der Bleichenbrücke und dem Neuenwallfleet jedoch nur 80 m Länge und eine Fahrzeugbreite,

f) in den übrigen Teilen des Hafens
80 m Länge und 16 m Breite.

§ 18

Zu § 40:

Die Führer geschleppter Fahrzeuge haben sich, soweit ihre Anwesenheit an anderer Stelle nicht erforderlich ist, während der Fahrt am Steuer, bei Fahrzeugen ohne Steuer auf der Bugtreppe oder an einem sonstigen Platze so aufzuhalten, daß sie einen genügenden Überblick über das Fahrwasser und das Schleppgeschirr haben.

§ 19

Zu § 40:

Schleppzüge für die Bergfahrt müssen in der Norderelbe in der südlichen Hälfte des Durchstichs oberhalb der Einfahrt zum Peuter Hafen, in der Süderelbe zwischen der Eisenbahnbrücke und der Bundesautobahnbrücke vor den durch Tafeln gekennzeichneten Pfahlgruppen zusammengestellt werden. Dabei ist § 10 dieser Verordnung zu beachten.

§ 20

Zu § 44:

(1) Motorboote und Barkassen dürfen in den Hammerbrookkanälen nur fahren, wenn sie höchstens 1,5 m tief gehen, Ewer und Frachtkähne mit Motor nur, wenn sie höchstens 1,6 m tief gehen. Mehr als zwei Fahrzeuge dürfen nicht geschleppt werden.

(2) Im Ernst-August-Kanal und in den Hammerbrookkanälen beträgt die zulässige Höchstgeschwindigkeit durchs Wasser 8 km (4,3 Seemeilen) in der Stunde.

(3) Die Kanäle des Harburger Binnenhafens dürfen nur von solchen Fahrzeugen benutzt werden, die an den dort belegenen Lagerhäusern oder an den Kanalufern laden oder löschen wollen.

§ 21

Zu § 46:

(1) Die freie Durchfahrthöhe der Rethebrücke beträgt bei geöffneter Brücke 42,00 m über MTnw (Kartennull).

(2) An den beweglichen Brücken bedeuten die Lichtsignale:

Ein rotes Licht:	Achtung! Brücke wird bewegt.
Zwei grüne nebeneinander liegende Lichter:	Durchfahrt frei.
Kein Licht:	Brücke geschlossen. Durchfahrt nur für solche Fahrzeuge, deren Höhe ein ungehindertes Passieren erlaubt.

§ 22

Zu § 46:

(1) Die Betriebszeiten der beweglichen Brücken sowie die Öffnungszeiten während der Betriebszeit werden im Amtlichen Anzeiger bekanntgemacht.

(2) Zwischen den bekanntgemachten Öffnungszeiten werden die Brücken nur in besonderen Ausnahmefällen geöffnet.

§ 23

Zu § 47:

(1) An den Schleusen bedeuten die Lichtsignale:

Zwei nebeneinanderliegende rote Lichter:	Halt! Einfahrt verboten.
Zwei nebeneinanderliegende grüne Lichter:	Einfahrt frei.
Ein rotes Licht:	Achtung! Es wird Wasser abgelassen.
Kein Licht:	Schleuse ist außer Betrieb.

(2) Bei der Reiherstiegschleuse hat die westliche Kammer eine um 0,80 m höher liegende Sohle als die östliche. Um den Fahrzeugen schon rechtzeitig die zu benutzende Schleusenkammer anzuzeigen, werden daher hier außerdem Richtungssignale gegeben, die aus je einem weißen festen Licht und einem weißen Blinklicht bestehen.

§ 24

Zu § 47:

(1) Die Ein- und Ausfahrten vor den Schleusen sind für die aus den Schleusenkammern kommenden Fahrzeuge freizuhalten. In der Nähe oder in den Vorhäfen von Stauschleusen dürfen Fahrzeuge sich nicht länger aufhalten, als es zu ihrer Anmeldung und dem Ein- und Ausholen erforderlich ist.

(2) In der Nähe von Stauschleusen liegende Fahrzeuge sind besonders sorgfältig zu vertäuen. In den Kammern dieser Schleusen sind die Fahrzeuge so zu vertäuen, daß sie bei einer Änderung des Wasserstandes sich nicht aufhängen und die Schleusentore nicht beschädigen können.

(3) Die Schiffsführung tiefgehender Fahrzeuge hat sich an den Schleusenpegeln oder durch Nachfrage bei der Schleusenbedienung zu überzeugen, ob die Durchfahrt möglich ist. Fahrzeuge, die wegen ihrer Abmessungen in den Schleusenkammern festgeraten können, sind von der Benutzung der Schleuse ausgeschlossen.

(4) Die Hafenschleuse Harburg besitzt eine gewölbte Kammersohle, deren Kanten etwa 1,90 m höher liegen als die Mitte. Tiefergehende Fahrzeuge haben sich daher in der Kammermitte zu halten. Fahrzeuge, die länger als 61 m sind, dürfen diese Schleuse nur mit Erlaubnis des Schleusenmeisters durchfahren.

(5) Während des Liegens in den Stauschleusen dürfen die Schiffsschrauben nicht gedreht werden.

(6) Die Betriebszeiten der Schleusen werden im Amtlichen Anzeiger bekanntgemacht.

§ 25

Zu § 50:

Im Jachthafen ist in jedem Falle das Sinken von Fahrzeugen sowie der Verlust von Ankern und anderen schiffahrtsgefährdenden Gegenständen sofort dem zuständigen Hafenamt zu melden.

§ 26

Zu § 53:

Jedes Fischen ist verboten:

a) unter den Brücken,
b) an solchen Stellen des Hafens, an denen ein starker Verkehr stattzufinden pflegt oder in deren unmittelbarer Nähe Baggerungen oder andere Hafen- oder Wasserbauarbeiten vorgenommen werden,
c) in den Petroleumhäfen,
d) im Jachthafen,
e) im Müggenburger Zollhafen und in der Müggenburger Durchfahrt,
f) in einem geringeren Abstand als 10 m von den an den Brücken des Zollamts Entenwerder liegenden Fahrzeugen,
g) im Altonaer Hafen oberhalb der Landungsbrücken Neumühlen und
h) an Stellen, an denen die Hafenbeamten oder die Hafenpolizeibeamten es aus Verkehrsgründen untersagen.

§ 27

Zu § 56:

(1) Die Gebrauchserlaubnis für die in § 56 Absatz 4 des Hafengesetzes genannten Wasserflächen darf nur versagt werden, wenn bei ihrer Ertei-

lung Gefahren für die öffentliche Sicherheit und Ordnung, insbesondere für die Sicherheit und Leichtigkeit des Schiffsverkehrs, drohen würden. Für das Zuführen von festen, flüssigen oder gasförmigen Stoffen und für die Entnahme von Wasser verbleibt es jedoch bei der Regelung des § 56 Absatz 1.

(2) Für die Inanspruchnahme im Sinne des Absatzes 1 wird eine staatliche Benutzungsgebühr gefordert; in den Fällen des Absatzes 1 Satz 2 gilt dies jedoch nur dann, wenn die Wasserfläche durch eine Schleuse von anderen Teilen des Hafens getrennt ist.

§ 28

Zu § 69 Absatz 3 Ziffer 2:

Die Verordnung über die gesundheitliche Behandlung der Seeschiffe vom 25. April 1932 in der Fassung der Verordnung vom 9. März 1934 (HGVBl. 1932 S. 137, 1934 S. 92) ist unberührt geblieben.

§ 29

(1) Vorsätzliche oder fahrlässige Verstöße gegen die Bestimmungen der Verordnung werden nach den §§ 61 und 62 des Hafengesetzes geahndet.

(2) Verantwortlich im Sinne des Absatzes 1 sind in den Fällen der §§ 7 Buchstaben e und f, 14 Absatz 2 Satz 2 und Absatz 4, 25 und 26 alle vorschriftswidrig handelnden Personen, in den Fällen der §§ 2 und 3 die Schiffsführung sowie der Eigentümer oder Besitzer des Fahrzeugs, sonst nur die Schiffsführung. § 5 des Hafengesetzes bleibt unberührt.

3. Anordnung zur Durchführung des Hafengesetzes,

zugleich 6. Zuständigkeitsanordnung zum Gesetz über Ordnungswidrigkeiten (6. Zust. AO/OWG), vom 28. Dezember 1954 (AA. 1955 S. 1)

Auf Grund des § 3 des Hafengesetzes vom 21. Dezember 1954 (HGVBl. S. 169) wird bestimmt:

I.

Die Durchführung des Hafengesetzes und der dazu erlassenen Rechtsverordnungen obliegt der Behörde für Wirtschaft und Verkehr, soweit nicht im Folgenden etwas anderes bestimmt ist.

II.

(1) Schiffahrts- und hafenpolizeiliche Vollzugsaufgaben, die sich bei der Durchführung des Hafengesetzes, der nach § 2 des Hafengesetzes anwendbaren Vorschriften und der auf Grund des Hafengesetzes erlassenen Rechtsordnungen ergeben, obliegen der Polizeibehörde nach Maßgabe des Ab-

satzes 2. In diesem Umfange stehen den Bediensteten der Polizeibehörde die Rechte aus § 60 Absätze 1, 2 und 4 des Hafengesetzes zu.

(2) Die Polizeibehörde ist zuständig,

a) Gefahren, insbesondere für den Schiffsverkehr und die öffentliche Sicherheit und Ordnung im Hafen, zu ermitteln und diejenigen Maßnahmen zu ihrer Abwehr zu treffen, welche keinen Aufschub dulden;

b) die Einhaltung der der Sicherheit und Leichtigkeit des Schiffsverkehrs dienenden Vorschriften, insbesondere über das Verhalten im Verkehr, die Ausrüstung, die Bemannung, den Betrieb und die Kennzeichnung der Wasserfahrzeuge und sonstigen Schwimmkörper, zu überwachen und durchzusetzen;

c) die Schiffspapiere und die Befähigungsnachweise der Führer und Mannschaften der Wasserfahrzeuge und sonstigen Schwimmkörper zu prüfen.

(3) Die Zuständigkeit der Behörde für Wirtschaft und Verkehr für Maßnahmen nach § 60 Absätze 1, 2 und 4 bleibt unberührt.

III.

Die Polizeibehörde ist ausschließlich zuständig

a) für die Durchführung der §§ 12 bis 15 und des § 55 Buchstaben b und c des Hafengesetzes;

b) für Zulassungen in der Hafenschiffahrt und für die Erteilung von Befähigungsnachweisen auf Grund von Rechtsverordnungen nach § 63 Absatz 1 des Hafengesetzes.

IV.

Für die Durchführung der gesundheitspolizeilichen Aufgaben ist die Gesundheitsbehörde zuständig.

V.

Für Maßnahmen auf dem Gebiete des Feuerschutzes ist die Baubehörde zuständig.

VI.

Zuständig für alle Maßnahmen der Stromaufsicht und zur Durchführung

a) der §§ 46 Absatz 3 und 47 Absatz 4 (Anordnungen der Brücken- und Schleusenbedienungen),

b) der §§ 56 bis 59 des Hafengesetzes (Sondergebrauch),

c) des § 2 Absatz 2 des Hafengesetzes in Verbindung mit § 25 der Strandungsordnung

sind die Behörde für Wirtschaft und Verkehr und die Baubehörde nach Maßgabe einer von beiden Behörden gemeinsam vorzunehmenden örtlichen Abgrenzung ihrer Aufgabengebiete.

VII.

Den Bediensteten der Polizeibehörde, der Gesundheitsbehörde und der Baubehörde stehen im Rahmen der Abschnitte III bis VI die Rechte aus § 60 Absatz 1 Sätze 1 und 2 sowie Absätze 2 und 4 des Hafengesetzes zu.

VIII.

Die Zuständigkeit zur Ahndung von Ordnungswidrigkeiten (§ 8 des Landesgesetzes, zugleich in Verbindung mit § 66 Absatz 2 des Bundesgesetzes über Ordnungswidrigkeiten) bestimmt sich wie folgt:

a) Bei Verstößen gegen Vorschriften, die der Sicherheit und Leichtigkeit des Schiffsverkehrs dienen (Abschnitt II Absatz 2 Buchstabe b), ist die Polizeibehörde zuständig, soweit es sich nicht um Zuwiderhandlungen gegen Einzelanordnungen von Bediensteten der Behörde für Wirtschaft und Verkehr oder gegen solche Vorschriften handelt, deren Durchführung auf Grund besonderer Bestimmungen ausdrücklich der Behörde für Wirtschaft und Verkehr übertragen ist.

b) Im übrigen gilt die Erste Anordnung vom 11. August 1953 (1. Zuständigkeitsanordnung zum Gesetz über Ordnungswidrigkeiten, AA. S. 775).

IX.

§ 1 Absatz 4 des Gesetzes über Verwaltungsbehörden sowie § 5 des Gesetzes über die Bezirksverwaltung und die auf Grund dieser Bestimmung erlassenen Verordnungen in der jeweils geltenden Fassung bleiben unberührt.

X.

Die Behörde für Wirtschaft und Verkehr wird ermächtigt, im Einvernehmen mit den beteiligten Behörden die nach dem Hafengesetz und dieser Anordnung jeweils zuständigen Dienststellen im Amtlichen Anzeiger bekanntzumachen. Sie wird ferner beauftragt, die örtliche Abgrenzung der Aufgabengebiete der Behörde für Wirtschaft und Verkehr und der Baubehörde (Abschnitt VI) im Amtlichen Anzeiger bekanntzumachen.

4. Bekanntmachung

betr. örtliche Abgrenzung der Aufgabengebiete der Behörde für Wirtschaft und Verkehr und der Baubehörde bei der Durchführung des Hafengesetzes

vom 24. Januar 1956 (AA. S. 84).

Auf Grund der Abschnitte VI und X der Anordnung zur Durchführung des Hafengesetzes vom 28. Dezember 1954 (AA. 1955 S. 1) wird bekanntgemacht:

I.

Für alle Maßnahmen der Stromaufsicht und die Durchführung

a) der §§ 46 Absatz 3 und 47 Absatz 4 (Anordnungen der Brücken- und Schleusenbedienungen),

b) der §§ 56 bis 59 des Hafengesetzes (Sondergebrauch),

c) des § 2 Absatz 2 des Hafengesetzes in Verbindung mit § 25 der Strandungsordnung

ergibt sich die örtliche Abgrenzung der Aufgabengebiete der Behörde für Wirtschaft und Verkehr und der Baubehörde aus dem als Anlage beigefügten Übersichtsplan[1]).

II.

Die Festlegung der Grenzen im einzelnen ist den gemeinsam von der Behörde für Wirtschaft und Verkehr und der Baubehörde aufgestellten Niederschriften mit den dazu gehörenden Grenzplänen, die bei beiden Behörden zu kostenfreier Einsicht für jedermann niedergelegt sind, zu entnehmen.

---

[1]) einzusehen im Kartogr. Büro Strom- u. Hafenbau Hamburg.

III. Hafen Cuxhaven

1. Vereinbarung der durch Erlaß des Niedersächsischen Ministers für Wirtschaft und Verkehr vom 22. Juli 1950 und durch Beschluß des Senats der Hansestadt Hamburg vom 22. August 1950 bestellten Grenzkommissionen zur endgültigen Festsetzung der im Cuxhavener Hafengebiet gültigen Grenze zwischen niedersächsischem und hamburgischem Eigentum

vom 24. November 1950

(1) Die von den Grenzkommissionen in dem anliegenden Plan[1]) festgelegte Grenze soll unter Berücksichtigung bereits vorhandener und künftig erforderlich werdender Anlagen den Bedürfnissen beider vertragschließender Teile genügen.

(2) Dem Lande Niedersachsen wird hinter dem Schrägkai soweit Gelände überlassen, daß vom westlichen Knickpunkt des Imperatorufers ein 12 m breiter Streifen für die Hansestadt Hamburg für den Bau einer Straße verbleibt. Dagegen gestattet das Land Niedersachsen die Verlängerung von Gleisanlagen zur Aufschließung der Westerplatte.

(3) Die Kosten des Gleisanschlusses zur Westerplatte trägt die Hansestadt Hamburg. Im übrigen ist die Lage des Gleisanschlusses mit dem Bau des vom Land Niedersachsen geplanten Eiswerkes abzustimmen.

(4) Die Hansestadt Hamburg hat das Recht, zur Verbindung der beiden Freihafenteile auf ihre Kosten eine bewegliche, ständig bediente Brücke über den Zufahrtkanal zum neuen Fischereihafen zu bauen, wobei die Schiffahrt gegenüber dem Landverkehr den Vorrang hat. Die Lage der Brücke ist in dem anliegenden Plan festgelegt. Die Durchfahrtweite beträgt 56 m. Das westliche Widerlager der beweglichen Brücke wird begrenzt von der Verlängerung der Kaimauerflucht vor der Heringslagerhalle nach Nordosten. Die Öffnungsgeschwindigkeit und der Öffnungswinkel der Brücke sind nach dem neuesten technischen Stand im Zeitpunkt der Erbauung zu gestalten. Verbesserungen, die sich aus den Fortschritten der Technik ergeben, sind auf Verlangen des Landes Niedersachsen von der Hansestadt Hamburg durchzuführen, falls sie wirtschaftlich zumutbar sind. Die Hansestadt Hamburg verpflichtet sich, bei dem Bau der beweglichen Brücke auf der Südseite einen 2 m breiten Fußweg,

---

[1]) einzusehen bei Finanzbehörde Hamburg, Liegenschaftsverwaltung.

der eine zollinländische Verbindung herstellt, mitzubauen. Falls beim Brückenbau die zur Zeit vorhandene Treppennische in Fortfall kommt, wird die Hansestadt Hamburg eine neue Treppe im Zusammenhang mit dem Bau des Widerlagers herstellen.

(5) Die Hansestadt Hamburg ist einverstanden, daß die Weichenverbindungen zu den Gleisen am Lentzkai in der im Plan skizzenhaft angedeuteten oder einer ähnlichen Form umgestaltet werden, um

a) die Verlängerung des Ladegleises an der Westseite der Heringslagerhalle bis zu deren Nordgiebel zu ermöglichen,
und
b) die Herstellung der westlich der Heringslagerhalle im Plan eingetragenen neuen Straße frei von Kreuzungen mit Weichen zu ermöglichen.

Die Grenzkommissionen nehmen an, daß

a) zum besseren Anschluß des Steubenhöftes (Entlastung der Präsident-Herwig-Straße)
und
b) zur besseren Bedienung der Heringslagerhalle mit Straßenfahrzeugen

dermaleinst eine neue Straße gemäß Plan westlich der Heringslagerhalle mit Anschluß an den Platz beim Westende der Halle IX erforderlich werden wird. Die Breite dieser Straße ist so festzulegen, daß westlich des Lichtraumprofiles des Ladegleises der Heringslagerhalle 9 m Fahrdammbreite und ein Fußweg ausgebaut werden können.

(6) Hinsichtlich der Zollgrenze am Nordende der Heringslagerhalle wird vereinbart, sie etwa in der im Plan vorgesehenen Weise so zu führen, daß sich möglichst einfache Zolltorkonstruktionen ergeben[1]).

2. Polizeiverordnung für den Hafen Cuxhaven

vom 14. März 1940 in der Fassung vom 21. August 1940, 23. September 1949 und 8. Januar 1955 (Amtsblatt Stade 1940 S. 36 u. 92, 1949 S. 82, 1955 S. 1) [2,3])

[1]) siehe Gesetz über das Inkrafttreten dieser Vereinbarung vom 5. 12. 1952 (HGVBl. S. 271) und Bekanntmachung über den Zeitpunkt des Inkrafttretens dieser Vereinbarung vom 29. 7. 1955 (HGVBl. S. 274), dazu Vierte Durchführungsverordnung zum Gesetz über Groß-Hamburg und andere Gebietsbereinigungen vom 22. März 1937 (RGBl. S. 335).

[2]) § 5 Abs. 1 Ziff. a der 4. Durchführungs-VO. z. Gesetz über Groß-Hamburg und andere Gebietsbereinigungen v. 22. 3. 1937 (RGBl. S. 335) besagt, daß für ein bestimmtes Gebiet die Einführung landesrechtlicher Vorschriften des Wasser- und Wegerechts sowie der Landesplanung durch die obersten preußischen [jetzt niedersächsischen] Landesbehörden der Zustimmung Hamburgs bedarf. Hamburg hat seine Zustimmung zu obiger VO., welche dies Gebiet berührt, nicht gegeben, was deren Rechtsgültigkeit in Frage stellt. — Siehe auch Bekanntmachung v. 28. 2. 55 (Amtsblatt Stade 1955 S. 26).

[3]) Niedersächsisches Hafenamt vorher: Hafenbau- und Verkehrsamt, davor: Wasserstraßen-Hafenamt.

I. Allgemeine Bestimmungen

§ 1

Geltungsbereich

Die Polizeiverordnung für den Hafen Cuxhaven gilt für:

a) den Alten Hafen mit Tonnenhafen, Ewerhafen und Außenhafen von der Linie Außenkante Alte Liebe — Seebäderbrücke bis zur Drehbrücke einschließlich —,

b) den Ritzebütteler Schleusenpriel von der Drehbrücke ausschließlich bis zur Ritzebütteler Schleuse ausschließlich,

c) den Fischereihäfen von der Verbindungslinie Außenkante Seebäderbrücke — Steubenhöft bis zum oberen Ende —,

d) den Amerikahafen südlich der Verbindungslinie Steubenhöft — Osterhöft,

e) die Bollwerke Alte Liebe, Seebäderbrücke, Steubenhöft und Osterhöft.

§ 2

Anwendung anderer Verordnungen

(1) Im Geltungsbereich finden sinngemäß Anwendung:

a) Die Seestraßenordnung vom 5. Februar 1906 (RGBl. S. 120ff.)[1]),

b) die Vorschriften des Teiles I und der §§ 125ff. der Seeschifffahrtsstraßenordnung und der Polizeiverordnung zur Ergänzung der Seeschiffahrtstraßenordnung vom 6. 5. 1952 — BGBl. II, S. 553ff.[2]) — soweit sie nicht durch die folgenden Bestimmungen ausdrücklich für nicht verwendbar erklärt, geändert oder ergänzt sind.

(2) Feuerpolizeiliche, gesundheitspolizeiliche, gewerbepolizeiliche und paßpolizeiliche Vorschriften bleiben unberührt.

§ 3

Behörden

(1) Die Durchführung dieser Polizeiverordnung liegt den Hafenbehörden und Hafenpolizeibehörden ob.

(2) Hafenbehörden im Sinne dieser Polizeiverordnung sind das Niedersächsische Hafenamt Cuxhaven und das Hamburgische Hafenamt. Die Hafenmeister sind Organe der Hafenbehörden.

(3) Hafenpolizeibehörde im Sinne dieser Polizeiverordnung ist das Niedersächsische Hafenamt Cuxhaven. Als Beauftragter des Niedersächsischen Hafenamtes ist die Wasserschutzpolizei tätig.

---

[1]) jetzt neue Seestraßenordnung.

[2]) früher Seewasserstraßenordnung.

(4) Schiffahrtpolizeibehörde im Sinne der Seewasserstraßenordnung ist das Niedersächsische Hafenamt Cuxhaven.

§ 4

Begriffsbestimmungen

Hafenschiffe sind alle ausschließlich zur Verwendung im Hafen bestimmte Schiffe.

II. Lotsenwesen

§ 5

Gestellung von Hafenlotsen

(1) Seeschiffen von mehr als 120 cbm netto Raumgehalt wird bei Ankunft im Hafen, bei Platzveränderungen und bei Abfahrt aus dem Hafen ein Hafenlotse auf Anforderung zur Verfügung gestellt. Zur Annahme eines Hafenlotsen ist kein Schiff verpflichtet.

(2) Wünschen ankommende Seeschiffe einen Hafenlotsen, so müssen sie am Tage einen Wimpel des Internationalen Signalbuches unter der Lotsenflagge oder unter der Flagge G setzen und als Schallsignal: 3 lange, 2 kurze Töne geben; bei Nacht müssen sie mit einem weißen Licht oder mit Flakkerfeuer mehrere Male zweimal bli6ken und geben das gleiche Schallsignal.

Die Schiffe haben so langsam zu fahren, daß die Versetzbarkasse ohne Gefahr längsseits kommen kann. Eine vorschriftsmäßige Sturmleiter ist auszuhängen.

(3) Schiffe, die einen Hafenlotsen wünschen, haben für sein Anbordkommen und Vonbordgehen zu sorgen.

§ 6

Nautische Beratung der Schiffsleitung durch den Hafenlotsen

(1) Allein verantwortlicher Führer, auch während der Anwesenheit des Hafenlotsen an Bord, ist der Schiffsführer. Dieser oder sein gesetzlich anerkannter Vertreter (Schiffsoffizier, Steuermann) hat sich während der Anwesenheit des Hafenlotsen an Bord ständig auf der Brücke aufzuhalten und das Schiff zu führen. Der begleitende Hafenlotse ist nur nautischer Berater der Schiffsleitung.

(2) Die Schiffsleitung hat dem Hafenlotsen unverzüglich, nachdem er an Bord gekommen ist, den Tiefgang und die Manövriereigenschaften des Schiffes und insbesondere etwaige die Manövrierfähigkeit des Schiffes beeinträchtigende Schäden mitzuteilen.

§ 7

Aufsichtsbefugnisse des Hafenlotsen

Die Schiffsleitung ist verpflichtet, den Anordnungen des Hafenlotsen zur Durchführung der zoll-, gesundheits- und schiffahrtspolizeilichen Vorschriften nachzukommen.

§ 8

Lichterführung der Lotsenversetzbarkasse

Die Lotsenversetzbarkassen müssen bei Nacht im Topp ein rotes, über den ganzen Horizont sichtbares Licht und etwa 1 m über diesem ein ebensolches weißes Licht führen. Das weiße Licht muß bei klarem Wetter etwa drei Seemeilen und das rote etwa eine Seemeile sichtbar sein. Außer diesen Lichtern haben die Barkassen die farbigen Seitenlichter zu führen.

III. An- und Abmeldepflicht

§ 9

Anmeldung

Die Schiffe sind innerhalb 24 Stunden nach ihrer Ankunft unter Vorlage der Schiffspapiere vom Schiffsführer oder seinem Beauftragten beim zuständigen Hafenmeister anzumelden.

§ 10

Abmeldung

Die Schiffe sind vor ihrer Abfahrt vom Schiffsführer oder seinem Beauftragten beim zuständigen Hafenmeister abzumelden.

§ 11

Befreiung von der Meldepflicht

Von der An- und Abmeldepflicht sind befreit:

a) deutsche und ausländische Kriegsschiffe,

b) reichs-staatseigene Schiffe,

c) Sportfahrzeuge, sofern sie einem anerkannten Verbande angehören,

d) Fahrgast- und Fährschiffe, die zwischen Cuxhaven, den Orten an der Unterelbe und den deutschen Nordseebädern regelmäßig verkehren,

e) Schlepper,

f) Fischerei- und Marktfahrzeuge.

IV. Liegen im Hafen

§ 12

Anweisung der Liegeplätze

(1) Die Liegeplätze im Hafen weist der zuständige Hafenmeister oder sein Beauftragter an.

(2) Der angewiesene Liegeplatz darf ohne Zustimmung des zuständigen Hafenmeisters oder seines Beauftragten nicht gewechselt werden.

(3) Die Schiffe sind auf Verlangen des zuständigen Hafenmeisters oder seines Beauftragten sofort zu verholen. Bei Nichtausführung kann der Hafenmeister das Verholen sofort auf Kosten und Gefahr des Eigentümers durch andere ausführen lassen.

(4) Bei den zugewiesenen Liegeplätzen sind die Tidewasserverhältnisse mit der gebührenden seemännischen Vorsicht zu beachten, um Schäden von Schiff und den Hafenanlagen abzuhalten.

(5) Die besonders kenntlich gemachten Liegeplätze für staatliche Schiffe dürfen von anderen Schiffen nicht benutzt werden.

(6) Hafenschiffe dürfen nur an den für sie bestimmten Plätzen liegen.

§ 13

Aufeisen der Schiffe

(1) Bei Frostwetter haben die Schiffsführer das Eis um ihre Schiffe bis zu einer Entfernung von 3 m zerschlagen zu lassen.

(2) Den Anschluß von den Liegeplätzen der Schiffe zu den von der Hafenbehörde nach deren Ermessen hergestellten Fahrrinnen haben die Schiffsführer selbst aufeisen zu lassen.

§ 14

Löschen, Laden und Lagern von Gütern

(1) Gelöscht und geladen werden darf nur an den vom Hafenmeister angewiesenen Stellen.

(2) Das Lagern von Waren, Ballast und sonstigen Gütern auf den Kaiflächen und den anderen öffentlichen Lagerplätzen ist nur mit besonderer Genehmigung des Hafenmeisters gestattet.

(3) Auf den Kaiflächen dürfen Güter nur so lange lagern, als es zum Laden und Löschen und zur Weiterbeförderung erforderlich ist.

(4) Lagerplätze sind auf Anordnung der Hafenbehörde innerhalb einer gestellten Frist zu räumen; wird diese nicht innegehalten, so kann die Räumung durch die Hafenbehörde auf Kosten des Eigentümers durchgeführt werden.

(5) Das Löschen, Versteigern, Verkaufen und Verteilen aller auf dem Land- oder Seewege angebrachten Fische und sonstigen Seetiere und daraus hergestellten Erzeugnisse — außer Erzeugnissen der weiterverarbeitenden Fischindustrie — und alle damit zusammenhängenden Arbeiten — dürfen nur von der Seefischmarkt Cuxhaven GmbH. oder deren Beauftragten ausgeführt werden.

§ 15

Vertäuen

(1) Die Schiffe müssen fest und sicher vertäut werden, jedoch so, daß die Befestigungen erforderlichenfalls rasch gelöst werden. Auf den Wechsel des Wasserstandes ist hierbei Rücksicht zu nehmen.

(2) Ketten und Taue der Schiffe dürfen nur an den dafür bestimmten Pollern, Ringen, Haltekreuzen oder Festmachepfählen befestigt werden. Müssen fremde Schiffe losgeworfen werden, so sind sie unverzüglich wieder ordnungsmäßig zu vertäuen.

(3) Leinen dürfen im Bereich des Fahrwassers ohne Erlaubnis des zuständigen Hafenmeisters nur zum Verholen ausgebracht werden. Die Leinen sind bei Dunkelheit kenntlich zu machen.

§ 16

Ankern und Schwojen

(1) Zum Ankern ist die Erlaubnis der Hafenbehörde erforderlich.

(2) Dieser Erlaubnis bedarf es nicht zum Schwojen oder Ankern bei unmittelbar drohender Gefahr.

(3) Das Ankerwerfen und Schleppen von Ankern ist verboten:

a) an Stellen, wo Kabel und Düker versenkt sind,

b) an Stellen, wo Bagger oder Rammen liegen oder wo Strombauarbeiten ausgeführt werden,

c) beim Durchfahren der Drehbrücke, an besonders kenntlich gemachten Stellen.

§ 17

Zugang zu den Schiffen, herausragende Gegenstände

(1) Schiffe, die am Ufer liegen, müssen durch vorschriftsmäßige Landgänge oder Stege, Laufplanken oder Treppen zugänglich sein.

(2) Landverbindungen sind in der Dunkelheit gut zu beleuchten und bei Glätte mit abstumpfenden Stoffen zu bestreuen.

(3) Schiffe, die nicht am Ufer liegen, müssen an jeder Seite, an der gelöscht oder geladen wird, eine vorschriftsmäßige Sturmleiter oder Fallreeptreppe aushängen haben.

(4) Über die Schiffseite dürfen Gegenstände nur soweit heraushängen, daß der Schiffsverkehr nicht behindert wird. An Seeschiffen dürfen Anker außenbords nur mit Erlaubnis des zuständigen Hafenmeisters hängen.

§ 18

Bewachung

(1) Fischereifahrzeuge müssen vom Schlusse der regelmäßigen Arbeitszeit bis zum Beginn der Arbeitszeit am nächsten Werktage in angemessenen Zeitabständen vom Lande oder Schiff aus beaufsichtigt werden.

(2) Andere Schiffe müssen während ihres Aufenthalts im Hafen mit mindestens einem Schiffsmann besetzt sein.

(3) Wenn Feuer unter den Kesseln der Maschine ist, muß die Kesselanlage bei Schiffen aller Art besonders überwacht werden.

(4) Soll ein Schiff ohne Besatzung aufliegen, so ist der Hafenbehörde eine geeignete in Cuxhaven wohnende Person als Bevollmächtigter zu bezeichnen.

§ 19

Drehen der Schrauben

(1) Die Schrauben stilliegender Schiffe dürfen nur mit langsam arbeitender Hauptmaschine und nur dann gedreht werden, wenn das Schiff den Grund nicht berührt. An Hafenmauern und Kaien ist das Arbeiten der Schraube nur mit Erlaubnis des zuständigen Hafenmeisters gestattet.

(2) Beim An- und Ablegen von Seedampfern dürfen an den Kais die Schrauben nur, wenn das Schiff flott ist, und nur so gedreht werden, daß der Kai nicht beschädigt und die Hafensohle nicht aufgewühlt wird.

(3) Solange die Schrauben gedreht werden, müssen nahe liegende oder in die Nähe kommende Fahrzeuge in geeigneter Weise rechtzeitig gewarnt werden. Seeschiffe müssen außerdem Warnungstafeln aushängen. Diese sind zu entfernen, sobald das Drehen beendet ist.

(4) Bei gefahrdrohender Annäherung von Fahrzeugen ist die Schraube zu stoppen.

§ 20

Verhüten der Verunreinigung im Hafen

(1) Beim Löschen und Laden ist jede Verunreinigung des Hafens verboten. Erforderlichenfalls sind untergespannte Persennige oder andere Vorrichtungen zu verwenden, die geeignet sind die Verunreinigung des Hafens zu verhindern. Verunreinigungen sind sofort nach Beendigung der Arbeit, spätestens aber jeden Abend zu beseitigen.

(2) Ballast, Schlacken, Unrat usw. dürfen nicht in den Hafen geworfen werden, ebenso ist jede Verunreinigung des Hafens durch Öl, Ölrückstände und ölhaltige Bilgenwässer verboten.

(3) Die in den Bordwänden größerer Schiffe befindlichen Rohröffnungen (Kühlwasseraustritt u. dergl.) sind bei Benutzung während der Liegezeit im Hafen mit Schutzvorrichtungen zu versehen.

V. Fahrten im Hafen

§ 21

Fahrregeln

(1) Vor der Einfahrt in das Hafenbecken und vor der Ausfahrt in die Elbe sowie beim Queren der Einfahrten ist das Signal „Achtung" (ein langer Ton [—]) zu geben.

(2) Die Hafenmündung darf nur durchfahren werden, wenn diese frei ist.

(3) Fahrzeuge dürfen in der Hafenmündung sowie in dem Hafenbecken nicht überholen und zu mehreren nebeneinander fahren. Dasjenige Fahrzeug, das ein anderes Fahrzeug voraus an seiner Steuerbordseite hat, muß sich diesem Fahrzeuge nachfolgend in einem genügenden Abstande anschließen. Im Hafen ist mit langsamer Fahrt zu fahren.

(4) Beim Passieren der Fähre über dem Fischereihafen ist die Fahrt zu ermäßigen und ein Warnungsignal zu geben.

(5) Die Drehbrücke über den alten Hafen muß mit tunlichster Schnelligkeit und gebotener Vorsicht durchfahren werden. Reicht die eigene Triebkraft zur entsprechenden Manöverierfähigkeit nicht aus, so muß Schlepperhilfe angenommen werden.

(6) Schleppdampfer oder Schleppboote dürfen die von ihnen geschleppten Schiffe nicht eher verlassen, als bis sie an dem für sie bestimmten Liegeplatz festgemacht haben. Jedes Treibenlassen von Schiffen im Hafen ist verboten. Rückwärts geschleppte Schiffe von mehr als 60 m Länge müssen an jedem Ende einen Schlepper haben, von denen der in der Fahrtrichtung hintere so stark sein muß, daß er das Schiff steuern kann.

(7) Die Verwendung langer Schleppleinen, die das Manöverieren beeinträchtigen, ist im Hafen untersagt. Nach Möglichkeit ist längsseit zu schleppen.

§ 22

Sperrung der Häfen

Die Sperrung der Häfen für Einfahrt oder Ausfahrt wird durch die in Teil I § 24 des Seeschiffahrtstraßenordnung angegebenen Signale angezeigt.

§ 22a

Öffnen der Drehbrücke

Wollen Schiffe die Drehbrücke passieren, haben sie während der Betriebszeit das Schallsignal „zweimal lang" zu geben. Außerhalb der Betriebszeit haben sie sich rechtzeitig bei dem Hafenmeister anzumelden.

VI. Verschiedenes

§ 23

Aufenthaltsverbot für Fahrzeuge mit Sprengstoffen, Munition oder leicht entzündlichen Flüssigkeiten.

(1) Fahrzeugen, die Sprengstoff oder Munition an Bord haben, Tankfahrzeugen mit leicht entzündlicher Flüssigkeit und Tankfahrzeuge, die nach Entladen noch nicht entgast worden sind, ist der Aufenthalt im Hafen verboten.

(2) Als leicht entzündlich gelten Flüssigkeiten, deren Flammpunkt nicht über 21° C (Abel-Pensky-Apparat) liegt.

§ 24

Fischereivorschriften

(1) Jede Art des Fischens ist unter der Drehbrücke und in den Hafeneinfahrten verboten.

(2) Das Fischen mit Schleppnetzen ist überall verboten.

§ 25

Verbote

Verboten ist:

1. das unbefugte Auffischen von Kohlen,
2. die unbefugte Entnahme von Sand, Klei und sonstigen Boden sowie Soden,
3. jede sportliche Veranstaltung ohne Erlaubnis der Hafenpolizeibehörde,
4. das Baden im Hafen,
5. das Angeln in den Fischereihäfen,
6. das Auffischen bzw. Aufsammeln der von Bord heruntergefallenen Fische ohne besondere Genehmigung des Niedersächsischen Hafenamtes.

VII. Zwangs- und Strafbestimmungen

§ 26

Zwangsmaßnahmen

Den Anordnungen der Hafenpolizeibeamten ist unverzüglich Folge zu leisten. Diese Beamten können nach Maßgabe der gesetzlichen Bestimmungen die erforderlichen Maßnahmen durch Zwangsmittel auf Kosten des Betreffenden durchsetzen.

§ 27

Strafen

(1) Für Verstöße gegen die Vorschriften dieser Polizeiverordnung wird hiermit die Festsetzung eines Zwangsgeldes in Höhe bis 150,— DM, im Nichtbeitreibungsfalle die Festsetzung von Zwangshaft bis zu zwei Wochen angedroht. Soweit die Nichtbefolgung dieser Polizeiverordnung nach Landesrecht oder Reichsrecht bedroht ist, bleibt die Androhung der Strafe unberührt.

VIII. Aufhebung alter Vorschriften

§ 28

Mit dem Inkrafttreten dieser Polizeiverordnung wird die Hafenordnung für den Hafen Cuxhaven vom 14. März 1930 aufgehoben, ebenso die dazu ergangene Polizeiverordnung des Regierungspräsidenten in Stade vom 11. Februar 1938.

IX. Inkrafttreten

§ 29

Die Polizeiverordnung tritt am 20. März 1940 in Kraft und am 31. Dezember 1969 außer Kraft.

3. Hafengeldordnung für Cuxhaven[1, 2])

vom 14. März 1930 in der Fassung der Verordnungen vom 30. April 1930 und 20. November 1951 (HGVBl. 1930 S. 110 und 174, 1951 S. 217).

I. Geltungsgebiet

§ 1

Den Vorschriften dieser Verordnung unterliegen alle Seeschiffe, die den Hafen und die öffentlichen Landungsanlagen des hamburgischen Teiles des Hafens Cuxhaven (Amerikahafen und das Steubenhöft) benutzen.

II. Hafengeld

§ 2

(1) Für die in Cuxhaven ankommenden Schiffe, insoweit sie zum Erwerb durch die Seefahrt dienen, wird ein Hafengeld erhoben.

(2) Das Hafengeld beträgt für 1 cbm Nettoraumgehaltes:

a) für Segelschiffe 8 Reichspfennig,

---

[1]) siehe § 67 Abs. 1 Ziff. 24 Hafengesetz.

[2]) Ziff. IIa und IIb beruhen auf der VO. des Regierungspräsidenten in Stade vom 29. 6. 1938 (Amtsblatt Stade Stück 25 A vom 30. 6. 1938).

b) für andere Schiffe, die von Häfen des Nord- und Ostseegebietes ankommen, wenn sie dorthin wieder abgehen — 8 Reichspfennig,

c) für die übrigen Schiffe — 10 Reichspfennig.

(3) Zum Nordseegebiet im Sinne dieser Ordnung gehören auch Norwegen, Großbritannien und Irland und die französische Küste bis einschließlich Le Havre.

§ 3

Die Hälfte des Hafengeldes ist zu entrichten:

1. für Schiffe, deren Ladung lediglich aus folgenden Massengütern besteht:

   Bau- und Stabholz,
   Steine aller Art, auch roh bearbeitet, Pflastersteine, Mauersteine, Dachpfannen, Fliesen, Schiefer,
   Zement, Kalk, Sand,
   Gips, Kreide, Ton, Tonerde (Chinaclay), Bauxit, Eisenerze, Zinkerze, Schwefelkies, Gasreinigungsmasse, Kiesabbrände,
   Heringe, Eis;

2. für Schiffe, die nicht aus See kommen, wenn sie seewärts mit Ladung wieder abgehen;
3. für Schiffe, die aus See in Ballast ankommen, wenn sie seewärts mit Ladung wieder abgehen.

§ 4

Ein Hafengeld von 4 Reichspfennig ist zu entrichten:

1. für Schiffe, deren Ladung ausschließlich in deutschen Häfen eingenommen und ausschließlich für deutsche Häfen bestimmt ist;
2. für Schiffe, die mit Ladung von deutschen Rheinhäfen kommen und einen Teil ihrer Ladung in einem außerdeutschen Hafen zugeladen haben, wenn ihnen diese Teilladung von deutschen Rheinhäfen aus auf dem Wasserwege zugeführt worden ist;
3. für Schiffe, die aus See in Ballast ankommen und seewärts mit Ladung nach deutschen Häfen wieder ausgehen.

§ 5

Von der Entrichtung des Hafengeldes sind befreit:

1. Schiffe, die nicht aus See kommen, wenn sie seewärts in Ballast wieder abgehen;
2. Schiffe, die aus See in Ballast ankommen, wenn sie seewärts in Ballast oder nicht seewärts wieder abgehen;

3. Fischereifahrzeuge mit ausschließlich eigenem Fang;
4. Schiffe, die Cuxhaven nur wegen Eisganges, Unwetters, Havarie oder infolge einer sonstigen Notlage zur Ausbesserung oder zur Ergänzung ihres Kohlenvorrats aufsuchen, wenn sie mit derselben Ladung wieder ausgehen;
5. Schiffe, die von den deutschen Nordseebädern kommen und lediglich Reisende, ihr Gepäck und Post anbringen;
6. Schiffe, die auf hamburgischem Gebiet neu erbaut sind, für die Rückreise vom Bestimmungshafen ihrer ersten Ausreise;
7. Schiffe, die aus dem Hamburger Hafen ankommen, auch wenn sie seewärts wieder abgehen.

IIa. Versteigerungsgebühr

Von allen im Fischereihafen nach Meistgebot verkauften Fischen und Seetieren in Hundertteilen des vollen Versteigerungserlöses, und zwar:
1. 4¼ v. H. des Erlöses von allen See- und Flußfischen sowie Schaltieren, die durch der Fischerei dienende Schiffe als eigener Fang unmittelbar an den Versteigerungshallen abgeliefert werden;
2. 6 v. H. des Erlöses der mit der Eisenbahn, auf fremden Schiffen oder auf anderem Wege auswärts eingehenden, durch die Seefischmarkt Cuxhaven G. m. b. H. in Cuxhaven zum Verkauf gestellten Sendungen von Fischen und Schaltieren;
3. 4 v. H. des Erlöses für alle von Cuxhavener Fischhändlern versteigerungsfertig zum Verkauf gestellten Fische.

IIb. Ufergeld

(1) Für nicht gemäß IIa versteigerte Fische
a) für frische Heringe sowie sonstige frische oder gesalzene Fische, die von Frachtschiffen angebracht oder ausgeführt werden, sowie für die Eigenfänge gesalzener Fische (ausgenommen Heringe, siehe b), die von den der Fischerei dienenden Schiffen in Cuxhaven angebracht werden, ... je t 18 Rpf.;
b) für gesalzene Heringe . . . . je t 4,5 Rpf.;
c) von den als Eigenfang ein- oder ausgehenden sowie den auf Grund der Marktregelung [z. Z. nicht akut] verteilten Fischen einschließlich Heringen oder von sonstigen Seetieren 4,5 v. H. des jeweiligen Wertes;
d) für frische oder gekochte Krabben, die von den der Fischerei dienenden Schiffen im Fischereihafen I und II gelandet werden, für je 50 kg 9 Rpf.;

e) das Ufergeld für diejenigen Fische und sonstigen Seetiere, die an einem Schiffsliegeplatz von der Kleinfischerei dienenden Schiffen ein- und ausgeladen oder im Kleinverkauf verabfolgt werden, beträgt 45 Rpf. für jede Ladung.

Diese Kleinfischer können statt des tarifmäßigen Ufergeldes eine jährliche Abfindung von 24 RM entrichten.

Ein der Fischerei dienendes Schiff, dem eine Abfindung bewilligt ist, hat innerhalb ihrer Geltungsdauer die Berechtigung zum abgabefreien Besuch aller übrigen preußischen[1]) staatlichen Häfen.

Der Abfindungsbetrag ist im voraus zu entrichten.

III. Liegegeld

§ 6

(1) Für Seeschiffe ist nach einem vierwöchigen, für Segelschiffe, die von außereuropäischen Ländern ankommen, nach einem sechswöchigen Aufenthalt in Cuxhaven ein Liegegeld zu entrichten. Dieses ist für jeden weiteren angefangenen Zeitraum von 4 Wochen zu berechnen und beträgt 3 Reichspfennig vom Kubikmeter des Nettoraumgehalts. Bei Schiffen, die an einer Werft zur Ausbesserung liegen, wird die Zeit, während der sie dort liegen, bei der Bemessung des Liegegeldes nicht angerechnet.

(2) Seeleichter können auf Antrag von der Entrichtung des Liegegeldes befreit werden, solange sie im Hafen zur Güterbeförderung verwendet werden.

(3) Reichs- und Staatshoheitsfahrzeuge sowie Fischereifahrzeuge sind von der Entrichtung des Liegegeldes befreit.

IV. Allgemeine Bestimmungen

§ 7

Das Hafengeld ist binnen einer Woche nach Ankunft, bei kürzerem Aufenthalt spätestens am Tage vor der Abfahrt zu entrichten. Für Schiffe, die aus See in Ballast oder nicht aus See ankommen, ist das Hafengeld spätestens am Tage vor der Abfahrt zu entrichten.

Bei der Fälligkeit des Hafengeldes ist ein Schein nach dem anliegenden Muster[2]) ausgefüllt einzureichen. Gleichzeitig ist der Meßbrief oder das Schiffszertifikat vorzulegen. Für regelmäßige Reihenfahrer kann auf Antrag gestattet werden, daß diese Urkunden nur einmal jährlich vorgelegt werden.

§ 8

Die nach vorstehenden Bestimmungen zu erhebenden Beträge sind auf 10 Reichspfennig nach oben abzurunden.

---

[1]) Preußen existiert nicht mehr.

[2]) auf Wiedergabe des Vordrucks ist verzichtet.

§ 9

Die Deputation für Handel, Schiffahrt und Gewerbe[1]) kann aus Billigkeitsgründen die Zahlung der nach dieser Ordnung zu entrichtenden Abgaben erlassen oder ermäßigen.

§ 10

Verstöße gegen diese Hafengeldordnung werden mit einer Geldstrafe bis zu 150 RM oder entsprechender Haft betraft, soweit nicht nach allgemeinen Vorschriften eine schwerere Strafe eintritt.[2])

§ 11

Diese Hafengeldordnung tritt am 1. April 1930 in Kraft.

4. Gebührenordnung für die Benutzung der öffentlichen Anlagen im Hafen von Cuxhaven)[3]

vom 13. Februar 1933 in der Fassung der Verordnungen vom 5. April 1933, 2. Mai 1934 und 3. Juli 1951 (HGVBl. 1933 S. 28 und 77, 1934 S. 210, 1951 S. 102).

§ 1

Geltungsgebiet

(1) Für die Benutzung der öffentlichen Anlagen im Hafen von Cuxhaven werden Gebühren nach den Bestimmungen dieser Gebührenordnung erhoben, soweit nicht in Verträgen über die Benutzung einzelner Anlagen besondere Bestimmungen getroffen sind.

(2) Der Hafen von Cuxhaven umfaßt alle im § 1 der Hafenordnung für den Hafen Cuxhaven vom 14. März 1930 (HGVBl. S. 104)[4]) angeführten Wasserläufe, Wasserflächen und Anlagen.

(3) Öffentliche Anlagen im Sinne dieser Gebührenordnung sind:

a) alle zum Anlegen von Schiffen bestimmten Anlagen des Hamburger Staates einschließlich der von der Deputation für Handel, Schiffahrt und Gewerbe[5]) als solche bekanntgemachten öffentlichen Lösch- und Ladeplätze (öffentliche Landungsanlagen)[6]);

b) die öffentlichen Kaianlagen am Lentzkai und der staatliche Güterschuppen daselbst;

---

1) = Behörde für Wirtschaft und Verkehr.

2) siehe § 67 Abs. 2 Hafengesetz.

3) im örtlichen Geltungsgebiet des Hafengesetzes vom 21. Dezember 1954 (HGVBl. I S. 169) gemäß § 67 Abs. 1 Ziff. 25 a. a. O.

4) vgl. Polizeiverordnung des Regierungspräsidenten in Stade für den Hafen Cuxhaven.

5) = Behörde für Wirtschaft und Verkehr.

6) Steubenhöft, Lentzkai und Westerplatte lt. Bekanntmachung der Behörde für Wirtschaft u. Verkehr betr. öffentliche Lösch- u. Ladeplätze vom 25. 5. 1954 (AA. S. 455).

c) die öffentlichen Kräne und Waagen;
d) die Drehbrücke über den Schleusenpriel;
e) die staatliche Balkenlage;
f) die Deviationsdalbe.

§ 2

Landungsgebühr

(1) Für jeden an den öffentlichen Landungsanlagen an der Westseite des alten Hafens, der Alten Liebe, der Seebäderbrücke, der Nige Ogebrücke, am Brunsbüttelhöft und am Steubenhöft an oder von Bord von Flußfahrzeugen und im Seebäderdienst verkehrenden Seeschiffen gehenden Fahrgast wird eine Landungsgebühr von 0,05 RM erhoben.

(2) Die Gebühr ist an den Aufsichtsbeamten oder binnen einer Woche nach Zustellung der Rechnung an das Hafenamt zu bezahlen.

§ 3

Kaigebühren

(1) Für die Benutzung der öffentlichen Kaianlagen am Lentzkai durch Seeschiffe wird vom Vertreter des Schiffes für 1 cbm Netto-Raumgehalt des Schiffes und jede angefangenen 24 Stunden Liegezeit eine Raumgebühr erhoben.

(2) Diese beträgt:

a) für Schiffe, die ausschließlich Güter aus deutschen Häfen löschen oder nach deutschen Häfen laden . . . . . . 0,04 RM
b) für andere Schiffe, die löschen oder laden . . . . . . 0,08 RM
c) für Heringsdampfer, die löschen oder laden . . . . . 0,06 RM
d) für Schiffe, die den Kai nur als Liegeplatz benutzen . . 0,02 RM

(3) Die Gebühr nach Absatz 2a bis c wird nur zur Hälfte erhoben, wenn die aus dem Seeschiff gelöschten Güter am gleichen Kaiplatz in das gleiche oder ein anderes Seeschiff wieder geladen werden.

(4) Befreit sind vorbehaltlich der Bestimmungen des § 12 Fahrzeuge, die nur zur Ergänzung ihres Kohlenvorrats oder nur wegen Eisgang, Unwetter, Havarie oder wegen einer sonstigen Notlage zur Ausbesserung die Anlagen benutzen.

(5) Die Kaigebühren sind auf Anfordern an die Aufsichtsbeamten oder binnen einer Woche nach Zustellung der Rechnung an das Hafenamt zu bezahlen.

§ 4

Ufergeld

(1) Von See- und Flußschiffen und Hafenfahrzeugen, die unmittelbar oder mittelbar die öffentlichen Lösch- und Ladeplätze benutzen, wird für jede angefangenen 24 Stunden Liegezeit ein Ufergeld erhoben.

(2) Dieses beträgt:

a) für Seeschiffe für 1 cbm Netto-Raumgehalt . . . . . 0,025 RM
b) für Flußschiffe und Hafenfahrzeuge für die Tonne Tragfähigkeit . . . . 0,01 RM
mindestens . . . . 1,— RM
c) für Flöße . . . . 1,— RM

Bei Schiffen, die sowohl auf Tragfähigkeit geeicht wie auf Raumgehalt vermessen sind, wird die Tragfähigkeit zugrunde gelegt.

(3) Befreit sind, vorbehaltlich der Bestimmungen des § 12:

a) Fahrzeuge, für die Landungsgebühren nach § 2 oder auf Grund besonderer Verträge oder Kaigebühren nach § 3 während der ufergeldpflichtigen Liegezeit bezahlt sind;
b) Fahrzeuge, die nur zur Ergänzung ihres Kohlenvorrats oder nur wegen Eisgang, Unwetter, Havarie oder wegen einer sonstigen Notlage zur Ausbesserung die Anlagen benutzen.

(4) Das Ufergeld ist im voraus von demjenigen, der den Antrag auf Benutzung des Lösch- und Ladeplatzes stellt, an die Aufsichtsbeamten zu bezahlen. Dabei ist die Bezeichnung der Fahrzeuge nach Bauart und Registernummer, die Liegezeit und die Benutzungsart, für welche die Gebühr entrichtet werden soll, nachzuweisen. Für Seeschiffe, die durch einen in Cuxhaven ansässigen Schiffsmakler dem Hafenamt angemeldet werden, ist das Ufergeld binnen einer Woche nach Zustellung der Rechnung zu bezahlen.

§ 5

Lagergebühr

(1) Für die Lagerung von Gütern, außer Faßwaren und Fischen in Kisten, im staatlichen Güterschuppen am Lentzkai wird vom Einlagerer für jedes Quadratmeter benutzte Lagerfläche und jede angefangene Woche Lagerzeit eine Lagergebühr von 0,12 RM erhoben; vom Beginn der vierten Lagerwoche an ermäßigt sich die Gebühr um 0,04 RM. Für Faßware und Fische in Kisten werden vom Einlagerer für je 100 kg und jede angefangene Woche Lagerzeit 0,02 RM erhoben. Innerhalb einer Woche nach Aufforderung durch das Hafenamt ist der Schuppen zu räumen.

(2) Für die Lagerung von Gütern auf den öffentlichen Lösch- und Ladeplätzen ist vom Empfänger der Güter für jede angefangenen 24 Stunden Lagerzeit eine Lagergebühr von 1,— RM zu entrichten.

(3) Die Gebühr nach Absatz 1 ist innerhalb einer Woche nach Empfang der Rechnung an das Hafenamt zu bezahlen. Die Gebühr nach Absatz 2 ist sofort nach Aufforderung durch die Aufsichtsbeamten an diese gegen Empfangsbescheinigung zu bezahlen.

§ 6

Krangebühr

(1) Für Kräne am Amerikahafen werden für jede angefangenen 100 kg des gehobenen Gewichts einschließlich der Stellung von Hebekraft folgende Benutzungsgebühren erhoben:

a) Bei Hebung beliebiger Gütermengen bis 3000 kg oder von Einzelstücken bis 3000 kg Einzelgewicht . . . . 0,20 DM
Mindestgebühr . . . . 1,— DM

b) Bei Hebung von Gütermengen über 3000 kg, sofern darunter nicht Einzelstücke von über 1000 kg Gewicht sind . . . . 0,10 DM
für Herings- und Kohlendampfer . . . . 0,07 DM
Mindestgebühr . . . . 2,60 DM
Bei Gestellung mehrerer Kräne werden die Gebühren für jeden Kran berechnet.

Bei Hebung von Gütermengen gleicher Art von insgesamt mehr als 50000 kg werden anstatt der aufgeführten Gewichtsgebühren die folgenden, nach Zeit berechneten Gebühren festgesetzt:

während der regelmäßigen Arbeitszeit für eine Stunde 6,— DM
außerhalb der regelmäßigen Arbeitszeit für eine Stunde 7,50 DM

(2) Wird zum Umschlag ein Greifer benötigt, so betragen die Gebühren:

a) für eine Greiferstunde . . . . 8,— DM
außerhalb der regelmäßigen Arbeitszeit . . . . 10,— DM

b) bei Benutzung des Einseilgreifers
für das Einscheren des Greifers . . . . 5,60 DM
für das Ausscheren des Greifers . . . . 3,60 DM

(3) Für das Verfahren des Kranes beträgt die Gebühr . . . 3,60 DM

(4) Für bereitgestellte Hilfskräfte werden berechnet:

a) in der Zeit von 7.30—18.00 Uhr je Stunde . . . . . 1,80 DM
b) in der Zeit von 18.00— 7.30 Uhr je Stunde . . . . . 2,10 DM

Jede angefangene Stunde ist voll zu berechnen.

(5) Für Kräne, die bestellt, aber nicht benutzt worden sind, sind für jede angefangene Stunde, in der sich der Kranführer zum Dienst hierfür bereit hält . . . . 6,— DM
mindestens jedoch . . . . 8,— DM
zu entrichten.

(6) Über die vom Besteller nicht benutzten Kräne kann zwischenzeitlich anderweitig verfügt werden. Für die Zwischenzeit entfällt in diesem Falle die Gebühr.

(7) Die Gebühren sind von demjenigen, der die Benutzung der Kräne beantragt hat, auf Anfordern sofort nach der Benutzung an den Hafenmeister oder binnen einer Woche nach Zustellung der Rechnung an das Hafenamt zu bezahlen.

§ 7

Wiegegebühr

(1) Für die Benutzung der öffentlichen Waage an einem Kran am Amerikahafen wird eine Gebühr von 0,05 RM für jede angefangenen 100 kg, außer der Krangebühr, erhoben.

(2) Für die Ausstellung einer zweiten und jeder ferneren Wiegebescheinigung ist eine Gebühr von 0,50 RM zu bezahlen.

(3) Die Gebühren sind von demjenigen, der die Benutzung der Waagen beantragt hat, sofort nach der Benutzung an das Hafenamt zu bezahlen.

§ 8

Brückengebühr

(1) Für die Durchfahrt jedes Seeschiffs, Flußschiffs oder Hafenfahrzeuges durch die geöffnete Drehbrücke über den Schleusenpriel ist im voraus eine Brückengebühr von 1 RM an den Brückenwärter zu bezahlen; von Schleppzügen wird nur die Gebühr für ein Fahrzeug erhoben.

(2) Außerhalb der von der Deputation für Handel, Schiffahrt und Gewerbe festgesetzten regelmäßigen Betriebszeit wird diese Brücke von 2 Stunden vor Hochwasser bis 1 Stunde nach Hochwasser, an Sonntagen und gesetzlichen Feiertagen außerdem bis 9 Uhr geöffnet.

(3) Für Staatsfahrzeuge und regelmäßig wiederkehrende Reihenfahrer, die rechtzeitig den Antrag beim Brückenwärter gestellt haben, wird die Brücke bei geeignetem Wasserstand jederzeit geöffnet. Die für Brückenbedienung außerhalb der regelmäßigen Betriebszeit entstandenen Selbstkosten sind nach Festsetzung des Hafenamtes an dieses zu erstatten, und zwar auch dann, wenn der Antrag auf Öffnung der Brücke nicht rechtzeitig zurückgenommen ist oder das Fahrzeug die Brücke nicht zur festgesetzten Zeit erreicht und daher nicht mehr durchgelassen wird.

§ 9

Balkenlagegebühr

(1) Für die Benutzung der staatlichen Balkenlage wird für jede Tide von Fahrzeugen bis einschließlich 50 cbm Raumgehalt eine Gebühr von 1,50 RM, von größeren Fahrzeugen der doppelte Betrag erhoben.

(2) Die Gebühr ist von dem Führer des die Balkenlage benutzenden Fahrzeugs an den Aufsichtsbeamten sofort nach Beendigung der Benutzung zu bezahlen.

§ 9a

(1) Für die Benutzung der Deviationsdalbe werden für einmaliges Kompensieren folgende Gebühren erhoben:

bei Schiffen bis 100 BRT	5,— DM
bei Schiffen bis 200 BRT	10,— DM
bei Schiffen bis 300 BRT	15,— DM
bei Schiffen bis 400 BRT	20,— DM
bei Schiffen bis 500 BRT	25,— DM
bei Schiffen bis 600 BRT	30,— DM
bei Schiffen bis 700 BRT	35,— DM

(2) Schiffe über 700 BRT dürfen die Dalbe nicht benutzen.

§ 10
Erhebung

Die mit der Erhebung der Gebühren Beauftragten führen einen gestempelten Tarif ihrer vorgesetzten Behörde bei sich, den sie dem Gebührenpflichtigen auf Wunsch vorzuzeigen haben. Sie erteilen Empfangsbescheinigungen über die bezahlten Beträge. Diese Bescheinigungen sind zur Vermeidung von Doppelzahlungen aufzubewahren und den Aufsichtsbeamten auf Verlangen vorzuzeigen. Wegen Fehlens einer Empfangsbescheinigung doppelt bezahlte Gebühren werden auf Antrag vom Hafenamt erstattet, soweit die erste Bezahlung anderweitig nachgewiesen wird.

§ 11
Berechnung

(1) Angefangene Wochen, Tage und Stunden werden bei allen Gebührensätzen für voll gerechnet. Bei Berechnung nach Tagen oder nach 24 Stunden werden Sonntage und gesetzliche Feiertage, an denen beim Laden oder Löschen von Fahrzeugen gearbeitet wird, mitgezählt. Bei Berechnung der Kaigebühr nach § 3 Abs. 2d wird jeder Tag mitgezählt.

(2) Eine Tonne Tragfähigkeit entspricht 1,5 cbm Bruttoraumgehalt.

§ 12
Befreiung

(1) Von der Zahlung der nach den §§ 2 bis 4 und 8 dieser Gebührenordnung zu entrichtenden Gebühren sind befreit:

a) Fahrzeuge, die dem Reich, dem hamburgischen Staat oder anderen deutschen Ländern gehören oder von ihnen in den Dienst genommen sind;

b) Handkähne, die als Anhänger zu größeren Fahrzeugen gehören.

(2) Von der Zahlung der nach §§ 2 bis 4 dieser Gebührenordnung zu entrichtenden Gebühren sind befreit:

a) Barkassen sowie Ruder- und Segelfahrzeuge, die nur für kurze Zeit die öffentlichen Anlagen zur Übernahme oder zum Landen von Personen anlaufen,

b) Schlepper und Fischereifahrzeuge.

§ 13
Erlaß und Ermäßigung

Die nach dieser Gebührenordnung zu entrichtenden Gebühren können von der Deputation für Handel, Schiffahrt und Gewerbe aus Billigkeitsgründen erlassen oder ermäßigt werden.

§ 14
Strafen

Jeder Verstoß gegen diese Gebührenordnung wird mit Geldstrafe bis zu 150 RM oder entsprechender Haft bestraft, soweit nicht nach allgemeinen Vorschriften eine schwerere Strafe eintritt.[1])

§ 15
Aufhebung alter Vorschriften

Mit dem Inkrafttreten dieser Gebührenordnung werden aufhehoben:

a) Bekanntmachung, betreffend Gebühren für Benutzung der öffentlichen Lösch- und Ladeplätze in der Stadt durch Lastfahrzeuge und Flöße, vom 2. März 1903 in der Fassung der Bekanntmachungen vom 27. Februar 1911 und 5. Januar 1924 (ABl. 1903 S. 131, 1911 S. 103, HGVBl. 1924 S. 53), soweit diese nicht bereits durch die Bekanntmachung vom 26. März 1931 (HGVBl. S. 89) aufgehoben ist.

b) Tarif für die Benutzung der öffentlichen Kräne und Waagen vom 7. Mai 1925 in der Fassung der Bekanntmachungen vom 26. Juni 1926, 2. Mai 1928 und 13. Juni 1929 (HGVBl. 1925 S. 232, 1926 S. 419, 1928 S. 187, 1929 S. 290), soweit diese nicht bereits durch die Bekanntmachung vom 26. März 1931 (HGVBl. S. 89) aufgehoben ist.

c) Sondertarif für die Benutzung der elektrischen Kräne am Amerikahafen in Cuxhaven vom 14. Oktober 1925 in der Fassung der Bekanntmachung vom 9. September 1926 (HGVBl. 1925 S. 507, 1926 S. 607).

---

[1]) siehe § 67 Abs. 2 Hafengesetz.

d) Bekanntmachung, betreffend Gebührenerhebung für die Benutzung der öffentlichen Lösch- und Ladeplätze in Cuxhaven und für das Passieren der dortigen Drehbrücke, vom 22. März 1909 (ABl. S. 101).

e) Bekanntmachung über Gebühren für das Öffnen der Drehbrücke über den Schleusenpriel in Cuxhaven vom 7. Februar 1924 (HGVBl. S. 146).

f) Bekanntmachung über Erhebung einer Landungsgebühr in Cuxhaven vom 28. Juni 1924 (HGVBl. S. 419).

g) Gebührenordnung für die Benutzung der Kaianlagen am Lentzkai in Cuxhaven vom 25. März 1925 in der Fassung der Bekanntmachungen vom 28. Juni 1928 und 13. Dezember 1928 (HGVBl. 1925 S. 138, 1928 S. 291 und 499).

h) Gebührenordnung für die Benutzung des staatlichen Güterschuppens am Lentzkai in Cuxhaven vom 26. März 1931 (HGVBl. S. 97).

§ 16

Inkrafttreten

Diese Gebührenordnung tritt am 20. Februar 1933 in Kraft.

5. Gebührenordnung des Wasser- und Schiffahrtsamtes Cuxhaven

vom 19. Juni 1954 (HGVBl. I S. 47)

a) Gebühren für die Benutzung der Fahrzeuge an der Alten Liebe

Vorbemerkung: Der Reededienst vor Cuxhaven darf nur von Fahrzeugen des Wasser- und Schiffahrtsamtes Cuxhaven ausgeübt werden. Zum Reededienst zählt jeder Verkehr des Reedefahrzeuges mit vorbeifahrenden oder vor Anker liegenden Schiffen von Land an Bord und von Bord an Land und der Verkehr nach a) 1. bis a) 4.

1. Für eine Fahrt von der Alten Liebe nach dem Alten Hafen und zurück
   a) für die Person . . . . 3,— DM
   b) bei Gesamtauftrag für jede weitere Person . . . . 1,50 DM
2. Für eine Fahrt von der Alten Liebe nach dem Fischereihafen oder dem Amerikahafen und zurück
   a) für die Person . . . . 5,— DM
   b) bei Gesamtauftrag für jede weitere Person . . . . 2,50 DM
3. Für eine Fahrt von der Alten Liebe nach der ehemaligen Quarantäneanstalt Groden und zurück
   a) für die Person . . . . 15,— DM
   b) bei Gesamtauftrag für jede weitere Person . . . . 7,50 DM

4. Für eine Fahrt von der Alten Liebe nach der Reede von Altenbruch und zurück

a) für die Person . . . . 20,— DM

b) bei Gesamtauftrag für jede weitere Person . . . . 10,— DM

5. Für das Abholen aus Schiffen oder das Anbordbringen an Schiffe, die vorbeifahren oder auf der Reede von Cuxhaven liegen

a) für die Person . . . . 5,— DM

b) bei Gesamtauftrag für jede weitere Person . . . . 2,50 DM

c) bis zum Höchstbetrag von . . . . 50,— DM

6. Für Kinder unter 10 Jahren wird die Hälfte der Gebührensätze nach Ziffer a) 1. bis a) 5.a) erhoben. Kinder unter 14 Jahren werden nur in Begleitung Erwachsener befördert.

7. Ein Gesamtauftrag nach den Ziffern a) 1. bis a) 5. liegt vor, wenn für Rechnung eines Auftraggebers mehrere Personen nach vorheriger Anmeldung bei der Bootsleutestation auf der Alten Liebe gleichzeitig durch das Reedefahrzeug befördert werden.
Für Gesamtaufträge nach den Ziffern a) 1. bis a) 4. ist kein Gebühren-Höchstsatz vorgesehen.

8. a) Bei den Gebührensätzen zu a) 1. bis 7. ist keine Wartezeit eingeschlossen. Wird von einem Auftraggeber eine Wartezeit in Anspruch genommen, so ist von ihm für die angefangene ¼ Stunde der Wartezeit bis zum Ablegen des Reededampfers ein Zuschlag von . . . . . 100 v. H. des betreffenden Gebührensatzes für jede Person zu zahlen.

b) Als Wartezeit zählt jede Verzögerung, die über die Zeit für das Übersteigen der beförderten Personen hinausgeht.

9. Für die Beförderung von Gepäckstücken mit dem Reedefahrzeug werden erhoben:

a) Handgepäck der zu befördernden Personen bis etwa 50 kg Gewicht nichts

b) für jedes schwerere Gepäckstück der zu befördernden Personen oder sonstiges Beförderungsgut . . . . 1,— DM

Die Anbordgabe oder Vonbordgabe der Gepäckstücke oder des sonstigen Beförderungsgutes geschieht für Rechnung und Gefahr des Auftraggebers. Erforderliche Wartezeit wird nach Ziffer 8 abgerechnet.

10. Für die Beförderung von Briefen, Telegrammen oder die Erledigung sonstiger Aufträge von der Alten Liebe nach vorbeifahrenden oder auf der Reede von Cuxhaven liegenden Schiffen oder von solchen Schiffen nach der Alten Liebe
für jeden Auftrag . . . . 5,— DM
Hat der Reededampfer längeren Aufenthalt als zur Erledigung des Auftrages nach Ziffer 10 erforderlich ist, dann zählt die übrige Zeit als Wartezeit im Sinne der Ziffer 8.
Bei gleichzeitigen weiteren Aufträgen während einer Fahrt sind für jeden Auftrag die festgesetzten Gebühren zu zahlen.

11. Für Schleppdienste auf der Reede und/oder in den Cuxhavener Häfen für jede angefangene Stunde der Inanspruchnahme. 60,— DM

12. Für Aufträge nach Ziffer a) 1. bis a) 4., die in der Zeit von 22 Uhr bis 6 Uhr erledigt werden oder erledigt werden müssen, wird auf die betreffenden Gebührensätze ein Zuschlag von . . . . 50 v. H. erhoben.

b) Gebühren für die Benutzung anderer Fahrzeuge und Einrichtungen des Wasser- und Schiffahrtsamtes Cuxhaven

Für das Abholen oder Anbordbringen von Personen

a) von oder nach dem Feuerschiff Elbe 3 . . . . 5,— DM
b) von oder nach dem Feuerschiff Elbe 2 . . . . 10,— DM
c) von oder nach dem Feuerschiff Elbe 1 durch den Lotsendampfer . . . . 25,— DM

für jede Person. Die Gebühren gelten jeweils für eine Hin- und Rückfahrt oder für eine Einzelfahrt ohne jede Wartezeit. Wird eine Wartezeit in Anspruch genommen, so gelten die Bestimmungen nach Ziffer 8. zu a).

Kinder und Jugendliche unter 16 Jahren werden nur in Begleitung Erwachsener befördert.

c) Gebühren für die Inanspruchnahme der Wache auf dem Bollwerk Alte Liebe

Für fernmündliche oder mündliche Erledigung von Aufträgen durch die Wache auf dem Bollwerk Alte Liebe — außer den Barauslagen — für jeden Auftrag . . . . 1,— DM

d) Gebühren für die Ausführung von Aufträgen

1. Für die Übermittlung von Ordertelegrammen und Schiffsmeldungen durch das Feuerschiff Elbe 1 . . . . 50 v. H. der jeweiligen Semaphorgebühr als Sondergebühr, mindestens jedoch . . 1,— DM für jedes Telegramm.
2. Für die Beförderung oder Übermittlung von Telegrammen oder Aufträgen durch die Feuerschiffe Elbe 2 und Elbe 3 außer den Postgebühren 5,— DM für jedes Telegramm oder jeden Auftrag.

e) Gebühren für die Benutzung von Liegeplätzen

Für die nur mit Genehmigung des Wasser- und Schiffahrtsamtes Cuxhaven gestattete Benutzung von Liegeplätzen am Bau- und Tonnenhof durch betriebsfremde Fahrzeuge . . . . 0,01 DM
für den brutto/cbm und den Tag
mindestens jedoch . . . . 2,— DM
für den Tag.

Angebrochene Tage werden als volle Tage berechnet.
Als betriebsfremd gelten alle Fahrzeuge, die nicht von einer Bundesverwaltung betrieben werden.

f) Allgemeine Bestimmungen

1. Eine Gewähr für die rechtzeitige Erledigung der Aufträge kann nicht übernommen werden.
2. In der Regel ist die Gebühr von dem Auftraggeber oder dessen Beauftragten (Makler und dergl.) sofort zu zahlen.
   Ist dieses in besonderen Fällen nicht möglich, dann wird sie vom Wasser- und Schiffahrtsamt Cuxhaven durch besondere Rechnung unter Angabe der Zahlungsfrist angefordert.
3. Nicht fristgerecht bezahlte Beträge werden zur Bezahlung angemahnt. Für jede Mahnung ist außer den Postgebühren eine Mahngebühr von . . . . 1,— DM zu zahlen. Nach dreimaliger erfolgloser Mahnung wird eine kostenpflichtige Einziehung des Rechnungsbetrages zuzüglich der Mahngebühren im Verwaltungszwangsverfahren veranlaßt.
4. Das Wasser- und Schiffahrtsamt Cuxhaven ist ermächtigt, in Notfällen sowie in außergewöhnlichen Fällen von einer Gebührenerhebung abzusehen.

Diese Gebührenordnung tritt mit dem 1. Juli 1954 in Kraft.

Mit demselben Tage tritt die Gebührenordnung des Schiffahrtsamtes Cuxhaven vom 26. April 1935 (HGVBl. S. 115) außer Kraft mit Ausnahme der für die Lotsen geltenden Bestimmungen zu A. 5. — zweiter Absatz — sowie zu C. 12. und C. 13.

6. Gebührenordnung des Schiffahrtsamtes Cuxhaven

vom 26. April 1935 (HGVBl. S. 115)[1])

A. Gebühren für Fahrten des Reededampfers an der Alten Liebe

5. Abs. 2

Lotsen, die aus einem Schiffe abgeholt werden, auf dem sie nicht als Lotse tätig gewesen sind oder die an Bord eines Schiffes gebracht werden, in dem sie nicht als Lotse tätig sein werden, bezahlen je . . . . 2,25 RM

C. Sonstige Gebühren

12. Für das Ausholen und das Wiederanbordbringen beim Feuerschiff „Elbe 3“ . . . . 2,00 RM
13. Für das Ausholen und das Wiederanbordbringen beim Feuerschiff „Elbe 1“ . . . . 25,00 RM

Falls das Feuerschiff „Elbe 3“ den Ausholedienst eingestellt hat, wird die Gebühr nach Nr. 12 erhoben.

---

[1]) außer Kraft seit 1. 7. 1954 mit Ausnahme der für die Lotsen geltenden Bestimmungen zu A. 5. — zweiter Absatz — sowie zu C. 12. und C. 13.

7. Taxenordnung für das Befestigen und Loswerfen von Schiffen an den Hafenanlagen der Cuxhavener Häfen

vom 31. März 1953 (Amtsblatt Stade S. 41)[1])

Größe des Schiffes in Netto-Raumgehalt	vom 1. April bis 30. September	vom 1. Oktober bis 31. März
bis 1 000 cbm	4,50 DM	6,75 DM
bis 2 000 cbm	6,75 DM	9,— DM
bis 3 000 cbm	9,— DM	12,40 DM
bis 4 000 cbm	11,25 DM	15,75 DM
bis 5 000 cbm	14,60 DM	19,10 DM
bis 6 000 cbm	18,— DM	22,50 DM
bis 7 000 cbm	21,40 DM	27,— DM
bis 8 000 cbm	24,75 DM	31,50 DM
je 1 000 cbm mehr	4,05 DM	5,40 DM

Für das Loswerfen der Schiffe dürfen dieselben Sätze wie für das Befestigen erhoben werden.

Nachts und sonntags sind 50% Aufschlag zu zahlen.

Bei Meinungsverschiedenheiten über die Anwendung des Tarifs haben die Parteien das Hafenbau- und Verkehrsamt Cuxhaven[2]) um Entscheidung anzurufen.

Diese Taxenordnung tritt an die Stelle der Taxe vom 6. April 1932 (HGVBl. S. 118).

[1]) diesem Beschluß des Rates der Stadt Cuxhaven (Hafenbau- und Verkehrsamt Cuxhaven) vom 19. 2. 1953 ist hier Raum gegeben, weil die Taxenordnung mit Zustimmung Hamburgs ergangen ist.

[2]) = Niedersächsisches Hafenamt.

IV. Sicherheit in Hafen-, See- und Binnenschiffahrt

A. ALLGEMEINES

1. Vereinbarung über die Ausübung der schiffahrtpolizeilichen Vollzugsaufgaben[1][2][3]

vom 14. Dezember 1954/27. April 1956

Die Bundesregierung, vertreten durch den Bundesminister für Verkehr, und die Freie und Hansestadt Hamburg, vertreten durch den Senat, schließen über die Ausübung der schiffahrtpolizeilichen Vollzugsaufgaben auf den Binnengewässern des Bundes und auf See bis zur Hoheitsgrenze — im folgenden Wasserstraßen genannt — folgende Vereinbarung:

§ 1

Die schiffahrtpolizeilichen Vollzugsaufgaben sind:

1. Gefahren für den Schiffsverkehr zu ermitteln und diejenigen Maßnahmen zu ihrer Abwehr zu treffen, welche keinen Aufschub dulden,
2. die Einhaltung der der Sicherheit und Leichtigkeit des Schiffsverkehrs dienenden Vorschriften, insbesondere über das Verhalten im Verkehr, die Ausrüstung, die Besetzung und Bemannung, den Betrieb und die Kennzeichnung der Wasserfahrzeuge (Schiffe, schwimmenden Geräte, Kleinfahrzeuge, Fähren), Flöße und schwimmenden Anlagen zu überwachen,

---

[1]) siehe hierzu Gesetz über die Vereinbarung zwischen der Bundesregierung und dem Senat der Freien und Hansestadt Hamburg über die Ausübung der schiffahrtpolizeilichen Vollzugsaufgaben vom 5. 5. 1956 (HGVBl. I S. 83) und Bekanntmachung über das Inkrafttreten der Vereinbarung über die Ausübung der schiffahrtpolizeilichen Vollzugsaufgaben zwischen der Bundesregierung und der Freien und Hansestadt Hamburg vom 12. 6. 1956 (HGVBl. I S. 108).

[2]) wegen der sonstigen Rechtsverhältnisse an den Wasserstraßen vgl. Gesetz über den Staatsvertrag betr. den Übergang der Wasserstraßen von den Ländern auf das Reich vom 29. 7. 1921 (RGBl. S. 961), 1. Nachtrag vom 18. 2. 1922/22. 12. 1928 (RGBl. 1922 S. 222, 1929 II S. 1), 2. Nachtrag vom 22. 12. 1928 (RGBl. 1929 II S. 1) und VO. über die Verwaltung der Elbe im Gebiete Groß-Hamburg vom 30. 6. 1937 (RGBl. S. 727) sowie VO. über die Verwaltung der Elbe und anderer Reichswasserstraßen durch die Hansestadt Hamburg vom 31. 12. 1938 (RGBl. 1939 S. 3) in Verbindung mit Gesetz über die vermögensrechtlichen Verhältnisse der Bundeswasserstraßen vom 21. 5. 1951 (BGBl. S. 352).

[3]) siehe Dienstanweisung über die Zusammenarbeit der Wasserschutzpolizei mit den Behörden der Wasser- und Schiffahrtsverwaltung vom 16. 7. 1956 (AA. S. 753).

3. die Schiffspapiere und die Befähigungsnachweise der Schiffsführer, -offiziere und -mannschaften, Floßführer, Fährführer und Lotsen auf den in Nummer 2 genannten Wasserfahrzeugen und Flößen zu prüfen.

§ 2

Die Aufgaben nach § 1 werden durch Polizeikräfte des Landes ausgeübt. Auf denjenigen Wasserstraßen, für welche das Land keine Polizeikräfte bereitstellt, werden diese Aufgaben von der Wasser- und Schiffahrtsverwaltung des Bundes ausgeübt.

§ 3

(1) Das Land kann den Vollzug der Aufgaben nach § 1 auf allen oder einzelnen Wasserstraßen einstellen.

(2) Das Land kann in den Fällen des § 2 Satz 2 den Vollzug der Aufgaben nach § 1 durch Bereitstellung von Polizeikräften übernehmen.

(3) Das Land wird den Bundesminister für Verkehr von beabsichtigten Maßnahmen im Sinne der Absätze 1 und 2 mindetsens sechs Monate vorher in Kenntnis setzen.

§ 4

Sind im Falle des § 2 Satz 1 Polizeikräfte des Landes nicht erreichbar, so können die Behörden der Wasser- und Schiffahrtsverwaltung des Bundes zur Beseitigung einer bereits eingetretenen Störung der Sicherheit oder Leichtigkeit des Schiffsverkehrs oder zur Abwehr einer unmittelbar bevorstehenden Gefahr die notwendigen Vollzugsmaßnahmen durch ihre Beamten treffen. Die zuständige Polizeidienststelle des Landes ist unverzüglich zu unterrichten.

§ 5

Soweit das Land die Aufgaben nach § 1 durch Polizeikräfte ausübt, können die Behörden der Wasser- und Schiffahrtsverwaltung des Bundes den Polizeidienststellen des Landes im Rahmen des § 1 Ermittlungs- und Vollzugsaufträge erteilen. Die Polizeidienststellen sind nur für die Art der Ausführung des Auftrages verantwortlich.

§ 6

Die Behörden der Wasser- und Schiffahrtsverwaltung des Bundes und die Polizeidienststellen des Landes halten bei der Ausübung ihrer Aufgaben enge Fühlung miteinander.

§ 7

(1) Die Polizeidienststellen des Landes beteiligen die Behörden der Wasser- und Schiffahrtsverwaltung des Bundes bei der Bearbeitung schiffahrtpolizeilicher Übertretungsanzeigen, wenn die Interessen der Wasser-

und Schiffahrtsverwaltung berührt werden oder die Angelegenheit von grundsätzlicher Bedeutung ist.

(2) Die „Richtlinien für das Strafverfahren" bleiben unberührt.

§ 8

Aufgaben nach § 1 Nr. 1, die im Zusammenhang mit militärischen Übungen in den Gewässern seewärts der Grenzen der Seefahrt zu erfüllen sind, werden durch Vollzugsorgane des Bundes ausgeübt, soweit nicht mit dem Land im Einzelfall etwas anderes vereinbart wird.

§ 9

(1) Die Kosten des schiffahrtpolizeilichen Vollzuges auf den Wasserstraßen tragen der Bund und das Land, soweit sie die Aufgaben nach § 1 durch ihre Beamten ausüben.

(2) Der Bund stellt das Land von Ansprüchen Dritter, die aus der Ausführung von Ermittlungs- und Vollzugsaufträgen der Wasser- und Schiffahrtsverwaltung des Bundes nach § 5 Satz 1 entstehen, insoweit frei, als die Polizeidienststellen des Landes nach § 5 Satz 2 nicht verantwortlich sind.

§ 10

Überwachungsaufgaben, die der See-Berufungsgenossenschaft und der Binnenschiffahrts-Berufsgenossenschaft auf Grund besonderer Rechtsvorschriften übertragen werden, bleiben unberührt.

§ 11

Diese Vereinbarung tritt am 1. des Monats in Kraft, der auf den Monat folgt, in welchem die Landesregierung den Bundesminister für Verkehr von der Erfüllung der hierfür nach der Landesverfassung erforderlichen Voraussetzungen in Kenntnis setzt.

2. Verordnung über die Hilfsbeamten der Staatsanwaltschaft

vom 27. März 1956 (HGVBl. I S. 45)

§ 1

Die Angehörigen folgender Beamtenklassen und folgende Verwaltungsangehörige sind Hilfsbeamte der Staatsanwaltschaft:

1. Im Bereich des Bundesgrenzschutzes einschließlich Bundespaßkontrolldienst:

u. a.	
Kapitänleutnante	im BGS
Hauptmaate 1)	im BGS
Obermaate 1) 2)	im BGS

1) sofern sie mindestens vier Jahre im Bundesgrenzschutz oder im Polizeidienst tätig sind;
2) als Führer einer Gruppe im Einsatz.

2. Im Bereich der Finanzverwaltung:
b) Zollgrenzdienst (Grenzaufsichtsdienst und Grenzabfertigungsdienst):
u. a.
Zollkapitäne
Oberzollschiffer
Zollschiffer 2)
2) sofern sie mindestens vier Jahre im Steueraufsichts-, Zoll- oder Polizeidienst tätig sind.

5. Im Bereich der Polizei:
b) Schutzpolizei (einschl. Wasserschutzpolizei und Bereitschaftspolizei):
u. a.
Polizei-Oberwachtmeister 2) 3)
2) sofern sie mindestens vier Jahre im Polizeidienst tätig sind.
3) als Führer einer geschlossenen Einheit im Einsatz oder einer Gruppe im Einsatz oder einer Bootsstreife.

8. Im Bereich der Freihafenverwaltung:
Zollaufsichtsdienst im Freihafen Hamburg:
Regierungsoberinspektoren
Regierungsinspektoren
Regierungsobersekretäre
Regierungssekretäre
Regierungsassistenten
Angestellte der Vergütungsgruppen III bis VIII TOA.

3. Verordnung über Ausnahmen von der Genehmigungs- und Registerführungspflicht nach § 1 des Gesetzes gegen den verbrecherischen und gemeingefährlichen Gebrauch von Sprengstoffen

vom 1. Oktober 1954 in der Fassung der Verordnung vom 11. November 1955 (HGVBl. I 1954 S. 93, 1955 S. 334)

§ 1

(1) Die Vorschriften über die Genehmigungs- und Registerführungspflicht nach § 1 Absätze 1 und 2 des Gesetzes gegen den verbrecherischen

und gemeingefährlichen Gebrauch von Sprengstoffen vom 9. Juni 1884 (RGBl. S. 61) finden keine Anwendung:

5. auf den Besitz von Schallmeßvorrichtungen zur Bestimmung der Wassertiefe mit einem Knallsatz von nicht mehr als je 2 g in der Hand des Schiffsführers oder seines Beauftragten.

B. HAFENSCHIFFAHRT

1. Hafenpolizeiordnung für den Hafen Hamburg

vom 26. Juli 1935 in der Fassung der Verordnungen vom 27. Mai 1947, 1. Juni 1954 und 6. März 1956 (HGVBl. 1935 S. 157, 1947 S. 29, 1954 S. 31 und 1956 S. 29) in Verbindung mit Hafengesetz vom 21. Dezember 1954 (HGVBl. I S. 169)

I. Allgemeine Vorschriften

§ 1
Geltungsgebiet

Diese Polizeiverordnung gilt im Gebiet der Hafenordnung für den Hafen Hamburg vom 14. März 1930 und auf den dazu gehörigen Uferanlagen[1]).

§ 2
Behörden

(1) Die zuständigen Hafenpolizeibehörden im Sinne dieser Polizeiverordnung sind[2]):

im Hamburger Hafen: die Polizeibehörde (Hafen- und Schiffahrtspolizei),

im Altonaer Hafen: der Polizeipräsident Altona-Wandsbek,

im Harburg-Wilhelmsburger Hafen: der Polizeipräsident Harburg-Wilhelmsburg,

im Hafen der Hamburgisch-Preußischen Hafengemeinschaft G.m.b.H.: der Polizeipräsident Harburg-Wilhelmsburg.

(2) Die zuständigen Hafenbehörden im Sinne dieser Polizeiverordnung sind[3]):

im Hamburger Hafen: die Behörde für Wirtschaft und ihr die unterstellte Hafenverwaltung mit den Hafenämtern,

im Altonaer Hafen: der Magistrat (Hafenverwaltung) und das ihm unterstellte Hafenamt,

---

[1]) räumliches Geltungsgebiet jetzt das des Hafengesetzes.

[2]) zu Absatz 1 nur noch Wasserschutzpolizei Hamburg zuständig.

[3]) zu Absatz 2 nur noch Behörde für Wirtschaft und Verkehr mit Oberhafenamt und Hafenämtern zuständig, zumal die Groß-Hamburg-Gesetzgebung einen einheitlichen Hamburger Hafen geschaffen hat.

im Harburg-Wilhelmsburger Hafen: das Wasserbauamt und das ihm unterstellte Hafenamt,
im Hafen der Hamburgisch-Preußischen Hafengemeinschaft G. m. b. H.: die Geschäftsführer und das ihnen unterstellte Hafenamt.

§ 3

Befugnisse der Hafenpolizeibehörde
(ist aufgehoben)

§ 4

Polizeiliche Ankunftsuntersuchung
(ist aufgehoben)

§ 5

Polizeiliche Abfahrtsuntersuchung
(ist aufgehoben)

II. Gesundheitspolizeiliche Vorschriften

§ 6

Befugnisse der Gesundheitsbehörde

(1) Alle Schiffe (See- und Flußfahrzeuge) unterliegen von der Ankunft bis zum Verlassen des Hafens der gesundheitlichen Überwachung.

(2) Der Schiffsführer oder sein Vertreter hat dem Hafenarzt auf dienstliche Fragen Auskunft zu erteilen.

(3) Die Hafenpolizeibehörde — im Hamburger Hafen der Hafenarzt — kann alle im Interesse der öffentlichen Gesundheitspflege erforderlichen Absonderungen, Ausschiffungen, Impfungen und sonstige Maßnahmen an Bord anordnen und ausführen lassen.

(4) Die Hafenpolizeibehörde — im Hamburger Hafen der Hafenarzt — kann in besonderen Fällen Anordnungen über die Instandhaltung und Sauberkeit, die Heizung, Lüftung und Einrichtung der Unterkunfts- und sonstigen Räume treffen. Sie kann ferner bestimmen, wie die Lebensmittel und das Trinkwasser beschaffen sein müssen.

§ 7

Gesundheitliche Ankunftsuntersuchung

(1) Bei der Ankunftsuntersuchung sind dem Hafenarzt sämtliche während der Reise vorgekommenen Krankheits- und Todesfälle und die noch bestehenden Krankheitsfälle anzugeben.

(2) Der Schiffsführer hat dafür zu sorgen, daß sein Vertreter über die gesundheitlichen Verhältnisse auf dem Schiffe genau unterrichtet ist. Das Schiffstagebuch, die Musterrolle und die Ausweise über die gesundheitliche Behandlung des Schiffes, über Entseuchungen, Ungeziefer- und Rattenvertilgung sind auf Verlangen zur Einsicht vorzulegen.

(3) Die Offiziere und Mannschaften der in mittlerer oder großer Fahrt verkehrenden Schiffe dürfen das Schiff erst nach Beendigung der gesundheitlichen Ankunftsuntersuchung verlassen.

(4) Personen, die an ansteckenden oder fieberhaften Krankheiten, an Geschlechtskrankheiten, an Ausschlag oder an Brechdurchfall leiden, dürfen das Schiff nur mit Erlaubnis der Hafenpolizeibehörde — im Hamburger Hafen des Hafenarztes — verlassen.

(5) Schiffe, die ein Quarantänesignal gemäß § 4 der Vorschriften über die gesundheitliche Behandlung der Seeschiffe in den deutschen Häfen vom 21. Dezember 1931 führen, dürfen von anderen Personen als den Vertretern der Behörden nur mit schriftlicher Erlaubnis der Hafenpolizeibehörde — im Hamburger Hafen des Hafenarztes — betreten oder verlassen werden. Auch jeder sonstige Verkehr mit diesen Schiffen ist untersagt. Ihre Zugänge (Schiffsleitern, Fallreeptreppen, Landungsstege) sind bei Dunkelheit und zur Nachtzeit durch rote Lampen zu kennzeichnen.

§ 8

Weitere gesundheitliche Überwachung

(1) Bei den weiteren Besuchen ist der Hafenarzt von jeder Änderung der Gesundheitsverhältnisse auf dem Schiffe zu unterrichten.

(2) Abgesehen von der nach § 6 Absatz 2, § 7 Absatz 1 und § 8 Absatz 1 zu erteilenden Auskunft hat der Schiffsführer oder sein Vertreter von sich aus jede Erkrankung der im § 7 Absatz 4 angegebenen Art und alle Todesfälle, die sich während des Aufenthaltes im Hafen auf dem Schiffe ereignen, sofort der Hafenpolizeibehörde anzuzeigen.

§ 9

Benutzung von Flußwasser

Rohes Fluß- oder Hafenwasser darf weder zum Trinken noch zum Reinigen von Eß-, Trink- oder Kochgeschirr benutzt werden.

§ 10

Vertilgung von Ratten und Ungeziefer

Das Ausräuchern und Ausgasen der Schiffe zur Vertilgung von Ratten und anderem Ungeziefer darf nur unter Aufsicht der zuständigen Dienststelle ausgeführt werden.

§ 11

Beseitigung von Schiffskehricht

Schiffskehricht, der an Deck angesammelt oder von Bord geschafft werden soll, ist so anzufeuchten oder zu bedecken, daß die Entwicklung von Staub verhindert wird.

III. Feuerpolizeiliche Vorschriften

A. Allgemeine Bestimmungen

§ 12

Gebrauch von Feuer auf den Schiffen

(1) Auf allen Fahrzeugen darf Feuer nur in gesicherten Feuerstellen und in solchen Räumen gebrannt werden, die vom Laderaum durch Wände getrennt sind; das Feuer ist unter Aufsicht zu halten. Flammenlicht darf auf den Fahrzeugen nur in geschlossenen Laternen oder fest angebrachten Lampen mit Metallbehältern benutzt werden; jedoch ist in den Maschinen- und Kesselräumen der Dampfschiffe der Gebrauch offener Öllampen erlaubt.

(2) In den gedeckten Laderäumen und in der Nähe offener Ladeluken der Schiffe ist das Rauchen und das Mitbringen glimmernder Zigarren, Zigaretten und Pfeifen verboten.

(3) Pech, Teer, Harz oder Öl darf an Bord der Schiffe nur auf freiem Deck und in unverbrennlichen Behältern erhitzt werden. Das Feuer muß auf einer Unterlage aus Sand, Stein oder Erde brennen und ständig beaufsichtigt werden.

§ 13

Besondere Sicherheitsvorschriften für Land- und Ladeanlagen im Hafengebiet

(1) In den Kaischuppen, auf ihren Rampen und Zugängen sowie auf dem Gelände zwischen den einzelnen Kaischuppen und zwischen den Kaischuppen und den Kaimauern einschließlich der dort befindlichen Kräne und der sonstigen Anlagen ist das Rauchen und das Mitbringen glimmender Zigarren, Zigaretten und Pfeifen verboten. Ferner ist an den bezeichneten Stellen und an allen Plätzen, wo feuergefährliche Stoffe (§ 17), leicht entzündliche (§ 20) und explosionsgefährliche Gegenstände (§ 22) gelöscht oder geladen werden, das Anmachen und Unterhalten jedes offenen Feuers untersagt, soweit nicht Ausnahmen nachstehend zugelassen sind oder sonst im Einzelfalle von der Hafenpolizeibehörde gestattet werden.

(2) In den Kaischuppen und auf den an der Wasserseite gelegenen Kai- und Ladestraßen darf nur mit elektrischem Lötkolben gelötet werden. Für Lötarbeiten an den Kaianlagen selbst gilt diese Vorschrift nicht.

Lötöfen dürfen nur mit Holzkohle geheizt und nicht in den Kaischuppen und auf den wasserseitigen Kai- und Ladestraßen angeheizt werden. Die Öfen müssen, solange Feuer in ihnen ist, in einem Kasten von Eisenblech mit mindestens 30 cm hohen Wänden stehen.

An Behältern gefährlicher Güter im Sinne der Seefrachtordnung und in der Nähe dieser Güter darf nur mit Erlaubnis der Hafenpolizeibehörde gelötet, geschweißt und mit Schneidebrennern gearbeitet werden. An Behältern mit Zellhorn- (Zelluoid-) Inhalt darf nur mit einem mäßig erwärmten Lötkolben, nicht mittels Lötlampe, und nur dann gelötet werden, wenn an den Lötstellen zwischen dem Zellhorn und der Blechumhüllung eine mindestens 1 mm starke Isolierschicht aus Pappe oder dergleichen eingefügt worden ist. Während der Löt-, Schweiß- und Schneidearbeiten am Kai müssen in unmittelbarer Nähe betriebsbereite Feuerlöscheinrichtungen zur Hand sein (von der Polizeibehörde als geeignet anerkannte Handfeuerlöscher oder einige mit Wasser gefüllte Eimer).

(3) Werden Kesselwagen mit brennbaren Flüssigkeiten der Gefahrgruppen A 1 und B (§ 17) beladen oder werden solche Wagen entleert, so dürfen Lokomotiven nicht in deren Nähe kommen, bevor die Dame der Kesselwagen geschlossen sind. Die Lokomotiven müssen mit behördlich zugelassenen Funkenfängern und mit Aschfangkasten versehen sein.

§ 14
Unratbeseitigung

Asche und Schlacken dürfen, außer in den Kesselräumen der Dampfschiffe, nur in metallenen Gefäßen mit Deckeln aufbewahrt werden. Unrat und Abfälle sind auf den Schiffen nach verbrennbaren und unverbrennbaren Bestandteilen zu trennen.

§ 15
Funkenfänger

Schwimmende Dampfwinden und Heber müssen mit behördlich zugelassenen Funkenfängern versehen sein, wenn sie in der Nähe von feuergefährlicher (§ 17), leicht entzündlicher (§ 20) und explosionsgefährlicher Ladung (§ 22) verwendet werden.

§ 16
Heizstoffe

(1) Die Kessel der Dampfwinden, Heber und anderer Hilfsvorrichtungen zum Löschen oder Laden sowie der Dampframmen dürfen im Hafen nur mit rauchschwachen Heizstoffen, in den Fleten nur mit Koks gefeuert werden.

(2) Das Decken der Kesselfeuer der Flußdampfschiffe mit Kohlen ist am Nordufer der Norderelbe verboten.

§ 17

Feuergefährliche Stoffe

Als feuergefährlich im Sinne dieser Verordnung gelten:

1. Nachstehende Flüssigkeiten und damit hergestellte flüssige oder bei Wärmegraden von nicht mehr als 15° C noch salbenförmige künstliche Mischungen, im folgenden alle als brennbare Flüssigkeiten bezeichnet:

   A. Brennbare Flüssigkeiten der Gefahrgruppen A 1, 2 und 3, das sind solche, die entweder selbst oder deren brennbare flüssige Anteile sich mit Wasser nicht vermischen lassen:

   1. Brennbare Flüssigkeiten der Gefahrgruppe A 1, das sind solche die einen Flammpunkt unter 21° C haben.
   2. Brennbare Flüssigkeiten der Gefahrgruppe A 2, das sind solche, die einen Flammpunkt von 21° C bis zu 55° C haben und von festen, in den Flüssigkeiten gelösten und/oder aufgeschlämmten Stoffen im ganzen nicht mehr als 30 v. H. enthalten.
   3. Brennbare Flüssigkeiten der Gefahrgruppe A 3, das sind solche, die einen Flammpunkt von mehr als 55° C bis zu 100° C haben und von festen, in den Flüssigkeiten gelösten und/oder aufgeschlämmten Stoffen im ganzen nicht mehr als 30 v. H. enthalten.

   B. Brennbare Flüssigkeiten der Gefahrgruppe B, das sind solche, die entweder selbst oder deren brennbare flüssige Anteile sich mit Wasser in beliebigem Verhältnis vermischen lassen, einen Flammpunkt unter 21° C haben und von festen, in den Flüssigkeiten gelösten und/oder aufgeschlämmten Stoffen im ganzen nicht mehr als 30 v. H. enthalten.

2. Rote rauchende Salpetersäure.

3. Gewöhnlicher (weißer oder gelber) Phosphor. Roter (amorpher) Phosphor und Phosphorsesquisulfid, soweit sie nicht völlig frei von gelbem Phosphor sind.

4. Zellhorn- (Zelluloid-) abfälle, Zellhornfilmabfälle.

§ 18

Schiffe mit feuergefährlicher Ladung

(1) Sobald ein Schiff, das feuergefährliche Gegenstände geladen hat, in den Hafen kommt, hat der Schiffsführer, soweit § 26 nicht eine frühere Meldung vorschreibt, diese Gegenstände ihrer Menge und Art nach dem zuständigen Hafenamt unverzüglich aufzugeben.

(2) Schiffe mit feuergefährlicher Ladung werden während ihres Aufenthalts im Hafen durch die Hafenpolizeibehörde besonders bewacht.

(3) Auf Hafenfahrzeugen, die brennbare Flüssigkeiten der Gefahrgruppen A 1, A 2 und B geladen haben, darf, abgesehen von den Positionslaternen, weder Feuer noch Licht gebrannt werden. Das Rauchen auf diesen Fahrzeugen ist verboten.

Barkassen, deren Motoren mit äußerer Feuerwirkung weder angelassen noch betrieben werden, dürfen brennbare Flüssigkeiten der Gefahrgruppen A 1, A 2 und B befördern. Handelt es sich um Flüssigkeiten der Gefahrgruppen A 1 und B, gelten für diese Beförderungen folgende Vorschriften:

a) Mehr als 400 l dürfen nur in Fahrzeugen befördert werden, die dafür von der Polizeibehörde besonders zugelassen sind.
b) Nicht vollkommen dichte Behälter sind von der Beförderung ausgeschlossen.
c) Die Behälter mit den Flüssigkeiten müssen gegen Funkenflug durch Persennige oder dergleichen gesichert sein.
d) Die Behälter sind so zu lagern, daß der Zugang zum Motor stets frei bleibt.
e) Ein zum Löschen brennender Flüssigkeiten von der Polizeibehörde als geeignet anerkannter Handfeuerlöscher von wenigsten 3 l Füllung ist leicht erreichbar mitzuführen.
f) Ein Anschlag des Rauchverbots ist augenfällig anzubringen.
g) Unbeteiligte Personen dürfen nicht befördert werden.

(4) Auf Flußschiffen mit Dampf- oder Motorantrieb dürfen brennbare Flüssigkeiten der Gefahrgruppen A 1, A 2 und B in Versandgefäßen nur auf dem Verdeck verladen werden, wo sie mit dicht schließenden Plantüchern bedeckt zu halten sind. Dient das Schiff der Fahrgastbeförderung, so ist der Teil des Verdecks, auf dem die brennbaren Flüssigkeiten untergebracht sind, für die Fahrgäste zu sperren. Wird für den Antriebsmotor des Schiffes ein Treibstoff mit einem Flammpunkt von weniger als 55° C verwendet, so dürfen die bezeichneten brennbaren Flüssigkeiten nur dann verladen werden, wenn der Treibstoff in verschließbaren Tanks mitgeführt wird und wenn die Flüssigkeiten von dem Motor und den Treibstofftanks und -leitungen ferngehalten werden.

§ 19

Löschen und Laden feuergefährlicher Gegenstände

(1) Unverpackte brennbare Flüssigkeiten der Gefahrgruppen A 1, A 2 und B dürfen nur in den Petroleumhäfen (s. § 23 Absatz 1) gelöscht oder geladen werden. Die zuständige Hafenpolizeibehörde kann erlauben, daß diese Flüssigkeiten aus Flußfahrzeugen an Lägern der Flüssigkeiten außerhalb der Petroleumhäfen gelöscht werden. Unverpackte Flüssigkeiten der Gefahrgruppe A 3 dürfen außerhalb der Petroleumhäfen nur mit Zustimmung der Hafenpolizeibehörde gelöscht oder geladen werden.

(2) Verpackte brennbare Flüssigkeiten der Gefahrgruppen A 1, A 2 und B dürfen in beschränktem Umfange außerhalb der Petroleumhäfen gelöscht oder geladen werden, und zwar an den Pfahlreihen im Parkhafen bis zu einer Gesamtmenge von 60000 l, an anderen Stellen bis zu einer Gesamtmenge von 20000 l für das Schiff.

Die Hafenpolizeibehörde kann erlauben:

a) daß in besonderen Fällen mehr als 60000 l im Parkhafen gelöscht oder geladen werden,

b) daß von gereinigtem Petroleum, von Terpentinöl und von Spiritus größere als die angeführten Mengen außerhalb der Petroleumhäfen gelöscht oder geladen und bis zu 50 Faß in Fahrzeugen bei den Schutenwachtstationen gelagert werden.

Sollen neben brennbaren Flüssigkeiten der Gefahrgruppe A 1 auch solche der Gefahrgruppen A 2 und A 3 an dem gewöhnlichen Liegeplatz des Schiffes verladen werden, so darf die Gesamtlademenge aller brennbaren Flüssigkeiten 40000 l betragen, die der Flüssigkeiten der Gefahrgruppe A 1 aber 20000 l nicht übersteigen. Die brennbaren Flüssigkeiten der Gefahrgruppe A 1 müssen dann durch ein besonderes Fahrzeug an das Schiff gebracht werden; das Fahrzeug darf erst längsseits des Schiffes legen, nachdem die Übernahme der brennbaren Flüssigkeiten der Gefahrgruppen A 2 und A 3 beendet ist.

(3) Wenn ankommende, nach den Petroleumhäfen bestimmte Schiffe außer den im § 17 unter Ziffer 1 bezeichneten brennbaren Flüssigkeiten noch andere feuergefährliche (§ 17 Ziffern 2 bis 4) oder leicht entzündliche Gegenstände (§ 20) an Bord haben, so sind diese zunächst außerhalb der Petroleumhäfen in Hafenfahrzeuge zu löschen.

(4) Vor dem Löschen oder Laden feuergefährlicher Gegenstände außerhalb der Petroleumhäfen hat der Reeder oder sein Vertreter der nächsten Hafenpolizeiwache Anzeige zu erstatten.

(5) Auf oder in Landungsanlagen, die für den Personenverkehr bestimmt sind, dürfen Behälter mit brennbaren Flüssigkeiten der Gefahrgruppen A 1 und A 2 nicht gelagert werden.

(6) Die Absätze 1—4 gelten nicht für das Übernehmen feuergefährlicher Gegenstände in Schiffe für den eigenen Verbrauch. Seeschiffe dürfen mit unverpacktem Heizöl und Treiböl für den eigenen Bedarf nur unter Beachtung der folgenden Vorschriften beliefert werden:

a) Das Öl muß durch dichte Rohr- und Schlauchleitungen übergepumpt werden, die durch feste Verschraubungen mit den Ölbunkern der Schiffe verbunden sind. Während des Überpumpens darf in der Nähe der Leitungen nicht geraucht und kein offenes Feuer oder Licht benutzt werden.

b) Die beim Pumpen aus den Schiffsbunkern verdrängten Öldampf-Luftgemische müssen gefahrlos abgeleitet werden.

c) Soll außerhalb der Petroleumhäfen Heizöl oder Treiböl unmittelbar aus einem Seeschiff in ein anderes Seeschiff übergenommen werden, so ist dazu in jedem Falle eine Erlaubnis der Hafenpolizeibehörde einzuholen. Tankseeschiffe mit Heizöl oder Treiböl dürfen nicht als schwimmende Bunkerlager im Hafen liegen und nach Bedarf an Schiffe verlegt werden, die mit Heizöl oder Treiböl zu beliefern sind.

d) Aus Tankleichtern können Seeschiffe überall Heizöl und Treiböl einnehmen; bei der Übernahme außerhalb der Petroleumhäfen ist vorher der nächsten Hafenpolizeiwache Anzeige zu machen. Die Leichter dürfen mit dem Öle nur beladen werden, wenn die Hafenpolizeibehörde es zuläßt.

§ 20

Leicht entzündliche Gegenstände

Leicht entzündliche Gegenstände im Sinne dieser Verordnung sind:

a) Kunstwolle, Wollabfälle, Tuchreste, Jute-, Baumwoll-, Baumwollgarnabfälle sowie Lumpen.

b) Haare, rohe Wolle, rohe Baumwolle, Flachs, Hanf, Werg und Jute.

c) Heu, Stroh, Rohr (ausgenommen spanisches) und Holzwolle.

d) Holzfässer, in denen brennbare Flüssigkeiten der Gefahrgruppen A 1, A 2 und B befördert worden sind.

e) Kalziumkarbid.

f) Schrot aus Ölsaaten, die mit zerknallfähigen Stoffen extrahiert sind.

§ 21

Schiffe mit leicht entzündlicher Ladung

(1) An Bord von Hafenfahrzeugen, die mit leicht entzündlichen Gegenständen beladen sind, dürfen Feuerstellen nur benutzt werden, wenn sie sich in geschlossenen Räumen befinden, die durch ein festes Schott vom Laderaum vollständig getrennt sind. Wird während des Löschens oder Ladens Feuer gebrannt, so müssen die Schornsteine mit behördlich zugelassenen Funkenfängern versehen sein.

(2) Auf Fahrzeugen der bezeichneten Art darf Licht nur in geschlossenen Laternen gebrannt werden. Das Rauchen ist verboten.

(3) Die im § 20 unter a bis c und e genannten Gegenstände müssen, wenn sie nicht in gedeckten Schiffsräumen liegen, mit Plantüchern oder Persennigen dicht bedeckt sein. Auf Fahrzeugen mit den unter § 20 c aufge-

führten Gegenständen brauchen jedoch die Längsseiten der Ladung nicht bedeckt zu sein.

(4) Beim Öffnen von Laderäumen, in denen Kalziumkarbid verladen ist, ist zunächst jede künstliche Beleuchtung und jedes Feuer fernzuhalten. Es ist festzustellen, ob sich in den Räumen die durch ihren eigenartigen Geruch bemerkbaren Azetylengase befinden. Besondere Vorsicht ist geboten, wenn das Schiff schweres Wetter zu bestehen hatte oder wenn Wasser in die Laderäume gedrungen ist.

(5) Befinden sich Azetylengase in den Laderäumen oder ist die Verpackung der Kalzium-Karbidladung beschädigt, so sind die Luken der Laderäume wieder zu schließen und ist der nächsten Hafenpolizeiwache Anzeige zu erstatten. Bis zum Erlaß weiterer polizeilicher Anordnungen dürfen diese Laderäume nicht betreten werden.

§ 22

Schiffe mit explosionsgefährlicher Ladung

(1) Explosionsgefährliche Gegenstände im Sinne dieser Verordnung sind: Sprengstoffe, Munition und Feuerwerkskörper im Sinne der Seefrachtordnung (Klassen Ia, Ib und Ic im II. Teil der Anlage 1 zur Seefrachtordnung). Ausgenommen sind: nicht sprengkräftige Zündungen, Schnellzündschnüre, Patronen für Handfeuerwaffen, pyrotechnische Scherzgegenstände und Spielwaren.

(2) Explosionsgefährliche Gegenstände dürfen nur mit Genehmigung der zuständigen Polizeibehörde unter den von ihr angeordneten Sicherheitsmaßregeln gelöscht oder geladen werden.

(3) Schiffe, die explosionsgefährliche Gegenstände, mit Ausnahme von Feuerwerkskörpern, geladen haben, müssen auf der Fahrt von der Oberelbe nach der Unterelbe und umgekehrt den Weg durch den Köhlbrand nehmen. Sie dürfen nur mit Genehmigung der zuständigen Hafenpolizeibehörde im Hafen liegen.

§ 23

Petroleumhäfen

(1) Petroleumhäfen im Sinne dieser Verordnung sind:

a) der Hamburger Petroleumhafen,

b) der IV. Seehafen in Harburg-Wilhelmsburg,

c) die für den Mineralölumschlag von der Hafenpolizeibehörde auf preußischem Gebiet besonders zugelassenen Anlagen.

(2) Als Petroleumhafen im Sinne dieser Verordnung gilt vorübergehend auch die Wasserfläche in 60 m Breite auf der Unterelbe am Bubendey

Ufer, beginnend 400 m und endend 650 m östlich der Mitte der Einfahrt zum Jachthafen. An dieser Stelle dürfen Tankschiffe mit feuergefährlicher Ladung nur dann gelöscht oder geladen werden, wenn sie nach ihren Abmessungen, insbesondere ihrem Tiefgang, die in Absatz 1 aufgeführten Petroleumhäfen nicht gefahrlos aufsuchen können.

(3) In den Petroleumhäfen und auf den dazugehörigen Uferanlagen sind verboten:

a) das Rauchen und das Mitbringen glimmender Zigarren, Zigaretten und Pfeifen,

b) ohne besondere Erlaubnis der zuständigen Polizeibehörde jeder sonstige Gebrauch von Feuer einschließlich der Feuer unter Kesseln, in Kombüsen usw. sowie der Gebrauch von Verbrennungsmotoren. Die Schornsteine aller erlaubten Feuerstellen auf Schiffen oder schwimmenden Anlagen mit Ausnahme der Auspuffrohre von Verbrennungsmotoren müssen mit behördlich zugelassenen Funkenfängern versehen sein,

c) funkenreißende Arbeiten.

(4) Hafendampffahrzeuge und Schleppdampfer dürfen mit Kesselfeuer die Petroleumhäfen nur befahren, wenn ihre Schornsteine mit behördlich zugelassenen Funkenfängern versehen sind. Hafenmotorfahrzeuge dürfen die Petroleumhäfen nur befahren, wenn ihre Motoren mit äußerer Feuerwirkung weder angelassen noch betrieben werden.

(5) Andere Fahrzeuge irgendwelcher Art dürfen in die Petroleumhäfen nur mit besonderer Erlaubnis der Hafenpolizeibehörde einfahren.

(6) In den Petroleumhäfen dürfen Schiffe nicht mit Drahttrossen oder Ketten befestigt werden. Für das sofortige Abschleppen der Schiffe müssen Drahttrossen klar zum Schleppen über Bord hängen.

(7) In den Petroleumhäfen dürfen auf allen Fahrzeugen in Positionslaternen nur elektrische Glühlampen mit Überglocken oder Davysche Sicherheitsbrenner verwandt werden.

B. See-Tankschiffe[1]) für die Beförderung brennbarer Flüssigkeiten

1. Allgemeine Bestimmungen

§ 24

Erklärungen

(1) Mineralöle im Sinne dieser Verordnung sind folgende Flüssigkeiten: Rohpetroleum und seine Destillationserzeugnisse, Teeröle, Schieferöle so

[1]) unter Seeschiffen im Sinne dieser VO. sind solche Schiffe zu verstehen, die für die Seeschiffahrt ganz oder vorzugsweise Verwendung finden.

wie flüssige Kohlenwasserstoffe anderen Ursprungs, z. B. Rohnaphtha, Erd- und Steinöl, Benzine, künstliches Terpentinöl, Benzol, Toluol; Leuchtöle, Benzinputzöle, Xylol, Kumol, Solventnaphtha; Gasöle, Heizöle, Treiböle, Schmieröle. Künstlich hergestellte Mischungen der genannten Flüssigkeiten untereinander oder mit anderen brennbaren Flüssigkeiten werden den unvermischten Mineralölen gleichgeachtet.

(2) See-Tankschiffe, die zur Beförderung von Mineralölen dienen (See-Mineralöltankschiffe), werden als See-Benzintankschiffe bezeichnet, wenn es sich auch nur bei einem Teil der Ladung um Mineralöle mit einem Flammpunkt unter 21° C handelt (Gefahrgruppe A1), als See-Petroleumtankschiffe, wenn die Ladung ganz oder zum Teil aus Mineralölen mit einem Flammpunkt von 21° C bis 55° C (Gefahrgruppe A 2) besteht.

§ 25

Beleuchtung der See-Tankschiffe

(1) Abgesehen von den Positionslaternen dürfen in den Petroleumhäfen auf See-Tankschiffen an künstlichen Leuchtmitteln nur tragbare elektrische Sicherheitslampen (explosionssichere Lampen mit Akkumulatoren oder Trockenbatterien) oder fest angebrachte elektrische Glühlampen verwandt werden, die von einer Stromquelle der elektrischen Lichtanlage des Schiffes gespeist werden. Die fest angebrachten elektrischen Glühlampen dürfen aber nur solange benutzt werden, bis das Schiff festgelegt ist. Nachher darf die gesamte elektrische Starkstromanlage des Schiffes nur in Betrieb gehalten werden, wenn und soweit es die Hafenpolizeibehörde erlaubt.

(2) Positionslaternen für Flammenlicht müssen am Lande angezündet werden.

§ 25a

Zutritt zu See-Tankschiffen

Zu den See-Tankschiffen haben außer den Besatzungsmitgliedern nur Zutritt:

a) Angehörige solcher Besatzungsmitglieder, die während der Liegezeit im Hafen aus betrieblichen Gründen an Bord unabkömmlich sind;

b) Personen, deren Anwesenheit an Bord zum reibungslosen Ablauf des Schiffsbetriebes erforderlich ist.

§ 25b

Wache auf See-Tankschiffen

Auf See-Tankschiffen muß eine ständige Wache an Bord sein, die in der Lage ist, bei Feuersgefahr die Feuerlöscheinrichtungen zu bedienen und, wenn erforderlich das Schiff sofort zu verholen.

§ 25c

Reparaturen auf See-Tankschiffen

Auf See-Tankschiffen dürfen Reparaturen nur mit Genehmigung der Hafen-Polizeibehörde vorgenommen werden.

§ 25d

Heizen, Kochen und Rauchen auf See-Tankschiffen

1. Auf See-Tankschiffen darf nur mit Erlaubnis der Hafen-Polizeibehörde Feuer in Heizungsanlagen gebraucht, in den Kombüsen gekocht und in dafür zugelassenen Räumen geraucht werden.

2. Die Schornsteine der für Heizen und Kochen zugelassenen Feuerstellen müssen mit behördlich zugelassenen Funkenfängern versehen sein.

2. See-Benzintankschiffe

§ 26

Anzeigepflicht

Der Vertreter eines nach dem Hafen Hamburg bestimmten See-Benzintankschiffes hat dessen Eintreffen im Hafen spätestens am Tage vorher bei der Hafenpolizeibehörde und bei der Hafenbehörde unter Nennung des Führers des Schiffes anzuzeigen. Dabei hat er anzugeben: bei einem beladenen Schiffe die Herkunft, die Art und das Gewicht der Ladung, bei einem unbeladenen Schiffe die Art und den Flammpunkt der letzten Ladung.

§ 27

Liegeplätze

See-Benzintankschiffe dürfen, auch in unbeladenem Zustande, nur in den Petroleumhäfen (§ 23 Absatz 1) liegen. Ausnahmen siehe § 32.

§ 28

Zutritt zu den Fahrzeugen, Besatzung

(ist gestrichen)

§ 29

Gebrauch von Feuer und Verbrennungsmotoren

(1) Die Feuer aller Kessel eines See-Benzintankschiffes müssen vollständig gelöscht, Antriebsmotoren abgestellt sein, ehe das Schiff in einen der Petroleumhäfen einläuft.

(2) Die Hafenpolizeibehörde kann ausnahmsweise erlauben, daß auf dem Schiff befindliche Verbrennungsmotoren in den Petroleumhäfen zum An-

trieb von Dynamomaschinen und Pumpen des Schiffes benutzt werden, wenn diese in abgeschlossenen Räumen aufgestellt sind. Die Auspuffrohre der Verbrennungsmotoren müssen gereinigt sein.

§ 30

Entlüftungsrohre, Kofferdämme

Jeder Tankraum muß mit einem über das Deck hinausreichenden Entlüftungsrohr versehen sein, das an seinem freien Ende gegen das Hineinschlagen von Flammen durch geeignete, gegen Beschädigung geschützte Einrichtungen (Kiestöpfe, engmaschige Drahtnetze oder andere von der Polizeibehörde als wirksam anerkannte Vorrichtungen) ausreichend gesichert ist. Falls die Kofferdämme mit Entlüftungsrohren versehen sind, so sind auch diese an ihren freien Enden durch gleiche Einrichtungen wie die Entlüftungsrohre der Tanks zu sichern. Entlüftungsrohre von Kofferdämmen dürfen nicht mit Entlüftungsrohren von Tankräumen verbunden sein.

§ 31

Löschen und Laden

(1) Für das Löschen und Laden eines See-Benzintankschiffes sind entweder Pumpen am Lande zu benutzen oder Pumpen des Schiffes, für die Dampf oder Preßluft vom Lande geliefert wird.

(2) Die Hafenpolizeibehörde kann erlauben, daß die Pumpen des Schiffes durch Elektromotoren oder Dieselmotoren angetrieben werden, wenn diese in Räumen aufgestellt sind, die vom Pumpenraum gasdicht abgeschlossen sind.

(3) See-Benzintankschiffe sind möglichst schnell, ununterbrochen und während der Tageszeit zu löschen und zu beladen. Die Hafenpolizeibehörde kann das Löschen und Laden während der Nacht erlauben, wenn das Schiff ausreichend beleuchtet ist.

(4) Zum Löschen und Laden müssen vollkommen dichte Rohr- oder Schlauchleitungen verwandt werden, die durch feste Verschraubungen mit den Tanks der Schiffe verbunden sind. Auch die Pumpen der Schiffe müssen völlig dicht sein.

(5) Während des Löschens und Ladens sind alle Luken fest geschlossen zu halten; die Peilöffnungen dürfen nur so lange geöffnet sein, als es unbedingt nötig ist. Für den Luftausgleich beim Pumpen dürfen die Luken nicht, die Peilöffnungen nur mit Erlaubnis der Hafenpolizeibehörde dann offen gehalten werden, wenn sie, wie das Ende des Entlüftungsrohres, ausreichend gesichert sind (s. § 30). Unmittelbar nach der Entlöschung oder Beladung eines Laderaumes sind seine Öffnungen bis auf das ordnungsmäßig gesicherte Entlüftungsrohr luftdicht zu schließen und dann stets luftdicht geschlossen zu halten.

(6) Beim Herannahen und während eines Gewitters sind die Blitzableiter und Antennenanlagen des Schiffes zu erden und das Löschen oder Laden sofort einzustellen.

§ 32

Entlöschte Schiffe

(1) Nach beendigtem Löschen oder Laden hat das See-Benzintankschiff möglichst sofort den Hafen zu verlassen. Das Dampfaufmachen für die Ausfahrt kann die Hafenpolizeibehörde an einem geeigneten Liegeplatz außerhalb der Petroleumhäfen erlauben.

(2) Ein See-Benzintankschiff kann nach beendigtem Löschen zur Einnahme von Ladung, zur Vornahme von Ausbesserungsarbeiten und zum Docken im Hafen bleiben. Für diese Fälle gelten folgende Vorschriften, außer wenn das Schiff in den Petroleumhäfen wieder Mineralöle ladet:

a) Der Kapitän hat das Vorhaben der Hafenpolizeibehörde anzuzeigen.

b) Das Schiff ist an einem dafür von der Hafenbehörde angewiesenen Liegeplatz durch Einströmen von Dampf in die Laderäume zu entgasen. Die Hafenpolizeibehörde kann andere Entgasungsverfahren zulassen oder anordnen und kann erlauben, daß an einem geeigneten Liegeplatz außerhalb der Petroleumhäfen für die Entgasung mit eigenen Kesseln des Tankschiffes Dampf aufgemacht wird.

c) Nach Beendigung der Entgasungsarbeiten hat ein Sachverständiger (beeidigter Handelschemiker) festzustellen und zu bescheinigen, daß nach den von ihm angestellten Untersuchungen in keinem Tank und Kofferdamm gesundheitsschädliche oder entzündliche Gase in gefahrdrohender Menge enthalten sind. Die Bescheinigung ist der Hafenpolizeibehörde einzureichen. Erst wenn diese die Bescheinigung anerkannt hat, darf das Schiff im Hafen frei verlegt und mit der Einnahme von Ladung oder mit Ausbesserungsarbeiten außerhalb der Petroleumhäfen begonnen werden.

d) An jedem Arbeitstage vor Beginn der Arbeiten muß die Luft in dem Tank oder Kofferdamm von neuem untersucht und die unter b geforderte Bescheinigung von einem Sachverständigen ausgestellt werden. Diese Bescheinigung muß an einer jedermann zugänglichen, gut sichtbaren Stelle an Bord des Schiffes ausgehängt werden. Die Hafenpolizeibehörde kann in besonderen Fällen gestatten, daß die erneuten Untersuchungen unterbleiben.

(3) Die Hafenpolizeibehörde kann erlauben, daß von der Entgasung abgesehen wird bei solchen Ausbesserungsarbeiten, bei denen Feuer oder Licht nicht verwendet werden, Funkenbildung oder Erglühen von Gegen-

ständen nicht eintritt und die Tanks oder ihre Zubehörteile in keiner Weise von den Arbeiten berührt werden. Sämtliche Tanks müssen bei derartigen Arbeiten von ihrem Beginn an dicht geschlossen gehalten werden; die Entlüftungsrohre müssen ordnungsgemäß gesichert sein. Die Arbeiten dürfen nur unter ständiger Anwesenheit und Aufsicht eines mit Arbeiten auf Tankschiffen vertrauten Meisters vorgenommen werden.

(4) Die Hafenpolizeibehörde kann gestatten, daß ein See-Benzintankschiff nach der Entlöschung zu anderen als den im Absatz 2 genannten Zwecken und nach der Beladung im Hafen bleibt.

(5) Die Bestimmungen der Absätze 2—4 gelten sinngemäß für See-Benzintankschiffe, die in entlöschtem Zustande im Hafen eintreffen.

3. See-Petroleumtankschiffe

§ 33

Anzeigepflicht

Das Eintreffen eines See-Petroleumtankschiffes im Hafen hat der Vertreter des Schiffes spätestens unmittelbar nach der Ankunft bei der Hafenpolizeibehörde und bei der Hafenbehörde anzuzeigen. Er hat dabei den Führer, die Herkunft, die Art und das Gewicht der Ladung anzugeben.

§ 34

Liegeplätze

See-Petroleumtankschiffe dürfen im beladenen Zustande nur in den Petroleumhäfen liegen. Die Schiffe dürfen auch nur dort entlöscht oder beladen werden. Das Dampfaufmachen für die Ausfahrt kann beladenen Schiffen von der Hafenpolizeibehörde an einem geeigneten Liegeplatz außerhalb der Petroleumhäfen gestattet werden.

§ 35

Gebrauch von Feuer und Verbrennungsmotoren

(1) Die Feuer unter allen Kesseln eines See-Petroleumtankschiffes müssen vor dem Einlaufen des Schiffes in einen Petroleumhafen vollständig gelöscht, Antriebsmotoren abgestellt sein.

(2) Die Hafenpolizeibehörde kann erlauben, daß in den Petroleumhäfen zum Antrieb von Pumpen und Dynamomaschinen auf dem Schiffe Dampfkessel des Schiffes unter folgenden Bedingungen benutzt werden:

a) Der Hafenpolizeibehörde ist durch eine Prüfungsbescheinigung des Norddeutschen Vereins zur Überwachung von Dampfkesseln — in Hamburg des Aufsichtsamts für Dampfkessel und Maschinen — der Nachweis zu führen, daß die maschinellen Einrichtungen zum Löschen und Laden und die dafür zu benutzenden Kessel des Schiffes besichtigt und in Ordnung befunden sind. Die Kessel müssen den allgemeinen polizeilichen Bestimmungen über die Anlegung von Schiffsdampfkesseln vom 17. Dezember 1908 (RGBl. 1909 S. 51) nebst Änderungen entsprechen. Mindestens eine der vorhandenen Speisevorrichtungen ist bei dem Kessel aufzustellen. Bei höher aufgestellten Kesseln ist im Heizraum ein genügend großer, mit einem Wasserstandglas versehener Speisetank anzubringen, aus dem die Speisevorrichtung saugen kann. Die Kessel sind vor ihrer Inbetriebnahme in den Petroleumhäfen den vorgeschriebenen Prüfungen und Revisionen zu unterwerfen. Die innere Besichtigung und die Revision der Kessel unter Dampf ist alljährlich, die Wasserdruckprobe alle sechs Jahre zu wiederholen.

b) Die Kessel dürfen nur mit Öl geheizt werden. Die Ölfeuerungsanlage muß den allgemeinen, von den Seeuferstaaten vereinbarten Grundsätzen für den Bau, die Ausrüstung und den Betrieb von Ölfeuerungsanlagen auf Seeschiffen entsprechen. Öltanks irgendwelcher Art dürfen im Heizraum nicht aufgestellt werden.

c) Der Schornstein der Kessel muß gereinigt und mit einem behördlich zugelassenen Funkenfänger versehen sein.

d) Während der Benutzung der Kessel in den Petroleumhäfen muß die Heizung durch einen Maschinisten (nicht durch einen Heizer) überwacht werden.

e) Für den Betrieb von Dynamomaschinen sind die Vorschriften des § 25 zu beachten.

(3) Die Hafenpolizeibehörde kann ausnahmsweise erlauben, daß auf dem Schiff befindliche Verbrennungsmotoren in den Petroleumhäfen zum Antrieb von Dynamomaschinen und Pumpen des Schiffes gebraucht werden.

(4) (ist gestrichen).

§ 36

Löschen und Laden

(1) Für das Löschen oder Laden eines See-Petroleumtankschiffes sind entweder Pumpen am Lande zu benutzen, oder Pumpen des Schiffes, für die Dampf vom Lande geliefert oder nach den Vorschriften des § 35 Absatz 2 auf dem Tankschiff erzeugt oder für die Preßluft vom Lande geliefert wird.

(2) Die Hafenpolizeibehörde kann erlauben, daß durch Motoren des Schiffes betriebene Pumpen für das Löschen und Laden verwandt werden.

(3) Während der Nacht darf nur dann gelöscht oder geladen werden, wenn das Schiff den Anforderungen der Hafenpolizeibehörde entsprechend beleuchtet ist.

(4) Die Bestimmungen der §§ 30, 31 Absätze 4—6, finden auch auf See-Petroleumtankschiffe Anwendung.

4. Andere See-Mineralöltankschiffe

§ 37

(1) Für den Verkehr in den Petroleumhäfen finden die Bestimmungen der §§ 35 und 36 auch Anwendung auf solche See-Tankschiffe, die zur Beförderung von Mineralölen mit einem Flammpunkt über 55° C dienen.

(2) Für den Verkehr dieser Schiffe außerhalb der Petroleumhäfen und der besonders zugelassenen Liegeplätze gelten, soweit es sich um Mineralöle mit einem Flammpunkt bis zu 100° C handelt, die §§ 18, 19, 30, 31 Absätze 4 und 5 dieser Verordnung, doch dürfen die ausreichend gesicherten Peilöffnungen ohne Erlaubnis der Hafenpolizeibehörde für den Luftausgleich beim Pumpen offen gehalten werden. Während des Löschens oder Ladens darf in der Nähe der Luken, Peilöffnungen, Lüftungsrohre und Ölleitungen nicht geraucht, offenes Feuer oder Licht nicht benutzt werden.

5. Andere See-Tankschiffe

§ 38

Auf See-Tankschiffe, die zur Beförderung anderer brennbarer Flüssigkeiten als Mineralöle dienen, finden die Vorschriften dieses Abschnittes sinngemäß Anwendung.

C. Tankleichter (Fluß-Tankfahrzeuge) für die Beförderung brennbarer Flüssigkeiten

1. Allgemeine Bestimmungen

§ 39

Bau und Ausrüstung

(1) Tankleichter, die zur Beförderung brennbarer Flüssigkeiten dienen, müssen in bezug auf bauliche Beschaffenheit und Ausrüstung folgenden Bestimmungen entsprechen:

a) den Vorschriften für Tankfahrzeuge in der Strom- und Schifffahrtspolizeiverordnung über die Sicherheitsanforderungen, denen See- und Binnenschiffe auf der Elbe genügen müssen, vom 4. Januar 1928 / 5. Dezember 1929 / 18. Juni 1932 (RGBl. 1928 II S. 5, 1929 II S. 748, 1932 II S. 151).

b) Auch Schlafräume und Küchen müssen von Laderäumen durch einen Kofferdamm getrennt sein.

Die Auspuffleitung von Verbrennungsmotoren muß von brennbaren Gegenständen genügend entfernt verlegt sein.

(2) Auf allen Tankleichtern, die zur Beförderung von brennbaren Flüssigkeiten der Gruppen A 1, A 2 und B dienen, müssen augenfällig und in

dauerhafter Form mindestens zwei große Anschläge mit dem Verbot des Rauchens, des Gebrauchs von Feuer und anderem als explosionssicherem elektrischem Licht angebracht sein.

§ 40
Zulassung zum Hafenverkehr

(1) Tankleichter, die zur Beförderung von brennbaren Flüssigkeiten der Gefahrgruppen A 1, A 2 und B dienen, dürfen im Hafen Hamburg erst verkehren, nachdem sie dafür von der zuständigen Hafenpolizeibehörde besonders zugelassen worden sind. Über die Zulassung wird eine Bescheinigung erteilt. Die Bescheinigung muß an Bord des Fahrzeuges mitgeführt werden.

(2) Für die Erwirkung der Zulassungsbescheinigung wird eine Frist von sechs Monaten gewährt. Für die beim Erlaß dieser Bestimmungen im Hafen Hamburg bereits verkehrenden Tankleichter, die zur Beförderung von brennbaren Flüssigkeiten der Gefahrgruppen A 2 und B dienen, ist die Bescheinigung innerhalb von sechs Monaten nach Inkrafttreten dieser Verordnung zu erwirken.

§ 41
Feuerlöscher

Für alle Wohnräume, Küchen, Motorräume und Pumpenräume muß ein zum Löschen brennender Flüssigkeiten geeigneter, polizeilich zugelassener Feuerlöscher griffbereit gehalten werden. Die Feuerlöscher können sich in den Vorräumen oder an den Zugängen zu den genannten Räumen befinden. Sie müssen von dem Lieferer oder einer von der zuständigen Hafenpolizei zugelassenen Stelle alljährlich auf ihre Gebrauchsfähigkeit geprüft werden. Eine Bescheinigung über das Ergebnis der letzten Prüfung muß sich an Bord befinden.

§ 42
Elektrische Starkstromleitungen

Starkstromleitungen auf Tankleichtern sind alljährlich auf ihren vorschriftsmäßigen Zustand hin zu untersuchen. Die Bescheinigung hierüber muß sich an Bord befinden. Sie ist auszustellen von dem Ingenieur eines anerkannten Schiffsklassifikationsunternehmens oder des Dampfkesselüberwachungsvereins, von einem von der zuständigen Polizeibehörde anerkannten Sachverständigen oder von einem verläßlichen Installateur, der von öffentlichen Elektrizitätswerken anerkannt und zugelassen ist.

§ 43
Signallaternen

Tankleichter haben außerhalb der Petroleumhäfen bei Nacht 4 Meter über Deck eine nach allen Seiten sichtbare blaue Laterne zu führen.

§ 44
Füllung der Kofferdämme

Die Kofferdämme sind vor Beginn des Beladens der Tankleichter mit Wasser zu füllen und müssen solange mit Wasser gefüllt bleiben, bis die Laderäume völlig entleert und durch Dampf oder in gleichwertiger Weise vollkommen entgast sind. Das Wasser muß in den Kofferdämmen höher stehen, als die Oberkante der anstoßenden Laderäume reicht.

§ 45
Beförderungsbeschränkungen

(1) In Tankleichtern dürfen Mineralöle und deren Destillationserzeugnisse nicht in freiem Zustande befördert werden, wenn ihr spezifisches Gewicht bei 15° C weniger als 0,68 beträgt.

(2) Benzintankleichter und Petroleumtankleichter dürfen nur Mineralöle, Tankleichter für die Beförderung brennbarer Flüssigkeiten der Gefahrgruppe B nur diese Flüssigkeiten befördern; die zuständige Hafenpolizeibehörde kann Ausnahmen zulassen. Versandgefäße, in denen sich Mineralöle der Gefahrgruppen A 1 und A 2 befinden oder befunden haben, dürfen auf Tankleichtern als Ladung nicht befördert werden.

(3) Auf Tankleichtern dürfen sich außer der Ladung und dem etwaigen Bedarf an Petroleum und an Sicherheitszündhölzern keine leicht entzündlichen Gegenstände befinden und ferner keine selbstentzündlichen, ätzenden oder explosionsgefährlichen Stoffe (Sprengstoffe; Munition; Zündwaren, Feuerwerkskörper und dergleichen; verdichtete und verflüssigte Gase; Kalziumkarbid und bei Berührung mit Wasser sich ähnlich verhaltende Stoffe).

§ 46
Laden und Löschen

(1) Mit dem Beladen oder Entlöschen eines Tankleichters darf in den Petroleumhäfen erst begonnen werden, nachdem die Hafenpolizeibehörde das Fahrzeug besichtigt hat.

(2) Für das Laden und Löschen gelten die Bestimmungen des § 31 Absätze 1, 3, 4, 5 Satz 1 und 3 und Absatz 6. Für den Luftausgleich beim Pumpen dürfen die Luken und Peilöffnungen nicht geöffnet werden.

2. Benzintankleichter

§ 47
Begriffsbestimmung

Tankleichter, die zur Beförderung von Mineralölen dienen, werden als Benzintankleichter bezeichnet, wenn auch nur ein Teil der Ladung zur Gefahrgruppe A 1 gehört.

§ 48

Anzeigepflicht

Das Eintreffen eines Benzintankleichters im Hafen ist ebenso wie das eines Benzintankseeschiffes (§ 26) vorher anzuzeigen.

§ 49

Liegeplätze

(1) Beladene Benzintankleichter dürfen nur in den Petroleumhäfen liegen oder an einem anderen behördlich besonders zugelassenen Löschplatz für unverpackte brennbare Flüssigkeiten der Gefahrgruppe A 1, an dem die Ladung der Leichter gelöscht werden soll.

(2) Unbeladene Benzintankleichter dürfen außerhalb der Petroleumhäfen nur an besonderen, von der zuständigen Hafenbehörde angewiesenen Plätzen und nur abgesondert von anderen Fahrzeugen liegen.

(3) Neben beladenen oder unbeladenen Benzintankleichtern dürfen andere Fahrzeuge als Tankleichter nicht liegen. Der Abstand muß wenigstens 4 Meter betragen.

(4) Benzintankleichter müssen den ihnen von der Hafenbehörde angewiesenen Liegeplatz unverzüglich einnehmen und dürfen ihn nur mit Genehmigung dieser Behörde verlassen oder verändern.

§ 50

Zutritt zu den Fahrzeugen, Besatzung

(1) Benzintankleichter dürfen an ihren Liegeplätzen nur aus zwingender Veranlassung betreten werden.

(2) Während ein Benzintankleichter in einem der Petroleumhäfen oder an einem für beladene Benzintankleichter besonders zugelassenen Liegeplatz liegt, dürfen nicht mehr als 5 Personen an Bord bleiben.

§ 51

Gebrauch von Feuer und Licht, Schiffsarbeiten u. dgl.

(1) Im Hafen ist auf Benzintankleichtern das Rauchen und jeder Gebrauch von Feuer verboten. Die auf den Fahrzeugen eingebauten Verbrennungsmotoren dürfen in den Petroleumhäfen nicht benutzt werden. Die Auspuffrohre der Verbrennungsmotoren müssen gereinigt sein.

Schiffs- und Instandsetzungsarbeiten sind auf Benzintankleichtern in den Petroleumhäfen und an den anderen für beladene Benzintankleichter besonders zugelassenen Liegeplätzen verboten, soweit nicht die zuständige Hafenpolizeibehörde Ausnahmen zuläßt.

(2) Für Positions- und Signallaternen darf Flammenlicht in Davyschen Sicherheitsbrennern benutzt werden. Die Laternen sind in den Petroleum-

häfen und, wenn irgend möglich, auch an den anderen Lösch- und Ladeplätzen für brennbare Flüssigkeiten der Gefahrengruppe A 1 am Lande an ungefährlicher Stelle anzuzünden, sonst in den Küchen oder Wohnräumen der Fahrzeuge. Brennende Laternen dürfen auf den Fahrzeugen nicht geöffnet werden.

(3) Im übrigen dürfen im Hafen auf Benzintankleichtern an künstlichen Leuchtmitteln nur tragbare elektrische Sicherheitslampen (explosionssichere Lampen mit Akkumulatoren oder Trockenbatterien) oder explosionssichere, fest angebrachte elektrische Glühlampen verwandt werden, die von einer Stromquelle der elektrischen Lichtanlage des Schiffes gespeist werden. Die tragbaren Sicherheitslampen müssen mit einer Verriegelung versehen sein, die das Auseinandernehmen verhindert, solange die Lampe unter Spannung steht. Die Glühlampen dürfen nur nach Abschalten des elektrischen Stromkreises ausgewechselt werden. Die Beleuchtungsarmaturen der Lichtanlage des Schiffes müssen so beschaffen sein, daß sie nur bei spannungsfreier Glühlampe geöffnet werden können.

§ 52

Fahrt nach und von dem Liegeplatz

(1) Beladene Benzintankleichter müssen von dem Hamburger Petroleumhafen nach der Oberelbe oder umgekehrt durch den Köhlbrand fahren.

(2) Die zum Schleppen der Benzintankleichter benutzten Schleppdampfer müssen auch außerhalb der Petroleumhäfen mit behördlich zugelassenen Funkenfängern versehen sein.

§ 53

Ausbesserungsarbeiten, Docken, Entgasen

Sollen auf einem Benzintankleichter Ausbesserungsarbeiten vorgenommen oder soll er gedockt werden, so muß er völlig entlöscht und entgast werden, soweit nicht die zuständige Hafenpolizeibehörde für geringfügige Ausbesserungsarbeiten Ausnahmen zuläßt. Auf diese Fälle finden die Vorschriften im § 32 Absatz 2 und 3 sinngemäß Anwendung.

§ 54

Unbeladene entgaste Benzintankleichter

Für unbeladene Benzintankleichter, die nach den Bestimmungen im § 32 Absatz 2 vollkommen entgast sind, gelten die Vorschriften des § 45 Absatz 2, § 49 Absätze 2—4, § 50 Absatz 1 nicht. Die §§ 51 und 52 Absatz 2 gelten nur, wenn sich die Fahrzeuge in den Petroleumhäfen oder an einem anderen besonders zugelassenen Liegeplatz für beladene Benzintankleichter befinden.

3. Petroleumtankleichter

§ 55

Begriffsbestimmung

Tankleichter, die zur Beförderung von Mineralölen dienen, werden als Petroleumtankleichter bezeichnet, wenn auch nur ein Teil der Ladung zur Gefahrgruppe A 2, aber nicht zur Gefahrgruppe A 1 gehört.

§ 56

Anzeigepflicht

Das Eintreffen eines beladenen Petroleumtankleichters im Hafen ist nach den Vorschriften des § 33 anzuzeigen.

§ 57

Liegeplätze

Ein beladener Petroleumtankleichter darf nur in den Petroleumhäfen liegen oder an einem anderen behördlich zugelassenen Löschplatz für unverpackte brennbare Flüssigkeiten der Gefahrgruppe A 2, an dem der Leichter entlöscht werden soll.

§ 58

Gebrauch von Feuer und Licht

(1) Das Rauchen und der Gebrauch von Feuer ist auf Petroleumtankleichtern nur in den bewohnten Räumen erlaubt und auch dort verboten, wenn die Fahrzeuge beladen sind, wenn sie gelöscht oder beladen werden, oder wenn sie in den Petroleumhäfen oder an anderen besonders zugelassenen Liegeplätzen für beladene Benzintankleichter oder Petroleumtankleichter liegen. Die Benutzung von Verbrennungsmotoren außerhalb der Petroleumhäfen ist erlaubt.

(2) Abgesehen von den Positions- und Signallaternen dürfen auf Petroleumtankleichtern nur tragbare elektrische Sicherheitslampen (explosionssichere Lampen mit Akkumulatoren oder Trockenbatterien) oder explosionssichere, fest angebrachte elektrische Glühlampen verwandt werden, die von einer Stromquelle der elektrischen Lichtanlage des Schiffes gespeist werden. Ausgenommen sind die bewohnten Räume in der Zeit, in der die Fahrzeuge nicht beladen sind, nicht gelöscht und nicht beladen werden oder in den Petroleumhäfen oder an anderen besonders zugelassenen Liegeplätzen für beladene Benzin- oder Petroleumtankleichter liegen.

4. Tankleichter für die Beförderung brennbarer Flüssigkeiten der Gefahrgruppe B

§ 59

Die §§ 48—51, 52 Absatz 2 und 53 finden sinngemäß Anwendung.

IV. Sicherheitspolizeiliche Vorschriften

§ 60

Befugnisse der Gewerbeaufsichtsbeamten

(ist aufgehoben)

§ 61

Feuer- und Unfallmeldung

(1) Bei Ausbruch von Feuer, bei ernsten Unfällen, plötzlichen schweren Erkrankungen und bei Todesfällen ist die Feuerwehr oder die Polizei unverzüglich zu benachrichtigen.

(2) Auf Schiffen, von denen die Feuerwehr oder die Polizei nicht durch Fernsprecher oder Feuermelder benachrichtigt werden kann, dienen zur Herbeirufung dieser Dienststellen folgende Zeichen:

a) In kurzen Abständen wiederholte Abgabe des Morsezeichens V (. . . —) mit der Dampfpfeife oder der Sirene.

b) Wiederholtes längeres Läuten mit der Schiffsglocke.

c) Am Tage außerdem Hissen der Flagge „V" des Internationalen Signalbuches oder eines großen Tuches mit eingeknotetem oder zusammengebundenem freiwehendem Ende an möglichst sichtbarer Stelle.

d) Bei Nacht außerdem Setzen von drei möglichst hoch und ringsum sichtbar untereinander angebrachten weißen Lichtern.

§ 62

Betreten und Verlassen der Schiffe

(ist aufgehoben)

§ 63

Baden

Das Baden ist nur an den von der zuständigen Polizeibehörde[1]) zugelassenen Plätzen gestattet.

§ 64

Kohlenfischen und Sandentnahme

(ist aufgehoben)

§ 65

Ablassen von Dampf

Dampf und heißes Wasser dürfen an den Seiten der Schiffe nur bei Anwendung geeigneter Vorsichtsmaßregeln abgelassen werden.

---

[1]) heute Bezirksverwaltung.

§ 66

Giftige Stoffe

Auf die nachstehend bezeichneten giftigen Stoffe finden die Vorschriften des § 19 Absätze 1 und 2 sinngemäß Anwendung.

Phosgen (Chlorkohlenoxyd), Chlor, Stickstofftetroxyd, flüssige Blausäure, Dimethylsulfat, flüssige halogenhaltige Reizstoffe (Klasse V 4b, der Anlage 1 zur Seefrachtordnung).

V. Schlußvorschriften

§ 67

Ausnahmen

Die zuständigen Polizeibehörden können auch über die angeführten Ausnahmevorschriften hinaus in besonderen Fällen Erleichterungen oder Verschärfungen der Vorschriften dieser Verordnung anordnen.

§ 68

Ordnungswidrigkeiten

Vorsätzliche und fahrlässige Verstöße gegen die Bestimmungen dieser Verordnung können nach §§ 61 und 62 des Hafengesetzes mit Geldbuße geahndet werden.

§ 69

Inkrafttreten dieser und Aufhebung früherer Vorschriften.

(1) Diese Verordnung tritt am 10. August 1935 in Kraft und spätestens nach 30 Jahren außer Kraft.

(2) Mit dem Inkrafttreten werden folgende hamburgischen Verordnungen aufgehoben:

a) Die Vorschriften der Hafenordnung vom 30. Juni 1897 (ABl. S. 292) in der Fassung vom 20. April 1898 (ABl. S. 353), 13. Juni 1898 (ABl. S. 433), 29. April 1901 (ABl. S. 209), 15. Dezember 1902 (ABl. S. 717), 26. August 1904 (ABl. S. 871), 8. Juni 1914 (ABl. S. 295), 15. Juli 1914 (ABl. S. 363), 9. Februar 1923 (HGVBl. S. 141), 2. März 1925 (HGVBl. S. 113), 29. Juni 1925 (HGVBl. S. 335), 23. März 1928 (HGVBl. S. 101), 13. Dezember 1929 (HGVBl. S. 555), 15. Juni 1932 (HGVBl. S. 173), soweit sie nicht bereits durch die Hafenordnung für den Hafen Hamburg vom 14. März 1930 (HGVBl. S. 81) aufgehoben sind.

b) Die Verordnung des Senats, betreffend die Anfeuchtung des Schiffskehrichts vom 24. September 1900 (ABl. S. 919).

c) Die Bekanntmachung des Rates, betreffend die Feier der Sonn- und Festtage, vom 8. April 1816 in der Fassung vom 19. Oktober 1928 (HGVBl. S. 445).

d) Die Bekanntmachung des Senats, betreffend Überladung von explosiven Stoffen im Hafen, vom 4. Mai 1896 (ABl. S. 187).

e) Die Verordnung des Senats, betreffend die gesundheitspolizeiliche Kontrolle der Seeschiffe im hiesigen Hafen, vom 6. September 1899 (ABl. S. 861).

f) Die Verordnung der Polizeibehörde, betreffend Lötarbeiten in den Kaianlagen, vom 27. Juni 1905 (ABl. S. 283).

g) Verordnung der Polizeibehörde, betreffend besondere Vorschriften für Tankflußfahrzeuge, welche im Hamburger Hafen leichte Petroleumdestillate löschen oder laden, vom 21. April 1910 (ABl. S. 251) in der Fassung vom 7. September 1918 (ABl. S. 1542).

h) Die Bekanntmachung der Polizeibehörde und der Deputation für Handel, Schiffahrt und Gewerbe, betreffend Revision der einlaufenden Schiffe durch die Hafenpolizei, vom 17. August 1920 (ABl. S. 1082).

i) Die Bekanntmachung der Polizeibehörde und der Deputation für Handel, Schiffahrt und Gewerbe über Durchsuchung der ausgehenden Schiffe vom 14. August 1923 (HGVBl. S. 884).

k) Die Verordnung des Senats über das Festhalten überladener oder seeuntüchtiger Seeschiffe im Hafen vom 21. Januar 1925 (HGVBl. S. 15).

l) Die Verordnung der Polizeibehörde über das Verbot des Rauchens am Kai vom 18. August 1926 (HGVBl. S. 563).

m) Die Verordnung des Senats über den Verkehr von Tankseeschiffen, die zur Beförderung von Mineralölen oder anderen brennbaren Flüssigkeiten dienen, im Hamburger Hafen vom 21. August 1929 (HGVBl. S. 429).

(3) Mit dem gleichen Zeitpunkt werden folgende preußische Polizeiverordnungen aufgehoben:

a) Regierungspolizeiverordnung, betreffend die gesundheitspolizeiliche Überwachung der Schiffe im Hafen von Altona, vom 23. August 1900 (RABl. Schleswig S. 358).

b) Die Hafenpolizeiverordnung für Altona vom 10. Mai 1927 §§ 1, 5—7, 32—37, 39 und 40 (RABl. Schleswig S. 161 ff.).

c) Die Hafenpolizeiverordnung für die Hafenteile Harburg-Wilhelmsburger Hafen und Hafen der Hamburgisch-Preußischen Hafengemeinschaft G. m. b. H. vom 26. Mai 1930 (Sonderbeilage zum Stück 23 des RABl. Lüneburg vom 7. Juni 1930).

2. Verordnung über Bodenentnahme aus der Elbe, ihren Neben- und Altarmen, den Häfen und den Vorlandflächen oberhalb Blankenese[1])

vom 22. April 1929 (HGVBl. S. 167)

§ 1

Oberhalb Blankenese dürfen aus der Elbe, ihren Neben- und Altarmen, den Häfen sowie den Vorlandflächen, soweit hamburgisches Hoheitsgebiet in Frage kommt, Sand, Klei und sonstiger Boden sowie Soden nur nach Einholung einer schriftlichen Erlaubnis entnommen werden.

§ 2

Für die Erteilung der Erlaubnis ist zuständig:

a) für die Wasserflächen der Elbe zwischen Geesthacht und Ortkathen und für die Wasserflächen der Alten Süderelbe
das Wasserstraßenamt Hamburg[2]);

b) für die Wasserflächen der Elbe zwischen Ortkathen und Blankenese, für die Wasserflächen der Neben- und Altarme sowie für die Häfen und Hafeneinschnitte
die Hamburgische Hafenbauabteilung A[3]);

c) für die Vorlandflächen
im hamburgischen Landgebiet
die Landherrenschaft[3]),
im übrigen
die Hamburgische Hafenbauabteilung A.

Durch die behördliche Erlaubnis wird die Zustimmung des Eigentümers der Vorlandflächen nicht ersetzt. Für Abgrabungen auf reichseigenen Flächen ist die Zustimmung des Wasserstraßenamtes Hamburg nachzuweisen.

§ 3

(1) Boden sowie Soden dürfen nur während der Tagesstunden in der Zeit zwischen 6 Uhr und 20 Uhr unter Aufsicht und nach Anweisung des zuständigen Stromaufsichtsbeamten entnommen werden.

(2) Der Entnehmer oder sein Beauftragter hat, nachdem ihm eine Entnahmestelle angewiesen worden ist, den Erlaubnisschein dem Stromaufsichtsbeamten auszuhändigen.

§ 4

Zuwiderhandlungen werden mit Geldstrafe bis zu 150 RM, im Unvermögensfalle mit Haft bestraft, sofern nicht nach anderen Bestimmungen eine höhere Strafe verwirkt ist[4]).

---

[1]) im örtlichen Geltungsgebiet des Hafengesetzes vom 21. Dezember 1954 (HGVBl. I S. 169) gemäß § 67 Abs. 1 Ziff. 19 a. a. O. [2]) heute Bundeswasserstraßenverwaltung.

[3]) heute Strom- und Hafenbau.

[4]) betr. Verstöße gegen diese VO. im Geltungsbereich des Hafengesetzes siehe § 67 Abs. 2 a. a. O., im übrigen siehe § 26 Abs. 2 des 1. Überleitungsgesetzes zum Landesgesetz über Ordnungswidrigkeiten vom 20. 12. 1954 (HGVBl. S. 155).

§ 5

Aufgehoben werden:

1. die Bekanntmachung des Landherrn für Bergedorf, betreffend das unbefugte Baggern in der Gose- und Doveelbe, vom 23. Juli 1878 (HGS. II S. 240);
2. die Bekanntmachung der Landherrenschaft Bergedorf, betreffend Sicherung des Hoopter Wärders und der Stromwerke vor demselben, vom 16. Juli 1880 (HGS. II S. 132);
3. die Verordnung der Landherrenschaft der Marschlande wegen des Baggerns in der Dove- und Goseelbe vom 20. Februar 1883 (HGS. II S. 188);
4. die Bekanntmachung der Polizeibehörde, betreffend Verbot des Baggerns und Sandgrabens in der alten Norderelbe, vom 22. Februar 1884 (HGS. II S. 71);
5. die Bekanntmachung der Landherrenschaft Bergedorf, betreffend das Sandabgraben an der Oberelbe in der Gemeinde Altengamme, vom 19. September 1907 (HGS. II S. 125);
6. die Bekanntmachung der Polizeibehörde sowie der Landherrenschaften der Marschlande und Bergedorf über Entnahme von Sand aus der Elbe und ihren Nebenarmen sowie von den Vorlandflächen vom 24. März 1925 (HGVBl. S. 145).

3. Polizeiverordnung über den Schutz der öffentlichen Wasserläufe und ihrer Anlagen[1])

vom 28. November 1929 (HGVBl. S. 520)

§ 1

Es ist verboten:

1. die öffentlichen Gewässer oder die an ihnen gelegenen Vorländereien oder Böschungen zu verunreinigen oder zu verändern;
2. die Vorländereien oder Böschungen zu beschädigen, die mit Steinen oder Graswuchs befestigten Böschungen unbefugt zu betreten oder zum Aufsetzen von Wasserfahrzeugen zu benutzen;
3. Wasserfahrzeuge an Anlagen zu befestigen, die nicht für diesen Zweck bestimmt sind;
4. die Leuchtfeuer-, Flutmesser- oder ähnlichen Anlagen unbefugt zu betreten oder zu beschädigen.

---

[1]) im örtlichen Geltungsgebiet des Hafengesetzes vom 21. Dezember 1954 (HGVBl. I S. 169) gemäß § 67 Abs. 1 Ziff. 20 a. a. O.

§ 2

Zuwiderhandlungen werden mit Geldstrafe bis zu 150 RM oder mit Haft bis zu 14 Tagen bestraft[1]).

§ 3

Aufgehoben werden:

1. Bekanntmachung, betreffend das unbefugte Betreten des Geesthachter Hafendammes, vom 31. Mai 1876 (HGS. S. 90),
2. Bekanntmachung, betreffend die Verunreinigung von Fleten im Gebiete der Landherrenschaft der Marschlande, vom 1. November 1895 (ABl. S. 689),
3. Bekanntmachung, betreffend die Flutmesseranlagen bei Warwisch, vom 10. Januar 1896 (ABl. S. 17),
4. Bekanntmachung, betreffend Strom- und Uferbereiche im Köhlflet, vom 28. Oktober 1897 (ABl. S. 471),
5. Bekanntmachungen für Geesthacht, betreffend die Uferböschung des dortigen Fährstieges, vom 12. und 20. Januar 1898 (ABl. S. 65 und 93),
6. Verordnung, betreffend Verunreinigung der Brookwetterung in der Landherrenschaft Bergedorf, vom 10. Oktober 1898 (ABl. S. 601),
7. Bekanntmachung, betreffend die Flutmesseranlagen auf der Elbe im Bezirke der Landherrenschaft Bergedorf, vom 21. Oktober 1898 (ABl. S. 619),
8. Bekanntmachung, betreffend die Leuchtfeuer für das Köhlflet, vom 29. September 1899 (ABl. S. 927),
9. Bekanntmachung, betreffend den Schutz von Vorländereien, vom 31. Juli 1900 (ABl. S. 851),
10. Bekanntmachung, betreffend das Leuchtfeuer für den dritten Einschnitt vor Finkenwärder, vom 31. Mai 1901 (ABl. S. 237),
11. Bekanntmachung, betreffend die Verunreinigung von Flüssen und Wasserläufen, vom 5. November 1902 (ABl. S. 591),
12. Bekanntmachung, betreffend den Schutz von Böschungen, vom 28. Febraur 1905 (ABl. S. 73),
13. Bekanntmachung, betreffend die Verunreinigung des Fahrwassers der Elbe im Bezirke der Landherrenschaft Bergedorf, vom 13. Juni 1905 (ABl. S. 257),
14. Verordnung, betreffend die Verunreinigung der mit dem Fahrwasser der Elbe in Verbindung stehenden Wasserflächen beim Zollenspieker in Kirchwärder, vom 13. Juni 1905 (ABl. S. 257),

[1]) gemäß § 26 Abs. 2 des 1. Überleitungsgesetzes z. Landesgesetz über Ordnungswidrigkeiten v. 20. 12. 1954 (HGVBl. S. 155) gilt jetzt folgende Formulierung: „Unbeschadet der Anwendung von Zwangsmitteln können Verstöße gegen die Bestimmungen dieser Verordnung, sofern sie nicht durch Bundesrecht mit Strafe bedroht sind, als Ordnungswidrigkeiten mit Geldbuße geahndet werden."

15. Polizeiverordnung, betreffend Reinhaltung der Döser und Ritzebütteler Wettern und ihrer Zuflüsse, vom 30. Juni 1905 (ABl. S. 305),
16. Bekanntmachung, betreffend die Benutzung und das Betreten der Böschungen an den Kanälen vor Finkenwärder, vom 19. Juli 1905 (ABl. S. 344),
17. Bekanntmachung, betreffend die Verunreinigung des auf dem aufgeschütteten Außenlande vor Finkenwärder befindlichen Grabens, vom 27. Dezember 1905 (ABl. S. 691),
18. Verordnung, betreffend die Verunreinigung des Hafens in Geesthacht, vom 2. November 1906 (ABl. S. 703),
19. Bekanntmachung, betreffend die Flutmesseranlage zu Eichbaum an der Doveelbe in der Landherrenschaft Bergedorf, vom 15. Januar 1907 (ABl. S. 32),
20. Bekanntmachung, betreffend die Flutmesseranlage in der Doveelbe in Allermöhe, vom 29. Januar 1907 (ABl. S. 52),
21. Verordnung, betreffend die Verunreinigung der Vorländereien an der Oberelbe im Gebiete der Landherrenschaft Bergedorf, vom 21. Oktober 1907 (ABl. S. 615),
22. Bekanntmachung, betreffend das Betreten der Deichböschungen am Brookdeich in Curslack, vom 5. Oktober 1908 (ABl. S. 579),
23. Verordnung, betreffend die Verunreinigung der Vorländereien an der Dove- und Goseelbe im Gebiete der Landherrenschaft Bergedorf, vom 6. Oktober 1908 (ABl. S. 580),
24. Polizeiverordnung, betreffend die Verunreinigung von Böschungen an der Norderelbe, vom 26. November 1908 (ABl. S. 683),
25. Verordnung, betreffend den Schutz des aufgehöhten staatlichen Vorlandes vor Finkenwärder, vom 26. Juni 1909 (ABl. S. 218),
26. Verordnung, betreffend die Reinhaltung der Wasserläufe in der Stadt Bergedorf, vom 20. Oktober 1910 (ABl. S. 648),
27. Bekanntmachung, betreffend den Schutz der an der Oberelbe befindlichen Leuchtfeuer, vom 7. November 1913 (ABl. S. 728),
28. Bekanntmachung, betreffend die Reinhaltung der Schleusengräben in Moorburg, vom 28. Oktober 1916 (ABl. S. 1776),
29. Bekanntmachung über Verunreinigung des Obenburger Schleusengrabens vom 12. Februar 1926 (HGVBl. S. 30).

4. Polizeiverordnung, betreffend die Beförderung von Ferrosilizium und Mangansilizium sowie von Ferrosiliziumlegierungen als Schüttladung in Hafenfahrzeugen im Hafen Hamburg

vom 9. Oktober 1944 (HVBl. S. 63)

Für die Beförderung von Ferrosilizium und Mangansilizium mit mehr als 30 und weniger als 90 v. H. Silizium sowie Ferrosiliziumlegierungen mit Aluminium, Mangan, Kalzium oder mehreren dieser Metalle mit einem Gesamtgehalt an diesen Elementen einschließlich des Siliziums (unter Ausschluß des Eisens) von mehr als 30 und weniger als 90 v. H. als Schüttladung in Hafenfahrzeugen im Gebiet des Hafens Hamburg wird auf Grund von § 20a des Gesetzes, betreffend das Verhältnis der Verwaltung zur Rechtspflege, vom 23. April 1879/8. Oktober 1923 und der §§ 14 und 29 des Preußischen Polizeiverwaltungsgesetzes vom 1. Juli 1931 folgendes angeordnet[1]):

§ 1

Zur Beförderung dürfen nur trockene Fahrzeuge verwendet werden, die gegen Eintritt von Feuchtigkeit in den Laderaum geschützt sind. Die Fahrzeuge dürfen nicht bewohnt sein.

§ 2

Vor dem Beladen der Hafenfahrzeuge müssen die bei der Beförderung mitwirkenden Personen auf die Gefährlichkeit der Ladung ausdrücklich hingewiesen werden, insbesondere auch darauf, daß sich Gase in den Räumen des Fahrzeuges ansammeln können, da sie schwerer sind als Luft.

§ 3

Während der ganzen Dauer des Ladens und Löschens müssen für alle in der Ladung arbeitenden Personen Gasmasken mit dem Sonderatemfilter O, Kennfarbe grau-rot, griffbereit vorhanden sein; sie sind von dem Leiter der Lösch- und Ladearbeiten zu stellen.

§ 4

Der Laderaum darf nur nach ausreichender Durchlüftung betreten werden.

§ 5

Zuwiderhandlungen gegen die Vorschriften dieser Polizeiverordnung werden mit Geldstrafe bis zu 150 RM bzw. Zwangsgeld bis zu 100 RM, im Unvermögensfalle mit entsprechender Haft bestraft, soweit nicht nach anderen Bestimmungen höhere Strafen verwirkt sind[2]).

§ 6

Diese Verordnung tritt mit dem Tage ihrer Veröffentlichung in Kraft.

---

[1]) im örtlichen Geltungsgebiet des Hafengesetzes vom 21.12.1954 (HGVBl. I S. 169) gemäß § 67 Abs. 1 Ziff. 22 a. a. O.

[2]) siehe § 67 Abs. 2 des Hafengesetzes (Ahndung von Verstößen als Ordnungswidrigkeiten).

5. Bekanntmachung, betreffend Maschinensignale auf Flußdampfern im Hamburger Hafen

vom 29. November 1918 (ABl. S. 1915) in Verbindung mit Hafengesetz vom 21. Dezember 1954 (HGVBl. I S. 169)

I

Innerhalb der durch § 1 des Hafengesetzes vom 2. Juni 1897[1]) bezeichneten Grenzen sind auf Flußdampfschiffen, welche mit Maschinentelegraph nicht ausgerüstet sind, als Signale für die Maschine ausschließlich folgende Glockensignale zu geben:

1. 1 Schlag für „langsam vorwärts",
2. 2 Schläge für „volle Kraft rückwärts",
3. 3 Schläge für „halbe Kraft vorwärts",
4. 4 Schläge für „volle Kraft vorwärts",
5. 1 Schlag für „stopp".

Sonstige Signale sind durch das Sprachrohr zu geben.

II

Die Neuindienststellung von Flußdampfern innerhalb des zu I bezeichneten Hafengebietes ist nur zulässig, wenn sie mit einem Maschinentelegraphen ausgerüstet sind. Auf solchen Schiffen sind die Signale ausschließlich durch den Maschinentelegraph zu geben.

III

Die Vorschrift zu I tritt mit dem 1. Januar 1919, die Vorschrift zu II mit dem heutigen Tage in Kraft.

6. Polizeiverordnung über die Verwendung von „Leichtdieselkraftstoff" (LDK) oder „Sonderdieselkraftstoff I" (SDK I) auf Motorfahrzeugen, die im Hafen Hamburg der Personenbeförderung dienen

vom 18. November 1942 (HVBl. S. 55) in Verbindung mit Hafengesetz vom 21. Dezember 1954 (HGVBl. I S. 169)[2, 3])

§ 1

Auf den im Gebiet des Hafens Hamburg (§ 1 der Hafenordnung für den Hafen Hamburg vom 14. März 1930, HGVBl. S. 81, in der Fassung der Polizeiverordnung vom 28. Oktober 1940, HVBl. S. 151) verkehrenden, der Personenbeförderung dienenden Hafenmotorfahrzeugen, deren Ma-

[1]) siehe § 67 Abs. 1 Hafengesetz.
[2]) siehe §§ 66 sowie 67 Abs. 1 und 2 Hafengesetz.
[3]) Polizei im Sinne dieser VO. ist die Wasserschutzpolizei Hamburg.

schinen mit Leichtdieselkraftstoff (LDK) oder Sonderdieselkraftstoff I (SDK I) angetrieben werden, ist das Rauchen, Mitbringen glimmender Zigarren u. dgl. sowie jeder Gebrauch von Feuer und offenem Licht mit Ausnahme der Positionslaternen mit Petroleumlicht verboten.

Diese Positionslaternen sind an Land oder an Deck an ungefährlicher Stelle anzuzünden.

Auf den Fahrzeugen ist an gut sichtbarer Stelle ein Anschlag in dauerhafter Schrift folgenden Wortlauts anzubringen:

„Rauchen,

Mitbringen glimmender Zigarren u. dgl. sowie jeder Gebrauch von Feuer und offenem Licht ist verboten.

Zuwiderhandlungen werden mit Geldstrafe bzw. Zwangsgeld bis zu 100 RM bestraft.

Hamburg, den 18. November 1942.

Der Polizeipräsident."

§ 2

Auf den Motorfahrzeugen (§ 1) dürfen nur vom Polizeipräsidenten zugelassene Feuerstellen und Heizeinrichtungen benutzt werden. Die Inbetriebnahme nicht zugelassener Feuerstellen und Heizeinrichtungen ist durch Ausbau von Teilen unmöglich zu machen.

§ 3

Für die zum Befahren der Petroleumhäfen des Hafens Hamburg (§ 23 der Hafenpolizeiordnung für den Hafen Hamburg vom 26. Juli 1935, HGVBl. S. 157) zugelassenen Motorfahrzeuge ist eine Zusatzerlaubnis des Polizeipräsidenten erforderlich, wenn ihre Maschinen mit Leichtdieselkraftstoff (LDK) oder Sonderdieselkraftstoff I (SDK I) angetrieben werden.

§ 4

Diese Polizeiverordnung tritt am Tage nach ihrer Veröffentlichung in Kraft.

§ 5

Zuwiderhandlungen gegen diese Polizeiverordnung werden, sofern sonstige Vorschriften keine höheren Strafen androhen, mit Geldstrafe bzw. Zwangsgeld bis zu 100 RM, im Unvermögensfalle mit entsprechender Haft bzw. Zwangshaft, bestraft.

7. Verordnung über Sicherung der Personen- und Güterbeförderung im Hamburger Hafen

vom 29. März 1928 (HGVBl. S. 120) in Verbindung mit Hafengesetz vom 21. Dezember 1954 (HGVBl. I S. 169)

§ 1

Zur Beförderung von Personen oder Gütern im Hafen (§ 1 des Hafengesetzes vom 2. Juni 1897 in der Fassung vom 23. Dezember 1912 und 13. Oktober 1919)[1]) dürfen neben den zur entgeltlichen Personenbeförderung zugelassenen Dampf- und Motorfahrzeugen nur solche Fahrzeuge benutzt werden, die den Bestimmungen dieser Verordnung entsprechen.

Auf Dampf- und Motorfahrzeuge, die nach einer vom Eigentümer abzugebenden Erklärung nur zum Schleppen benutzt werden oder gelegentlich nicht mehr als 5 Personen mitnehmen, sowie auf Lustfahrzeuge, Beiboote der im Hafen liegenden Schiffe und auf Fahrzeuge, die ohne eigenen Maschinenbetrieb fortbewegt werden, ausgenommen die im § 3 unter c erwähnten Verkehrs- und Arbeitsboote, findet die Verordnung keine Anwendung.

§ 2

Die nach § 1 der Verordnung unterliegenden Fahrzeuge dürfen zur Beförderung nur benutzt werden, wenn sie von der Polizeibehörde zugelassen sind. Über die Zulassung erteilt die Polizeibehörde eine Bescheinigung, die an Bord mitzuführen ist. Diese Bescheinigung muß alle 2 bzw. 4 Jahre erneuert werden (s. § 13 Abs. 3).

Die Fahrzeuge werden von der Polizeibehörde erst zugelassen, nachdem durch eine behördliche Besichtigung festgestellt ist, daß der Schiffskörper und die Maschine sich in gutem Zustande befinden und die Ausrüstung den Bestimmungen der Verordnung entspricht.

Außerhalb des Geltungsgebietes der Verordnung beheimatete Fahrzeuge, die durch eine Bescheinigung ihrer Heimatbehörde nachweisen, daß für sie Sicherheitsvorschriften gelten, die mindestens dieselbe Gewähr bieten wie die Bestimmungen dieser Verordnung, können zur Beförderung von Personen oder Gütern im Hamburger Hafen zugelassen werden.

§ 3

Jedes den Bestimmungen des § 1 unterliegende Fahrzeug muß, falls Personen damit befördert werden, einer Vermessung unterzogen werden, auf Grund deren die höchste zu befördernde Personenzahl festgesetzt wird. Die Vermessung erfolgt durch die Schiffsvermessungsbehörde, bei der der Antrag auf Vermessung schriftlich zu stellen ist, nach folgenden Grundsätzen:

---

[1]) siehe § 66 Hafengesetz.

a) Bei gedeckten, durch Maschinen- oder Motorkraft getriebenen Fahrzeugen werden nur die Decksflächen in Betracht gezogen, sämtliche Räume unter dem festen Deck aber von der Vermessung ausgeschlossen.

Von der errechneten Decksfläche werden die durch Aufbau sowie durch sonstige auf Deck angebrachte Gegenstände beanspruchten Flächen abgezogen. Die so ermittelte Decksfläche in Quadratmetern wird durch 0,45 geteilt. Das Ergebnis ist die höchste zulässige Zahl der zu befördernden Personen.

b) Bei offenen Dampf- und Motorbarkassen wird die wie vorstehend ermittelte freie Fläche, an der inneren Seite der oberen Bordkante gemessen, durch 0,6 geteilt.

c) Bei offenen, durch Handkraft getriebenen Verkehrs- und Arbeitsbooten wird die oben ermittelte freie Fläche, an der Innenseite der oberen Bordkante gemessen, durch 0,75 geteilt.

Werden auf einem für die Beförderung zugelassenen Fahrzeuge Auf- oder Neubauten vorgenommen, die die vermessenen Flächen beeinflussen, so ist eine Neuvermessung zu beantragen.

§ 4

Eine größere Anzahl Personen, als die Vermessung des Fahrzeuges ergeben hat, darf nicht an Bord genommen werden.

Wird der zur Unterbringung von Personen bestimmte Raum vorübergehend zur Unterbringung von Gegenständen irgendwelcher Art benutzt, so tritt bei gedeckten Fahrzeugen für je 0,45 qm, bei offenen Dampf- und Motorbarkassen für je 0,6 qm und bei offenen, durch Handkraft getriebenen Fahrzeugen für je 0,75 qm der von diesen Gegenständen eingenommenen Grundfläche eine Verminderung der zulässigen Personenzahl um je eine Person ein.

§ 5

Die Schiffsvermessungsbehörde erteilt dem Antragsteller über das Ergebnis der Vermessung eine Bescheinigung und läßt eine bezügliche Mitteilung an die Polizeibehörde gelangen.

Die in dieser Bescheinigung enthaltene, höchste zu befördernde Personenzahl muß auf einer Tafel, die gleichzeitig die von der Schiffsvermessungsbehörde erteilte Nummer zu enthalten hat, in deutlichen, unverwischbaren, mindestens 5 cm hohen Buchstaben und Zahlen an einer in die Augen fallenden Stelle des Fahrzeuges angebracht sein.

§ 6

Fahrzeuge, deren Stabilitätseigenschaften zu Bedenken Anlaß geben, können von der Schiffsvermessungsbehörde einer Stabilitätsprüfung unterzogen werden. Die Eigentümer sind hierbei zu jeder Hilfeleistung verpflichtet. Das Ergebnis der Prüfung ist der Polizeibehörde mitzuteilen.

§ 7

Auf gedeckten sowie mit Aufbau versehenen Dampf- und Motorfahrzeugen müssen, wenn mehr als 5 Personen befördert werden, die für den Aufenthalt bestimmten Räumlichkeiten mit einer Einfriedigung von mindestens 85 cm Höhe versehen sein. Erreicht die Einfriedigung diese Höhe nicht und gelangen daher Stützen zur Verwendung, so darf die Entfernung der Stützen voneinander 1 m, die Entfernung der die Stützen verbindenden Ketten u. dgl. 30 cm nicht überschreiten.

§ 8

Eingänge zu Ladungs-, Maschinen- und Kesselräumen sowie Treppenaufgänge sind mit geeigneten Schutzvorrichtungen gegen das Hinabfallen von Personen zu versehen.

§ 9

Die Einrichtung der Steuervorrichtung muß derartig sein, daß der Steuerer einen freien Rundblick hat. Der Rundblick des Steuerers darf auch nicht durch Aufstapelung von Gegenständen behindert werden.

§ 10

Auf Dampfern und Barkassen müssen mindestens zwei Rettungsringe stets zur Hand sein.

Werden Fahrzeuge zur Personenbeförderung benutzt, so sind einschließlich der im Absatz 1 geforderten Rettungsringe für die jeweilig zu befördernde Anzahl von Personen mitzuführen:

a) für je 4 Personen ein Rettungsring von mindestens 10 kg Tragfähigkeit oder

b) für je 2 Personen eine Schwimmweste von mindestens 5 kg Tragfähigkeit oder

c) schwimmfähig gemachtes Decksinventar. Dieses muß mit Haltevorrichtungen aus Hanf und einer Angabe der Personenzahl, für die es bestimmt ist, versehen sein. Bei Feststellung der Tragfähigkeit des Geräts ist ein Gewicht von mindestens 2,5 kg für die Person zugrunde zu legen.

Motorfahrzeuge müssen mit einem zum Löschen brennender Flüssigkeiten von der Polizeibehörde als geeignet anerkannten Handfeuerlöscher versehen sein.

Alle Rettungs- und Feuerlöschgeräte sind so anzubringen, daß sie stets ohne Zeitverlust in Gebrauch genommen werden können.

§ 11

Für Motorbarkassen gelten folgende besondere Vorschriften:

a) Heizeinrichtungen unterliegen der Genehmigung durch die Polizeibehörde.

b) Zur Beleuchtung der Kajüten sowie bei Arbeiten an den Motoren, Brennstoffbehältern und Rohrleitungen dürfen nur elektrische oder Sicherheitslampen verwendet werden. Der Gebrauch von offenem Feuer und Licht während dieser Arbeiten ist verboten.

c) Während des Überfüllens von flüssigen Brennstoffen in die Behälter der Barkassen dürfen sich keine Fahrgäste an Bord befinden.

d) Das Rauchen in den Kajüten ist verboten, ein entsprechender Hinweis ist an sichtbarer Stelle anzubringen.

Für Motorbarkassen, deren Brennstoff einen Flammpunkt über 21° C hat, gelten nur die Vorschriften unter b Satz 2 und c.

§ 12

Dampffahrzeuge müssen mindestens mit einem Führer, einem Decksmann und einem Maschinisten besetzt sein; für Dampfbarkassen wird von dem Decksmann abgesehen.

Für Motorbarkassen genügt ein Führer, der außer der in Abs. 4 vorgesehenen Befähigung die Kenntnis in der Handhabung und Bedienung des Motors nachgewiesen hat.

In besonderen Fällen kann die Polizeibehörde eine den Umständen nach stärkere Besatzung verlangen.

Die Führer und Maschinisten der Dampf- und Motorfahrzeuge haben ihre Befähigung der Polizeibehörde nachzuweisen. Die Bestimmungen über die Erbringung des Befähigungsnachweises für die Führer trifft die Polizeibehörde.

§ 13

Die Fahrzeuge unterliegen hinsichtlich der baulichen Beschaffenheit des Schiffskörpers, der Maschine und der Ausrüstung der Aufsicht der Polizeibehörde. Dieser sind vor der Zulassung die erforderlichen Zeichnungen und Beschreibungen der baulichen Einrichtungen und der Maschinenanlage der Fahrzeuge in doppelter Ausfertigung zur Prüfung einzureichen. Die Polizeibehörde ist befugt, sich jederzeit von dem guten Zustande der Fahrzeuge zu überzeugen und, falls sich Mängel ergeben, das betreffende Fahrzeug bis zur Abstellung derselben von der Benutzung zur Personenbeförderung auszuschließen.

Die Fahrzeuge mit ihren Ausrüstungsgegenständen müssen stets in betriebssicherer Beschaffenheit gehalten werden.

Regelmäßige Besichtigungen zur Feststellung des baulichen Zustandes des Schiffskörpers und der Maschinen finden auf Kosten des Unternehmers für solche Fahrzeuge, die nach den Bestimmungen dieser Verordnung zu Personenbeförderungen vermessen sind, mindestens alle 2 Jahre, für die übrigen Fahrzeuge mindestens alle 4 Jahre, Besichtigungen der Maschine während des Betriebes alljährlich statt.

Von der behördlichen Besichtigung des Schiffskörpers kann bei Fahrzeugen, die zur Personenbeförderung dienen, abgesehen werden, wenn eine weniger als 2 Jahre alte Bescheinigung der Klassifikationsgesellschaft, bei der das Fahrzeug klassifiziert ist, vorgelegt wird, nach der Mängel an der baulichen Beschaffenheit und Ausrüstung des Schiffes nicht vorhanden sind. Bei Fahrzeugen, die nicht zur Personenbeförderung dienen, genügen entsprechende weniger als 4 Jahre alte Bescheinigungen einer Berufsgenossenschaft oder Versicherungsgesellschaft.

§ 14

Die Beachtung der Vorschriften dieser Verordnung befreit nicht von den Folgen der Außerachtlassung anderer Vorsichtsmaßregeln, die durch die besonderen Umstände des Falles geboten werden.

§ 15

Die Polizeibehörde kann in besonderen Fällen von den Vorschriften dieser Verordnung Erleichterungen gewähren oder Verschärfungen verlangen.

§ 16

Zuwiderhandlungen werden mit Geldstrafe bis 150 RM oder entsprechender Haft bestraft[1]).

Die Verordnung über Sicherung der Personen- und Güterbeförderung im Hamburger Hafen vom 9. Mai 1927 (HGVBl. S. 235) wird aufgehoben.

8. Hafenordnung für den Sprengstoffhafen auf der Kleinen Kattwick

vom 16. Dezember 1907 (ABl. S. 743) in Verbindung mit Hafengesetz vom 21. Dezember 1954 (HGVBl. I S. 169)[2])

§ 1

Der Hafen an der Nordspitze der Kleinen Kattwick ist als Liegeplatz für Fahrzeuge mit Sprengstoffladung bestimmt.

Ausnahmsweise dürfen in dem Hafen mit Genehmigung der Polizeibehörde Sprengstoffe am Tage (von Sonnenaufgang bis Sonnenuntergang) unter polizeilicher Überwachung aus einem Fahrzeuge in ein anderes umgeladen werden.

---

[1]) siehe § 67 Abs. 2 Hafengesetz (Ahndung von Verstößen als Ordnungswidrigkeit).

[2]) sofern und soweit Polizeidienststellen erwähnt sind, kommt heute ausschließlich die Wasserschutzpolizei in Frage.

§ 2

In den Hafen dürfen nur einlaufen:

1. Fahrzeuge mit Sprengstoffladung (§ 1 Abs. 1),
2. Fahrzeuge, für welche die Genehmigung zum Einladen von Sprengstoffen erteilt ist (§ 1 Abs. 2),
3. Schleppdampfschiffe, welche eines der unter 1 und 2 bezeichneten Fahrzeuge einschleppen oder wegzuschleppen bestimmt sind,
4. Fahrzeuge, welche ein im Hafen liegendes Fahrzeug aus zwingender Veranlassung aufsuchen müssen (Überbringen von Proviant oder Ausrüstungsgegenständen, Ablösung der Besatzung, Beförderung von Schiffseignern oder Ladungsinteressenten und dgl.).

Die unter 3 und 4 genannten Fahrzeuge dürfen im Hafen nur so lange verweilen, wie unumgänglich notwendig ist.

Die im Abs. 1 und 2 aufgeführten Beschränkungen gelten nicht für Fahrzeuge, welche im behördlichen Auftrage im Hafen verkehren.

§ 3

Sobald ein Fahrzeug mit Sprengstoffladung in den Hafen eingelaufen und daselbst festgelegt ist, hat sein Führer persönlich oder durch einen Beauftragten von dem Eintreffen des Fahrzeuges der Hafenpolizeiwache am Hafentor in Hamburg Anzeige zu machen unter näherer Mitteilung über

a) den Namen, den Eigentümer und den Führer des Fahrzeuges,

b) den Zeitpunkt des Eintreffens des Fahrzeuges im Hafen und die voraussichtliche Dauer des Aufenthaltes daselbst,

c) die Art und das Gewicht der auf dem Fahrzeuge befindlichen Sprengstoffe.

§ 4

Auf den im Hafen befindlichen Fahrzeugen und auf den den Hafen umgebenden Deichen darf nicht geraucht und, abgesehen von dem Kesselfeuer auf Dampfschiffen, Feuer nicht gebrannt werden. Insbesondere ist die Benutzung von Petroleumöfen verboten.

Vorstehende Verbote beziehen sich nicht auf die Räume des Wach- und Kochgebäudes am Südufer des Hafens.

Auf Dampfschiffen mit brennenden Kesselfeuern müssen die Schornsteine mit wirksamen Funkenfängern versehen sein.

Auf den im Hafen befindlichen Fahrzeugen darf die Beleuchtung der Maschinenräume und der Räume für die Besatzung und zur Unterbringung der Schiffsausrüstungsgegenstände nur durch Kerzen in gut geschlossenen Laternen erfolgen. Die Räume, in denen Sprengstoffe sich befinden, dürfen mit Licht nicht betreten werden.

§ 5

Jedes im Hafen liegende Fahrzeug muß ständig von mindestens einer auf dem Fahrzeug befindlichen Person bewacht werden.

§ 6

Es ist verboten, Unrat, Kadaver und Abfall oder andere Gegenstände, welche den Hafen zu verunreinigen oder die Schiffahrt zu behindern geeignet sind, ins Wasser zu werfen.

Auf den Fahrzeugen befindliche Aborte sind zu verschließen; es ist ausschließlich der Abort am Südufer des Hafens zu benutzen.

§ 7

Rohes Elbwasser, von außenbords entnommen, darf weder getrunken noch zum Reinigen des Eß-, Trink- und Kochgeschirrs verwendet werden.

§ 8

Springt ein Fahrzeug leck, oder wird es beschädigt, oder geraten Sprengstoffe in einen bedenklichen Zustand, so ist der Hafenpolizeiwache am Hafentor oder der Hafenpatrouille sofort Anzeige zu machen.

§ 9

Alle im und am Hafen verkehrenden Personen haben den Anordnungen der Polizeibeamten ohne Verzug Folge zu leisten.

§ 10

Zuwiderhandlungen gegen diese Vorschriften werden auf Grund der §§ 366^{10} und 367^{5} des Strafgesetzbuches mit Geldstrafe bis zu 150 M oder mit Haft bis zu 6 Wochen, gegebenenfalls nach § 9 des Reichsgesetzes vom 9. Juni 1884 gegen den verbrecherischen und gemeingefährlichen Gebrauch von Sprengstoffen mit Gefängnis von 3 Monaten bis zu 2 Jahren bestraft[1]).

§ 11

Weitere Bestimmungen für die Benutzung des Hafens zu erlassen, bleibt der Polizeibehörde vorbehalten[2]).

---

[1]) siehe § 67 Abs. 2 des Hafengesetzes (Ahndung von Verstößen als Ordnungswidrigkeit).

[2]) jetzt ist der Senat zuständig.

9. Polizeiverordnung über die Beseitigung von Ölrückständen aus Schiffen im Hamburger Hafen

vom 22. September 1953 (HGVBl. I S. 229) in Verbindung mit Hafengesetz vom 21. Dezember 1954 (HGVBl. I S. 169)

§ 1

Öl- und Tankreinigungsrückstände, Altöl, Bilgenwasser oder sonstige ölhaltige Stoffe und Flüssigkeiten, die aus schwimmenden Fahrzeugen entfernt werden sollen, sind mit besonders zugelassenen Fahrzeugen den von der Freien und Hansestadt Hamburg vorgehaltenen Aufnahmefeldern zuzuführen.

§ 2

(1) Zum Transport der zu beseitigenden Stoffe und Flüssigkeiten werden von der Polizeibehörde — Wasserschutzpolizeiamt — auf Antrag nur solche Fahrzeuge zugelassen, die den folgenden Bedingungen entsprechen:

a) Zur Aufnahme der Stoffe und Flüssigkeiten muß mindestens ein öldichter Behälter vorhanden sein, der sich gegen Funkenflug abdecken läßt.

b) Auf jedem Fahrzeug müssen mindestens zwei betriebsbereite Feuerlöscher, deren Inhalt zum Löschen brennender Flüssigkeiten geeignet ist, vorhanden sein.

Die Polizeibehörde — Wasserschutzpolizeiamt — kann, der jeweiligen Größe des Fahrzeuges entsprechend, ein höhere Zahl von Feuerlöschern vorschreiben.

c) Auf Fahrzeuge mit eigener Triebkraft finden zusätzlich die Bestimmungen der Verordnung über Sicherung der Personen- und Güterbeförderung im Hamburger Hafen vom 29. März 1928 (HGVBl. S. 120) Anwendung.

(2) Die zugelassenen Fahrzeuge sind einheitlich zu kennzeichnen.

§ 3

Die Eigner der nach § 2 zugelassenen Fahrzeuge dürfen Aufträge zum Abtransport der zu beseitigenden Stoffe und Flüssigkeiten nicht ablehnen, wenn ihre Bezahlung gewährleistet ist.

§ 4

Binnen- und Küstenschiffe können die Aufnahmefelder ohne Inanspruchnahme der zugelassenen Transportmittel aufsuchen.

§ 5

Diese Verordnung findet keine Anwendung, falls die im § 1 genannten Stoffe und Flüssigkeiten einer Verwertung zugeführt werden sollen.

§ 6

Zuwiderhandlungen gegen diese Verordnung werden mit Geldstrafe bis zu 150,— DM bestraft[1]).

§ 7

Diese Verordnung tritt am 1. Oktober 1953 in Kraft.

10. Polizeiverordnung über den Umschlag von Ammoniumnitrat im Hamburger Hafen und die Lagerung am Kai

vom 31. Januar 1950 (HGVBl. I S. 73 u. S. 83)

I. Seeschiffe

§ 1

Der Vertreter eines nach dem Hamburger Hafen bestimmten Seeschiffes mit Ammoniumnitrat hat dessen Eintreffen im Hafen spätestens am Tage vorher der Wasserschutzpolizei und dem Feuerwehramt unter Angabe des Liegeplatzes zu melden. Dabei ist eine Erklärung darüber abzugeben, ob das Schiff außer Ammoniumnitrat

a) feuergefährliche Stoffe (brennbare Flüssigkeiten, rote rauchende Salpetersäure, Phosphor, Zellhorn-, Zelluloidabfälle, Zellhornfilmabfälle),

b) leicht entzündliche Gegenstände (Faserstoffe, Kalziumkarbid, Schrot aus Ölsaaten, die mit zerknallfähigen Stoffen extrahiert sind) oder

c) explosionsgefährliche Stoffe (Sprengstoffe, Munition, Feuerwerkskörper — §§ 17, 20, 22 der Hafenpolizeiordnung für den Hafen Hamburg vom 26. Juli 1935 [HGVBl. S. 157]),

geladen hat.

§ 2

Vor dem Einlaufen in den Hafen müssen die Kesselfeuer des Schiffes gereinigt, die Rauchrohre gefegt, Asche und Flugasche abgelöscht sein.

§ 3

Die Seeschiffe müssen so festgemacht werden, daß sie mit dem Bug in der Richtung liegen, die ein sofortiges Verlassen des Hafenbeckens möglich macht.

§ 4

(1) Die Vertäuungen der Seeschiffe müssen jederzeit leicht und schnell gelöst werden können. Es dürfen nur Seile verwandt werden, bei denen

---

[1]) siehe § 67 Absatz 2 Hafengesetz (Ahndung von Verstößen als Ordnungswidrigkeit).

die vom Schiff ausgehende Hälfte aus Draht, die andere Hälfte aus Manilatau besteht, oder Stahltrossen, die auf Bucht zu setzen sind.

(2) Um das Seeschiff im Falle einer Gefahr sofort abschleppen zu können, sind an der dem Wasser zugekehrten Seite des Vorschiffes Stahltrossen so zu befestigen, daß ihr Auge einen Meter über dem Wasser hängt.

§ 5

Mit dem Löschen darf erst begonnen werden, nachdem das Schiff von je einem Vertreter des Amtes für Arbeitsschutz — Aufsicht über Dampfkessel und Maschinen —, der Wasserschutzpolizei, der Seeberufsgenossenschaft und des Feuerwehramtes gemeinsam überprüft und von der Wasserschutzpolizei die schriftliche Genehmigung erteilt worden ist. Bei der Besichtigung ist festzustellen, ob wegen der übrigen Ladung des Schiffes oder sonst ein gefahrdrohender Zustand besteht sowie ob genügend Löschgeräte bereitgestellt sind. Von der Schiffsbesatzung ist dabei ein nasses Schlauchmanöver unter Einsatz von Rauchschutzgeräten vorzuführen. Handfeuerlöscher müssen betriebsbereit sein. Bei Ölfeuerungsanlagen muß im Heizraum eine ausreichende Menge Sand vorhanden sein.

§ 6

Wenn das Schiff außer Ammoniumnitrat auch feuergefährliche Stoffe, leicht entzündliche Gegenstände oder explosionsgefährliche Stoffe geladen hat, so müssen zunächst diese Güter gelöscht sein, bevor mit dem Löschen des Ammoniumnitrats begonnen wird.

§ 7

Personen, die nicht dienstlich an Bord zu tun haben, dürfen das Schiff nicht betreten.

§ 8

Auf dem Seeschiff ist das Rauchen an Deck und in den Laderäumen verboten. Auf dieses Verbot ist durch augenfällig angebrachte Anschläge in zwei Sprachen (deutsch und englisch) hinzuweisen.

§ 9

(1) Alle elektrischen Anlagen mit ihren Anschlußleitungen und Sicherungen müssen in betriebssicherem Zustande sein. Zur Beleuchtung der Laderäume und der Decks darf während des Löschens nur elektrisches Licht verwandt werden.

(2) Elektrische Lampen, die zur Beleuchtung der Laderäume dienen, müssen mit Überglocke und Drahtschutzkorb versehen sein.

§ 10

Während des Löschens haben alle Löt-, Schweiß- und Schneidearbeiten, Kesselreinigung, Maschinenreparaturen sowie die Bebunkerung des Schiffes zu unterbleiben.

§ 11

Der Hauptschornstein und der Kombüsenschornstein müssen mit wirksamen Funkenfängern versehen sein.

§ 12

Während des Liegens am Löschplatz ist das Feuerreinigen einzuschränken und vorsichtig auszuführen.

§ 13

Asche darf nicht an Deck aufbewahrt werden. Sie muß im Heizraum bleiben, bis das Ammoniumnitrat gelöscht ist.

§ 14

(1) Solange das Schiff Ammoniumnitrat geladen hat, muß von der Schiffsleitung Tag und Nacht eine Feuerwache gestellt werden. Schläuche mit Strahlrohren müssen ständig betriebsbereit an die Feuerlöschleitung angeschlossen sein.

(2) Die gesamte Mannschaft des Schiffes ist in gleicher Weise wie auf See im Dienst zu halten.

(3) Von der Wasserschutzpolizei Hamburg ist ständig ein Posten zu stellen, der die Durchführung aller sicherheitspolizeilichen Vorschriften an Bord zu überwachen und ein ausbrechendes Feuer sofort zu melden hat.

§ 15

Beim Umschlag von Ammoniumnitrat in Säcken ist der Gebrauch von Handhaken und ähnlichem Gerät verboten.

§ 16

Wenn ein entleerter Laderaum wieder mit brennbaren Stoffen beladen werden soll, müssen sämtliche für Ammoniumnitrat benutzten Garniere entfernt und durch andere ersetzt werden.

§ 17

(1) Ein Abdruck dieser Verordnung und eine Übersetzung in die englische Sprache ist der Schiffsleitung vor dem Beginn des Löschens von dem Beamten der Wasserschutzpolizei auszuhändigen.

(2) Der Kapitän, der 1. Offizier und der leitende Ingenieur haben durch Unterschrift zu bestätigen, daß sie von diesen Vorschriften Kenntnis genommen haben.

II. Fluß- und Hafenfahrzeuge

§ 18

(1) Für die Beförderung von Ammoniumnitrat in Säcken dürfen nur gedeckte Fahrzeuge verwandt werden.

(2) Beim Umschlag ist der Gebrauch von Handhaken und ähnlichem Gerät verboten.

§ 19

Die Fahrzeuge müssen so festgemacht sein, daß sie das Hafenbecken sofort verlassen können.

§ 20

Auf den Fahrzeugen und ihrer Umgebung ist das Rauchen verboten.

§ 21

Während des Ladens oder Löschens dürfen Feuerstellen irgendwelcher Art nicht benutzt werden. Erst nachdem der Laderaum des Fahrzeuges gedeckt ist, dürfen Kombüsen- oder Ofenfeuer gebrannt werden, wenn keine Fahrzeuge mit Ammoniumnitrat in Säcken an Bord mit offenen Luken längsseits liegen.

§ 22

Schornsteine müssen mit Funkenfängern versehen sein.

§ 23

Mit Ammoniumnitrat beladene Fahrzeuge müssen ständig mit einer Feuerwache besetzt sein. Der Bewachungspflicht wird genügt, wenn ein Mann von der Besatzung an Bord ist. Es wird auch als ausreichende Bewachung angesehen, wenn von mehreren nebeneinander liegenden Fahrzeugen (bis zu vier) nur eins mit einem Mann besetzt ist.

§ 24

Während des Längsseiteliegens ist das Feuerreinigen verboten.

§ 25

Zur Beleuchtung der Laderäume und des Decks darf nur elektrisches Licht oder Licht in Sturmlaternen verwandt werden. Elektrische Lampen, die zur Beleuchtung der Laderäume dienen, müssen mit Überglocke und Drahtschutzkorb versehen sein.

§ 26

Die Liegeplätze der Fahrzeuge, die Ammoniumnitrat geladen haben, sind der Wasserschutzpolizei anzuzeigen. Fahrzeuge mit feuergefährlichen

Stoffen oder leicht entzündlichen Gegenständen (§§ 17 und 20 der Hafenpolizeiordnung für den Hafen Hamburg vom 26. Juli 1935 [HGVBl. S. 157]) dürfen nicht daneben gelegt werden.

§ 27

Für Fahrzeuge mit Ammoniumnitrat in eisernen Trommeln gelten nur die Vorschriften in den §§ 19, 21 und 23.

III. Kai

§ 28

Bevor die Lagerräume der Kaianlagen mit Ammoniumnitrat belegt werden, sind sie von einem Vertreter des Amtes für Arbeitsschutz — Gewerbeaufsicht —, des Feuerwehramtes und der Polizei zu überprüfen.

§ 29

Ammoniumnitrat in Säcken oder beschädigten (durchgerosteten) Fässern darf nur an oder in Kaischuppen gelöscht werden, die aus unverbrennlichen Baustoffen bestehen.

§ 30

Loses Ammoniumnitrat sowie Ammoniumnitrat in beschädigten Säcken und Trommeln darf auf Schuppen mit Fußböden, Wänden und Dachstützen aus Holz nicht gelagert werden.

§ 31

Wenn bei dem Umschlag oder der Einlagerung von Ammoniumnitrat in der Verpackung Undichtigkeiten auftreten, so ist ausgestreutes Gut sofort zu entfernen.

§ 32

Die Mitlagerung von explosionsgefährlichen, selbstentzündlichen und anderen brennbaren Gütern sowie von Stoffen, die leicht Sauerstoff abgeben (wie Chlorate und Perchlorate), ist verboten.

§ 33

Beim Umschlag von Ammoniumnitrat in Säcken ist der Gebrauch von Handhaken und ähnlichem Gerät verboten.

§ 34

Das Rauchen, Mitbringen glimmender Zigarren, Zigaretten und Pfeifen und jede Benutzung von Feuer und offenem Licht sind verboten.

§ 35

Am Liegeplatz eines Ammoniumnitrat löschenden oder ladenden Seeschiffes, Fluß- und Hafenfahrzeuges müssen am Landgang, am Bug und am Heck Rauchverbotstafeln aufgestellt werden, die in zwei Sprachen (deutsch und englisch) abzufassen sind.

§ 36

Während des Umschlags müssen Schlauchleitungen an den nächsten Hydranten betriebsbereit angeschlossen sein.

§ 37

Ammoniumnitrat in Mengen bis zu 2000 t je Lagerraum (Schuppenabteilung) darf nicht länger als 10 Tage gelagert werden. Bei Mengen bis zu 500 t Faßgut oder 200 t Sackgut ist eine solche Lagerung bis zu einem Vierteljahr zulässig.

§ 38

Die Schuppenräume sind gegen unbefugtes Betreten von Personen zu sichern.

§ 39

In den Lagerräumen sind gefüllte Wasserfässer mit Schöpfgefäßen in ausreichender Menge bereitzuhalten. Die Löschflüssigkeit ist im Winter durch Zusatz von Salz gegen Einfrieren zu schützen.

IV. Schlußvorschriften

§ 40

Die in den §§ 5 und 28 dieser Verordnung genannten Prüfungskommissionen können in besonderen Fällen Ausnahmen genehmigen.

§ 41

Weitergehende Vorschriften der Hafenpolizeiordnung für den Hafen Hamburg vom 26. Juli 1935 (HGVBl. S. 157) werden durch diese Verordnung nicht berührt.

§ 42[1]

Unbeschadet der Anwendung von Zwangsmitteln können Verstöße gegen die Bestimmungen dieser Verordnung, sofern sie nicht durch Bundesrecht mit Strafe bedroht sind, als Ordnungswidrigkeiten mit Geldbuße geahndet werden.

§ 43

Diese Verordnung tritt am Tage nach der Veröffentlichung in Kraft.

[1]) Fassung beruht auf § 26 Abs. 2 des 1. Überleitungsgesetzes zum Landesgesetz über Ordnungswidrigkeiten vom 20. 12. 1954 (HGVBl. S. 155).

11. Verordnung über den Verkehr mit gefährlichen Gütern am Kai

vom 2. April 1937 (HGVBl. S. 53)

§ 1[1])

Gefährliche Güter sind folgende Stoffe und Gegenstände:

a) diejenigen, die wegen ihrer Gefährlichkeit nach der Seefrachtordnung[2]) mit Kauffahrteischiffen seewärts überhaupt nicht oder nur bedingungsweise befördert werden dürfen (vgl. §§ 1 und 2 sowie Anlagen 1 und 2 der Seefrachtordnung);

b) diejenigen, die in der Anlage unter VII aufgeführt sind.

§ 2

(1) Unmittelbare Oberladung am Kai ist eine Überladung von Gütern aus dem Eisenbahnwagen oder einem anderen Landfahrzeug in das Schiff oder umgekehrt, bei der eine Lagerung nicht stattfindet.

(2) Schuppenabteilung ist bei den in der Mitte durch eine Brandmauer unterteilten Schuppen der Schuppenteil von dieser Brandmauer bis zu einem Schuppenende, bei den nicht in jener Weise unterteilten Schuppen der ganze Schuppen.

(3) Gewichtsangaben bezeichnen das Rohgewicht.

§ 3

(1) Gefährliche Güter, die nach der Seefrachtordnung seewärts mit Kauffahrteischiffen überhaupt nicht befördert werden dürfen, sind vom Verkehr am Kai ausgeschlossen.

(2) Gefährliche Güter, die nach der Seefrachtordnung seewärts mit Kauffahrteischiffen nur bedingungsweise befördert werden dürfen, sind zum Verkehr am Kai nur dann zugelassen, wenn sie in Beschaffenheit und Verpackung den Vorschriften der Seefrachtordnung entsprechen.

(3) Der Verkehr mit den unter (2) bezeichneten und mit anderen gefährlichen Gütern (Abschnitt VII der Anlage) am Kai unterliegt den Einzelvorschriften der Anlage.

§ 4

Bei der Anlieferung aus dem Inlande stammender gefährlicher Güter zur Lagerung oder unmittelbaren Überladung am Kai hat der Ablader der Verwaltung des Kais über die Güter auf dem Schiffszettel diejenigen

---

[1]) die Anlage zur VO. ist zur Raumersparnis nicht abgedruckt.

[2]) gemeint ist die VO. über die Beförderung gefährlicher Gegenstände mit Kauffahrteischiffen vom 3. 9. 1930/26. 9. 1930 (HGVBl. S. 337 und 393), seit dem 1. 1. 1956 außer Kraft gemäß § 16 Ziff. 1 der VO. über die Beförderung gefährlicher Güter mit Seeschiffen vom 12. 12. 1955 (BGBl. II S. 945).

Angaben zu machen und diejenigen verantwortlichen Erklärungen abzugeben, die für die Verschiffung der Güter in der Seefrachtordnung vorgeschrieben sind (Seefrachtordnung: § 3 im I. Teil der Anlage 1; Verladungsvorschriften im II. Teil der Anlage 1; Ziffer 3 im Abschnitt Allgemeines der Anlage 2).

§ 5

Kommen gefährliche Güter aus dem Auslande, so gelten für ihre Zulassung zum Verkehr am Kai an Stelle des Absatzes (2) im § 3 und des § 4 folgende Bestimmungen:

a) Güter der Abschnitte I—VIa der Anlage müssen ihrer Beschaffenheit nach den bezüglichen Vorschriften im II. Teil der Anlage 1 zur Seefrachtordnung genügen oder dürfen nicht gefährlicher sein als die dort aufgeführten Güter. Explosionsgefährliche Gegenstände (Abschnitt I im II. Teil der Anlage 1 zur Seefrachtordnung), für die eine gültige, nach den Bestimmungen der Eisenbahnverkehrsordnung vorgenommene inländische Prüfung nicht nachgewiesen werden kann, und selbstentzündliche Stoffe (Abschnitt II im II. Teil der Anlage 1 zur Seefrachtordnung) dürfen zum Verkehr am Kai nur mit besonderer Genehmigung der zuständigen Polizeibehörde[1]) zugelassen werden, soweit diese nicht Ausnahmen gestattet. Dasselbe gilt für flüssige Blausäure, Dimethylsulfat und flüssige halogenhaltige Reizstoffe (II. Teil der Anlage 1 zur Seefrachtordnung, Abschnitt IV, 11 und 12, Abschnitt V, 4b).

b) Die Verpackung darf von den einschlägigen Bestimmungen der Seefrachtordnung und den Sondervorschriften in der Anlage der vorliegenden Verordnung abweichen, muß aber mindestens die gleiche Sicherheit gewähren wie die in der Seefrachtordnung und in der Anlage der vorliegenden Verordnung für Gegenstände der gleichen Gattung vorgeschriebene. Die Bezeichnung der Behälter braucht mit den Vorschriften der Seefrachtordnung nicht übereinzustimmen.

c) Bei der Anlieferung der gefährlichen Güter zur Lagerung oder unmittelbaren Überladung am Kai hat, wenn die Güter von See eingehen, der Schiffsvertreter, sonst der Ablader, der Verwaltung des Kais schriftlich Art und Eigenschaft der Güter gewissenhaft anzugeben.

§ 6

Güter, die nach den Verladungsvorschriften der Seefrachtordnung nicht miteinander in derselben Schottenabteilung verladen werden dürfen, sind auf den Schuppen und Laderampen der Kais in mindestens 15 m Entfernung voneinander zu lagern.

---

[1]) heute Feuerwehramt.

§ 7

Das Verbot der unmittelbaren Überladung am Kai erstreckt sich nicht auf Proben in geringer Menge und geringer Anzahl, abgesehen von Sprengstoffen und Munition.

§ 8

Für besondere Einzelfälle bleiben abweichende — mildere und schärfere — Anordnungen vorbehalten. Sie werden von der Hamburger Freihafen-Lagerhaus-Gesellschaft [1]) mit Zustimmung des Staatskommissars [2]) getroffen

§ 9

Zuwiderhandlungen gegen diese Verordnung werden mit Geldstrafe bis zu 150 RM, im Unvermögensfalle mit entsprechender Haft bestraft, soweit nicht nach anderen Bestimmungen schärfere Strafen verwirkt sind. [3])

§ 10

Diese Verordnung tritt am Tage ihrer Verkündung in Kraft. Mit diesem Tage wird die Verordnung über den Verkehr mit gefährlichen Gütern am Kai vom 20. August 1930 nebst Änderung vom 12. April 1935 (HGVBl. 1930 S. 329, 1935 S. 86) aufgehoben.

12. Polizeiverordnung, betreffend schiffahrtstörende Lichter am Lande

vom 19. September 1929 (HGVBl. S. 456)

§ 1

Lichter am Lande, die durch ihre Wirkung nach dem Fahrwasser oder nach See die sichere Schiffsführung beeinträchtigen können, insbesondere solche, die das Erkennen der Leuchtfeuer erschweren können, sind so weit abzublenden, daß die Schiffahrt durch sie nicht behindert oder gefährdet wird.

§ 2

Zuwiderhandlungen werden mit Geldstrafe bis zu 150 RM, im Unvermögensfalle mit Haft bestraft [4]).

§ 3

Es werden aufgehoben:

a) Bekanntmachung der Polizeibehörde vom 2. April 1890, betreffend Verwendung elektrischer Lichter in den Häfen und am Lande (ABl. S. 74),

[1]) = Hamburger Hafen- u. Lagerhaus-AG.
[2]) = Behörde für Wirtschaft und Verkehr.
[3]) neue Fassung siehe § 26 Abs. 2 des 1. Überleitungsgesetzes zum Landesgesetz über Ordnungswidrigkeiten vom 20. 12. 1954 (HGVBl. S. 155).
[4]) neue Fassung siehe § 26 Abs. 2 des 1. Überleitungsgesetzes zum Landesgesetz über Ordnungswidrigkeiten vom 20. 12. 1954 (HGVBl. S. 155).

b) Polizeiverordnung der Landherrenschaft der Marschlande vom 31. Dezember 1907, betreffend die Verwendung elektrischen oder anderen hellen Lichtes auf Schiffen und an den Uferstrecken des marschländischen Stromgebietes (ABl. 1908, S. 11),
c) Verordnung der Landherrenschaft Bergedorf vom 2. Januar 1914, betreffend die Verwendung elektrischen oder anderen hellen Lichtes auf Schiffen und an den Uferstrecken im Bereich der Landherrenschaft Bergedorf (ABl. S. 27).

C. SEESCHIFFAHRT

1. Verordnung zur Ausführung der Schiffsbesetzungsordnung

vom 13. Februar 1936 (HGVBl. S. 22)

§ 1

Der Führer eines Fahrzeuges in der Küstenfischerei muß besitzen:
a) entweder ein Befähigungszeugnis B 1 als Seeschiffer in kleiner Hochseefischerei,
b) oder ein Befähigungszeugnis B 2 als Seesteuermann in kleiner Hochseefischerei,
c) oder einen Erlaubnisschein der Behörde für Wirtschaft[1]) (nach dem dieser Verordnung beigefügten Muster)[2]).

§ 2

Der Erlaubnisschein zu § 1c wird auf Antrag von der Behörde für Wirtschaft Reichsangehörigen ausgestellt, die
a) das 23. Lebensjahr vollendet haben,
b) eine Seefahrtzeit von 50 Monaten erworben haben, von der mindestens 12 Monate auf Seefischereifahrzeugen erworben sein müssen. Dabei gilt als Seefahrtzeit auch die im Zusammenhang mit einer Fangreise im Hafen mit der Instandsetzung des Fahrzeuges und der Netze verbrachte Beschäftigungszeit. Seefahrtzeit vor Vollendung des 15. Lebensjahres wird nicht angerechnet,
c) genügendes Hör-, Seh- und Farbenunterscheidungsvermögen nachweisen,
d) hinreichende Kenntnisse der Seestraßenordnung, der Seewasserstraßenordnung[3]), der schiffahrt- und fischereipolizeilichen Vorschriften,

---

[1]) = Behörde für Wirtschaft und Verkehr.
[2]) auf Abdruck ist verzichtet.
[3]) = Seeschiffahrtsstraßen-Ordnung.

e) hinreichende Kenntnisse in der Betonnung, Befeuerung, im Gebrauch von Notsignalen und in der Seemannschaft besitzen.

§ 3

Der Nachweis der Seefahrtzeit wird durch das Seefahrtbuch oder durch eine von der Polizeibehörde oder dem Seemannsamt des Heimathafens ausgestellte oder inhaltlich beglaubigte Bescheinigung erbracht.

Die im § 2 unter d und e geforderten Kenntnisse müssen durch eine Prüfung nachgewiesen werden. Die Prüfung wird abgenommen von einem Prüfungsausschuß, der sich zusammensetzt aus dem Direktor der Seefahrtschule oder einem von ihm zu bestimmenden Vertreter als Vorsitzendem und aus zwei von dem Vorsitzenden zu ernennenden Sachverständigen.

Fischern, die bei Inkrafttreten dieser Verordnung das 25. Lebensjahr vollendet und den Nachweis erbracht haben, daß sie 50 Monate ein Seefischereifahrzeug selbständig geführt haben, kann bei Vorliegen besonderer Gründe bis zum 31. Dezember 1936 die im Absatz 2 geforderte Prüfung erlassen werden.

§ 4

Der Erlaubnisschein kann dem Inhaber durch die Behörde für Wirtschaft entzogen werden, wenn er sich in schiffahrtpolizeilicher Hinsicht als unzuverlässig erwiesen hat, oder wenn er durch sein Verhalten dargetan hat, daß ihm eine Eigenschaft fehlt, die zur Führung eines Fahrzeuges in der Küstenfischerei erforderlich ist.

§ 5

Ausnahmen von den Bestimmungen dieser Verordnung kann in besonders begründeten Fällen die Behörde für Wirtschaft zulassen.

§ 6

Zuwiderhandlungen gegen diese Verordnung werden mit Geldstrafe bis zu 150 RM, ersatzweise mit Haft bis zu 14 Tagen bestraft.

2. Verordnung, betreffend die Führung und Behandlung des Schiffstagebuchs

vom 21. März 1904 (ABl. S. 515)[1]

§ 1

In das nach § 519 des Handelsgesetzbuchs zu führende Tagebuch ist, außer den im § 520 ebenda und durch sonstige gesetzliche Bestimmungen vorgeschriebenen Eintragungen, nachstehendes einzutragen:

[1]) auf den Abdruck von Anlagen ist verzichtet.

a) vor Beginn jeder Reise:

1. die zur Sicherung der Ladung des Ballastes und der Pumpen getroffenen Vorrichtungen;
2. der Tiefgang des Schiffes vorn und hinten;

b) von Tag zu Tag:

die bei Berichtigung der Kurse angewandte Mißweisung, Ablenkung und Abtrift;

c) im eintretenden Falle:

1. die durch das Lot ermittelte Bodenbeschaffenheit;
2. die wichtigen Peilungen von Landmarken und Seezeichen;
3. die Abgabe von Nebelsignalen und die Fahrt des Schiffes bei Nebel, dickem Wetter, Schneefall oder heftigen Regengüssen;
4. jede Einnahme von Trinkwasser, tunlichst mit kurzer Angabe der Herkunft des Wassers;
5. Erkrankungen, wenn sie bei einer auf dem Schiffe beschäftigten Person eine Arbeitsunfähigkeit von mehr als 3 Tagen, oder wenn sie den Tod des Erkrankten oder dessen Ausschiffung zur Folge haben, nebst einer kurzen Beschreibung der Krankheitserscheinungen. Die Eintragung ist nicht erforderlich, wenn die Erkrankung von dem Schiffsarzt in das von ihm zu führende Tagebuch eingetragen ist;
6. alle an Bord ausgeführten, dem Auftreten von Aussatz, Cholera, Fleckfieber, Gelbfieber, Pest und Pocken vorbeugenden Maßnahmen sowie die gegen die Weiterverbreitung dieser Krankheiten gerichteten Vorkehrungen;
7. alle von den Gesundheitsbehörden der auf einer Reise berührten Hafenplätze vorgenommenen Besichtigungen, Untersuchungen, Desinfektionen, Ausschiffungen usw.;
8. jede auf Grund des § 70 Nr. 10 der Vorschriften über Auswandererschiffe vom 14. März 1898 dem deutschen Konsul erstattete Meldung, betreffend die Verbringung von Frauenspersonen zu Unzuchtzwecken;
9. ein Vermerk, daß der Kapitän gemäß § 70 Nr. 11 der Vorschriften des Bundesrats über Auswandererschiffe vom 14. März 1898 die zur Sicherung des Nachlasses der an Bord verstorbenen Auswanderer erforderlichen Maßnahmen getroffen und das vorgeschriebene Nachlaßverzeichnis aufgenommen hat, sowie ein Vermerk darüber, welchem Konsul das Nachlaßverzeichnis übergeben worden ist.

§ 2

Bei der Eintragung von Geburten und Sterbefällen (§ 61 des Gesetzes über die Beurkundung des Personenstandes usw. vom 6. Februar 1875) sind die Zeitangaben nach der bürgerlichen mittleren Zeit des Ortes zu machen, an welchem das Schiff zur Zeit der Geburt oder des Sterbefalls sich befand.

§ 3

Das Tagebuch ist nach einem Muster zu führen, welches den Zeitraum eines bürgerlichen Tages umfaßt und mindestens die Spalten einer der Anlagen I und II enthält.

Das Tagebuch muß, bevor es in Gebrauch genommen wird, mit fortlaufenden Seitenzahlen versehen sein. Das Herausreißen von Blättern sowie Radierungen sind unstatthaft. Etwaige Änderungen der Eintragungen sind durch einfaches Durchstreichen so zu bewirken, daß das Durchgestrichene leserlich bleibt. Nachträgliche Einschaltungen und Zusätze sind ausdrücklich als solche unter Beifügung des Datums zu bezeichnen.

§ 4

Das Tagebuch ist während 5 Jahre, von dem Tage der letzten Eintragung an gerechnet, aufzubewahren. Die Aufbewahrung kann an Bord oder am Lande erfolgen.

§ 5

Bei Seeunfällen hat der Kapitän, soweit es nach Lage der Umstände geschehen kann, für die Rettung des Tagebuchs zu sorgen.

§ 6

Der Kapitän ist verpflichtet, einen Abdruck der in der Anlage III enthaltenen „Zusammenstellung der Vorschriften über die Führung und Behandlung des Schiffstagebuchs" an Bord zu führen.

§ 7

Zuwiderhandlungen gegen die Vorschriften dieser Verordnung sowie gegen die Bestimmungen der §§ 519, 520 des Handelsgesetzbuches werden, sofern die Zuwiderhandlung nicht durch eine andere Vorschrift mit Strafe bedroht ist, mit Geldstrafe bis zu einhundert Mark bestraft.

§ 8

Die auf Grund des § 521 des Handelsgesetzbuches ergangenen Bestimmungen, betreffend die Führung des Tagebuchs auf kleineren Fahrzeugen (Küstenfahrern und dgl.), bleiben unberührt.

Die vorstehenden Vorschriften treten am 1. April 1904 in Kraft.

3. Verordnung, betreffend die Führung eines Schiffstagebuchs auf kleineren Fahrzeugen (Küstenfahrern u. dgl.)

vom 2. November 1910 (ABl. S. 661)

§ 1

Auf Grund der Bestimmung des § 521 des Handelsgesetzbuchs sind von der Verpflichtung zur Führung eines Schiffstagebuchs gemäß §§ 519, 520 des Handelsgesetzbuchs befreit:

a) Schiffe in der Nahfahrt von weniger als 400 Kubikmeter Bruttoraumgehalt,
b) Schiffe in der Küstenfahrt von weniger als 250 Kubikmeter Bruttoraumgehalt, welche nicht zur Beförderung von Reisenden dienen,
c) Fahrzeuge in der Küstenfischerei,
d) Fahrzeuge in der kleinen Hochseefischerei, deren Führer die Befähigung gemäß § 6 Nr. 1 der Bekanntmachung vom 5. Mai 1904[1]) besitzen müssen,
e) Lustfahrzeuge von weniger als 400 Kubikmeter Bruttoraumgehalt.

§ 2

Auf Seeleichter finden die Bestimmungen in § 1 unter a und b keine Anwendung.

§ 3

Diese Verordnung tritt am 1. Januar 1911 in Kraft.

4. Verordnung, betreffend die Führung und Behandlung des Maschinenjournals auf Seedampfschiffen der Handelsflotte

vom 28. Juni 1893 (ABl. S. 265)[2])[3])

§ 1

Auf jedem in einem Hamburgischen Hafen beheimatheten, zur Handelsflotte gehörigen Seedampfschiff ist ein Maschinenjournal unter Aufsicht des leitenden Maschinisten zu führen und von diesem täglich zu unterschreiben.

Die Führung des Maschinenjournals kann unterbleiben bei allen Fahrten, auf welchen für die Leitung der Maschine ein Maschinist IV. Klasse genügt, und bei regelmäßigen, unter gewöhnlichen Verhältnissen nicht mehr als 12 Stunden andauernden Fahrten auch dann, wenn für die Leitung der Maschine ein Maschinist III. Klasse erforderlich ist.

---

[1]) siehe Schiffsbesetzungsordnung § 3 Abs. 1.
[2]) auf Abdruck der Anlagen ist verzichtet.
[3]) wegen Klassifizierung der Maschinisten siehe Schiffsbesetzungsordnung.

§ 2

Das Maschinenjournal ist nach einem Schema zu führen, welches den Zeitraum eines bürgerlichen Tages umfaßt und mindestens die in der Anlage A enthaltenen Angaben aufweist.

Das Journal muß, bevor es in Gebrauch genommen wird, mit fortlaufenden Seitenzahlen versehen sein. Das Herausreißen von Blättern ist nicht statthaft, auch dürfen Radirungen nicht vorgenommen werden. Etwaige Änderungen der Eintragungen sind durch einfaches Durchstreichen so zu bewirken, daß das Durchgestrichene leserlich bleibt. Nachträgliche Einschaltungen und Zusätze sind ausdrücklich als solche zu bezeichnen.

§ 3

In das Maschinenjournal sind einzutragen:

1) von Tag zu Tag:
   Vorrath, Verbrauch und Rest des Heizmaterials;
2) von Wache zu Wache:
   Nr. 3. Salzgehalt im Kesselwasser,
   Nr. 4. Temperatur des Speisewassers,
   Nr. 5. Temperatur des Schraubenrohr- (Stevenrohr-) Wassers,
   Nr. 6. Temperatur des Seewassers;
3) von Stunde zu Stunde:
   Nr. 2. Dampfdruck im Kessel,
   Nr. 7. Temperatur im Maschinenraum,
   Nr. 8. Temperatur im Kesselraum,
   Nr. 9. Luftleere im Kondensator,
   Nr. 10. Umdrehungen in der Minute.

Die Temperatur im Maschinenraum ist am Standorte des Maschinisten in Kopfhöhe, diejenige im Kesselraum möglichst nahe der Arbeitsstelle der Heizer, ebenfalls in Kopfhöhe zu messen.

Unter den „Bemerkungen“ sind alle den Kessel und die Maschine betreffenden erheblichen Vorfälle einzutragen, namentlich:

a. die Zeit, zu welcher die Feuer angesteckt worden sind,
b. die Zeit, zu welcher die Maschine in und außer Betrieb gesetzt worden ist,
c. sämmtliche größere Arbeiten, welche zur Unterhaltung oder zur Reparatur der Maschine oder der Kessel während der Reise vorgenommen werden,
d. Änderungen und Unterbrechungen des Ganges der Maschine während der Fahrt oder wenigstens, soweit durch die Umstände, insbesondere durch häufige und schnelle Aufeinanderfolge des Wechsels in Revieren und Häfen, eine genaue Eintragung ausgeschlossen wird, allgemeine Vermerke über das Manövriren mit der Maschine,

e. sämmtliche Maschinen- oder Kessel-Havarien,
f. das Einnehmen und Auspumpen von Wasserballast.

§ 4

Bei allen Eintragungen ist der Zeitpunkt der Beobachtungen, welche den Eintragungen zu Grunde liegen, anzugeben.

§ 5

Bei Fahrten, auf welchen für die Leitung der Maschine ein Maschinist III. Klasse genügt, kann die Ausfüllung folgender Spalten unterlassen werden:

Nr. 4. Temperatur des Speisewassers,
Nr. 5. Temperatur des Schraubenrohrwassers,
Nr. 6. Temperatur des Seewassers,
Nr. 7. Temperatur im Maschinenraum,
Nr. 8. Temperatur im Kesselraum.

§ 6

Das Maschinenjournal ist fünf Jahre, von dem Tage der letzten Eintragung an gerechnet, aufzubewahren.

Die Aufbewahrung kann an Bord oder am Lande erfolgen.

§ 7

Bei Seeunfällen hat der leitende Maschinist, soweit es nach Lage der Umstände geschehen kann, für die Rettung des Maschinenjournals zu sorgen.

§ 8

Dem Maschinenjournal ist eine Beschreibung der Maschine und der Kessel voranzuschicken. Diese Beschreibung muß sich auf die in der Anlage B bezeichneten Angaben erstrecken und nach jedem Umbau der Maschine oder der Kessel oder wesentlicher Theile derselben berichtigt werden.

§ 9

Der Schiffer ist verpflichtet, einen Abdruck dieser Vorschriften an Bord zu führen.

§ 10

Zuwiderhandlungen gegen diese Vorschriften werden mit Geldstrafe bis zu 100 Mark bestraft.

§ 11

Diese Vorschriften treten am 1. April 1894 in Kraft.

D. BINNENSCHIFFAHRT

1. Polizeiverordnung über den Verkehr von Binnenschiffen mit eigener Triebkraft auf der Seewasserstraße Unterelbe

vom 22. Oktober 1947 in der Fassung der Änderungsverordnung vom 28. Juli 1949 (HGVBl. 1947 S. 70, 1949 S. 130)

[Diese Verordnung befaßt sich mit der Unterelbeschifferprüfung und dem Unterelbeschifferzeugnis, welches im Besitz von Personen sein muß, welche Binnenschiffe mit eigener Triebkraft, die gewerblichen Zwecken, aber nicht der Passagierschiffahrt dienen, führen.]

2. Verordnung, betreffend Sicherung der Beförderung von Passagieren mit Dampfschiffen auf der Elbe[1])

vom 9. Mai 1913 in der Fassung der Verordnungen vom 12. September 1923 und 3. Juni 1947 (ABl. 1913 S. 271, HGVBl. 1923 S. 1074, 1947 S. 31)

I. Allgemeines

§ 1

Die Bestimmungen dieser Verordnung haben Geltung für die Beförderung von Passagieren mit Dampfschiffen auf der Elbe unterhalb der durch Tafeln bei Hamburg und Harburg gekennzeichneten Endpunkte der Polizeiordnung für die Schiffahrt und Flößerei auf der Elbe[2]).

Unternehmer, die aus der Beförderung von Personen mit Dampfschiffen ein Gewerbe machen, unterliegen während der Dauer der Ausübung des Gewerbebetriebes den nachstehenden Bestimmungen.

Das gleiche gilt von Unternehmern, die Personen mit Dampfschiffen zwar nicht gewerbsmäßig, aber entgeltlich befördern, oder welche solche Schiffe an Dritte zum Zwecke der Personenbeförderung gewerbsmäßig oder entgeltlich überlassen.

Die Unternehmer von Hafenrundfahrten bedürfen zur Ausübung des Gewerbebetriebes überdies der polizeilichen Erlaubnis, die widerruflich oder auf Zeit erteilt werden kann.

Auf den Fähr- und Jollenführerbetrieb findet diese Verordnung keine Anwendung.

---

[1]) im örtlichen Geltungsgebiet des Hafengesetzes vom 21. 12. 1954 (HGVBl. I S. 169) gemäß § 67 Abs. 1 Ziff. 16 a. a. O. Vgl. Schiffahrtpolizeiverordnung über den Fahrgastverkehr auf der Unterelbe und ihren linken Nebenflüssen vom 21. 4. 1954 (Amtsblatt des Bundesministers für Verkehr S. 181), deren § 1 Abs. 2 besagt: „Soweit die Fahrgastschiffahrt auf den Schiffahrtstraßen nach Abs. 1 vom Hamburger Hafen aus betrieben wird, gilt § 2 auch im Hamburger Hafen."

[2]) wegen jetziger Hafengrenzen siehe Hafengesetz.

§ 2

Diese Verordnung gilt auch für außerhalb ihres Geltungsbereiches beheimatete Dampfschiffe, sofern mit ihnen die Beförderung von Personen gewerbsmäßig betrieben wird.

Außerhalb des Geltungsbereiches der Verordnung beheimatete Schiffe, welche durch eine Bescheinigung ihrer Heimatsbehörde nachweisen, daß für sie Sicherheitsvorschriften gelten, welche mindestens dieselbe Gewähr bieten wie die Bestimmungen dieser Verordnung, können zur Beförderung von Passagieren zugelassen werden. Die Bescheinigung ist jährlich zu erneuern.

Diese Verordnung gilt nicht für offene Dampfbarkassen. Solche Barkassen sowie Motorschiffe und offene Motorbarkassen dürfen nur mit besonderer Erlaubnis der Polizeibehörde[1]) zur Passagierbeförderung (§ 1) verwendet werden.

§ 3

Zur Passagierbeförderung (§ 1) dürfen nur Dampfschiffe benutzt werden, welche von der Polizeibehörde zugelassen sind. Über die Zulassung wird von der Polizeibehörde eine Bescheinigung erteilt.

Bei Fahrten auf der Unterelbe sind in jedem Falle bei Gefahren — insbesondere durch Sturm, Hochwasser und Eisverhältnisse — die Vorsichtsmaßregeln zu treffen, die durch die seemännische Praxis oder durch die besonderen Umstände des Falles geboten sind.

§ 4

Die Schiffe werden von der Polizeibehörde zur regelmäßigen Passagierfahrt erst zugelassen, nachdem durch eine behördliche Besichtigung festgestellt ist, daß sie bezüglich ihrer baulichen Beschaffenheit und ihrer Ausrüstung den Vorschriften in Abschnitt II und IV dieser Verordnung entsprechen.

In besonderen Fällen und bei Schiffen, die nicht regelmäßig Passagiere befördern, können Ausnahmen von den letztgenannten Vorschriften von der Polizeibehörde zugelassen werden.

§ 5

Von der behördlichen Besichtigung ist abzusehen, wenn eine Bescheinigung des Germanischen Lloyd vorgelegt wird, nach welcher das Schiff den Anforderungen der ersten Klasse für kleine Küstenfahrt beziehungsweise Watt- oder Binnenfahrt und den besonderen Vorschriften dieser Verordnung über bauliche Beschaffenheit und Ausrüstung der Schiffe (Abschnitt II und IV) genügt. Die Polizeibehörde kann auch die entsprechenden Bescheinigungen anderer Klassifikationsgesellschaften als genügend anerkennen.

[1]) hier und im folgenden Wasserschutzpolizei Hamburg.

§ 6

Eine größere Anzahl Passagiere, als nach den Bestimmungen dieser Verordnung zulässig ist, darf nicht an Bord genommen werden. Kinder gelten als Passagiere, wenn sie nicht auf dem Arm getragen werden.

Wird der zur Unterbringung von Passagieren bestimmte Raum teilweise zur Unterbringung von Vieh und Ladung benutzt, so ist für jedes halbe Quadratmeter so beanspruchten Raumes die Zahl der mitzunehmenden Passagiere um einen zu vermindern.

§ 7

Fahrzeuge, die nicht zur Personenbeförderung zugelassen sind, dürfen, wenn auf ihnen Milch oder Marktwaren befördert werden, Begleitpersonal bis zu höchstens 5 Personen befördern.

Geschleppte Fahrzeuge dürfen, abgesehen von vorstehender Ausnahme für Marktfahrzeuge, nicht zur Beförderung von Passagieren benutzt werden.

§ 8

Unternehmer, welche Fahrten zwischen bestimmten Orten mit regelmäßig festgesetzter Abgangs- bzw. Ankunftszeit unterhalten, haben dies öffentlich bekanntzumachen und der Polizeibehörde ihres Heimathafens, wenn sie Landungsbrücken des Hamburger Hafens anlaufen, außerdem der Polizeibehörde und dem Direktor des Marinewesens[1]) zu Hamburg den Fahrplan zur Genehmigung der Abgangszeiten von den Landungsanlagen zuzustellen, wobei die in Aussicht genommenen Landungsanlagen oder Anlegestellen zu bezeichnen sind.

Die Unternehmer sind verpflichtet, die Abfahrtszeiten einzuhalten und erforderlichenfalls so abzuändern, daß Verkehrsstörungen an den Landungsanlagen vermieden werden. Außergewöhnliche Fahrten und Sonderschiffe sind in gleicher Weise vorher anzumelden.

Neben dem Unternehmer ist auch der Schiffsführer zur Einhaltung der Abfahrtszeit verpflichtet.

§ 9

Der Schiffsführer oder die von ihm beauftragte Person der Schiffsbesatzung ist verpflichtet, die ihm an einer Landestelle zum Zwecke der Kontrolle übergebene Bescheinigung über die Zahl der mitgeführten Passagiere auf der folgenden Landestelle dem Kontrollbeamten zu übergeben und von diesem eine neue Bescheinigung entgegenzunehmen.

Den zur Erhaltung der Sicherheit, Ordnung, Bequemlichkeit, Reinlichkeit und Ruhe an Bord der Schiffe ergehenden Anordnungen der zustän-

---

[1]) Behörde für Wirtschaft und Verkehr (Oberhafenamt).

digen Beamten ist, vorbehaltlich späterer Beschwerdeführung, von jedermann unverzüglich Folge zu leisten.

§ 10

Lebendes Vieh sowie Fracht- und Passagiergut ist während der Fahrt so unterzubringen, daß dadurch die Passagiere nicht gefährdet oder belästigt werden können.

II. Bauliche Beschaffenheit der Schiffe

§ 11

A. Die Schiffe, welche über Cuxhaven hinaus fahren, haben den Bauvorschriften des Germanischen Lloyd für „kleine Küstenfahrt" (k) zu entsprechen.

B. Die Schiffe, welche oberhalb Cuxhaven fahren, haben den Bauvorschriften des Germanischen Lloyd für „Wattfahrt" (W) mit den folgenden Abweichungen zu entsprechen:

1. Schiffe bis zu 15 m Länge.
   Die Entfernung der Spanten voneinander darf auf 1/3 der Länge des Schiffes von vorn 300 mm und im übrigen 500 mm nicht überschreiten. Die Stärke der Außenhautplatten darf in der Wasserlinie auf 2/3 der Länge des Schiffes von vorne nicht unter 6 mm, im übrigen nicht unter 5 mm betragen.
2. Schiffe von über 15 m Länge.
   Hinsichtlich der Spanten gelten die gleichen Bestimmungen wie unter 1. Die Stärke der Außenhautplatten darf in der Wasserlinie auf 2/3 der Länge des Schiffes von vorne und unter Wasser auf 1/4 der Schiffslänge von vorne nicht unter 7 mm, im übrigen nicht unter 6 mm betragen.
3. Fahrgastschiffe, die unterhalb von Glückstadt fahren, müssen, sofern sie ein Schanzkleid haben, mit einer genügenden Anzahl Wasserpforten versehen sein. Auf das Hauptdeck mündende Niedergänge sind mit Süllen von mindestens 300 mm Höhe zu versehen. Diese Sülle können auch herausnehmbar und aus Holz hergestellt sein; sie sind im Falle der Gefahr einzusetzen. Alle auf dem Hauptdeck liegenden Luken müssen mit verschließbaren Abdeckungen ausgerüstet sein[1]).

---

[1]) § 2 der VO. v. 3. 6. 1947 besagt, daß Ziff. 3 bei Fahrgastschiffen, die sich bereits in Fahrt befinden, spätestens vom 1. 7. 1948 ab anzuwenden war, daß aber in Fällen, in denen dem Umbau erhebliche Schwierigkeiten entgegenstanden, nach § 4 Abs. 2 obiger VO. unter Anlegung eines scharfen Maßstabes von der Wasserschutzpolizei Ausnahmen zugelassen werden konnten.

C. [1]) Die Schiffe, welche oberhalb der Neumühlener Kais fahren, haben den Bauvorschriften des Germanischen Lloyd für „Binnenfahrt“ (J) mit folgender Abweichung zu entsprechen:

Die Entfernung der Spanten voneinander darf auf ¼ der Länge des Schiffes von vorne 350 mm und im übrigen 600 mm nicht überschreiten. Die Stärke der Außenhautplatten darf in der Wasserlinie nicht unter 4,5 mm betragen.

§ 12

Die im § 11 unter B und C bezeichneten Schiffe müssen bei einer Länge bis zu 12 m mit mindestens zwei, bei einer Länge bis zu 20 m mit mindestens drei und bei einer Länge von über 20 m mit mindestens vier wasserdichten Schotten versehen sein. Das vorderste Schott darf keine Öffnungen enthalten.

Falls in den übrigen Schotten Öffnungen vorhanden sind, müssen diese während des Betriebes wasserdicht verschlossen sein.

Die für den Bilgewasserlauf erforderlichen Öffnungen in den Schotten dürfen nicht über 40 mm im Durchmesser haben und müssen mit einer Abschlußvorrichtung versehen sein, welche von oberhalb der Wasserlinie gehandhabt werden kann. Die Schotten der unter B des § 11 bezeichneten Schiffe sind mindestens 4 mm, die Schotten der unter C des § 11 bezeichneten Schiffe mindestens 3 mm stark herzustellen und durch Stahlwinkel zweckentsprechend zu versteifen.

§ 13

Die im § 11 unter B und C bezeichneten Schiffe müssen mit einer Wallschiene aus Hartholz von den in nachstehender Tabelle aufgeführten Maßen versehen sein.

QL [2]) qm qm	Wallschiene mm	Beschlagschiene mm
30—50	150×130	75×15
50—80	170×140	80×16
80—110	200×150	90×20
110—150	200×165	100×20
150—210	230×180	100×22
210—300	250×200	100×25
300—400	300×210	110×25
400 u. darüber	300×230	110×25

[1]) dieser Passus sowie spätere Verweisungen hierauf überholt.

[2]) Die Bestimmung der Längsnummer QL erfolgt gemäß den Vorschriften des Germanischen Lloyd.

§ 14

Die für die Benutzung der Passagiere bestimmten Decks müssen mit einer starken Einfriedigung von mindestens 85 cm Höhe, von der Oberkante des Decks aus gemessen, versehen sein. Besteht die Einfriedigung aus Stützen, welche untereinander durch Stangen oder Ketten verbunden sind, so darf die Entfernung der Stützen voneinander 1 m nicht überschreiten und müssen diese mit Verbindungsstangen oder Ketten versehen sein, deren Abstand voneinander 30 cm nicht übersteigen darf.

Eingänge zu den Ladungs-, Maschinen- und Kesselräumen und Oberlichter müssen sicher eingefriedigt oder in anderer Weise so eingerichtet sein, daß niemand hineinfallen kann.

Die Kajüten müssen mit einer genügenden Anzahl von Eingängen und Treppen von mindestens 80 cm Breite versehen sein.

Falls nur ein Eingang oder nur eine Treppe zu einem Kajütsraum vorhanden ist, muß die Breite mindestens 1 m betragen.

Alle unter Deck liegenden Seitenfenster sind so hoch wie möglich anzubringen. Die Verschraubungen der Fenster und der Verschlußkappen sind so einzurichten, daß sie nicht ohne Schraubenschlüssel zu öffnen sind.

Sämtliche Treppen müssen mit festem Geländer zu beiden Seiten versehen sein.

§ 15

Der Steuerstand muß so angeordnet sein, daß der Mann am Ruder einen freien Rundblick hat. Das Steuergeschirr und die Leitung müssen so verlegt und gesichert werden, daß Personen nicht verletzt werden können.

§ 16

Jedes Schiff muß für je 200 Passagiere mit mindestens einem Abort versehen sein.

§ 17

Vor Beginn des Baues ist der Polizeibehörde eine Zeichnung über die bauliche Einrichtung des Schiffes zur Prüfung einzureichen.

§ 18

Die Bauart der Maschine muß derart sein, daß sie in allen Kurbelstellungen anspringt.

Für die Speisung der Kessel müssen zwei durch Dampf getriebene Vorrichtungen vorhanden sein; für die Lenzhaltung des Schiffs genügt eine solche Vorrichtung, welche jedoch nicht von der Betriebsmaschine abhängig sein darf.

Zur Übermittelung von Signalen in die Maschine muß von dem Steuerstand aus eine geeignete Vorrichtung und ein Sprachrohr nach dem Maschinenraum führen.

Ferner muß eine Feuerlöschvorrichtung (Handdruckpumpe oder maschinelle Einrichtung) vorhanden sein.

III. Vermessung der Schiffe

§ 19

Jedes Schiff muß einer Vermessung unterzogen werden, auf Grund deren die höchste zu befördernde Passagierzahl festgesetzt wird. Die Vermessung erfolgt durch die Schiffsvermessungsbehörde, bei welcher der Antrag auf Vermessung schriftlich zu stellen ist, nach folgenden Grundsätzen:

a) Bei Schiffen, welche ihre Fahrten elbabwärts nicht über Glückstadt hinaus ausdehnen, wird nur die Decksfläche des Hauptdecks bei der Bestimmung der Passagierzahl in Betracht gezogen und werden sämtliche Flächen über und unter dem Hauptdeck von der Vermessung ausgeschlossen.

Der Inhalt der Decksfläche wird nach der Simpsonschen Regel berechnet; von der so berechneten Decksfläche werden die Aufbauten und die sonstigen auf Deck angebrachten Gegenstände abgezogen, soweit diese nicht als Sitzplätze dienen können. Die so in Quadratmetern ermittelte Decksfläche wird durch 0,45 geteilt; das Ergebnis ist die höchste zulässige Zahl der zu befördernden Passagiere.

Bei Schiffen, die außer dem Hauptdeck noch ein Oberdeck haben, kann auch dieses nach der gleichen Vermessungsart miteingemessen werden, sofern das Fahrzeug die nötige Stabilität bei der nach dieser Vermessung sich ergebenden Personenzahl besitzt. Die gesamte vermessene Fläche ist in diesem Falle statt durch 0,45 durch 0,5 zu teilen.

Die Stabilität ist auf Erfordern durch ein Zeugnis des Germanischen Lloyd oder einer anderen Klassifikationsgesellschaft nachzuweisen.

b) Bei Schiffen, welche ihre Fahrten über Glückstadt hinaus, aber nicht weiter als bis Cuxhaven ausdehnen, ist die wie vorstehend ermittelte Passagierzahl um ein Viertel zu ermäßigen.

c) Bei Schiffen, welche ihre Fahrten über Cuxhaven hinaus bis nach Helgoland und den deutschen Nordseebädern ausdehnen, werden bei der Feststellung der höchsten zulässigen Passagierzahl nur die seefest eingedeckten Räume auf und unter Deck, welche zur Unterbringung von Reisenden geeignet sind, nicht aber die Decksflächen berücksichtigt. Die Ermittelung der zulässigen Passagierzahl erfolgt unter Zugrundelegung des Inhalts einer Ebene, welche durch die Rücklehne der Sitzplätze in deren halber Höhe und wo solche fehlen, durch die Innenkanten der Wände begrenzt wird. Gedeckte Räume, welche als Seitengänge, Vorplätze oder Eingänge dienen, werden nur mit dem halben wie vorstehend ermittelten Flächeninhalt in Anrechnung gebracht. Von der wie vorstehend ermittelten Gesamtfläche werden die in den vermessenen Räumen vorhandenen Flächen, welche von Tischen, Büfetts oder anderen raumbeengenden Einbauten in Anspruch genommen werden, abgezogen. Die so ermittelte Fläche in Quadratmetern wird durch 0,45 geteilt; das Ergebnis ist die höchste zulässige Anzahl der zu befördernden Passagiere.

Wenn das Vermessungsergebnis für Fahrten über Cuxhaven hinaus ein größeres ist als für Fahrten bis Cuxhaven, so ist für beide Strecken die größere Zahl maßgebend.

§ 20

Werden auf einem Schiffe Änderungen vorgenommen, welche das Vermessungsergebnis beeinflussen, so ist eine Neuvermessung zu beantragen.

§ 21

Die mit der Vermessung beauftragte Behörde erteilt dem Antragsteller über das Ergebnis der Vermessung eine Bescheinigung und veranlaßt die Mitteilung des Ergebnisses an die Polizeibehörde.

Die durch diese Bescheinigung bestimmte Passagierzahl muß auf einer den Schiffsnamen enthaltenden Tafel in deutlichen, unverwischbaren mindestens 5 cm hohen Buchstaben und Zahlen an einer in die Augen fallenden Stelle auf dem Schiffe angebracht werden.

Die Bescheinigung muß an Bord mitgeführt und auf Verlangen den Hafen- und Polizeibeamten vorgezeigt werden.

IV. Ausrüstung der Schiffe

§ 22

Jedes Schiff muß mindestens einen seiner Größe entsprechenden Anker mit dazugehöriger Kette von einer dem zu befahrenden Fahrwasser entsprechenden Länge und mit allem sonstigen Zubehör an Bord haben.

Erstrecken sich die Fahrten über Cuxhaven hinaus, so müssen zwei Anker mit Kette und Zubehör, welche den vorstehenden Bedingungen entsprechen, mitgeführt werden.

§ 23

Jedes Schiff muß mindestens einen guten Steuerkompaß an Bord haben.

Erstrecken sich die Fahrten über Cuxhaven hinaus, so muß der Steuerkompaß durch die Seewarte adjustiert sein.

Werden die Schiffe ausschließlich zu Fahrten oberhalb Hamburgs benutzt, so kann von der Forderung eines Steuerkompasses abgesehen werden.

§ 24

Jedes Schiff muß mit einem Landungssteg von einer Länge, welche den Verhältnissen des Schiffes entspricht, und von mindestens 1 m Breite versehen sein. Der Steg muß auf beiden Seiten ein Geländer haben und mit Querleisten versehen sein.

§ 25

Jedes Schiff muß folgende Rettungsvorrichtungen mit sich führen:

1. bei Fahrten auf der Elbe oberhalb Glückstadt mindestens zwei Rettungsringe und für jeden Passagier, der auf Grund der amtlichen Vermessung befördert werden darf, geeignete Rettungsvorrichtungen (Schwimmwesten, schwimmfähig gemachtes Decksinventar usw.);
2. bei Fahrten unterhalb Glückstadt außerdem noch ein Rettungsboot;
3. bei Fahrten über Cuxhaven hinaus:
   a) für je 100 Passagiere, welche auf Grund der amtlichen Vermessung befördert werden dürfen, zwei Rettungsringe;
   b) für jeden Passagier, der auf Grund der amtlichen Vermessung befördert werden darf, eine Schwimmweste;
   c) für die ersten hundert Passagiere, die auf Grund der amtlichen Vermessung befördert werden dürfen, ein oder mehrere Rettungsboote mit zusammen 6 cbm und für jedes weitere angefangene Hundert mit weiteren 4 cbm Raumgehalt.

Alle Rettungsgeräte sind so anzubringen, daß sie stets ohne Zeitverlust in Gebrauch genommen werden können. Die Schwimmwesten sind zweckentsprechend auf dem Schiffe zu verteilen. Die Lagerplätze sind durch die Aufschrift „Schwimmwesten" kenntlich zu machen. Die Boote sind gebrauchsfertig zu halten und mit den nötigen Riemen, Ruderklampen, zwei Haken und Steuer und Gefäßen zum Lenzen zu versehen.

Die Rettungsringe müssen weiß oder rot angestrichen sein und eine Tragfähigkeit von mindestens 10 kg haben. Die Rettungsflöße und das schwimmfähig gemachte Decksinventar müssen nicht nur ringsum mit Handleinen zum Festhalten versehen sein, sondern auch die Zahl der Personen leicht erkennen lassen, für die sie bestimmt sind. Bei der Feststellung dieser Personenzahl ist einerseits die Tragfähigkeit des Geräts, wobei für jede Person ein Gewicht von mindestens 5 kg zugrunde zu legen ist, andererseits aber auch der Platz zu berücksichtigen, den jede Person zur zweckdienlichen Benutzung des Geräts zu beanspruchen hat.

Als Rettungsboote sind Boote anzusehen, welche entweder mit festen, dichten Luftkasten von mindestens 10 Prozent des Bootsraumgehaltes oder mit gleichwertigen Schwimmvorrichtungen versehen sind.

§ 26

Die Schiffe müssen zur Aufnahme von Trinkwasser geeignete Behälter an Bord haben, die für jeden Passagier, der nach der amtlichen Vermessung befördert werden darf, bei Fahrten bis Cuxhaven 2 Liter, bei Fahrten über Cuxhaven hinaus 5 Liter zu fassen vermögen.

§ 27

Alle den Passagieren zugänglichen Räume müssen bei Tage und bei Nacht ausreichend beleuchtet sein.

Bei Beleuchtungsanlagen, welche von Zentralstellen gespeist werden, muß eine Notbeleuchtung in Betrieb gehalten werden.

V. Besatzung

§ 28

Der Unternehmer darf nur solche Personen als Schiffsführer und Maschinisten verwenden, die sich über ihre Befähigung der Polizeibehörde gegenüber ausgewiesen und darüber ein Zeugnis erhalten haben. Dieses Zeugnis haben sie im Betriebe stets bei sich zu führen. Die Polizeibehörde ist befugt, die Entfernung von Führern, Maschinisten und Mannschaften zu verlangen, die unzuverlässig oder ungeeignet sind. Die Bestimmungen über die Erbringung des Befähigungsnachweises trifft die Polizeibehörde.

Sofern die zur Passagierbeförderung verwandten Schiffe als Seeschiffe registriert sind, gelten für sie die Bestimmungen, betreffend die Besetzung der Kauffahrteischiffe mit Kapitänen und Schiffsoffizieren.

Sofern die zur Beförderung von Passagieren benutzten Schiffe als Flußschiffe registriert sind und den Verkehr mit Ortschaften im Geltungsbereich der Polizeiordnung[1]) für die Schiffahrt und Flößerei auf der Elbe vermitteln, kommen für die Schiffer die Bestimmungen der §§ 9, 12, 13 der Additionalakte zur Elbschiffahrtsakte vom 13. April 1844[2]) zur Anwendung.

§ 29

Die Schiffe müssen mindestens folgende Besatzung haben:

A. bei einer Vermessung bis zu 100 Passagieren:
einen Schiffsführer, einen Decksmann, einen Maschinisten;

B. bei einer Vermessung bis zu 400 Passagieren:
einen Schiffsführer, einen befahrenen Decksmann, einen Maschinisten, einen befahrenen Heizer;

---

[1]) siehe Binnenschiffahrtstraßen-Ordnung.
[2]) siehe Elbschiffahrtsakte.

C. bei einer Vermessung bis zu 600 Passagieren:
einen Schiffsführer, zwei Decksleute, von denen einer die Befähigung als Schiffsführer haben muß, einen Maschinisten, einen geprüften Heizer.

Ergibt die Vermessung mehr als 600 Passagiere, so kann die Polizeibehörde eine den Umständen angemessene stärkere Besatzung verlangen. Die gleiche Befugnis steht der Polizeibehörde in allen besonderen Fällen (z. B. bei großen oder Doppelschraubenmaschinen, längeren Fahrten) zu.

VI. Übergangsbestimmungen

§ 30

Die Eigentümer von Schiffen, die bereits zur Passagierbeförderung im Geltungsbereiche dieser Verordnung zugelassen sind, können von der Polizeibehörde zur Anbringung zweckdienlicher Einrichtungen und Vorkehrungen, soweit sie nach der Bauart des Schiffes ausführbar sind, nach Maßgabe der Vorschriften der §§ 11 bis 16 angehalten werden.

VII. Revision

§ 31

Jedes Schiff unterliegt hinsichtlich der baulichen Beschaffenheit des Schiffskörpers, der Maschinen, der Kessel und der Ausrüstung der Aufsicht der Polizeibehörde. Diese ist befugt, sich jederzeit durch eine Besichtigung des Schiffes von dessen gutem Zustande zu überzeugen. Ergibt die Besichtigung Mängel, so ist die Polizeibehörde befugt, bis zu deren Abstellung das Schiff von der Benutzung zur Passagierbeförderung auszuschließen.

Regelmäßige Besichtigungen zur Feststellung des baulichen Zustandes des Schiffskörpers und der maschinellen Einrichtungen finden mindestens alle 2 Jahre, Besichtigungen der Maschinen während des Betriebes alljährlich statt.

Von der behördlichen Besichtigung des Schiffskörpers ist abzusehen, wenn eine weniger als zwei Jahre alte Bescheinigung des Germanischen Lloyd vorgelegt wird, nach welcher Mängel in der baulichen Beschaffenheit und Ausrüstung des Schiffes nicht vorhanden sind, und, sofern es sich um ein nach dem Inkrafttreten dieser Verordnung zur Passagierbeförderung zugelassenes Schiff handelt, dieses die erste Klasse der betreffenden Fahrt weiter besitzt.

Die Polizeibehörde kann auch eine entsprechende Bescheinigung anderer Klassifikationsgesellschaften als genügend anerkennen.

VIII. Strafbestimmungen

§ 32

Unternehmer, welche den Vorschriften der §§ 3, 7, 8 Abs. 1 und 2, §§ 11—20, 21 Abs. 2, §§ 22—26, 28—30 zuwiderhandeln, werden auf Grund des § 366 Ziffer 10 des Reichsstrafgesetzbuches mit Geldstrafe bis zu M 60 oder mit Haft bis zu vierzehn Tagen bestraft.

Die gleiche Strafe trifft diejenigen, welche der Vorschrift des § 9 Abs. 2, sowie die Schiffsführer, welche den Bestimmungen der §§ 6, 7, 8 Abs. 3, § 9 Abs. 1, §§ 10, 12 Abs. 2, § 21 Abs. 3, § 27 zuwiderhandeln.

Die Bestrafung auf Grund der §§ 6, 8 Abs. 3, § 9 Abs. 1, §§ 10, 27 ist durch die örtlich zuständige Polizeibehörde herbeizuführen. Die Strafverfolgung der Verstöße gegen die übrigen Strafvorschriften geschieht durch die Polizeibehörde des Heimathafens.

Die Polizeibehörden sind überdies befugt, Schiffe bis zur Erfüllung der in dieser Verordnung gegebenen Vorschriften von der Passagierbeförderung auszuschließen[1]).

IX. Schlußbestimmung

§ 33

Diese Verordnung tritt mit dem 1. Juni 1913 in Kraft.

Mit dem gleichen Zeitpunkt ist die Verordnung, betreffend Sicherung der Beförderung von Passagieren mit Dampfschiffen auf der Elbe, vom 20. April 1904 nebst den Abänderungen vom 11. Mai 1908 und vom 29. April 1910 aufgehoben.

3. Verordnung über den Befähigungsnachweis der Besatzung der auf der Elbe verkehrenden Passagierdampfer[2])[3])

vom 14. Oktober 1936 (HGVBl. S. 237)

§ 1

Schiffsführer und die diesen gleichgestellten Decksleute (§ 29 C der Verordnung) müssen entweder

1. im Besitz eines der folgenden Befähigungsnachweise sein:
   A 6 als Kapitän auf großer Fahrt
   A 5 „ Seesteuermann auf großer Fahrt

[1]) betr. Verstöße im Geltungsbereich des Hafengesetzes siehe § 67 Abs. 2 Hafengesetz, im übrigen siehe § 26 Abs. 2 des 1. Überleitungsgesetzes zum Landesgesetz über Ordnungswidrigkeiten vom 20. 12. 1954 (HGVBl. S. 155); Abs. 3 ist nicht anzuwenden.

[2]) im örtlichen Geltungsgebiet des Hafengesetzes vom 21. 12. 1954 (HGVBl. S. 169) gemäß § 67 Abs. 1 Ziff. 17 a. a. O.

[3]) in Ausführung des § 28 Abs. 1 der VO. betr. Sicherung der Beförderung von Passagieren mit Dampfschiffen auf der Elbe vom 9. 5. 1913 (ABl. S. 271).

A 4 als Kapitän auf kleiner Fahrt I
A 3 „ Kapitän auf kleiner Fahrt II
A 2 „ Seesteuermann auf kleiner Fahrt
B 5 „ Kapitän in großer Hochseefischerei
B 4 „ Seesteuermann in großer Hochseefischerei
B 3 „ Kapitän in kleiner Hochseefischerei
B 2 „ Seesteuermann in kleiner Hochseefischerei oder

2. im Besitz eines der nachstehend aufgeführten Befähigungsnachweise sein:

A 1 als Seeschiffer auf Küstenfahrt

B 1 „ Seeschiffer in kleiner Hochseefischerei

Elbschifferzeugnis zur Führung eines Schiffes mit eigener Triebkraft und eine mündliche Prüfung gemäß Absatz 3, zu der sie ohne weiteren Nachweis einer Fahrzeit zugelassen sind, bestanden haben oder

3. das 21. Lebensjahr vollendet haben und zwei Jahre als „befahrener Decksmann" (§ 29 B der Verordnung) auf Dampfschiffen und davon zwölf Monate auf der Unterelbe gefahren sein und durch eine mündliche Prüfung genügende Kenntnisse nachgewiesen haben:
   a) der Art der Befeuerung und Betonnung der Elbe unterhalb Hamburg bzw. Harburg bis zur Kugelbaake unterhalb Cuxhavens,
   b) der für das Geltungsgebiet der Verordnung vom 9. Mai 1913 erlassenen strom- und schiffahrtspolizeilichen Vorschriften,
   c) der einschlägigen Vorschriften der Seewasserstraßenordnung[1]) und der Seestraßenordnung,
   d) im Gebrauch des Kompasses und des Lotes.

§ 2

Als „befahrener Decksmann" (§ 29 der Verordnung) sind nur solche Personen anzusehen, die mindestens 24 Monate als Leute der Schiffsbesatzung auf See-, Küsten- oder Flußschiffen gefahren sind.

§ 3[2])

Der Nachweis der vorstehend gefordeten Kenntnisse ist durch Ablegung einer mündlichen Prüfung vor einem Prüfungsausschuß der Hafen- und Schiffahrtspolizei in Hamburg zu erbringen. Der Prüfungsausschuß besteht aus dem Kapitän der Hafen- und Schiffahrtspolizei oder seinem Vertreter als Vorsitzendem und drei Offizieren oder sonstigen Beamten der Hafen- und Schiffahrtspolizei.

---

1) = Seeschiffahrtsstraßen-Ordnung.

2) in dieser VO. Baupolizei = Amt für Arbeitsschutz, Polizei im übrigen = Wasserschutzpolizei.

§ 4

Der Antrag auf Zulassung zu dieser Prüfung ist an die Polizeibehörde zu richten. Dem Antrage ist der Nachweis über die geforderte Fahrzeit und ein von einer amtlichen Untersuchungsstelle ausgestelltes Zeugnis über Seh- und Farbenunterscheidungsvermögen beizufügen.

§ 5

Auf Grund der Bescheinigung des Prüfungsausschusses über die bestandene Prüfung wird die Polizeibehörde ein Befähigungszeugnis ausstellen.

§ 6

Als Maschinisten dürfen nur solche Personen verwendet werden, die sich entweder im Besitze eines Befähigungszeugnisses als Seedampfschiffsmaschinist oder eines von der Baupolizei ausgestellten Zeugnisses über die Befähigung als Flußdampfschiffsmaschinist befinden.

§ 7

Als „geprüfter Heizer" (§ 29 C der Verordnung) sind diejenigen Personen anzusehen, die das 21. Lebensjahr vollendet und eine zwölfmonatige Lehrzeit entweder ganz im Heizdienst vor Dampfkesseln oder doch drei Monate in diesem Heizdienste und neun Monate in einer Schlosserei, Maschinenfabrik oder Schmiede zurückgelegt haben und im Besitze eines von der Baupolizei ausgestellten Zeugnisses über die Befähigung als geprüfter Heizer sind.

Als „befahrener Heizer" (§ 29 B der Verordnung) sind diejenigen Personen anzusehen, die mindestens drei Monate Schiffskessel geheizt haben.

§ 8

Die Verordnung über den Befähigungsnachweis der Besatzung der auf der Elbe verkehrenden Passagierdampfer vom 20. März 1926 in der Fassung der Verordnungen vom 2. Juni 1926 und 5. September 1927 (HGVBl. 1926 S. 252 und 370, 1927 S. 428) wird aufgehoben.

4. Verordnung für die Bootsvermieter auf der Elbe und auf der Bille[1])

vom 17. Juli 1926 (HGVBl. S. 500)

1. Ein Fahrzeug darf nicht an eine größere Anzahl Personen vermietet werden, als für welche es zugelassen ist.
2. Kindern sowie Betrunkenen darf ein Fahrzeug nicht vermietet werden.

[1]) im örtlichen Geltungsgebiet des Hafengesetzes vom 21. 12. 1954 (HGVBl. I S. 169) gemäß § 67 Abs. 1 Ziff. 18 a. a. O.

3. Die Segelfahrzeuge müssen derart mit festeingebauten Luftkästen versehen sein, daß beim etwaigen Vollaufen der Fahrzeuge ein Untersinken derselben ausgeschlossen ist.

4. Die von der Polizeibehörde[1]) erteilte Nummer ist an beiden Außenseiten des Fahrzeuges vorne in mindestens 5 cm hohen Zahlen in weißer Schrift auf dunklem Untergrunde oder in dunkler Schrift auf hellem Untergrunde und die zulässige höchste Personenzahl vorne an der Innenseite sichtbar zu führen.

5. Die Bootsvermieter sind verpflichtet, die die Fahrzeuge mietenden Personen darauf hinzuweisen, daß

   a) den Dampfschiffen nach Möglichkeit auszuweichen ist,

   b) die Landungsanlagen möglichst frei zu lassen und jedenfalls, sobald ein Dampfschiff dortselbst anlegen will, frei zu geben sind,

   c) das Segeln und Rudern infolge der durch den Wechsel von Ebbe und Flut hervorgerufenen Strömungen mit Gefahren verknüpft ist,

   d) das Aufstehen und das Wechseln der Plätze, namentlich in den Ruderbooten, die sich in Fahrt oder auf freiem Wasser befinden, mit Gefahren verbunden ist.

6. Diese Verordnung ist an den Bootsvermietungsstationen, für jedermann sichtbar, zum Aushang zu bringen.

7. Zuwiderhandlungen gegen diese Verordnung werden mit Geldstrafen bis zu 150 RM oder mit Haft bis zu 14 Tagen bestraft[2]).

8. Diese Verordnung tritt am 1. August 1926 in Kraft. Mit gleichem Zeitpunkte wird das Reglement für die Bootsvermieter auf der Elbe und auf der Bille vom 18. September 1900 (ABl. S. 912) aufgehoben.

5. Wasserschauordnung (Polizeiverordnung)

vom 21. September 1948 in der Fassung der Verordnungen vom 21. 8. 1951 und 7. 10. 1952 (HGVBl. 1948 S. 109, 1951 S. 141, 1952 S. 199)

§ 1

Zweck

(1) Die Wasserschauordnung regelt die Schau und Unterhaltung der Wasserläufe im Gebiet der Hansestadt Hamburg. Die Baubehörde stellt das Verzeichnis dieser Wasserläufe auf und gibt es im Amtlichen Anzeiger bekannt.

---

[1]) = Wasserschutzpolizei Hamburg.

[2]) betr. Verstöße gegen diese VO. im Geltungsbereich des Hafengesetzes siehe § 67 Abs. 2 a. a. O., im übrigen siehe § 26 Abs. 2 des 1. Überleitungsgesetzes zum Landesgesetz über Ordnungswidrigkeiten vom 20. 12. 1954 (HGVBl. S. 155).

(2) Die Wasserschauordnung gilt nicht für die Wasserläufe, für die die Wasser- und Bodenverbände zuständig sind.

§ 4

Aufgabe der Schauämter

Die Schauämter haben die Wasserläufe nach Bedarf, mindestens aber einmal jährlich, zu schauen und festzustellen, ob die Vorflut gesichert ist, ob die Wasserläufe entsprechend der Unterhaltungsordnung (§ 8 Absatz 3) instand gehalten werden und ob das Wasser durch häusliche, gewerbliche oder industrielle Abwässer oder sonst unzulässig verunreinigt wird.

Anlage (Unterhaltungsordnung)

§ 1

Umfang der Unterhaltungspflicht

Die Unterhaltungspflicht umfaßt die Erhaltung der Vorflut und die Unterhaltung der Ufer des Wasserlaufs. Ist der Wasserlauf nach einem behördlich festgestellten Plan ausgebaut, so erstreckt sich die Unterhaltung auf die Erhaltung des Zustandes, in den der Wasserlauf durch den Ausbau versetzt ist.

6. Ausführungsbestimmungen zur Reichsverordnung über Elbschifferzeugnisse

vom 10. April 1933 in der Fassung der Änderungsbekanntmachung vom 2. Juli 1936 (HGVBl. 1933 S. 91, 1936 S. 132)

[Diese Bestimmungen befassen sich sehr detailliert mit der Durchführung der Elbschifferprüfung.]

V. Hafen- und Binnenschiffsverkehr

A. HAFENVERKEHR

1. Verordnung, betreffend Anmeldung und Bezeichnung der Küsten- und Elbfischerfahrzeuge[1])

vom 25. Januar 1901 in der Fassung der Verordnungen vom 16. März 1938 und 17. Oktober 1938 (ABl. 1901 S. 63, HGVBl. 1938 S. 65, HVBl. 1938 S. 203)

§ 1

Für die im Hamburgischen Staatsgebiet beheimatheten, zum gewerbsmäßigen Betriebe der Fischerei auf der Elbe vom Zollenspieker abwärts oder an der Küste bestimmten und hierzu verwendeten Fahrzeuge ist bei der Deputation für Handel und Schiffahrt[2]) eine Liste zu führen.

Die Liste ist öffentlich und kann während der Geschäftsstunden von Jedermann eingesehen werden.

§ 2

Jedes Fahrzeug der im § 1 bezeichneten Art ist zur Eintragung in die Liste anzumelden. Die Registrirung des Fahrzeuges als Kauffahrteischiff oder als Flußschiff befreit nicht von dieser Anmeldung, wohl aber die Registrirung als Hochseefischer-Fahrzeug.

§ 3

Die Verpflichtung zur Anmeldung liegt dem Eigenthümer des Fahrzeuges ob.

§ 4

Die Anmeldung hat zu erfolgen:

1) bezüglich der beim Erlaß dieser Verordnung schon im Betriebe befindlichen Fahrzeuge bis zum 1. April 1901;
2) bezüglich der künftig hinzukommenden Fahrzeuge vor der Inbetriebnahme derselben.

§ 5

Die Anmeldung muß enthalten:

1) die Gattung und das Material, sowie eventuell den Namen und die sonstigen Merkzeichen des Fahrzeuges;

---

[1]) im örtlichen Geltungsgebiet des Hafengesetzes vom 21. 12. 1954 (HGVBl. I S. 169) gemäß § 67 Abs. 1 Ziff. 15 a. a. O.

[2]) = Behörde für Wirtschaft und Verkehr (Fischereiamt).

2) den Namen und die nähere Bezeichnung des Eigenthümers;
3) den Wohnort des Eigenthümers.

§ 6

(ist aufgehoben)[1])

§ 7

Jedes Fahrzeug wird in die Liste unter einer besonderen Ordnungsnummer eingetragen.

Die Eintragung hat zu enthalten die im § 5 bezeichneten Angaben, den Tag der Eintragung und die dem Fahrzeuge ertheilten Unterscheidungszeichen.

Über die Eintragung wird eine Bescheinigung in der Form eines Auszuges aus der Liste ertheilt, welche während des Betriebes der Fischerei stets an Bord zu führen und den Aufsichts- und Polizeibeamten auf Erfordern vorzulegen ist.

(Abs. 4 ist aufgehoben.)

§ 8

Die in die Liste eingetragenen Fahrzeuge sind in der im § 9 näher bezeichneten Weise durch Anbringung der Unterscheidungsbuchstaben HB K und der dem Fahrzeuge ertheilten Nummer sowie der Bezeichnung des Wohnortes des Eigenthümers kenntlich zu machen.

§ 9

Die Unterscheidungsbuchstaben HB K und die Nummer müssen auf jeder Seite am Bug des Schiffes und auf jeder Seite des Hauptsegels, die Bezeichnung des Wohnortes des Eigenthümers am Heck geführt werden. Zahlen und Buchstaben müssen mit Ölfarbe, und zwar am Schiffskörper stets weiß auf schwarzem Grunde, auf weißen und grauen Segeln schwarz, auf rothen und dunkeln Segeln weiß hergestellt werden.

An den Fahrzeugen müssen die Unterscheidungszeichen nahe unter dem oberen Schiffsrande und stets unmittelbar auf dem Schiffskörper angebracht sein und dürfen nicht verdeckt werden.

Auf den Segeln müssen die Unterscheidungszeichen oberhalb des obersten Reffs, gleich weit von beiden Seiten entfernt, angebracht werden.

Die Unterscheidungsbuchstaben sind in lateinischer, die Zahlen in arabischer Schrift anzubringen und müssen am Bug mindestens 8 cm hoch,

---

[1]) § 4 der VO. über die Bezeichnung von Fischereifahrzeugen vom 16. 3. 1938 (HGV Bl. S. 65) besagt, daß die VO. vom 25. 1. 1901 unter Aufhebung ihres § 6 auf das Gebiet der Hansestadt Hamburg ausgedehnt werde und die Küsten- und Elbfischerfahrzeuge bei der Hafenverwaltung anzumelden seien.

an den Segeln mindestens 12 cm hoch sein. Die Buchstaben am Heck müssen mindestens 6 cm hoch sein.

In einzelnen Fällen können wegen der Beschaffenheit des Fahrzeuges von der Registerbehörde Abweichungen in der Anbringung der Unterscheidungszeichen oder Abkürzungen der Wohnortsbezeichnung gestattet werden, worüber ein Vermerk in die Eintragungs-Bescheinigung — § 7 — aufzunehmen ist.

§ 10

Alle Veränderungen der in die Liste eingetragenen Thatsachen müssen von dem Eigenthümer des Fahrzeuges innerhalb einer Frist von 6 Wochen nach dem Eintritt der Veränderung angemeldet werden. Besteht die Veränderung in dem Wechsel des Eigenthums, so liegt die Verpflichtung zur Anmeldung dem neuen Eigenthümer ob.

§ 11

Wenn das eingetragene Fahrzeug untergeht oder nicht mehr zur Fischerei benutzt wird, oder wenn der Eigenthümer seinen Wohnsitz aus dem Hamburgischen Gebiet verlegt, ist die Löschung des Fahrzeuges in der Liste bei der Schiffsregisterbehörde unter Rücklieferung der Eintragungs-Bescheinigung — § 7 — zu beantragen. Über die erfolgte Löschung wird eine Bescheinigung ertheilt. Die Löschung und die Ertheilung der Bescheinigung erfolgen kostenfrei.

§ 12

Zuwiderhandlungen gegen die Vorschriften dieser Verordnung werden mit Geldstrafe bis zu M 36 bestraft[1]).

2. Verordnung über Anmeldung und Bezeichnung kleiner Fluß- und Hafenfahrzeuge[2])

vom 23. Dezember 1935 in der Fassung der Verordnungen vom 21. Juni 1940 und 26. Juni 1956 (HGVBl. 1935 S. 271, HVBl. 1940 S. 97, HGVBl. 1956 S. 117)

§ 1

(1) Die in der Hansestadt Hamburg beheimateten und zur Schiffahrt benutzten Fluß- und Hafenfahrzeuge, die nicht ins Schiffsregister einzutragen sind, müssen in eine von der Hafenverwaltung[3]) in Hamburg geführte Liste kleiner Fluß- und Hafenfahrzeuge eingetragen werden.

---

[1]) jetzt § 26 Abs. 2 des 1. Überleitungsgesetzes zum Landesgesetz über Ordnungswidrigkeiten vom 20. 12. 1954 (HGVBl. S. 155) maßgebend.

[2]) im örtlichen Geltungsgebiet des Hafengesetzes vom 21. 12. 1954 (HGVBl. I S. 169) gemäß § 67 Abs. 1 Ziff. 21 a. a. O.

[3]) = Behörde für Wirtschaft und Verkehr (Oberhafenamt), auch im folgenden.

(2) Ausgenommen sind:

a) Fischerfahrzeuge, die in die Liste der Küsten- und Elbfischerfahrzeuge auf Grund der Verordnung, betreffend Anmeldung und Bezeichnung der Küsten- und Elbfischerfahrzeuge, vom 25. Januar 1901 in der Fassung des § 4 der Verordnung über die Bezeichnung von Fischereifahrzeugen vom 16. März 1938 (HGVBl. S. 65) einzutragen sind,

b) nicht zum Erwerb dienende Fahrzeuge (Lustfahrzeuge),

c) Beiboote von See- und Flußschiffen, die nicht einem gesonderten Erwerb dienen.

§ 2

(1) Die Fahrzeuge sind vom Eigentümer anzumelden, bevor sie in Benutzung genommen werden.

(2) Die Anmeldung ist an die Hafenverwaltung in Hamburg zu richten[1]).

§ 3

(1) Die Anmeldung muß enthalten

a) Gattung und Baustoff sowie die Merkzeichen, insbesondere den etwa vorhandenen Namen des Fahrzeugs,

b) Namen, Beruf und Anschrift des Eigentümers,

c) die Art der Maschine, falls sich eine solche im Fahrzeug befindet.

(2) Die Angaben zu Absatz (1) a bis c sind auf Erfordern glaubhaft zu machen.

§ 4

Die zur Eintragung angemeldeten Fahrzeuge sind durch Anbringung eines Schildes mit der dem Fahrzeug erteilten Nummer und dem hamburgischen Wappen an einer in die Augen fallenden Stelle zu bezeichnen. Das Schiffsvermessungsamt liefert das Schild zum Bezugspreise, übernimmt die Anbringung am Fahrzeug gegen Erstattung der Selbstkosten und teilt der Hafenverwaltung die erfolgte Bezeichnung mit. Die Eigentümer sind verpflichtet, ihre Fahrzeuge dem Schiffsvermessungsamt zur Anbringung des Schildes auf Erfordern zur Verfügung zu stellen.

§ 5

(1) Jedes Fahrzeug wird in die Liste unter einer besonderen Ordnungsnummer eingetragen, sobald es nach § 2 angemeldet und die Bezeichnung nach § 4 nachgewiesen ist.

---

[1]) Fahrzeuge, die bei Ergehen der Verordnung v. 21. 6. 1940 in den ehemals preußischen Gebietsteilen der Hansestadt Hamburg gehalten wurden, waren innerhalb eines Monats nach ihrer Verkündung zur Eintragung anzumelden; die Eintragung geschah bei rechtzeitiger Meldung gebührenfrei (§ 2 a. a. O.).

(2) Die Eintragung enthält die im § 3 Absatz (1) a bis c bezeichneten Angaben, den Tag der Eintragung und die dem Fahrzeug erteilte Nummer.

(3) Über die Eintragung wird auf Antrag eine Bescheinigung in der Form eines Auszugs aus der Liste erteilt.

(4) Die Liste ist öffentlich und kann während der Geschäftsstunden von jedermann eingesehen werden.

§ 6

(1) Alle Veränderungen der in die Liste eingetragenen Tatsachen sind von dem Eigentümer des Fahrzeugs innerhalb einer Frist von sechs Wochen nach dem Eintritt der Veränderung anzumelden und auf Erfordern glaubhaft zu machen.

(2) Besteht die Veränderung in dem Wechsel des Eigentums, so hat auch der neue Eigentümer die Verpflichtung zur Anmeldung.

(3) Der Auszug aus der Liste ist bei jeder Anmeldung einer Veränderung mit einzureichen oder sein Verlust glaubhaft zu machen.

§ 7

(1) Wenn die Eintragungspflicht (§ 1) fortfällt, was auf Erfordern glaubhaft zu machen ist, so ist die Löschung des Fahrzeugs zur Liste anzumelden. Der Auszug aus der Liste ist gleichzeitig zurückzugeben oder sein Verlust glaubhaft zu machen.

(2) Auf Wunsch wird über die Löschung eine Bescheinigung erteilt.

§ 8

Für Amtshandlungen nach dieser Verordnung werden ausschließlich folgende Gebühren erhoben:

1. Für die Zuteilung der Nummer des Fahrzeuges (§§ 4 und 5)		
a) bei einem Wert des Fahrzeuges	bis zu 10000,— DM =	6,— DM
b) bei einem Wert des Fahrzeuges von 10001,— DM bis	20000,— DM =	7,50 DM
c) bei einem Wert des Fahrzeuges von 20001,— DM bis	30000,— DM =	10,— DM
d) bei einem Wert des Fahrzeuges	über 30000,— DM =	12,50 DM
2. Für die Erteilung einer Zweitschrift des Auszuges aus der Liste		2,— DM

§ 9

Zuwiderhandlungen gegen diese Verordnung werden mit Geldstrafe bis zu 150 RM bestraft[1]).

[1]) betr. Verstöße gegen diese VO. im Geltungsbereich des Hafengesetzes siehe § 67 Abs. 2 a. a. O., im übrigen siehe § 26 Abs. 2 des 1. Überleitungsgesetzes zum Landesgesetz über Ordnungswidrigkeiten vom 20. 12. 1954 (HGVBl. S. 155).

§ 10

(1) Diese Verordnung tritt am 1. Januar 1936 in Kraft.

(2) Die Verordnung betreffend Anmeldung und Bezeichnung kleiner Fluß- und Hafenfahrzeuge vom 18. Oktober 1907 mit den Änderungen vom 28. November 1921 und 8. Juli 1925 (ABl. 1907, S. 611, HGVBl. 1921, S. 658 und 1925, S. 355) wird aufgehoben.

3. Polizeiverordnung über den Befähigungsnachweis der Führer von Dampf- und Motorfahrzeugen im Hafen Hamburg

vom 30. Dezember 1937 (HGVBl. 1938 S. 5)
in Verbindung mit Hafengesetz vom 21. Dezember 1954 (HGVBl. I S. 169)

§ 1

(1) Dampf- und Motorfahrzeuge dürfen im Hafen Hamburg[1]) nur verkehren, wenn sie eine für die Führung des Schiffes verantwortliche Persönlichkeit an Bord haben, welche Inhaber eines im folgenden näher erläuterten Befähigungsnachweises ist oder die in Absatz 3 aufgestellten Bedingungen erfüllt hat.

(2) Als Befähigungsnachweis wird anerkannt:

A. Für Führer von Binnenschiffen im Verkehr mit der Ober- und Unterelbe folgende Befähigungsnachweise:

a) A 6 als Kapitän auf großer Fahrt,
b) A 5 als Seesteuermann auf großer Fahrt,
c) A 4 als Kapitän auf kleiner Fahrt I,
d) A 3 als Kapitän auf kleiner Fahrt II,
e) A 2 als Seesteuermann auf kleiner Fahrt
f) A 1 als Seeschiffer auf Küstenfahrt,
g) B 5 als Kapitän in großer Hochseefischerei,
h) B 4 als Seesteuermann in großer Hochseefischerei,
i) B 3 als Kapitän in kleiner Hochseefischerei,
k) B 2 als Seesteuermann in kleiner Hochseefischerei,
l) B 1 als Seeschiffer in kleiner Hochseefischerei,
m) der Befähigungsnachweis zum Führer eines auf der Elbe verkehrenden Passagierdampfers,
n) das Elbschifferzeugnis zur Führung eines Schiffes mit eigener Triebkraft.

B. Für die Führer von Hafenfahrzeugen (§ 4 Abs. 2 der Hafenordnung für den Hafen Hamburg) die in Ziffer A a) bis m) angeführten Befähigungsnachweise sowie das Elbschifferzeugnis zur

[1]) siehe §§ 66, 67 Abs. 1 Hafengesetz, welches Wort in dieser VO. anstelle von „Hafenordnung" zu setzen ist.

Führung eines Schiffes mit eigener Triebkraft (Ziffer A n), dieses jedoch nur in Verbindung mit dem Nachweis genügender Kenntnisse:

a) über die Vorschriften der Seestraßenordnung und der Seewasserstraßenordnung[1]), soweit diese im Hafen Hamburg gelten,

b) über die für den Hafen Hamburg erlassenen schiffahrtspolizeilichen Vorschriften (insbesondere die Hafenordnung, die Hafenpolizeiordnung, die Verordnung über entgeltliche Personenbeförderung und über Sicherung der Personen- und Güterbeförderung im Hamburger Hafen).

(3) Berechtigt zur Führung eines Dampf- oder Motorfahrzeuges im Hamburger Hafen ist außer den Inhabern der in Absatz 2 bezeichneten Befähigungsnachweise, wer das 21. Lebensjahr vollendet hat, nach Vollendung des 16. Lebensjahres zwei Jahre als Decksmann auf Dampfern oder Motorbarkassen (davon mindestens ein Jahr im Hamburger Hafenverkehr) gefahren ist und durch eine mündliche Prüfung die im Absatz 2 B a) und b) geforderten Kenntnisse nachgewiesen hat.

§ 2

(1) Der Nachweis der in § 1 Abs. 2 B und Abs. 3 geforderten Kenntnisse über im Hafen Hamburg geltende Vorschriften wird durch Ablegung einer mündlichen Prüfung vor einem Prüfungsausschuß der Wasserschutzpolizei in Hamburg erbracht. Der Prüfungsausschuß besteht aus dem Kommandeur der Wasserschutzpolizei oder seinem Vertreter als Vorsitzenden und drei Offizieren oder sonstigen Beamten der Wasserschutzpolizei.

(2) Inhaber des Elbschifferzeugnisses zur Führung eines Schiffes mit eigener Triebkraft, die die Elbschifferprüfung auf Grund der Ausführungsbestimmungen der Behörde für Handel, Schiffahrt und Gewerbe zur Reichsverordnung über Elbschifferzeugnisse vom 10. April 1933 (HGVBl. S. 91) bestanden haben, sind von der in Absatz 1 vorgesehenen Prüfung befreit.

§ 3

Der Antrag auf Zulassung dieser Prüfung ist an den Polizeipräsidenten[2]) zu richten. Dem Antrage ist der Nachweis über die geforderte Fahrzeit, die Geburtsurkunde und ein von einer amtlichen Untersuchungsstelle oder einem Amtsarzt ausgestelltes Zeugnis über Seh-, Farbenunterscheidungs- und Hörvermögen beizufügen.

---

[1]) jetzt: Seeschiffahrtstraßen-Ordnung.

[2]) im folgenden Polizeipräsident = Wasserschutzpolizei.

§ 4

Auf Grund der Bescheinigung des Prüfungsausschusses über die bestandene Prüfung wird von dem Polizeipräsidenten ein Befähigungszeugnis ausgestellt.

§ 5

Das Befähigungszeugnis oder eine amtliche Bescheinigung hierüber hat der Schiffsführer im Betriebe bei sich zu führen.

§ 6

Der Polizeipräsident ist befugt, das von ihm ausgestellte Befähigungszeugnis wieder zu entziehen, wenn Tatsachen vorliegen, welche die Unzuverlässigkeit des Schiffsführers im allgemeinen oder seine Unfähigkeit in bezug auf das Führen des Fahrzeuges dartun.

§ 7

Die Führer von Motorfahrzeugen ohne Maschinisten haben außerdem die Befähigung zur Handhabung und Bedienung des Motors nachzuweisen und eine amtliche Bescheinigung hierüber im Betriebe bei sich zu führen.

§ 8

In besonderen Fällen kann der Polizeipräsident Ausnahmen von den Vorschriften dieser Verordnung zulassen.

§ 9

Zuwiderhandlungen werden mit Geldstrafe bis zu 150 RM oder entsprechender Haft bestraft[1]).

§ 10

Diese Verordnung wird nicht angewendet auf Seeschiffe, auf Fahrzeuge, die der Verordnung, betreffend Sicherung der Beförderung von Passagieren mit Dampfschiffen auf der Elbe, vom 9. Mai 1913 (ABl. S. 271) unterliegen, und auf Lustfahrzeuge.

§ 11

Die Verordnung über den Befähigungsnachweis der Führer von Dampf- und Motorfahrzeugen im Hamburger Hafen vom 5. November 1928 in der Fassung vom 26. Februar 1931 und 14. Oktober 1936 (HGVBl. 1928 S. 455, 1931 S. 40 und 1936 S. 239) wird aufgehoben.

---

[1]) siehe § 67 Abs. 2 Hafengesetz (Ahndung von Verstößen als Ordnungswidrigkeiten).

4. Verordnung über entgeltliche Personenbeförderung im Hamburger Hafen

vom 29. März 1928 (HGVBl. S. 109)
in Verbindung mit Hafengesetz vom 21. Dezember 1954 (HGVBl. I S. 169)

§ 1

Wer im Hafen (§ 1 des Hafengesetzes vom 2. Juni 1897 in der Fassung vom 23. Dezember 1912 und 13. Oktober 1919)[1]) Personen mit Fahrzeugen gegen Entgelt befördern will, bedarf hierzu der Erlaubnis der Polizeibehörde[2]). Als entgeltliche Personenbeförderung im Sinne dieser Verordnung gilt auch die Überlassung von Fahrzeugen an Dritte zum Zwecke der Personenbeförderung gegen Entgelt.

Die entgeltliche Veranstaltung von Hafenrundfahrten bedarf einer besonderen Erlaubnis der Polizeibehörde[2]), die für jedes Fahrzeug auf je ein Kalenderjahr widerruflich erteilt wird.

§ 2

Über die Erteilung einer jeden der in § 1 genannten Erlaubnisse wird von der Polizeibehörde[2]) eine Bescheinigung erteilt.

Die Bescheinigung ist gebührenpflichtig.

§ 3

Die Erlaubnis kann versagt werden:

a) wenn kein Bedürfnis vorhanden ist;

b) wenn das Fahrzeug den von der Polizeibehörde[2]) erlassenen Vorschriften über Bauart, Vermessung, Ausrüstung und Bemannung nicht entspricht;

c) wenn Tatsachen vorliegen, welche die Unzuverlässigkeit oder Unfähigkeit des Nachsuchenden für den beabsichtigten Gewerbebetrieb dartun.

Die Erlaubnis kann von der Polizeibehörde[2]) wieder entzogen werden, wenn eine der unter b und c genannten Voraussetzungen nachträglich eintritt, insbesondere wenn der Unternehmer den für die Ausübung des Gewerbes erlassenen Vorschriften zuwiderhandelt.

§ 4

Die Abfahrtzeiten und Fahrtwege der zu regelmäßigen Fahrten benutzten Fahrzeuge sowie die Fahrpreise der Hafenrundfahrtdampfer und der Barkassen unterliegen der Festsetzung der Polizeibehörde[3]).

---

[1]) siehe §§ 66, 67 Abs. 1 Hafengesetz.

[2]) = Wasserschutzpolizei.

[3]) wenn auch Polizeibehörde als solche heute die Wasserschutzpolizei Hamburg ist, so ist doch für die Festsetzung der Fahrpreise der Frachtenausschuß für den Hafen zuständig.

§ 5

Die Barkassenführer sind zur Übernahme jeder von ihnen verlangten Fahrt im Hafen verpflichtet.

§ 6

Mehr Personen, als durch die amtliche Vermessung festgesetzt ist, dürfen nicht an Bord genommen werden.

Betrunkene sowie solche Personen, die mit ekelerregenden oder ansteckenden Krankheiten behaftet sind, braucht der Unternehmer nicht zu befördern.

§ 7

Die Personalien der auf den Fahrzeugen bediensteten Fremdenführer sind vor ihrer Anstellung der Polizeibehörde[1]) mitzuteilen. Eine von der Polizeibehörde[1]) beanstandete Person darf als Fremdenführer nicht verwendet werden.

§ 8

Verboten ist:

a) der Verkauf von Gegenständen jeder Art auf den Fahrzeugen ohne Erlaubnis der Polizeibehörde[1]);

b) der Verkauf von Fahrkarten sowie das Anwerben von Fahrgästen auf öffentlichen Straßen und Plätzen;

c) jeder Anreiz der Fahrgäste zur Hergabe sowie die Annahme von Trinkgeldern.

§ 9

Zuwiderhandlungen gegen die Vorschriften dieser Verordnung werden, soweit nicht nach den allgemeinen Strafgesetzen eine höhere Strafe verwirkt ist, mit Geldstrafe bis zu 150 RM oder mit Haft bis zu 14 Tagen bestraft[2]).

Die Polizeiverordnung für den Betrieb von Hafenrundfahrten vom 24. Februar 1914 (ABl. S. 127) und die Verordnung über entgeltliche Personenbeförderung mit Barkassen im Hamburger Hafen vom 25. Juni 1923 (HGVBl. S. 557) in der Fassung vom 23. Dezember 1924 (HGVBl. S. 974) und vom 26. Mai 1925 (HGVBl. S. 281), die Jollenführerordnung vom 1. März 1906 (ABl. S. 170) sowie die Polizeiverordnung vom 29. Juli 1908 (ABl. S. 441) werden aufgehoben.

---

[1]) hier = Behörde für Wirtschaft und Verkehr.

[2]) siehe § 67 Abs. 2 Hafengesetz (Ahndung von Verstößen als Ordnungswidrigkeit).

5. Ausführungsbestimmungen zur Verordnung über entgeltliche Personenbeförderung im Hamburger Hafen

vom 29. März 1928 (HGVBl. S. 110)
in Verbindung mit Hafengesetz vom 21. Dezember 1954 (HGVBl. I S. 169)

A. Allgemeines

§ 1

Die Fahrzeuge mit ihren Ausrüstungsgegenständen müssen stets in betriebssicherer Beschaffenheit gehalten werden. Mindestens alljährlich werden sie einer behördlichen Besichtigung unterzogen.

Regelmäßige Besichtigungen zur Feststellung des baulichen Zustandes des Schiffskörpers und der maschinellen Einrichtungen finden mindestens alle 2 Jahre, Besichtigungen der Maschine während des Betriebes alljährlich auf Kosten des Unternehmers statt.

Ergibt die Besichtigung Mängel, so ist die Polizeibehörde[1]) befugt, bis zu deren Abstellung das Fahrzeug von der Benutzung zur entgeltlichen Personenbeförderung auszuschließen.

Die Besichtigungen sind nach dem gesetzlichen Schragen gebührenpflichtig.

Von der behördlichen Besichtigung des Schiffskörpers kann abgesehen werden, wenn eine weniger als 2 Jahre alte Bescheinigung einer anerkannten Klassifikationsgesellschaft, bei welcher das Fahrzeug klassifiziert ist, vorgelegt wird, nach der Mängel an der baulichen Beschaffenheit und Ausrüstung des Schiffes nicht vorhanden sind.

§ 2

Kinder gelten als Fahrgäste, wenn sie nicht auf dem Arm getragen werden.

Wird der zur Unterbringung von Fahrgästen bestimmte Raum teilweise zur Unterbringung von Vieh und Ladung benutzt, so ist auf Dampfern und Motorschiffen für je 0,50, auf Barkassen für je 0,60 qm beanspruchten Raumes die Zahl der mitzunehmenden Fahrgäste um einen zu vermindern.

§ 3

Lebendes Vieh sowie Fracht- und Reisegut ist während der Fahrt so unterzubringen, daß dadurch die Fahrgäste nicht gefährdet oder belästigt werden können.

§ 4

Jedes Fahrzeug — mit Ausnahme der Hafenverkehrsdampfer — muß mit einem Abort versehen sein, bei einer Vermessung von mehr als 200 Fahrgästen ist für jede 200 Personen ein weiterer Abort einzurichten.

[1]) = Wasserschutzpolizei, auch im folgenden.

§ 5

Die den Barkassenführern angewiesenenen Liegeplätze sind einzuhalten.

§ 6

Ein Abdruck der Verordnung über entgeltliche Personenbeförderung im Hamburger Hafen sowie der Ausführungsbestimmungen ist an Bord mitzuführen.

B. Dampfer

(Hafenverkehrs- und -rundfahrtdampfer)

I. Bauvorschriften

§ 7

Jedes Fahrzeug unterliegt hinsichtlich der baulichen Beschaffenheit des Schiffskörpers, der Maschinen, der Kessel und der Ausrüstung der Aufsicht der Polizeibehörde.

§ 8

Die für die Benutzung der Fahrgäste bestimmten Decks müssen mit einer starken Einfriedigung von mindestens 85 cm Höhe, von der Oberkante des Decks aus gemessen, versehen sein. Besteht die Einfriedigung aus Stützen, welche bis auf das Deck hinunterreichen und untereinander durch Stangen oder Ketten verbunden sind, so darf die Entfernung der Stützen voneinander 1 m nicht überschreiten, und müssen diese mit Verbindungsstangen oder Ketten versehen sein, deren Abstand voneinander 30 cm nicht übersteigen darf.

Eingänge zu den Ladungs-, Maschinen- und Kesselräumen und Oberlichter müssen sicher eingefriedigt oder in anderer Weise so eingerichtet sein, daß niemand hineinfallen kann.

Die Kajüten müssen mit einer genügenden Anzahl von Eingängen und Treppen von mindestens 80 cm Breite versehen sein.

Falls nur ein Eingang oder nur eine Treppe zu einem Kajütenraum vorhanden ist, muß die Breite mindestens 1 m betragen.

Sämtliche Treppen müssen mit festem Geländer zu beiden Seiten versehen sein.

Alle unter Deck liegenden Seitenfenster sind so hoch wie möglich anzubringen. Die Verschraubungen der Fenster und der Verschlußkappen sind so einzurichten, daß sie nicht ohne Schraubenschlüssel zu öffnen sind.

§ 9

Die unter diese Verordnung fallenden Schiffe müssen in bezug auf Bauart, Festigkeit und Ausführung den anerkannten Regeln der Schiffbautechnik entsprechen. Als solche gelten die Bauvorschriften des Germanischen Lloyd für die höchste Klasse der Wattfahrt mit Eisverstärkung mit der Maßgabe, daß der Spantabstand im Vorschiff auf eine Länge, die der größten Breite des Schiffes entspricht, vom Vorsteven an gerechnet, nicht über 300 mm betragen darf und die Außenhaut im Bereich der ganzen Wasserlinie, und zwar 500 mm darunter und darüber, um 1 mm zu verstärken ist. Ebenso ist die Außenhaut zwischen Kiel und Wasserlinie im Bereich der vorgeschriebenen Eisverstärkung um 1 mm zu verstärken.

Diese Bestimmungen gelten als Mindestanforderungen.

§ 10

Die Fahrzeuge müssen mit zwei Wallschienen von genügender Stärke versehen sein.

Gedeckte Fahrzeuge bis zu 12 m Länge müssen mindestens 2, bis 25 m Länge mindestens 3, bis 40 m Länge mindestens 4, bis 60 m Länge mindestens 5 und bei einer Länge von mehr als 60 m mindestens 6 wasserdichte Schotten haben, die vom Boden bis zum Hauptdeck reichen. Die Schotten dürfen keine Öffnungen haben. Sämtliche Rohrleitungen sind wasserdicht durch die Schotten hindurchzuführen, Öffnungen für den Bilgenwasserlauf sind nicht gestattet.

§ 11

Die Maschinenanlage muß zuverlässig arbeiten und gut manövrierfähig sein. Der Nachweis ist auf einer Probefahrt des Schiffes zu führen.

Der Polizeibehörde sind vor der Zulassung die erforderlichen Zeichnungen und Beschreibungen zur Genehmigung einzureichen. Das Material der hauptsächlichsten Maschinenteile ist zu prüfen. Die Zylinder sind einer Wasserdruckprobe zu unterziehen. Die erforderlichen Prüfungen sind durch Beamte des Aufsichtsamtes für Dampfkessel und Maschinen[1]) vorzunehmen.

Für die Speisung der Kessel müssen zwei durch Dampf getriebene Vorrichtungen vorhanden sein; für die Lenzhaltung des Schiffes genügt eine solche Vorrichtung, welche jedoch nicht von der Betriebsmaschine abhängig sein darf.

§ 12

Die Steuervorrichtung muß so angebracht sein, daß die sie bedienende Person einen freien Rundblick hat.

Das Steuergeschirr muß so angelegt sein, daß niemand dadurch beschädigt oder verletzt werden kann.

Zur Übermittelung von Signalen in die Maschine muß von dem Steuerstand aus ein Maschinentelegraph und ein Sprachrohr nach dem Maschinenraum führen.

---

[1]) = Amt für Arbeitsschutz, auch im folgenden.

II. Vermessung

§ 13

Die Vermessung der Fahrzeuge erfolgt durch die Schiffsvermessungsbehörde, bei welcher der Antrag auf Vermessung schriftlich zu stellen ist, und zwar vorbehaltlich jederzeitigen Widerrufs nach folgenden Grundsätzen:

Für die Bestimmung der Personenzahl wird die Fläche des Hauptdecks und der darüberliegenden Decks, soweit sie der Unterbringung von Fahrgästen dienen, jedoch nicht die der unter dem Hauptdeck liegenden Decks in Quadratmetern ermittelt. Von den so berechneten Decksflächen werden die Aufbauten und sonstigen auf Deck angebrachten Gegenstände abgezogen, soweit diese nicht als Sitzplätze dienen können. Die so in Quadratmetern ermittelte gesamte Decksfläche wird durch 0,45 geteilt; diese Zahl, vermehrt um 20%, ergibt die höchste zulässige Zahl der zu befördernden Fahrgäste.

Fahrzeuge, deren Stabilitätseigenschaften zu Bedenken Anlaß geben, sind von der Schiffsvermessungsbehörde einer Stabilitätsprüfung zu unterziehen. Die Eigentümer sind hierbei zur Hilfeleistung verpflichtet. Das Ergebnis der Prüfung ist der Polizeibehörde mitzuteilen.

§ 14

Die mit der Vermessung beauftragte Behörde erteilt über das Ergebnis der Vermessung eine Bescheinigung. Abschrift ist der Polizeibehörde zu übersenden.

Die durch diese Bescheinigung bestimmte Anzahl von Fahrgästen muß auf einer den Schiffsnamen enthaltenden Tafel in deutlichen, unverwischbaren mindestens 5 cm hohen Buchstaben und Zahlen an einer in die Augen fallenden Stelle an Bord des Fahrzeuges angebracht werden.

§ 15

Werden auf einem Fahrzeuge Änderungen vorgenommen, welche das Vermessungsergebnis beeinflussen, so ist eine Neuvermessung zu beantragen.

III. Ausrüstung

§ 16

Jedes Fahrzeug muß mindestens 2 Rettungsringe, von denen der eine an bzw. in der Nähe des Hecks, der andere in erreichbarer Nähe des Steuermanns sich befinden muß, und geeignete Rettungsvorrichtungen (Schwimmwesten, schwimmfähig gemachtes Decksinventar usw.) für mindestens die Hälfte — auf Hafenrundfahrtdampfern für jeden — der auf Grund der amtlichen Vermessung zugelassenen Fahrgäste mit sich führen. Mindestens die Hälfte der Rettungsgeräte muß aus Schwimmwesten bestehen.

Alle Rettungsgeräte sind so anzubringen, daß sie stets ohne Zeitverlust in Gebrauch genommen werden können. Die Schwimmwesten sind zweckentsprechend auf dem Schiffe zu verteilen. Die Lagerplätze sind durch die Aufschrift: „Schwimmwesten“ kenntlich zu machen.

Die Rettungsringe müssen weiß oder rot angestrichen sein und eine Tragfähigkeit von mindestens 10 kg haben.

Rettungsflöße und schwimmfähig gemachtes Decksinventar müssen nicht nur ringsum mit Handleinen aus Hanf zum Festhalten versehen sein, sondern auch die Zahl der Personen leicht erkennen lassen, für die sie bestimmt sind. Bei der Feststellung dieser Personenzahl ist einerseits die Tragfähigkeit des Geräts, wobei für jede Person ein Gewicht von mindestens 5 kg zugrunde zu legen ist, andererseits aber auch der Platz zu berücksichtigen, den jede Person zur zweckdienlichen Benutzung des Geräts zu beanspruchen hat.

§ 17

Alle den Fahrgästen zugänglichen Räume müssen bei Tage und bei Nacht ausreichend beleuchtet sein.

Bei Beleuchtungsanlagen, welche von Zentralstellen gespeist werden, muß eine Notbeleuchtung in Betrieb gehalten werden.

Ferner muß eine Löschvorrichtung (Handdruckpumpe oder maschinelle Einrichtung) vorhanden sein.

IV. Besatzung

§ 18

Die Fahrzeuge müssen als Besatzung mindestens einen Schiffsführer, einen Decksmann und einen Maschinisten an Bord haben. In besonderen Fällen kann die Polizeibehörde eine stärkere Besatzung verlangen.

§ 19

Nur solche Personen dürfen als Schiffsführer und Maschinisten verwendet werden, die sich über ihre Befähigung der Polizeibehörde gegenüber ausgewiesen und darüber ein Zeugnis erhalten haben. Die Polizeibehörde ist befugt, die Entfernung von Führern, Maschinisten und Mannschaften zu verlangen, die unzuverlässig oder ungeeignet sind.

C. Motorschiffe

I. Bauvorschriften

§ 20

Die in den §§ 7 bis 19 enthaltenen Vorschriften gelten sinngemäß auch für Motorschiffe, soweit nachstehend nichts anderes bestimmt ist.

§ 21

Die Maschinenanlage muß von solcher Bauart sein, daß sie aus der Ruhe sofort anspringen kann, sich schnell und genügend oft umsteuern läßt und eine hinreichende Verminderung der Umdrehungszahl ermöglicht. Der Nachweis ist auf einer Probefahrt des Schiffes zu führen.

Der Motor ist so aufzustellen, daß er von allen Seiten gut zugänglich ist.

Der Motorraum ist durch öldicht genietete Schotten von den übrigen Räumen des Schiffes abzuschließen.

Für eine genügende Ventilation des Motorraumes ist Sorge zu tragen. Das Kurbelgehäuse ist erforderlichenfalls mit einer geeigneten Entlüftung zu versehen.

Die Gase, die aus den Sicherheitsventilen oder aus den Probierhähnen an den Arbeitszylindern entweichen, sind an ungefährdeter Stelle abzuleiten. Die Maschinenraumoberlichter müssen auch von Deck aus geöffnet und geschlossen werden können.

Der Motorraum muß stets sauber gehalten werden; Putzwolle darf nur in eisernen Behältern aufbewahrt werden.

Öfen zur Erwärmung dürfen in den Motor- und Vorratsräumen für Brennstoff nicht aufgestellt werden.

Zur künstlichen Beleuchtung des Motorraumes oder Brennstoff-Vorratsraumes dürfen nur elektrische oder Sicherheitslampen verwendet werden, welche sicher befestigt sind.

Der Boden des Motorraumes muß aus geriffeltem Eisenblech bestehen. Die Bilgen müssen zur bequemen Reinigung und Trockenhaltung zugänglich sein.

§ 22

Die Auspuffrohre sind nach gehöriger Schalldämpfung an geeigneter Stelle ins Freie zu führen, Auspuffrohre und Auspufftopf sind ausreichend zu isolieren und, soweit erforderlich, durch Wasser zu kühlen. Am Auspufftopf sind Reinigungsöffnungen und eine Sprengplatte oder eine gleichartige Sicherheitsvorrichtung vorzusehen. Die Flanschen der Auspuffleitung müssen so beschaffen sein, daß die Packung nicht herausgeblasen werden kann. Die Auspuffleitung darf nicht durch den Brennstoffvorratsraum geführt werden und muß von brennbaren Stoffen genügend weit entfernt bleiben.

§ 23

Die Brennstoffvorratstanks müssen in einem besonderen, allseitig geschlossenen, öldichten Raum untergebracht werden. In dem Motorraum selbst darf nur Brennstoff für den Tagesbedarf aufbewahrt werden. Die Brennstoffbehälter müssen von Zündvorrichtungen und Auspuffrohren möglichst weit entfernt angeordnet werden, mit einem Überlaufrohr und mit einem über Deck geführten Entlüftungsrohr von genügender Weite versehen sein, das am Ende durch ein feinmaschiges Drahtnetz feuersicher abgeschlossen und gegen Beschädigung geschützt sein muß. Unmittelbar an jedem Brennstoffbehälter muß eine Absperrvorrichtung vorhanden sein, die auch von dem darüberliegenden Deck oder von einem Nebenraume aus geschlossen werden kann. Werden die Behälter mit gläsernen Standrohren versehen, so müssen diese selbstschließend eingerichtet sein und eine metallene Schutzvorrichtung erhalten.

Alle Brennstoffbehälter sind auf Dichtigkeit zu prüfen.

Betriebsstoffe, deren Entflammungspunkt unter 65° C liegt, dürfen nicht verwandt werden; der Entflammungspunkt muß vor der Übernahme festgestellt werden.

Das Füllen der Brennstoffbehälter darf nur von außenbords, mittels festverlegter Rohrleitungen erfolgen.

Bei der Übernahme des flüssigen Brennstoffes dürfen Passagiere sich nicht an Bord befinden.

Der Brennstoffvorratsraum darf zur Aufbewahrung von Materialien nicht benutzt werden.

§ 24

Die Brennstoffleitungen sind aus nahtlosen Rohren herzustellen. Die Rohrflanschen und Rohrverbindungen müssen sauber gearbeitet und öldicht sein.

Alle Brennstoffleitungen sind auf Dichtigkeit zu prüfen, sorgfältig zu befestigen und so zu verlegen, daß sie geschützt sind und ihre Ausdehnung nicht behindert ist.

§ 25

Alle Druckluftleitungen sind auf Dichtigkeit zu prüfen.

Druckluftbehälter für Einblase- und für Anlaßluft sind mit einem Manometer, einem Sicherheitsventil und einer Entwässerungsvorrichtung zu versehen. Die Behälter sind einer amtlichen Wasserdruckprobe, mindestens von der 1,5fachen Höhe des Betriebsüberdrucks, zu unterwerfen, welche alle 4 Jahre zu wiederholen ist. Zeichnungen der Behälter mit Angaben über Material und Ausführung sind der Baupolizeibehörde, Aufsichtsamt für Dampfkessel und Maschinen, zur Prüfung vorzulegen.

§ 26

Werden die Motore mit Druckluft angelassen oder umgesteuert, so müssen 2 Auffülleinrichtungen für die Druckluftbehälter vorhanden sein, von denen die eine in einem von der Hauptmaschine unabhängigen Kompressor bestehen muß.

Zur Lenzhaltung des Schiffes muß eine Vorrichtung vorhanden sein, welche nicht von der Betriebsmaschine abhängig ist.

II. Ausrüstung

§ 27

Außer einer Feuerlöschvorrichtung (Handdruckpumpe oder maschinelle Einrichtung) müssen im Motorraum zum Löschen brennender Flüssigkeiten von der Polizeibehörde als geeignet anerkannte chemische Handfeuerlöscher in genügender Anzahl vorhanden und sachgemäß verteilt sein. Die Feuerlöschapparate sind dauernd in gebrauchsfähigem Zustand zu halten.

D. Barkassen

Als Barkassen im Sinne dieser Verordnung sind solche durch Maschinenkraft bewegte Fahrzeuge anzusehen, die vollständig offen oder nur teilweise mit einem Deck versehen sind.

I. Bauvorschriften

§ 28

Der Polizeibehörde sind vor der Zulassung die erforderlichen Zeichnungen und Beschreibungen der baulichen Einrichtungen und der Maschinenanlage der Barkasse in doppelter Ausfertigung zur Prüfung einzureichen.

Falls maschinelle Einrichtungen anderer Art als in den §§ 32—38 beschrieben zur Anwendung kommen sollen, ist die besondere Genehmigung der Polizeibehörde erforderlich.

§ 29

Die Stärke der Außenhautplatten darf bei einer Länge des Schiffes bis 12 m nicht unter 3,5 mm und bei einer Länge von 12 bis 15 m nicht unter 4 mm betragen, wobei eine angemessene Spantenentfernung vorausgesetzt wird.

Hölzerne Barkassen dürfen zur entgeltlichen Personenbeförderung nicht benutzt werden.

Die Barkassen müssen mit einer Wallschiene aus hartem Holz von wenigstens 120 mm Breite und 100 mm Höhe (gemessen an der Schiffswand), ferner mit einer Beschlagschiene versehen sein.

§ 30

Die Fahrzeuge müssen einen gedeckten nach vorne und an den beiden Seiten geschlossenen Raum enthalten.

Die Kajütenaufbauten sind oben mit Handleisten zu versehen.

Die Gangborde längs der Kajütenaufbauten müssen mindestens 20 cm breit und an der Außenkante mit einem 20 mm hohen Schutzwinkel versehen sein.

Eingänge zu Kajüten müssen eine Breite von mindestens 60 cm haben. Die Türen müssen leicht zu öffnen, in geöffneter Stellung feststellbar sein und müssen nach außen schlagen.

§ 31

Bei Dampfbarkassen muß die Kessel- und Maschinenanlage durch Schutzbleche und Schutzstangen von dem Raum für die Fahrgäste derart getrennt sein, daß eine Gefährdung von Personen durch maschinelle Einrichtungen ausgeschlossen ist.

Die Feuerstelle muß von allen brennbaren Teilen des Fahrzeuges genügend gesichert und mit einem geschlossenen Aschfalle versehen sein.

Die Maschine muß in allen Kurbelstellungen anspringen. Von dem Steuerstand müssen außer dem Sprachrohr eine Signalglocke oder ein Maschinentelegraph nach dem Maschinenraum führen.

§ 32

Die Motoranlage muß zuverlässig und gut manövrierfähig sein, was auf einer Probefahrt festzustellen ist.

Verbrennungsmotore mit offenen Heizlampen (Glühhaubenmotore) sind nur mit besonderen Vorsichtsmaßregeln, welche für jeden Fall behördlich festgesetzt werden, gestattet.

Verbrennungsmotore müssen gut zugänglich, jedoch feuersicher eingeschlossen sein. Das Gehäuse ist so einzurichten, daß etwa sich entwickelnde Gase leicht abziehen können. Vor und hinter dem Motor ist die Bilge durch eiserne, öldichte Wände von dem übrigen Raum abzuschließen. Die Bilgen müssen zur bequemen Reinigung und Trockenhaltung zugänglich sein und durch geeignete Einrichtungen frei von Gasen gehalten werden.

Der Raum des Brennstoffbehälters der Explosionsmaschinen ist mit ausreichenden Lüftungsöffnungen zum Abzug etwa sich entwickelnder Gase zu versehen.

§ 33

Die Behälter zur Aufnahme flüssigen Brennstoffes sind aus zähem, rostsicherem Material herzustellen. Die Nähte können geschweißt, genietet oder doppelt gefalzt sein. Genietete oder gefalzte Nähte müssen außerdem gelötet sein.

Die Behälter sind vom Motor und von der Auspuffleitung so weit entfernt aufzustellen, daß sie einer Erwärmung entzogen sind und Feuer vom Motor sich nicht auf den Behälter übertragen kann. Die Behälter müssen mit mindestens einem Schmelzpfropfen versehen sein und sind in sicherer Weise zu befestigen und einzuschließen. Unter dem Behälter muß eine geeignete Auffangschale vorhanden sein, die stets rein zu halten ist. Der Einbau der Behälter in die Bilge ist nicht zulässig.

Das Füllrohr muß mit dem Behälter fest verbunden und durch ein auswechselbares feinmaschiges Drahtnetz gegen das Hindurchschlagen von Flammen gesichert sein. Beim Füllen mittels Trichters muß der Trichter aufgeschraubt werden können. Eine geeignete Vorrichtung muß vorhanden sein, durch welche die Menge des vorhandenen Brennstoffes festgestellt werden kann. Alle Armaturteile müssen mit dem Behälter sicher verbunden sein. Die Verbindungsstellen sind durch Schweißen oder Löten abzudichten.

Erfolgt die Zuführung des Brennstoffes durch den Druck der Auspuffgase, so ist ein Druckminderventil mit vorgeschaltetem, feinmaschigem Drahtnetz in die Druckgasleitung einzubauen. Außerdem muß eine Einrichtung zum schnellen Ablassen des Druckes vorhanden sein.

Die Behälter sind mit einem Wasserdrucke von mindestens 1 Atm. auf Dichthalten zu prüfen. Die Druckprobe ist mindestens alle vier Jahre zu wiederholen. Durch Werkbescheinigung ist nachzuweisen, daß der Behälter bei dem Probedruck vollständig dicht gewesen ist.

Die Aufbewahrung kleinerer Mengen Brennstoff mit dem Flammpunkt unter 21° C darf außerhalb der Brennstoffbehälter nur in explosionssicheren Gefäßen erfolgen.

§ 34

Alle Brennstoffrohrleitungen sind sorgfältig zu befestigen und in öldichte Rinnen so zu legen, daß sie geschützt sind und ein Ausgleich von Längenänderungen nicht behindert ist. Einzelne Rohrstücke sind durch eine über beide Rohrenden geschraubte und verlötete Muffe oder durch eine Verschraubungsart mit metallischen Dichtungsflächen (Kegel- oder Kugelnippel, gestauchte Rohrenden) zu verbinden. In gleicher Weise ist die Befestigung der Rohre mit den Absperrungsvorrichtungen und Armaturteilen auszuführen, falls sie nicht hart eingelötet sind. Flanschenverbindungen mit Stoffpackung sind unzulässig. Alle mit der Brennstoffleitung verlöteten Nippel müssen hart gelötet sein, während an den Brennstoffbehältern und ihren Armaturteilen, wenn die Lötung nur den Zweck hat, abzudichten, Weichlötung zulässig ist. In dem Zuflußrohr zur Maschine ist beim Brennstoffbehälter und bei der Maschine je eine Absperrvorrichtung einzuschalten, welche leicht zugänglich sein muß. Bei Brennstoffen unter 21° C Flammpunkt darf die Brennstoffentnahme und die Entwässerung nur vom oberen Teil des Behälters vorgenommen werden.

Brennstoffleitung, Vergaser und Schwimmergehäuse sind so anzuordnen, daß etwa austretender Brennstoff nicht auf das Auspuffrohr, den Stromverteiler oder Magnetapparat tropfen kann.

§ 35

Die elektrischen Leitungen sind zu isolieren und so zu legen, daß Kurzschluß ausgeschlossen ist. Hochspannungsleitungen sind besonders sorgfältig zu legen. Die Magnetapparate sind gegen eindringende Feuchtigkeit möglichst zu schützen.

§ 36

Die Auspuffgase sind nach gehöriger Schalldämpfung an geeigneter Stelle ins Freie zu führen. Auspuffrohre und Auspufftopf sind entweder mit Wasserkühlung oder mit ausreichendem Wärmeschutz zu versehen. Ihre Flanschen müssen so beschaffen sein, daß die Packung nicht herausgeblasen werden kann. Die Auspuffleitung muß von Holzteilen genügend entfernt bleiben.

§ 37

Druckluftbehälter für Einblase- und Anlaßluft sind mit einem Manometer und Sicherheitsventil auszurüsten. Die Behälter sind einer amtlichen Wasserdruckprobe mindestens mit anderthalbfachem Betriebsdruck zu unterwerfen, welche alle vier Jahre zu wiederholen ist.

§ 38

Das Umsteuerungsgetriebe muß durch eine Schutzhaube verdeckt sein. Geschieht die Umsteuerung durch einen Handhebel, so muß das Umlegen des Hebels in der gewünschten Fahrtrichtung erfolgen. Gegen unbeabsichtiges Verschieben ist der Handhebel zu sichern.

II. Vermessung

§ 39

Die Vermessung der Barkassen erfolgt durch die Schiffsvermessungsbehörde.

Die zugelassene Höchstzahl von Fahrgästen muß auf einer Tafel in deutlichen, unverwischbaren, mindestens 5 cm hohen Buchstaben und Zahlen an einer in die Augen fallenden Stelle auf der Barkasse angebracht werden.

Hinsichtlich der Stabilität findet § 13 Abs. 3 sinngemäße Anwendung.

§ 40

Bei der Vermessung wird die zwischen der inneren Seite der oberen Bordoberkante liegende Fläche in Quadratmetern ermittelt. Hiervon werden die vorhandenen Aufbauten, soweit sie nicht als Sitzplätze dienen, abgezogen. Die so festgestellte freie Fläche durch 0,6 geteilt ergibt die Zahl der zur Beförderung zugelassenen Personen.

§ 41

Barkassen, die Fahrgäste und Ladung gleichzeitig befördern sollen, müssen auf die höchste zulässige Tragfähigkeit nach der Eichordnung für die Binnenschiffahrt auf der Elbe geeicht und mit einer Tiefladelinie versehen sein, die nicht überschritten werden darf.

III. Ausrüstung

§ 42

Die Führer von Barkassen sind verpflichtet, einen von der Polizeibehörde[1]) gestempelten Tarif an deutlich sichtbarer Stelle in der Barkasse anzubringen.

§ 43

Jede Barkasse muß folgende Rettungsgegenstände an Bord haben:

a) Für je 4 Personen der zugelassenen Höchstzahl von Fahrgästen einen Rettungsring von mindestens 10 kg Tragfähigkeit.

b) Statt der Rettungsringe, von denen aber mindestens 2 an Bord sein müssen, können auch für je 2 Personen eine Schwimmweste von mindestens 5 kg Tragfähigkeit mitgeführt werden.

Alle Rettungsgeräte sind so anzubringen, daß sie stets ohne Zeitverlust in Gebrauch genommen werden können; ein Ring muß sich am Heck befinden.

§ 44

Eine geeignete Vorrichtung zur Abgabe von Schallsignalen ist in unmittelbarere Nähe des Standes des Führers anzubringen.

§ 45

Die Barkassen müssen mit einer geeigneten Einrichtung zum Lenzen versehen sein, so daß jede Bilgeabteilung für sich gelenzt werden kann. Ferner ist ein zum Löschen brennender Flüssigkeiten von der Polizeibehörde[2]) als geeignet anerkannter Handfeuerlöscher leicht erreichbar mitzuführen.

Am Bug ist an beiden Seiten in deutlichen unverwischbaren mindestens 15 cm hohen Buchstaben und Zahlen die Bezeichnung H. B. mit einer von der Polizeibehörde erteilten Nummer anzubringen.

§ 46

Für Motorbarkassen gelten folgende besondere Vorschriften:

a) Heizeinrichtungen unterliegen der Genehmigung durch die Polizeibehörde.

---

[1]) hier: Behörde für Wirtschaft und Verkehr.

[2]) hier: Feuerwehramt Hamburg.

b) Zur Beleuchtung der Kajüten sowie bei Arbeiten an den Motoren, Brennstoffbehältern und Rohrleitungen dürfen nur elektrische oder Sicherheitslampen verwendet werden. Der Gebrauch von offenem Feuer und Licht während dieser Arbeiten ist verboten.

c) Während des Überfüllens von flüssigen Brennstoffen in die Behälter der Barkassen dürfen sich keine Fahrgäste an Bord befinden.

d) Das Rauchen in den Kajüten ist verboten, ein entsprechender Hinweis ist an sichtbarer Stelle anzubringen.

Für Motorbarkassen, deren Brennstoff einen Flammpunkt über 21° C hat, gelten nur die Vorschriften unter b Satz 2 und c.

IV. Besatzung

§ 47

Jede Barkasse ist mit einem Führer, jede Dampfbarkasse außerdem mit einem Maschinisten zu besetzen. Der Unternehmer darf nur solche Personen als Führer und Maschinisten verwenden, die ihre Befähigung der Polizeibehörde dargetan und die Erlaubnis zur Ausübung des Gewerbes erhalten haben.

In besonderen Fällen kann die Polizeibehörde eine stärkere Besatzung verlangen.

Führer von Motorbarkassen müssen außerdem ihre Befähigung in der Handhabung und Bedienung des Motors nachgewiesen haben. Sie haben den ihnen erteilten Erlaubnisschein im Betriebe stets bei sich zu führen.

Die Polizeibehörde ist befugt, die Entfernung von Führern und Maschinisten zu fordern, wenn Tatsachen vorliegen, welche ihre Unzuverlässigkeit oder Unfähigkeit dartun.

E. Ausnahmebestimmung

§ 48

Die Polizeibehörde kann in besonderen Fällen von den Vorschriften dieser Verordnung Erleichterungen gewähren oder Verschärfungen verlangen.

F. Strafbestimmung

§ 49

Zuwiderhandlungen werden mit Geldstrafe bis zu 150 RM oder Haft bis zu 14 Tagen bestraft[1]).

6. Beförderungsbestimmungen der Hafen-Dampfschiffahrt A. G. Hamburg

[Der Text ist in jeweils gültiger Fassung bei dieser erhältlich.]

---

[1]) siehe § 67 Abs. 2 Hafengesetz (Ahndung von Verstößen als Ordnungswidrigkeit).

7. Verordnung über die Bezeichnung von Fischereifahrzeugen

vom 16. März 1938 (HGVBl. S. 65)

§ 1

(1) Die Unterscheidungsbuchstaben für Fischereifahrzeuge nach Artikel 5 des Internationalen Vertrages über die polizeiliche Regelung der Fischerei in der Nordsee außerhalb der Küstengewässer sind:

a) für die im Gebiet der Hansestadt Hamburg beheimateten Hochsee-Fischdampfer die Buchstaben HH,

b) für die im Gebiet der Hansestadt Hamburg beheimateten Segelfahrzeuge für die Hochseefischerei mit und ohne Motorantrieb die Buchstaben HF.

(2) Im Gebiet der Hansestadt Hamburg beheimatete Fischereifahrzeuge, die den Fischfang innerhalb der Küstengewässer und auf der Elbe ausüben, führen die Unterscheidungsbuchstaben HBK.

(3) Die in Absatz 1 und 2 bezeichneten Buchstaben mit der Erkennungsnummer werden auf Antrag von der Behörde für Handel, Schiffahrt und Gewerbe[1]) zugeteilt. Anträgen für Schiffe, die in das Seeschiffsregister eingetragen werden, ist das Schiffszertifikat oder die Bestätigung des Amtsgerichts über die Anmeldung des Fahrzeugs zum Schiffsregister beizufügen.

(4) Die in Absatz 1 und 2 bezeichneten Buchstaben müssen mit der Registernummer bis zum 1. Juli 1938 an den Fahrzeugen und Geräten angebracht sein.

§ 2

Die in § 1 bezeichneten Unterscheidungsbuchstaben werden auch den im Gebiet des Landes Hamburg beheimateten Fahrzeugen zugeteilt, die nach dem 1. April 1937 in das Seeschiffsregister oder die Liste der Küsten- und Elbfischerfahrzeuge neu eingetragen sind. § 1 Abs. 3 und 4 und § 5 gilt entsprechend.

§ 3

Die Hafenverwaltung stellt eine Bescheinigung über die Zuteilung der in § 1 Abs. 1 bezeichneten Unterscheidungsbuchstaben aus, wenn ihr nachgewiesen ist, daß die Buchstaben, Nummer, Name und Heimathafen gemäß Artikel 6—10 des internationalen Vertrages, betreffend die polizeiliche Regelung der Fischerei in der Nordsee außerhalb der Küstengewässer, auf dem Fahrzeug und den dazu gehörenden Geräten angebracht sind.

§ 4

Die Verordnung des Senats, betreffend Anmeldung und Bezeichnung der Küsten- und Elbfischerfahrzeuge, vom 25. Januar 1901 (ABl. S. 63)

[1]) diese Dienststelle sowie die „Hafenverwaltung“ im Sinne dieser VO. heute: Behörde für Wirtschaft und Verkehr (Fischereiamt).

wird unter Aufhebung ihres § 6 auf das Gebiet der Hansestadt Hamburg ausgedehnt. Die Küsten- und Elbfischerfahrzeuge sind bei der Hafenverwaltung anzumelden.

§ 5

Bis zum 30. September 1938 werden für die Zuteilung der in §§ 1 und 2 bezeichneten Buchstaben keine Gebühren erhoben.

§ 6

Es werden aufgehoben:

Die Bekanntmachung der Deputation für Handel und Gewerbe vom 22. Mai 1894, betreffend Ausführung des internationalen Vertrages, betreffend die polizeiliche Regelung der Fischerei in der Nordsee, (ABl. S. 334);

die Bekanntmachung der Verwaltung für Wirtschaft, Technik und Arbeit über die Führung der Liste der Küsten- und Elbfischerfahrzeuge durch die Hafenverwaltung vom 24. Dezember 1935 (HGVBl. S. 273);

die Polizeiverordnung der Regierung zu Schleswig, betreffend die Eintragung und Bezeichnung der zur Hochsee- und Küstenfischerei bestimmten Fischerfahrzeuge, vom 8. August 1929 (Amtsblatt der Regierung Schleswig S. 298);

die Polizeiverordnung der Kgl. Regierung zu Schleswig, betreffend Eintragung der zur Fischerei in der Nordsee außerhalb der Küstengewässer bestimmten Fischerfahrzeuge, vom 20. Mai 1884 (Amtsblatt der Regierung zu Schleswig S. 480);

der § 42 der Preußischen Fischereiordnung vom 29. März 1917 (Ministerialblatt für Landwirtschaft S. 153) in der Fassung vom 27. April 1923 mit nachfolgenden Änderungen.

B. BINNENSCHIFFSVERKEHR

I. Alsterordnung

vom 20. März 1929 in der Fassung vom 23. Juni 1933 und 16. Mai 1934 (HGVBl. 1929 S. 115, 1933 S. 236, 1934 S. 225)[1])

I. Allgemeines

§ 1

Geltungsbereich

Diese Verordnung erstreckt sich auf die Alster bis zur Alsterschleuse unter der Schleusenbrücke, auf die Nebengewässer der Alster und auf die öffentlichen Landungsstege an der Alster und ihren Nebengewässern.

[1]) im Sinne dieser VO. ist grundsätzlich die Wasserschutzpolizei zuständig.

§ 2

Von der Elbe kommende Fahrzeuge

Von der Elbe kommenden Fahrzeugen und Flößen wird die Einfahrt in die Schleuse unter der Schleusenbrücke nicht gestattet, wenn ihr Zustand oder der ihrer Ladung zu Bedenken Anlaß gibt oder wenn ihre Führer keinen genauen Bestimmungsort für die Fahrzeuge, Flöße oder Ladung nachweisen können.

Fahrzeuge oder Flöße dürfen in der Kleinen Alster nur mit polizeilicher Genehmigung festgelegt werden.

§ 3

Beschaffenheit der Fahrzeuge

Alle Gegenstände an Bord der Fahrzeuge müssen derart verstaut sein, daß sie so wenig wie möglich über die Schiffsseite hinausragen und andere Fahrzeuge nicht gefährden.

Die Ruderpinne ist, wenn die Fahrzeuge nicht in Fahrt sind, so zu befestigen, daß sie über die Schiffsseite nicht hinausragen kann.

§ 4

Zulassung

Für Dampf- und Motorfahrzeuge bedarf es der polizeilichen Zulassung. Dies gilt auch für Probefahrten.

§ 5

Tiefgang der Fahrzeuge

Die Fahrzeuge dürfen keinen größeren Tiefgang als 1,50 m haben.

Der Tiefgang von Dampf- und Motorfahrzeugen darf in der Ruhelage bei voller Belastung nicht mehr als 1,40 m betragen.

Ausnahmen bedürfen polizeilicher Genehmigung.

§ 6

Lichterführung

Die in Fahrt befindlichen Lastfahrzeuge und Flöße müssen vom Beginn bis zum Erlöschen der öffentlichen Straßenbeleuchtung ein helles, ringsum sichtbares weißes Licht führen. Bei Schleppzügen braucht jedoch nur eins von zwei nebeneinander geschleppten Fahrzeugen dieses Licht zu führen.

Dampf- und Motorfahrzeuge müssen, wenn sie in Fahrt sind, vom Beginn bis zum Erlöschen der öffentlichen Straßenbeleuchtung im vorderen Teile des Fahrzeuges ein helles, nur nach vorn und nach beiden Seiten bis zu 2 Strich hinter die Richtung querab sichtbares weißes Licht, außerdem an der Steuerbordseite ein grünes und an der Backbordseite ein rotes

Licht führen. Die grünen und roten Seitenlichter müssen an der Innenbordseite derartig mit Schirmen versehen sein, daß die Lichter nicht über den Bug hinweg von der anderen Seite, sondern nur von rechts voraus bis zu 2 Strich hinter die Richtung querab gesehen werden können.

Dampf- und Motorfahrzeuge, die ein Fahrzeug schleppen, müssen außer den Seitenlichtern zwei helle weiße Lichter der in Abs. 2 bezeichneten Art übereinander führen.

§ 7

Alsterfischerei

Das Fischen mit einem anderen Fanggerät als mit der Rutenangel ist verboten.

Das Fischen mit der Rutenangel ist gestattet, soweit es ohne Betreten öffentlicher Gartenanlagen geschieht, es ist verboten von Dampferstegen und Brücken aus und auf dem Ufer zwischen der Lohmühlenstraße und Schwanenwikbrücke sowie der Hohenfelder Bucht.

Personen die eine vom Fischereiamt ausgestellte Erlaubniskarte haben, dürfen auch vom Boot aus angeln.

Das Fischen auf dem Eise ist verboten.

In der Kleinen Alster, im Stadtparksee und in den Teilen des Goldbeck- und Stichkanals, die sich innerhalb des Stadtparkgeländes befinden, ist jegliche Fischerei untersagt.

§ 8

Rettungsvorrichtungen

Die ausgelegten Rettungsboote und -geräte dürfen ihrer Bestimmung nicht entzogen werden. Jeder Mißbrauch ist verboten.

§ 9

Veranstaltungen

Jede Veranstaltung, die den öffentlichen Verkehr hindern kann, bedarf der polizeilichen Genehmigung.

§ 10

Verbote

Verboten ist:

1. außerhalb der öffentlichen Badeplätze zu baden,
2. außerhalb der Badeanstalten Ball zu spielen,
3. Musikaufführungen zu veranstalten,
4. Fahrzeuge und Flöße unter den Brücken und an den Anlegestellen der Fahrgastdampfer festzulegen oder treiben zu lassen,
5. Anlagen zu errichten, die den öffentlichen Verkehr hindern können, oder Fahrzeuge verkehrshindernd festzulegen,
6. Waren zu verkaufen oder Reklamen zu veranstalten,

7. mit Flugzeugen niederzugehen,
8. Unrat und dergleichen in das Wasser zu werfen oder die Stege der Fahrgastschiffe zu verunreinigen,
9. die Schwäne zu belästigen oder sie von den Stegen der Fahrgstschiffe aus zu füttern,
10. Hunde an solchen Plätzen zu baden oder baden zu lassen, die nicht durch Tafeln als Hundebadeplätze amtlich gekennzeichnet sind,
11. Anker an Stellen zu werfen, an denen Telegraphenkabel oder Düker versenkt sind,
12. Eis zu entnehmen und Löcher in das Eis zu schlagen,
13. Eisbahnen anzulegen,
14. mit Fuhrwerken, Kraftfahrzeugen oder Segelschlitten auf dem Eise zu fahren,
15. die Treppenanlagen beim Ehrenmal an der Kleinen Alster zum Transport oder zur Lagerung von Booten oder Bootsmaterial zu benutzen.

Die Polizeibehörde kann Ausnahmen zulassen.

§ 11

Einschreiten der Polizeibeamten

Den zur Erhaltung der Ruhe, Sicherheit und Ordnung ergehenden Anordnungen der Polizeibeamten ist vorbehaltlich späterer Beschwerde unbedingt Folge zu leisten.

Ebenso ist beim Schleusenbetrieb den Anordnungen der Schleusenwärter oder ihrer Gehilfen, beim Fischereibetrieb auch denen der Fischereibeamten oder ihrer Gehilfen nachzukommen.

II. Lastfahrzeuge

§ 12

Schleppzwang

Alle Lastfahrzeuge und Flöße müssen geschleppt werden.

Die von der Elbe kommenden Lastfahrzeuge und Flöße sind an der Sammelstelle am Alstertor anzulegen, bis sie abgeschleppt werden.

§ 13

Schleppzüge

Auf der Binnen- und Außenalster, im Osterbeckkanal bis zur Flurstraßenbrücke und im Langen Zug dürfen gleichzeitig nicht mehr als 8 Lastfahrzeuge, und zwar immer nur zwei nebeneinander geschleppt werden. Im Mundsburger und im Eilbecker Kanal dürfen nur 6, im Streek und auf der Oberalster nur 4, in den übrigen Kanälen nur 2 Fahrzeuge, und zwar nur hintereinander geschleppt werden.

§ 14

Geschleppte Fahrzeuge

Auf der Binnen- und Außenalster, im Langen Zug und im Osterbeckkanal bis zur Flurstraßenbrücke genügt für 2 nebeneinander geschleppte Lastfahrzeuge ein mit ihrer Führung vertrauter Mann. In den übrigen Nebengewässern der Alster muß von mehreren hintereinander geschleppten Fahrzeugen jedes zweite, immer aber das letzte Fahrzeug des Schleppzuges bemannt sein. Auf Fahrzeugen mit Steuervorrichtung hat der Führer das Steuer zu bedienen.

§ 15

Bezeichnung

Die Registernummern der Schuten müssen mit weißer Schrift auf schwarzem Grunde in Ziffern von mindestens 20 cm Höhe deutlich sichtbar vorn an beiden Innenseiten des Schiffes oder an dort befestigten Tafeln angebracht sein.

§ 16

Festlegen

Lastfahrzeuge dürfen an den Ufern nur mit polizeilicher Genehmigung festgelegt werden, doch ist das Liegen an öffentlichen Löschplätzen und an den im Privatbesitz befindlichen Uferstrecken für die Zeit des Löschens und Ladens ohne besondere Erlaubnis gestattet.

Lastfahrzeuge dürfen in den Kanälen nicht nebeneinander festgelegt werden.

III. Entgeltliche Personenbeförderung

(Dampf- und Motorfahrzeuge)

§ 17

Besichtigung

Die Fahrzeuge, die der entgeltlichen Personenbeförderung dienen, unterliegen hinsichtlich der baulichen Beschaffenheit des Schiffskörpers, der Maschine und der Ausrüstung der Aufsicht der Polizeibehörde. Die Schiffe müssen in Bauart, Festigkeit und Ausführung den anerkannten Regeln der Schiffsbautechnik entsprechen. Die Maschinen müssen zuverlässig arbeiten und gut manövrierfähig sein. Dies ist auf einer Probefahrt nachzuweisen, ehe das Fahrzeug auf der Alster in Betrieb genommen werden darf.

Die Polizeibehörde kann jederzeit prüfen, ob ein Fahrzeug in gutem Zustande ist. Falls sich Mängel ergeben, wird das Fahrzeug solange von der Benutzung zur Personenbeförderung ausgeschlossen, bis die Mängel beseitigt sind.

Regelmäßige Besichtigungen zur Feststellung des baulichen Zustandes des Schiffskörpers und der Maschinen finden mindestens alle vier Jahre, Besichtigungen der Maschine während des Betriebes alljährlich statt.

§ 18

Personenzahl

Die höchste zulässige Personenzahl wird durch das Schiffsvermessungsamt festgestellt. Jedes Fahrzeug muß an sichtbarer Stelle eine Tafel führen, auf der außer seinem Namen diese Personenzahl angegeben ist.

Der Führer des Fahrzeuges ist dafür verantwortlich, daß die zugelassene Personenzahl nicht überschritten wird.

§ 19

Einfriedigung

Die für die Fahrgäste bestimmten Decksflächen müssen mit einer Einfriedigung von mindestens 85 cm Höhe versehen sein. Erreicht die Einfriedigung diese Höhe nicht, so muß sie durch senkrechte Stützen, die durch Ketten od. dgl. verbunden sind, auf diese Höhe gebracht werden. Die Stützen dürfen nicht mehr als 1 m, die sie verbindenden Ketten od. dgl. höchstens 30 cm voneinander entfernt sein.

§ 20

Rettungsgeräte und Sicherheitsvorschriften

Auf jedem Fahrzeug müssen 4 Rettungsringe und 1 Rettungshaken stets bereitliegen. Die Rettungsringe müssen eine Tragfähigkeit von mindestens 10 kg haben.

Für Motorbarkassen gelten noch folgende besondere Vorschriften:

a) Heizeinrichtungen unterliegen der Genehmigung der Polizeibehörde.

b) Zur Beleuchtung der Kajüten und bei Arbeiten an den Motoren, Brennstoffbehältern und Rohrleitungen dürfen nur elektrische oder Sicherheitslampen verwendet werden. Der Gebrauch von offenem Feuer und Licht während dieser Arbeiten ist verboten.

c) Flüssige Brennstoffe dürfen in die Behälter nur eingefüllt werden, wenn keine Fahrgäste an Bord sind.

d) Das Rauchen in den Kajüten ist verboten; ein Hinweis darauf ist an sichtbarer Stelle anzubringen.

e) Ein von der Polizeibehörde als geeignet anerkannter Handfeuerlöscher muß mitgeführt werden und leicht erreichbar sein.

Für Motorbarkassen, deren Brennstoff einen Flammpunkt über 21°C hat, gelten nur die Vorschriften unter b Satz 2, c und e.

§ 21

Verkehrsvorschriften

a) Die Führer der Fahrzeuge, die gegen Entgelt Personen befördern, haben die Abfahrtzeiten und Fahrtwege einzuhalten.

b) Entsteht die Gefahr eines Zusammenstoßes, so ist, wenn nötig, die Fahrt zu mindern, zu stoppen oder rückwärts zu gehen.

c) Wenn die Kurse zweier Fahrzeuge sich auf freiem Fahrwasser so kreuzen, daß die Gefahr des Zusammenstoßes entsteht, so muß das Fahrzeug aus dem Wege gehen, welches das andere an seiner rechten Seite hat.

d) Wenn zwei Fahrzeuge sich gleichzeitig einem Stege nähern, so steht dem Fahrzeug das Vorrecht zu, das den Steg an seiner rechten Seite hat.

e) Alle Brücken sind mit gemäßigter Fahrgeschwindigkeit und mit größter Vorsicht zu durchfahren. Nötigenfalls ist vor der Einfahrt ein langgezogener Ton mit der Schiffspfeife als Warnungszeichen zu geben.

f) Alle die Nebengewässer befahrenden Dampf- und Motorfahrzeuge dürfen nur mit derart gemäßigter Geschwindigkeit fahren, daß sie die übrigen Fahrzeuge und die Uferböschungen durch den Wellenschlag nicht gefährden. Auf der Strecke vom Fährhaussteg bis zur Mündung des Langen Zuges muß langsam gefahren werden; an dem Fährhaushafen ist in etwa 40 m Abstand vorbeizufahren.

g) Im Nebel und bei unsichtigem Wetter darf nur ganz langsam gefahren werden, wenn nicht die Fahrt eingestellt werden muß.

Solange sich die Fahrzeuge unterwegs befinden, sind mindestens jede Minute folgende Warnungszeichen mit der Schiffspfeife zu geben:

Bei Fahrt durch das Wasser: ein langer Ton,

ohne Fahrt durch das Wasser: zwei lange Töne,

beim Schleppen anderer Fahrzeuge: ein langer und zwei kurze Töne.

h) Lustfahrzeugen ist unbeschadet der Bestimmungen des § 32 Ziff. 1 nach Möglichkeit auszuweichen.

§ 22

Schiffspfeife und Glocke

Die Schiffspfeife darf außer in Notfällen und den in § 21 genannten Fällen nur in folgender Weise gebraucht werden:

a) als Warnungszeichen:

Ein langer Ton bedeutet:

es besteht die Gefahr eines Zusammenstoßes.

b) als Fahrtrichtungszeichen:

Ein kurzer Ton bedeutet:

Ich richte meinen Kurs nach Steuerbord (rechts).

Zwei kurze Töne bedeuten:

Ich richte meinen Kurs nach Backbord (links).

Drei kurze Töne bedeuten:

Meine Maschine geht mit voller Kraft rückwärts.

Auf allen Endhaltestellen sind mit der Schiffsglocke eine Minute vor der Abfahrt drei kurz aufeinanderfolgende Schläge, sodann bei der Abfahrt noch ein kurzer Schlag zu geben.

§ 23

Befähigungsnachweis der Besatzung

Die Füherr und die Maschinisten der Fahrzeuge haben ihre Befähigung nach den von der Polizeibehörde erlassenen Bestimmungen nachzuweisen.

Die Fahrzeuge müssen mindestens mit einem Führer, einem Decksmann und einem Maschinisten besetzt sein. Für Motorbarkassen genügt in der Regel der Führer, der neben seiner Befähigung zum Führer auch noch die Befähigung zur Handhabung und Bedienung des Motors nachzuweisen hat.

In besonderen Fällen kann eine den Umständen nach stärkere Besatzung verlangt werden.

§ 24

Vorschriften für die Besatzung

Der Steuermann darf sich während der Fahrt nicht mit den Fahrgästen unterhalten; er hat seine Aufmerksamkeit ausschließlich auf die Führung des Fahrzeuges zu richten. Er darf das Steuer während der Fahrt nur verlassen, wenn besondere Umstände dies zur Abwendung dringender Gefahr erfordern.

Der wachthabende Maschinist darf sein Fahrzeug, wenn es an einer Haltestelle zur Aufnahme von Fahrgästen bereitliegt, ohne Erlaubnis des Schiffsführers nicht verlassen. Der Maschinist trägt auch während seiner Abwesenheit die volle Verantwortung für Maschine und Kessel.

Bevor ein Fahrzeug in Bewegung gesetzt wird, muß sich der Steuermann am Steuer befinden. Die Befestigungstaue dürfen erst gelöst werden, nachdem der letzte Fahrgast an Bord gegangen ist. Nach der Abfahrt darf nicht wieder gestoppt werden, um an derselben Haltestelle noch Fahrgäste aufzunehmen; auch darf die Besatzung Fahrgäste nicht zum Nachspringen verleiten.

Die Schranken müssen während der Fahrt geschlossen bleiben und dürfen nur von der Besatzung geöffnet werden. Die Steventür der Vorderkajüte muß auf Verlangen auch nur eines in der Kajüte anwesenden Fahrgastes geschlossen bleiben.

Auf den Kajütsdächern, im Ruderhaus und im Maschinenraum dürfen Fahrgäste sich nicht aufhalten.

IV. Lustfahrzeuge

§ 25

Anmeldung

Alle Lustfahrzeuge, mit Ausnahme der im § 27 genannten Übungs- und Rennboote für Sportvereine, sind vor ihrer Benutzung vom Eigentümer bei der Polizeibehörde zur Erteilung einer Nummer anzumelden.

Die Nummer ist vom Eigentümer vor Benutzung bei Seegelbooten am Spiegel, bei anderen Booten vorn an beiden Außenseiten des Bootes sichtbar in mindestens 5 cm hohen, unverwischbaren Ziffern in weißer Schrift auf dunklem Grunde oder in dunkler Schrift auf hellem Grunde anzubringen.

§ 26

Nummernzwang

Die Nummer darf nur entfernt werden, wenn das Boot nicht mehr zu Fahrten auf der Alster benutzt werden soll und es bei der Polizeibehörde abgemeldet worden ist.

§ 27

Vereinsboote

Die von dem Amt für Leibesübungen anerkannten Sportvereine haben der Polizeibehörde jährlich bis zum 1. April eine Liste ihrer Übungs- und Rennboote einzureichen. Diese Boote müssen an beiden Außenseiten den Namen des Vereins (abgekürzte Form ist zulässig) in sichtbarer Schrift führen.

§ 28

Eigentumswechsel

Jeder Eigentumswechsel ist von dem bisherigen und dem neuen Eigentümer innerhalb 4 Wochen der Polizeibehörde anzuzeigen. Dieselbe Verpflichtung hat der Eigentümer bei dauernder Verlegung des Bootes von der Alster.

§ 29

Vermessung

Jedes nach § 25 den Bestimmungen dieses Abschnittes unterliegende Boot, mit Ausnahme der nicht gewerbsmäßigen Zwecken dienenden Segel- und Ruderboote, muß von der Polizeibehörde vermessen werden.

Auf Grund der Vermessung wird die für die Belastung des Bootes zulässige höchste Personenzahl von der Polizeibehörde im Einvernehmen mit dem Schiffsvermessungsamt festgesetzt. Diese Zahl ist im Innern des Bootes an sichtbarer Stelle anzubringen. Die Zahl ½ bedeutet die Zulassung eines Kindes unter 10 Jahren. Zwei Kinder unter 10 Jahren werden als eine Person gerechnet.

§ 30

Sicherheitsvorschriften

Alle sinkfähigen Boote, die der Vermessung unterliegen, müssen mit Schwimmkörpern versehen sein, die die Boote beim Vollschlagen schwimmfähig erhalten. Die Schwimmkörper müssen so eingebaut sein, daß sie sich beim Kentern des Bootes nicht lösen können.

Die Schwimmfähigkeit wird bei der Anmeldung geprüft.

§ 31

Vermietungsvorschriften

Das Vermieten von Segel- und Ruderfahrzeugen während der Nachtstunden (von 22 bis 4 Uhr) ist verboten.

Kein Fahrzeug darf an eine größere Anzahl von Personen vermietet werden, als für die es vermessen ist.

An Personen unter 14 Jahren ohne Begleitung Erwachsener und an Betrunkene darf ein Fahrzeug nicht vermietet werden.

Mietsegelfahrzeuge müssen derartig mit festeingebauten Luftkästen versehen sein, daß sie nicht untersinken können.

§ 32

Verkehrsvorschriften

1. Alle Lustfahrzeuge müssen die Nähe der Fahrgastschiffe und Schleppzüge meiden und ihnen nach Möglichkeit ausweichen.

2. Unter Segel befindliche Fahrzeuge dürfen vor dem Uhlenhorster Fährhaus in der Zeit vom 1. Mai bis zum 30. September von 18 bis 24 Uhr nur die Seite des Harvestehuder Ufers bis zur Mitte der Alster befahren.

3. Im Dampferweg vor dem Uhlenhorster Fährhaus dürfen Lustfahrzeuge nicht stilliegen. Der Dampferweg darf nur gekreuzt werden.

4. In der Zeit von 22 Uhr bis 6 Uhr ist das Stilliegen besetzter Lustfahrzeuge auf dem Feenteich, Sack-, Uhlenhorst- und Hofwegkanal, Goldbeckkanal zwischen Dorotheenbrücke und Rondeelkanal, Rondeelkanal, Rondeelteich sowie Leinpfadkanal mit seinen Abzweigungen verboten.

§ 33

Bekanntmachung einer Warnung

Der Wortlaut der §§ 10 Ziff. 4 und 32 sowie die folgende Warnung sind an den Bootsvermietungsstellen sichtbar auszuhängen:

1. Das Segeln und Rudern auf der Alster ist für Unkundige gefährlich.
2. Auch das Wechseln der Plätze und das Aufstehen vom Platze in Lustfahrzeugen sowie das Befahren derjenigen Kanäle, auf denen Dampf- oder Motorfahrzeuge verkehren, ist mit Gefahr verbunden.

V. Schlußbestimmungen

§ 34

Strafbestimmungen

Zuwiderhandlungen werden mit Geldstrafe bis zu 150 RM oder mit Haft bis zu 14 Tagen bestraft[1]).

[1]) siehe jetzt § 26 Abs. 2 des 1. Überleitungsgesetzes zum Landesgesetz über Ordnungswidrigkeiten vom 20. 12. 1954 (HGVBl. S. 155).

§ 35

Aufhebung früherer Verordnungen

Diese Verordnung tritt am 1. April 1929 in Kraft.

Zu demselben Zeitpunkt werden folgende Verordnungen und Bekanntmachungen aufgehoben:

1. Die Alsterordnung vom 3. März 1904 (ABl. S. 379) in den Fassungen vom 17. November 1913 (ABl. S. 743), vom 6. April 1920 (ABl. S. 508), vom 14. November 1922 (HGVBl. S. 687), vom 6. September 1923 (HGVBl. S. 1048), vom 7. Juli 1925 (HGVBl. S. 349) und vom 4. Januar 1926 (HGVBl. S. 5).
2. Das revidierte Polizeireglement für die Alsterdampfschiffe vom 18. Juni 1897 (ABl. S. 251) in den Fassungen vom 12. Mai 1921 (HGVBl. S. 207) und vom 4. Januar 1926 (HGVBl. S. 5).
3. Die Bekanntmachung, betreffend Lustfahrzeuge auf der Alster, vom 30. August 1921 (HGVBl. S. 533) und die Verordnung über Lustfahrzeuge auf der Alster vom 20. Mai 1926 (HGVBl. S. 331).
4. Die Verordnung für die Bootsvermieter auf der Alster vom 17. Juli 1926 (HGVBl. S. 499).
5. Die Verordnung über den Schleppzwang auf der Alster vom 6. September 1923 (HGVBl. S. 1048).
6. Die Bekanntmachung über das Baden in der oberen Alster vom 15. April 1916 (ABl. S. 614) und die Bekanntmachung vom 19. Juni 1920 (Öffentlicher Anzeiger S. 936).
7. Die Polizeiverordnung, betreffend das Baden von Hunden in der Alster, vom 13. Mai 1912 (ABl. S. 467).
8. Die Bekanntmachung, betreffend Ausübung der Fischerei in der Alster, vom 18. Juni 1914 (ABl. S. 317).
9. Die Verordnung über die durch die Außenalster gelegten Reichskabel vom 1. Oktober 1926 (HGVBl. S. 683).
10. Ziffer 1b der Polizeiverordnung, betreffend den Schutz des Stadtparks, vom 3. Juli 1915 (ABl. S. 585).

2. Allgemeine Beförderungsbedingungen der Hamburger Hochbahn Aktiengesellschaft für den Personenverkehr im Alsterschiffahrtsbetrieb

[Der Text ist in jeweils gültiger Fassung bei dieser erhältlich.]

3. Verordnung, betreffend Vorschriften über die Fahrt der Dampfschiffe auf der Dove-Elbe, Gose-Elbe und im Schleusengraben bei Bergedorf

vom 27. Mai 1896 in der Fassung der Bekanntmachungen vom 23. August 1897 und 23. November 1905 (ABl. 1896 S. 231, 1897 S. 381, 1905 S. 612) in Verbindung mit Hafengesetz vom 21. Dezember 1954 (HGVBl. I S. 169)

§ 1

Die Dove-Elbe oberhalb des Eichbaumes, sowie die Gose-Elbe, dürfen im Allgemeinen nur befahren :

1. Schrauben-Dampfer von höchstens 15 m Länge, 3,5 m Breite und 1,5 m Tiefgang.
2. Rad-Dampfer von höchstens 25,5 m Länge, 5,6 m Breite über Radkasten, und 0,8 m Tiefgang.

Dampfer von größeren Dimensionen bedürfen einer speciellen Erlaubnis der Landherrenschaft zum Befahren dieser Stromstrecken.

§ 2

Die auf dem Schleusengraben und in der Dove- und Gose-Elbe verkehrenden Dampfschiffe haben beim Durchfahren von Brücken, sowie beim Begegnen von und Vorbeifahren an Schuten, Kähnen und Böten mit mäßiger Geschwindigkeit zu fahren und die größte Vorsicht zu beobachten.

Durch die Friedrichsbrücke in Bergedorf darf nur mit halber Kraft gefahren werden.

§ 3

Die Schleppdampfer dürfen nicht mehr als 6 Schuten oder andere Fahrzeuge gleichzeitig bugsiren.

Im Schleusengraben müssen die geschleppten Fahrzeuge hintereinander gelegt werden. In der Dove- und Gose-Elbe können je zwei Fahrzeuge nebeneinander geschleppt werden.

Leere, leichte oder hochbeladene Schuten sind dicht hinter dem Schlepper anzubinden.

§ 4

Das Anhaken von Schuten oder anderen Fahrzeugen an Dampfer oder an von denselben bugsirte Fahrzeuge wird hierdurch verboten und ist auch dann nicht gestattet, wenn der Schiffsführer es genehmigt haben sollte.

§ 5

Die Schuten oder anderen Fahrzeuge sind, während sie geschleppt werden, unter steter Aufsicht zu halten, damit das Anstoßen derselben gegen das Ufer, gegen Brücken, Pfahlwerke usw. verhindert wird.

Das letzte Fahrzeug muß stets mit einem schiffahrtskundigen Mann besetzt sein.

Im Schleusengraben muß in dem letzten Fahrzeuge ein hinter demselben auf dem Grunde schleppendes 100 Pfund-Loth mit einem 15 m langen Tau befestigt sein.

Dampfer mit Fahrzeugen im Schlepptau dürfen die Brücken über die Dove- und Gose-Elbe nur mit höchstens drei hintereinander gelegten Fahrzeugen passiren, deren jedes mit einem schiffahrtskundigen Mann besetzt sein muß. Größere Schleppzüge müssen vor dem Passiren der Brücken in solche von höchstens drei hintereinander gelegten Fahrzeugen zerlegt werden.

Dampfer mit Fahrzeugen im Schlepptau dürfen die Bergedorfer Schleuse nur mit mäßiger Geschwindigkeit und höchtens mit drei hintereinander gelegten Fahrzeugen passiren, deren jedes mit einem schiffahrtskundigen Mann besetzt sein muß.

Größere Schleppzüge müssen vor dem Passieren der Schleuse in solche von höchstens drei hintereinander gelegten Fahrzeugen zerlegt werden.

§ 6

Es wird hierdurch verboten, in den Schleusengraben, die Dove-Elbe oder die Gose-Elbe Kohlenschlacken oder andere Gegenstände auszuwerfen.

§ 7

Zuwiderhandlungen werden gemäß der Vorschriften des § 366^{10} des Strafgesetzbuches mit Geldstrafe bis zu M 60 oder entsprechender Haft geahndet werden, sofern nicht nach den Bestimmungen des Strafgesetzbuchs eine höhere Strafe verwirkt ist[1]).

§ 8

Diese Verordnung tritt mit dem 15. Juni d. J. in Kraft.

4. Bekanntmachung, betreffend den Schiffsverkehr auf der Dove- und Goseelbe sowie auf dem Schleusengraben in Bergedorf

vom 29. September 1923 (HGVBl. S. 1176)

Das Befahren der Dove- und Goseelbe oberhalb der Tatenberger Brücke sowie des Schleusengrabens in Bergedorf mit bemasteten Schiffen wird wegen der Kreuzungen dieser Gewässer mit Starkstromleitungen und der damit verbundenen Lebensgefahr verboten.

Zuwiderhandlungen werden gemäß § 366^{10} des Strafgesetzbuches mit Geldstrafe oder Haft bestraft, unbeschadet der Haftung für den verursachten Schaden.

---

[1]) siehe jetzt § 26 Abs. 2 des 1. Überleitungsgesetzes zum Landesgesetz über Ordnungswidrigkeiten vom 20. 12. 1954 (HGVBl. S. 155).

5. Bekanntmachung, betreffend die Dampfschiffahrt auf der Bille

vom 11. Mai 1888 (HGS. II S. 164)

Zur Erhaltung der Sicherheit der Schiffahrt auf der Bille wird hierdurch verordnet:

1. Die auf der Bille verkehrenden Dampfschiffe haben die größtmögliche Vorsicht zu beobachten und wird es den Führern derselben zur Pflicht gemacht, beim Passiren von Schuten, Kähnen, Ruderböten etc., sowie beim Durchfahren der Brückenöffnungen die Geschwindigkeit derart zu mäßigen, daß eine Gefährdung der fremden Fahrzeuge oder deren Insassen und jede Beschädigung der Bauwerke vermieden wird.
2. Die Schleppdampfer dürfen höchstens 3 Schuten oder andere Fahrzeuge gleichzeitig bugsiren.
3. Das Anhaken von Schuten oder anderen Fahrzeugen an Schleppdampfer oder an von denselben bugsirte Fahrzeuge ist auch mit Genehmigung des Führers der Schleppdampfer nicht gestattet.
4. Die Schuten oder andere Fahrzeuge müssen, während sie geschleppt werden, beaufsichtigt sein und dürfen von der Besatzung nicht verlassen werden.

Zuwiderhandelnde werden unter Vorbehalt etwaigen Schadenersatzes in Gemäßheit § 366, 10 des Strafgesetzbuches mit Geldstrafe bis zu sechzig Mark oder mit Haft bis zu vierzehn Tagen bestraft werden[1]).

[1]) siehe jetzt § 26 Abs. 2 des 1. Überleitungsgesetzes zum Landesgesetz über Ordnungswidrigkeiten vom 20. 12. 1954 (HGVBl. S. 155).

VI. Hafenbetrieb

1. Hafenumschlagsordnung für den Hafen Hamburg

[In letzter Fassung erhältlich bei der Arbeitsgemeinschaft Hamburger Hafenfachvereine]

2. Allgemeine Bedingungen der Hafenfrachtschiffahrt betreibenden Firmen des Hafens Hamburg

[Text in jeweils letzter Fassung erhältlich beim Hafenschiffahrtsverband Hamburg e. V.]

3. Verordnung über die Löschzeit für Seeschiffe im Hafen Hamburg

vom 28. März 1938 (HGVBl. S. 87)

§ 1

Die Löschbereitschaft gemäß § 594 HGB. ist an Werktagen, außer Sonnabends, in der Zeit zwischen 9 und 14 Uhr und an Sonnabenden in der Zeit zwischen 9 und 13 Uhr durch den Schiffer oder Schiffsmakler anzuzeigen.

§ 2

Das Seeschiff muß so schnell entlöscht werden, wie es mit eigenem Löschgeschirr in ortsüblicher Arbeitszeit möglich ist, auch wenn das Seeschiff am Kai löscht.

Seeschiffe mit losen Getreideladungen haben so schnell zu löschen, wie sie ausliefern können.

§ 3

Die regelmäßige Arbeitszeit wird durch die Tarifordnung des Treuhänders der Arbeit Nordmark für den Hafen Hamburg[1]) geregelt.

Ortsübliche Arbeitszeit im Sinne des § 2 ist die erste Schicht an Werktagen. Als ortsübliche Arbeitszeit gelten nicht:

1. die Sonntage und die staatlich anerkannten Feiertage,

[1]) heute schließen Gewerkschaften und Arbeitgeberverbände Tarifverträge ab.

2. die Stunden, an denen Wind und Wetter oder sonstige Fälle höherer Gewalt die Entlöschung des Schiffes und die Abnahme der Ladung nicht erlauben.

Die Überliegezeit und die Berechnung des Liegegeldes bestimmen sich nach den §§ 597 und 598 HGB.

§ 4

Die hamburgische Verordnung, betreffend Löschzeit für Seeschiffe im Hamburger Hafen, vom 17. Februar 1936 (HGVBl. S. 25) und das Altonaer Ortsstatut, betreffend die Löschzeit für Seeschiffe, vom 14. Januar 1886 werden aufgehoben.

4. Verordnung über die Lade- und Löschzeiten in der Binnenschiffahrt

vom 10. Oktober 1941 in der Fassung der Verordnungen vom 3. November 1943, 1. Februar 1944 und 7. Juli 1944 (HVBl. 1941 S. 91, 1943 S. 76, 1944 S. 7 und 41).

Auf Grund der §§ 29 Abs. 4 und 48 Abs. 4 des Reichsgesetzes, betreffend die privatrechtlichen Verhältnisse der Binnenschiffahrt, vom 15. Juni 1895/20. Mai 1898 (RGBl. 1895 S. 301, 1898 S. 868) verordne ich für das Gebiet der Hansestadt Hamburg folgendes:

I

Die Lade- und Löschzeiten der §§ 29 Abs. 2, 38, 48 Abs. 2 und 53 Abs. 2 des oben genannten Gesetzes werden geändert und betragen:

a) für loses Gut, das mit Schurren (Rutschen) oder mit mechanischen, von Kraftmaschinen angetriebenen Einrichtungen unter Verwendung von Greifern, Baggern, Elevatoren, Saugern, Magneten sowie bei Schotter, Splitt, Kies, Sand und Erden auch von Transportbändern umgeschlagen wird:

bis zu 100 t	1 Tag,
bis zu 200 t	2 Tage,
bis zu 300 t	3 Tage,
bis zu 400 t	4 Tage,
bis zu 600 t	5 Tage,
bis zu 900 t	6 Tage,
über 900 t	7 Tage;

b) im übrigen:

bis zu 50 t	1 Tag,
bis zu 100 t	2 Tage,

für jede weitere 100 t je 1 Tag mehr;

c) bei Ladungen unter 50 t sind in jedem Falle mindestens 6,5 t stündlich umzuschlagen.

II

An Stelle der unter I festgesetzten Fristen werden Mindestleistungen je Tag festgesetzt:

a) für Schnittholz (Bretter und Bohlen), Balken und Langholz

in den ersten 2 Tagen	je 50 t,
jeder weitere Tag	75 t;

b) für Gesamt- und Teilladungen der Fahrzeuge des Schiffer-Betriebsverbandes für die Unterelbe:

bis zu 50 t	1 Tag.

III

1. Ein Lade- oder Löschtag umfaßt 24 Stunden. Die Lade- oder Löschzeit beginnt um 0 Uhr des auf die Anzeige der Lade- oder Löschbereitschaft (Meldetag) folgenden Tages, wenn am Meldetag mit dem Laden oder Löschen noch nicht begonnen wird.

   Wird am Meldetag vor 13 Uhr mit dem Laden oder Löschen begonnen, so rechnet die Lade- oder Löschzeit von 0 Uhr des Meldetages an.

   Wird am Meldetag nach 13 Uhr mit dem Laden oder Löschen begonnen, so rechnet die Lade- oder Löschzeit von 13 Uhr des Meldetages bis um 13 Uhr des der Dauer der Lade- oder Löschzeit entsprechenden Tages.
2. Bei Teilladungen gilt nur eine Lade- oder Löschfrist für die ganze Ladung; davon steht jeder Teilladung der verhältnismäßige Anteil zu. Bei der Berechnung des Anteils ist davon auszugehen, daß in der Regel 8 Stunden täglich für den Umschlag in der Zeit von 6 bis 20 Uhr zur Verfügung stehen.
3. Bei Ladungen, die sich aus Gütern nach Ia und Ib zusammensetzen, ist die Gesamtfrist so zu errechnen, daß das Ia-Gut nach den für dieses Gut festgesetzten Fristen, das Ib-Gut mit 100 t je Tag umzuschlagen ist.
4. Die Zeit für das Verholen des Fahrzeuges von einer Lade- oder Löschstelle zur anderen ist bei einer Gesamtladung in die Lade- oder Löschzeit einzurechnen, bei einer Teilladung dagegen nicht.
5. Die Bestimmungen unter Ziffer 2 bis 4 gelten in gleicher Weise für Teilladungen von Massen- und Stückgütern, die an verschiedenen Lade- oder Löschstellen eines Hafens oder in verschiedenen Häfen geladen oder gelöscht werden.
6. In allen Fällen wird nur ein Meldetag für die ganze Ladung gewährt.
7. An Stelle der genannten Lade- oder Löschfristen treten die in einem rechtsgültigen Beschluß eines Frachtenausschusses festgesetzten oder die auf Parteivereinbarung oder Handelsbrauch beruhenden Fristen, wenn sie kürzer sind als die Fristen dieser Verordnung.

IV

1. Diese Verordnung tritt am 1. November 1941 in Kraft.
2. Gleichzeitig treten meine Verordnung über die Lade- und Löschzeit in der Binnenschiffahrt vom 27. Dezember 1940 und die Berichtigung vom 3. Januar 1941 (HVBl. 1940 S. 187, 1941 S. 3) außer Kraft.

5. Bekanntmachung, betreffend die öffentlichen Lösch- und Ladeplätze in der Stadt

vom 19. Juli 1901 (ABl. S. 344)

[Regelt die Benutzung der öffentlichen Lösch- und Ladeplätze einschließlich der zum Löschen und Laden bestimmten Treppen, Rampen, Pontons und sonstigen Landungsanlagen im Gebiete der Stadt und ihre Benutzung durch Lastfahrzeuge jeglicher Art.]

6. Verordnung über den Verkehr auf den öffentlichen Lösch- und Ladeplätzen in den Marsch- und Vierlanden sowie in Geesthacht

vom 23. Juli 1928 (HGVBl. S. 312)

[Geesthacht gehört infolge der Groß-Hamburg-Gesetzgebung nicht mehr zu Hamburg. Als Strafbestimmung für diese VO. und die vorhergehende Bekanntmachung ist § 26 Abs. 2 des 1. Überleitungsgesetzes zum Landesgesetz über Ordnungswidrigkeiten vom 20. Dezember 1954 — HGVBl. S. 155 — maßgebend.]

7. Allgemeine Bedingungen für das Bugsieren von Fluß- und Hafenfahrzeugen im Gebiet des Hafens Hamburg

[Text in jeweils letzter Fassung erhältlich beim Hafenschiffahrtsverband Hamburg e. V.]

8. Schleppbedingungen für das Assistieren von Seeschiffen

[Text in jeweils letzter Fassung erhältlich beim Hafenschiffahrtsverband Hamburg e. V.]

9. Allgemeine Bedingungen für das Vermieten von Schuten und Schuteninventar im Gebiet des Hafens Hamburg

[Text in jeweils letzter Fassung erhältlich beim Hafenschiffahrtsverband Hamburg e. V.]

10. Verordnung über das Löschen, Lagern und Befördern von Fischöl- und Fischmehlrohware

vom 5. Juni 1956 (HGVBl. I S. 93)[1])

I

Löschen und Lagern an den Anlandeplätzen Befördern auf Wasserfahrzeugen

§ 1

Das Löschen oder Abnehmen von Fischen, die nicht für den unmittelbaren menschlichen Verzehr bestimmt oder geeignet sind (Fischöl- und Fischmehlrohware im Sinne dieser Verordnung), ist nur mit Erlaubnis der zuständigen Behörde zulässig.

§ 2

Die Erlaubnis ist zu erteilen, wenn infolge der Beschaffenheit der Fische beim Löschen oder Verarbeiten Gefahren für die hierbei Beschäftigten oder Störungen der Allgemeinheit durch üble Gerüche nicht auftreten können. Die hierzu von der zuständigen Behörde erlassenen Verwaltungsrichtlinien sind im Amtlichen Anzeiger bekanntzumachen.

§ 3

(1) Wasserfahrzeuge mit Ware, die nicht gelöscht oder abgenommen werden darf, müssen die Gewässer im Gebiet der Freien und Hansestadt Hamburg unverzüglich wieder verlassen. Dies gilt auch, wenn von der zuständigen Behörde bei der Beförderung der Ware festgestellt wird, daß eine Erlaubnis nach § 2 nicht zu erteilen ist. Die Ware ist wieder mitzunehmen, auch soweit sie bereits gelöscht ist.

(2) Im übrigen darf Fischöl- und Fischmehlrohware auf Wasserfahrzeugen oder an den Anlandeplätzen nicht länger als 48 Stunden, gerechnet vom Erreichen der Landesgrenze an, gelagert und befördert werden. Eine nach § 2 erteilte Erlaubnis erlischt nach Ablauf dieser Frist. Absatz 1 Satz 3 gilt entsprechend.

(3) Die Eigentümer, Besitzer und Schiffsführer der Wasserfahrzeuge oder diejenigen, die sonst die Verfügungsgewalt über die Ware ausüben, haben alle nach den Absätzen 1 und 2 erforderlichen Maßnahmen durchzuführen.

---

[1]) siehe Anordnung zur Durchführung vom 29. 6. 1956 (AA. S. 681) sowie Verwaltungsrichtlinien für die Erteilung der Erlaubnis zum Löschen, Abnehmen und Ausladen von Fischöl- und Fischmehlrohware vom 29. 6. 1956 (AA. S. 681).

IV

Schlußbestimmungen

§ 15

Die zuständigen Behörden können auf Antrag von den Bestimmungen dieser Verordnung im Einzelfall Ausnahmen zulassen, wenn dadurch die sich aus der Beschaffenheit der Fische oder Fischabfälle ergebenden Gefahren leichter verhindert oder beseitigt werden können oder wenn wichtige Gründe, die nicht in der Person oder in dem Betrieb des Antragstellers liegen, für eine Ausnahme bestehen. Die Zulassung von Ausnahmen kann mit Bedingungen und Auflagen verbunden werden.

§ 16

Vorsätzliche und fahrlässige Verstöße gegen die Bestimmungen dieser Verordnung können als Ordnungswidrigkeiten mit Geldbuße bis zu 1 000,— DM geahndet werden.

§ 17

Diese Verordnung tritt am 1. Juli 1956 in Kraft.

11. Benutzungs- und Geschäftsbedingungen der Fischmarkt Hamburg-Altona G. m. b. H.

[Die Fischmarkt Hamburg-Altona G. m. b. H. ist von der Hansestadt Hamburg mit der Verwaltung von Grundstücksflächen, Gebäuden und Anlagen (Fischmarkt) beauftragt und mit dem Recht ausgestattet, die auf den Fischmarkt gebrachten Fische, sonstigen Wassertiere und daraus hergestellten Erzeugnisse zu löschen, zu entladen und zu veräußern. Die für den Geschäftsverkehr mit ihr geltenden Benutzungs- und Geschäftsbedingungen nebst Tarif können in jeweils letzter Fassung bei ihr angefordert werden.]

12. Vertrag über den Betrieb der hamburgischen Hafenbahn

vom 21. Februar 1929

[Dieser zwischen der Hansestadt Hamburg und der Deutschen Reichsbahn-Gesellschaft (jetzt Deutsche Bundesbahn) geschlossene Vertrag mit seinen Änderungen vom 5./27. September 1935 nebst Schlußprotokoll und einer zusätzlichen Vereinbarung, wonach die Hamburger Freihafen-Lagerhaus-Gesellschaft, jetzt Hamburger Hafen- und Lagerhaus-AG., sofern und soweit diese den Betriebsvertrag durchführt, hinsichtlich der ihr von der Hansestadt Hamburg übertragenen Pflichten und Befugnisse als Erfüllungsgehilfe der Hansestadt Hamburg gilt, während die Hansestadt Hamburg selbst der Bundesbahn gegenüber verpflichtet und berechtigt bleibt, kann eingesehen werden bei der Behörde für Wirtschaft und Verkehr, Strom- und Hafenbau, Rechtsabteilung oder Hafenbahnabteilung.]

13. Marktordnung für die Großmärkte am Deichtor

vom 29. September 1953 (HGVBl. I S. 253)

§ 3

Marktanlagen

Als Marktanlagen dienen

(1) für den Obst- und Gemüsegroßmarkt:

e) die Pontons in ihrer ganzen Ausdehnung nebst Aufgängen.

§ 16

Pontonanlagen

(1) Die Pontonanlagen einschließlich der Förderanlagen dienen zur Abnahme von Marktwaren, die mit Schiffen angeliefert werden. Die Benutzung der Pontonanlagen ist nur denjenigen gestattet, denen die Berechtigung hierzu besonders erteilt worden ist.

(2) Die Benutzer der Pontonanlagen und der Förderbänder sind verpflichtet, die Vorschriften über die Benutzung der Pontonanlagen und der Förderbänder sorgfältig zu befolgen.

(3) Der Zutritt zu den Pontonanlagen ist nur zum Abholen von Gütern denjenigen Personen gestattet, die sich als Empfänger eingehender Güter oder als Beauftragte der Empfänger ausweisen können.

(4) Die entladenen Waren sind sofort auf die Verkaufsstände oder in die Marktkeller zu schaffen. Das Lagern von Waren oder sonstigen Gütern auf den Pontonanlagen ist verboten.

(5) Förderbänder dürfen nur nach vorheriger Anmeldung benutzt werden.

§ 34

Statistik und Marktbericht

(1) Die für statistische Zwecke und für den Marktbericht erforderlichen Zählkarten, Fragebogen und Warenanfallscheine sind von den Schiffern und Verkäufern richtig auszufüllen und bis zum Ende der Verkaufszeit abzuliefern.

14. Betriebsordnung für die öffentlichen Kaianlagen in Hamburg

(Kaibetriebsordnung/KBO.) der Hamburger Hafen- und Lagerhaus AG.

[Text in jeweils letzter Fassung erhältlich bei der Hamburger Hafen- und Lagerhaus AG.]

15. Tarif für die Benutzung der öffentlichen Kaianlagen in Hamburg

(Kaitarif/KT.) der Hamburger Hafen- und Lagerhaus AG.

[Text in jeweils letzter Fassung erhältlich bei der Hamburger Hafen- und Lagerhaus AG.]

16. Gesetz über die Ausübung des Verwaltungszwanges durch die Hamburger Freihafen-Lagerhaus-Gesellschaft[1])

vom 11. Mai 1935 (HGVBl. S. 125)

§ 1

Die Gebühren für die Benutzung der öffentlichen Kaianlagen und der Anlagen der Hamburger Freihafen-Lagerhaus-Gesellschaft sowie die Kosten für den Zwangsverkauf eingelagerter Güter können durch den Vorstand der Gesellschaft gemäß § 17 des Gesetzes, betreffend das Verhältnis der Verwaltung zur Rechtspflege, im Verwaltungszwangsverfahren beigetrieben werden, nachdem die Behörde für Wirtschaft[2]) die Vollstreckung verfügt hat.

§ 2

Die zuständigen Angestellten der Hamburger Freihafen-Lagerhaus-Gesellschaft können Fahrzeuge, die unbefugt an den Kais liegen, sofort verlegen lassen. Die entstehenden Kosten können durch den Vorstand der Gesellschaft im Verwaltungszwangsverfahren beigetrieben werden.

---

[1]) = Hamburger Hafen- und Lagerhaus AG.
[2]) = Behörde für Wirtschaft und Verkehr.

VII. Fähren und Schleusen

1. Polizeiverordnung über die Einrichtung, den Betrieb und die Benutzung von Fähren in der Hansestadt Hamburg[1])

vom 1. August 1950 (HGVBl. S. 177)

§ 1

Geltungsbereich

(1) Die Bestimmungen dieser Verordnung finden auf Fähranlagen im Gebiet der Hansestadt Hamburg Anwendung und auf Fährfahrzeuge, die im Gebiet der Hansestadt Hamburg beheimatet sind und mit denen Passagiere oder Güter im Fährbetrieb befördert werden.

(2) Fährbetrieb ist die Querverbindung von Ufer zu Ufer mit Fahrzeugen, die ausschließlich diesem Zweck dienen.

§ 2

Inbetriebnahme

Eine Fähre darf vom Fährberechtigten nur in Betrieb genommen werden, wenn das Fährfahrzeug und seine Besatzung sowie die Fähranlagen den nachstehend aufgeführten Bestimmungen entsprechen und dies von der Wasserschutzpolizei Hamburg bescheinigt worden ist.

§ 3

Besatzung

(1) Der Schiffsführer des Fährfahrzeugs muß im Besitz eines Fährmeisterzeugnisses sein. Die Wasserschutzpolizei Hamburg prüft die Fährmeisteranwärter und stellt nach Bestehen der Prüfung ein Fährmeisterzeugnis aus. Die Prüfung besteht aus einem theoretischen und praktischen Teil und erstreckt sich auf die Kenntnis der Fahrwasserverhältnisse und der strom- und schiffahrtspolizeilichen Bestimmungen sowie auf die Eignung in der Führung des Fährfahrzeugs. Der Schiffsführer muß im Vollbesitz seiner für die sichere Führung des Fährfahrzeugs notwendigen körperlichen Fähigkeiten, besonders des Seh-, Hör- und Farbunterscheidungsvermögens sein.

[1]) im örtlichen Geltungsgebiet des Hafengesetzes vom 21. 12. 1954 (HGVBl. I S. 169) gemäß § 67 Abs. 1 Ziff. 23 a. a. O.

(2) Für Fährfahrzeuge mit Motorantrieb muß der Führer des Fährfahrzeugs die Kenntnis in der Bedienung und Handhabung des Motors durch Vorlage eines C-Patents oder einer Bescheinigung des Amts für Arbeitsschutz (Aufsicht über Dampfkessel und Maschinen) nachgewiesen haben.

(3) Die Wasserschutzpolizei Hamburg bestimmt, wieviel Fährleute für den Betrieb notwendig sind und während des Betriebes an Bord sein müssen. Die Fährleute müssen mindestens 18 Jahre alt und schiffahrtskundig sein. Sie sind der Wasserschutzpolizei Hamburg namhaft zu machen.

(4) Die Besatzung darf nur aus zuverlässigen Personen bestehen, anderenfalls kann die Wasserschutzpolizei Hamburg ihre Entfernung verlangen.

(5) Das Fährmeisterzeugnis kann von der Wasserschutzpolizei entzogen werden, wenn Tatsachen vorliegen, die die Annahme rechtfertigen, daß der Schiffsführer unzuverlässig oder unfähig ist.

§ 4

Benutzung, Beschaffenheit und Ausrüstung der Fährfahrzeuge

(1) Als Fährfahrzeuge dürfen nur solche Fahrzeuge eingesetzt werden, die von der Wasserschutzpolizei Hamburg überprüft und für den Fährbetrieb zugelassen sind. Bei der Überprüfung sind Eichbrief und Vermessungsschein vorzulegen.

(2) Die für das Fährfahrzeug festgesetzte höchstzulässige Belastung darf nicht überschritten werden. Bei der im Vermessungsschein zugelassenen Personenzahl werden Kinder unter 4 Jahren nicht mitgerechnet, wenn der vorhandene Raum ausreicht. Wird der zur Unterbringung von Fahrgästen bestimmte Raum teilweise zur Unterbringung von Gütern oder Vieh benutzt, so vermindert sich für je 0,50 qm des in Anspruch genommenen Raumes die Höchstzahl um einen Fahrgast. Güter, die den Fährbetrieb gefährden, dürfen nicht befördert werden.

(3) Fährfahrzeuge müssen die Bezeichnung „F“ oder „Fähre“ am Bug oder mitschiffs an beiden Seiten in mindestens 20 cm großen Buchstaben führen. Im Innern der Fährfahrzeuge ist ein Schild mit nachstehenden Angaben anzubringen: Name der Fähre, höchstzulässige Personenzahl und Tragfähigkeit in Tonnen. Beschriftung: Mindestens 5 cm große schwarze Zahlen und Buchstaben auf weißem Grund.

(4) Für Fährprähme und Fährfahrzeuge mit Eigenantrieb müssen die Blechstärken der Außenhaut im Boden und in der Kimm mindestens 7 mm betragen. Die Spantenabstände dürfen 400 mm nicht überschreiten und sind an den Enden auf 250 mm zu verringern, sofern nicht in anderer Weise für entsprechende Versteifung gesorgt ist.

(5) Im Fährbetrieb eingesetzte Ruderboote müssen genügend stark gebaut sein und mit der zugelassenen Höchstbelastung einen Freibord von mindestens 30 cm haben. Sie müssen entsprechend der zugelassenen Per-

sonenzahl mit Sitzbänken ausgestattet sein. Mitgeführte Fahrräder oder sonstige sperrige Gegenstände sind so unterzubringen, daß die Fahrgäste nicht behindert oder gefährdet werden.

(6) Alle Fährfahrzeuge müssen mit 2 Rettungsringen von mindestens je 10 kg Tragfähigkeit ausgerüstet sein. Darüber hinaus müssen entsprechend der für das Fährfahrzeug zugelassenen Personenzahl geeignete Rettungsgeräte (Rettungsringe, Schwimmwesten, schwimmfähig gemachtes Decksinventar) mitgeführt werden. Bei dem Rettungsgerät ist für jede Person ein Gewicht von mindestens 2,5 kg Tragfähigkeit zugrundezulegen. Das vorgeschriebene Rettungsgerät muß jederzeit gebrauchsfähig sein.

(7) Fährfahrzeuge mit Eigenantrieb müssen mit einem behördlich zugelassenen Feuerlöscher ausgerüstet sein.

(8) Alle Fährfahrzeuge müssen mit Verbandmaterial, das mindestens zum Anlegen von Notverbänden ausreicht, ausgerüstet sein. Das Verbandmaterial ist so zu verwahren, daß es vor Verschmutzung geschützt ist.

(9) Alle Fährfahrzeuge, mit Ausnahme der Ruderboote, müssen mit einem ihrer Größe entsprechenden Ankergeschirr ausgerüstet sein.

§ 5

Fährprähme

(1) Fährprähme müssen außerdem zur Sicherheit der Fahrgäste und der Tiere so eingerichtet sein, daß sie durch starke Bäume oder Ketten auf beiden Seiten abgesperrt werden können. Die Schranke an der dem Wasser zugekehrten Seite ist stets geschlossen zu halten. Vor der Abfahrt ist auch die andere Schranke zu schließen.

(2) Die Insassen von Fuhrwerken und Kraftfahrzeugen mit Ausnahme der Fahrer haben vor der Auffahrt auf den Fährprahm auszusteigen.

(3) Radfahrer haben vor der Auffahrt auf den Fährprahm abzusteigen und dürfen erst wieder aufsteigen, nachdem sie den Fährprahm verlassen haben.

(4) Reiter müssen vor dem Betreten des Fährprahms absitzen und während des Übersetzens das Pferd kurz am Zügel halten.

(5) Vor der Abfahrt sind auf dem Fährprahm vorhandene Fahrzeuge durch unter die Räder zu schiebende Keile festzustellen.

(6) Für die Zeit der Überfahrt sind die Motore der an Bord befindlichen Fahrzeuge abzustellen. Zugtiere sind abzusträngen und kurz anzubinden. Die Lichter der an Bord befindlichen Fahrzeuge sind für die Zeit der Überfahrt zu löschen oder genügend abzublenden.

(7) Lebendes Vieh sowie Frachtgut und Gepäckstücke sind so unterzubringen, daß dadurch die Fahrgäste nicht gefährdet oder belästigt werden können.

(8) Werden Fahrgäste und Fahrzeuge zugleich befördert, so dürfen die Fahrgäste den Fährprahm erst dann betreten, nachdem die Fahrzeuge aufgefahren sind. Nach der Überfahrt haben zuerst die Fahrgäste den Fährprahm zu verlassen.

(9) Vor dem Übersetzen von Fuhrwerken und Kraftfahrzeugen ist der Führer des Fährprahms verpflichtet das Gesamtgewicht der zu befördernden Fahrzeuge zu prüfen. Zu diesem Zwecke ist dem Führer des Fährprahms das Gewicht der Wagen und der Ladung anzugeben. Außerdem hat der Führer des Fährfahrzeugs nachzuprüfen, ob die höchstzulässige Eintauchtiefe nicht überschritten ist.

(10) Der Führer des Fährprahms hat für gleichmäßige Verteilung der Fahrgäste und Güter auf dem Fährprahm zu sorgen.

(11) Fährprähme ohne Eigenantrieb müssen während der Überfahrt mit dem schleppenden Fahrzeug fest verbunden bleiben.

§ 6

Zugänge zur Fähre

(1) Die Zugänge zur Fähre sind stets in einem verkehrssicheren Zustand zu halten. Bei stark abschüssigen Zufahrtswegen ist an geeigneter Stelle ein Schlagbaum oder eine sonstige Absperrvorrichtung anzubringen.

(2) Während der Übernahme von Fährbenutzern muß das Fährfahrzeug fest vertäut sein.

(3) Bei Dunkelheit ist die Anlegestelle während der Betriebszeit ausreichend zu beleuchten. Die Lichter sind so abzublenden, daß die Schiffahrt nicht gestört werden kann.

§ 7

Verhalten der Fährbenutzer

(1) Die Fahrgäste dürfen beim Einsteigen in das Fährfahrzeug und beim Aussteigen aus dem Fährfahrzeug nur die dazu bestimmten Ein- und Ausgänge benutzen.

(2) Fährbenutzer dürfen das Fährfahrzeug nur dann betreten und verlassen, wenn es fest vertäut ist.

(3) Rucksäcke und sperrige Gegenstände sind abzunehmen. Der Verkehr auf dem Fährfahrzeug darf dadurch nicht behindert werden.

(4) Der Führer des Fährfahrzeugs kann von der Beförderung ausschließen:

a) Kinder und Geisteskranke, soweit sie der Beaufsichtigung bedürfen, wenn sie nicht durch geeignete Begleitpersonen genügend beaufsichtigt werden,

b) Betrunkene,

c) an ansteckenden oder ekelerregenden Krankheiten leidende Personen.

(5) Die Anordnungen des Fährpersonals sind zu befolgen.

§ 8

Instandhaltung der Fähre

(1) Fähranlagen, Fährfahrzeuge und ihre Ausrüstung müssen stets in betriebssicherem Zustand gehalten werden. Die Bilgen sind sorgfältig zu lenzen. Untauglich gewordene Fähranlagen und Fährfahrzeuge sind sofort außer Dienst zu stellen, sie dürfen erst dann wieder in Betrieb genommen werden, wenn sie von der Wasserschutzpolizei Hamburg erneut zugelassen worden sind. Vor Inbetriebnahme muß der Schiffskörper auf dem Trocknen besichtigt werden. Die Besichtigung ist alle 5 Jahre zu wiederholen. Unberührt bleiben die wasser- und baupolizeilichen Bestimmungen.

(2) Die Wasserschutzpolizei Hamburg und die Behörde für Wirtschaft und Verkehr — Strom- und Hafenbau — können jederzeit eine Überprüfung der Fähre vornehmen. Die getroffenen Anordnungen sind zu befolgen.

§ 9

Belastungsfähigkeit

(1) Vor der Inbetriebsetzung eines jeden Fährfahrzeugs muß die Belastungsfähigkeit festgestellt und ein Krängungsversuch durchgeführt werden. Ebenso muß nach jeder Veränderung oder Instandsetzung, durch die die Belastungsfähigkeit beeinträchtigt wird, das Fährfahrzeug von neuem geprüft und gegebenenfalls die Tragfähigkeit neu festgestellt werden.

(2) An jedem Fährfahrzeug müssen zur Bezeichnung der höchsten Belastungsfähigkeit an den Längsseiten je 2 Leisten von mindestens 20 cm Länge und 3 cm Breite angebracht sein, die mit weißer Ölfarbe auf dunklem Untergrund zu streichen sind. Als höchstzulässige Eintauchtiefe gilt die Unterkante dieser Leisten.

§ 10

Lichterführung

Fährfahrzeuge haben die nach den örtlich geltenden schiffahrtspolizeilichen Bestimmungen vorgeschriebenen Lichter und Kennzeichen zu führen.

§ 11

Ausnahmen

In besonderen Fällen kann die Wasserschutzpolizei Hamburg Ausnahmen von den Vorschriften dieser Verordnung zulassen.

§ 12

Strafbestimmungen

Zuwiderhandlungen gegen diese Polizeiverordnung werden mit Geldstrafe bis zu 150,— DM bestraft[1]).

---

[1]) betr. Verstöße gegen diese VO. im Geltungsbereich des Hafengesetzes siehe § 67 Abs. 2 a. a. O., im übrigen siehe § 26 Abs. 2 des 1. Überleitungsgesetzes zum Landesgesetz über Ordnungswidrigkeiten vom 20. 12. 1954 (HGVBl. S. 155).

§ 13

Inkrafttreten

Diese Polizeiverordnung tritt am Tage der Verkündung in Kraft.

2. Schleusenordnung[1])

vom 24. Oktober 1929 (HGVBl. S. 487)

§ 1

Es ist verboten, die Schleusenanlagen unbefugt zu betreten, sie zu beschädigen, zu verunreinigen, die Schleusentore unbefugt zu öffnen oder zu schließen. Die Schleuseneinfahrten sind für den Schleusenbetrieb freizuhalten.

§ 2

Die Schleusen dürfen nur langsam durchfahren werden. Werden Schleusen im Abflußgebiet der Alster durchfahren, so müssen die Schiffsmotoren abgestellt werden.

Die Schleusentore dürfen nicht mit den Fahrzeugen berührt werden. Alle über Bord ragenden Gegenstände (Seitenschwerter usw.) sind so zu sichern, daß die Schleusenkammern nicht beschädigt werden können. Innerhalb der Schleusenkammer dürfen Ewerführerhaken nur in die dort angebrachten eisernen Haltevorrichtungen eingehakt werden. An den übrigen Stellen ist das Krückenende des Hakens anzusetzen.

In den Schleusen des Hafengebietes haben sich alle Fahrzeuge nach den in der Mitte der Schleusentorträger aufgestellten Fahrzeichen zu richten.

Wenn durch die Schleusen Wasser abgelassen wird und daher mit verstärktem Strom zu rechnen ist, so wird am Tage ein roter Ball, bei Nacht ein rotes Licht auf den Schleusen gezeigt.

§ 3

Fahrzeuge, die infolge ihres Tiefgangs in den Schleusenkammern festgeraten können, dürfen nicht durchgeschleust werden.

Die Führer tiefgehender Fahrzeuge haben sich bei niedrigem Wasserstand an den Schleusenpegeln zu überzeugen, ob die Durchfahrt möglich ist. In der Brookthorschleuse ist insbesondere darauf zu achten, daß die Sohle der Schleusenkammer auf +1,12 m, in der Baakenschleuse auf + 0,40 m liegt.

§ 4

Die Anordnungen der Schleusenbeamten sind unbedingt zu befolgen.

---

[1]) im Geltungsgebiet des Hafengesetzes vom 21. 12. 1954 (HGVBl. I S. 169) gemäß § 69 Abs. 2 Ziff. 7 a. a. O. aufgehoben.

§ 5

Die Bescheinigungen, die an den Alsterschleusen, den Billeschleusen, den Hammerbrookerschleusen und der Bergedorfer Schleuse über den Empfang der Schleusengebühr von den Schleusenbeamten erteilt werden, sind zur Vermeidung nochmaliger Zahlung aufzubewahren, bis die Fahrzeuge das betreffende Gebiet verlassen haben.

§ 6

Verstöße gegen die §§ 1 bis 4 werden mit Geldstrafe bis zu 150 RM oder mit Haft bis zu 14 Tagen bestraft[1]).

§ 7

Aufgehoben werden:

1. Erneuerte Verordnung über die Schiffahrt durch die Alsterschleusen oberhalb Fuhlsbüttel vom 22. Januar 1896 (ABl. S. 33),
2. Bekanntmachung, betreffend Schleusenverkehr, vom 1. April 1897 (ABl. S. 167),
3. Erneuerte Verordnung, betreffend die Alsterschiffahrt bei Fuhlsbüttel, vom 1. September 1897 (ABl. S. 389),
4. Bekanntmachung, betreffend Festlegen von Floßhölzern und Fahrzeugen bei der Brandshoferschleuse, vom 12. Mai 1898 (ABl. S. 377),
5. Verordnung, betreffend den Schiffahrtsverkehr durch die Curslacker Schleuse, vom 12. Dezember 1909 (ABl. S. 740),
6. Bekanntmachung, betreffend Ruderbootverkehr bei den Fuhlsbütteler Schleusen, vom 16. Juli 1917 (ABl. S. 1252),
7. Verordnung über den Schiffsverkehr an den Schleusen im Abflußgebiete der Alster vom 16. Juni 1926 (HGVBl. S. 387),
8. Polizeiverordnung über den Schiffsverkehr an der Graskellerschleuse und Michaelisschleuse vom 10. Juli 1926 (HGVBl. S. 475).

3. Schleusenordnung

vom 13. Mai 1948 (AA. S. 231)

1

Die Schleusenanlagen dürfen nur von der Schiffsbesatzung betreten werden, soweit dies notwendig ist.

2

Die Schleusenanlagen dürfen nicht verunreinigt oder beschädigt werden.

---

[1]) neue Fassung: § 26 Abs. 1 des 1. Überleitungsgesetzes zum Landesgesetz über Ordnungswidrigkeiten vom 20. 12. 1954 (HGVBl. S. 155).

3

Die Einrichtungen der Schleuse dürfen nur von dem Schleusenpersonal bedient werden.

4

Fahrzeuge, die infolge ihrer Abmessungen in den Schleusenkammern festgeraten können, dürfen nicht durchgeschleust werden.

Die Führer tiefgehender Fahrzeuge haben durch Anfrage beim Schleusenpersonal unter Angabe des Tiefganges ihres Fahrzeuges festzustellen, ob die Durchfahrt möglich ist. Die Entscheidung trifft das Schleusenpersonal.

5

Ein- und Ausfahrten sind für den Schleusenverkehr freizuhalten.

6

Wenn Wasser abgelassen wird und daher mit verstärktem Strom zu rechnen ist, wird am Tage ein roter Ball, bei Nacht ein rotes Licht auf den Schleusen gezeigt. Dies gilt nicht für die Ernst-August-Schleuse in Wilhelmsburg sowie die Alte und Neue Hafenschleuse in Harburg.

7

Die Schleusentore dürfen nicht mit den Fahrzeugen berührt werden. Alle über Bord ragenden Gegenstände, z. B. Ankergeschirr, sind so zu sichern, daß die Schleusenkammern nicht beschädigt werden können. Innerhalb der Schleusenkammer dürfen Ewerführerhaken nur in die angebrachten eisernen Haltevorrichtungen eingehakt werden. An den übrigen Stellen ist das Krückenende des Hakens anzusetzen.

8

Die Schleusen dürfen nur langsam und vorsichtig durchfahren werden. In den Schleusen des Abflußgebietes der Alster müssen die Schiffsmotoren abgestellt werden.

9

Die Öffnungszeiten werden besonders bekanntgemacht.

Die Gebührenpflicht richtet sich nach der geltenden Gebührenordnung.

10

Für den Fall der Zuwiderhandlung gegen die Bestimmungen dieser Schleusenordnung wird hiermit ein Zwangsgeld in Höhe von RM 50,—, im Falle des Unvermögens die Zwangshaft bis zu 10 Tagen angedroht.

Darüber hinaus sind die Schleusenbeamten berechtigt, im Falle der Zuwiderhandlung gegen die Bestimmungen der Schleusenordnung Zwangsmittel anzudrohen und festzusetzen.

Dieses Recht besteht auch, wenn die Anordnungen zur Aufrechterhaltung eines ordnungsmäßigen Schleusenverkehrs erforderlich sind.

VIII. Freihafen und Zollwesen

1. Verordnung über feuersicherheitliche Vorschriften für die Lagerhäuser im nördlichen Freihafengebiet

vom 24. Mai 1955 (HGVBl. I S. 175)

§ 1

Geltungsbereich

(1) Die folgenden Vorschriften gelten für alle Lagerhäuser und Lagerräume in dem nördlich der Norderelbe gelegenen Teil des Freihafengebietes.

(2) Auf die in diesem Bezirk gelegenen Kaischuppen und andere zum Kaibetrieb gehörige Schuppen sowie auf das Gelände des Gaswerkes Grasbrook findet diese Verordnung keine Anwendung.

I. Heiz- und Kochanlagen

§ 2

(1) Heiz- und Kochanlagen müssen den Vorschriften der Baupolizeiverordnung für die Hansestadt Hamburg vom 8. Juni 1938 (HVBl. S. 69) entsprechen.

(2) Die Errichtung neuer Feuerstätten oder die Verlegung bereits vorhandener Feuerstätten sowie die Auswechselung einer bestehenden Heiz- oder Kochanlage gegen eine Anlage anderer Art sind nur mit Genehmigung der zuständigen Bauprüfabteilung nach den Bestimmungen der Baupolizeiverordnung zulässig.

(3) Die Aufstellung von gasverbrauchenden Einrichtungen oder von elektrischen Heiz-, Löt-, Heißluft- oder Kocheinrichtungen ist dem mit der Aufsicht in den Lagerhäusern beauftragten Beamten der Baubehörde — Feuerwehramt — anzuzeigen; seine Anweisungen sind zu befolgen.

(4) Die Verwendung von brennbaren Flüssigkeiten sowie von verflüssigten oder verdichteten Gasen zum Heizen oder Kochen ist verboten.

§ 3

Feuerungsmaterial muß in Räumen aufbewahrt werden, die in feuerbeständiger Bauweise von ihrer Umgebung abgetrennt sind. Mengen bis zu 100 kg können in der Nähe der Feuerstellen in metallenen Behältern vorrätig gehalten werden. Holz, Papier, Kohlenanzünder und ähnliche Stoffe zum Feueranmachen dürfen nur in metallenen Behältern aufbewahrt werden. In den Dachgeschossen ist jede Lagerung von Brennstoffen verboten.

§ 4

Die Schornsteinreinigungsöffnungen müssen zugänglich sein. Bei der Lagerung von Waren und brennbaren Gegenständen muß ein Abstand von mindestens 1 m eingehalten werden.

§ 5

Der bei dem Reinigen der Schornsteine und der Feuerstätten anfallende Ruß sowie Asche und Feuerungsreste müssen in metallenen, dicht zu schließenden Behältern aufbewahrt werden. Diese Behälter sind regelmäßig zu entleeren. Sie dürfen bis zur Entleerung nicht auf den Böden, in den Lagerräumen und in den Räumen, in denen Feuerung lagert, abgestellt werden.

II. Beleuchtung

§ 6

(1) Für künstliche Beleuchtung darf nur elektrisches Licht verwendet werden.

(2) Leuchten, Zubehör und Anschlüsse sind so auszuführen, daß durch betriebsmäßige Erwärmung oder bei Störungen kein Brand entstehen kann. Sofern die Leuchten der Gefahr einer Beschädigung ausgesetzt sind, z. B. über den Karrbahnen und in Nähe der Ladeluken, sind Glühlampen durch Drahtkörbe zu schützen. In feuchten Räumen sind nur Leuchten in wasserdichter Ausführung zulässig.

(3) In den Lagerräumen sind die Leuchten über den Gängen anzubringen und fest anzuschrauben. In Ausnahmefällen kann die Baubehörde — Feuerwehramt — zulassen, daß Pendelleuchten mit Zuleitungen aus Gummischlauchleitung in mindestens mittlerer Ausführung und einwandfreier Zugentlastung verwendet werden.

(4) In Treppenhäusern sind die Leuchten so anzubringen, daß sie gegen mechanische Beschädigungen geschützt sind.

(5) Zugpendelleuchten dürfen nur in Kontorräumen verwendet werden. Elektrische Handleuchten sind mit Schutzglas und Schutzkorb auszurüsten; die Zuleitungen müssen aus Gummischlauchleitungen mittlerer oder starker Ausführung bestehen und dürfen nicht länger als 8 m sein.

(6) Steckdosen zum einschrauben in die Fassungen der Leuchten (sogenannte Schraubstecker oder Steckerfassungen) und Mehrfachstecker dürfen nicht verwendet werden.

(7) Elektrische Handleuchten mit Akkumulatoren oder Trockenbatterien müssen mit starken Schutzgläsern versehen sein.

III. Elektrische Anlagen und Gasanlagen

§ 7

(1) Elektrische Licht- oder Kraftanlagen dürfen nur nach den Vorschriften der Polizeiverordnung über elektrische Starkstromanlagen vom 24. Februar 1939 (HVBl. S. 16) und den anerkannten Regeln der Elektrotechnik (Zweite Verordnung zur Durchführung des Gesetzes zur Förderung der Energiewirtschaft — Energiewirtschaftsgesetz — vom 31. August 1937 — RGBl. I S. 918 —) errichtet, verändert und unterhalten werden. Im Sinne dieser Vorschriften gelten alle Lagerräume und gewerblichen Anlagen, in denen leicht brennbare Stoffe gelagert, bearbeitet oder verarbeitet werden, als feuergefährdete Betriebsstätten. Kellerräume gelten hinsichtlich der Installationsvorschriften als feuchte Räume.

(2) Elektrische Geräte und Maschinen müssen gekapselt sein. Jeder Motor muß durch einen Motor-Schutzschalter geschützt sein. In den Lagerräumen und den sonstigen gewerblichen Räumen dürfen nur gekapselte Schalter und Steckdosen verwendet werden.

§ 8

Gasanlagen dürfen nur nach den Vorschriften der Verordnung über Sicherheitsvorschriften für Gasanlagen vom 30. Mai 1925 (HGVBl. S. 287) und nach den anerkannten Regeln der Technik (Vierte Verordnung zur Durchführung des Gesetzes zur Förderung der Energiewirtschaft — Energiewirtschaftsgesetz — vom 7. Dezember 1938 — RGBl. I S. 1732 —) angelegt, geändert und betrieben werden.

§ 9

(1) In den Zuleitungen für Strom und Gas sind Absperreinrichtungen für jeden Gebäudeteil bzw. Betrieb an leicht zugänglicher Stelle (Treppenhaus) vorzusehen.

(2) Behelfsmäßige Leitungsinstallationen sind verboten.

(3) Nach Arbeitsschluß sind elektrische Anlagen — mit Ausnahme von Kühl- und Uhrenanlagen — spannungslos zu machen. Kühlanlagen sind fest (ohne Steckdosen) vor dem Hauptschalter anzuschließen. Für Synchronuhren darf eine besondere Leitung, die mit 2 Ampère abzusichern ist, vor dem Hauptschalter abgezweigt werden.

IV. Gewerbliche Anlagen

§ 10

(1) Jede Einrichtung oder Veränderung einer gewerblichen Anlage bedarf der Genehmigung nach den Vorschriften der Baupolizeiverordnung für die Hansestadt Hamburg vom 8. Juni 1938 (HVBl. S. 69).

(2) Gewerbliche Anlagen, mit deren Betrieb eine besondere Feuersgefahr verbunden ist, sind verboten.

(3) In gewerblichen Anlagen sind als Antriebsmaschinen nur Elektromotoren zugelassen.

V. Lagerung feuergefährlicher Stoffe

§ 11

(1) Feuergefährlich im Sinne dieser Verordnung sind die in der Anlage [auf Abdruck verzichtet] aufgeführten Stoffe. Sie dürfen in den Lagerhäusern nicht untergebracht, aufbewahrt oder gelagert werden, soweit sich nicht Ausnahmen aus dem Verzeichnis selbst ergeben oder Ausnahmen im Einzelfalle von der Baubehörde — Feuerwehramt — zugelassen werden.

(2) Unter das Verbot fallen nicht Proben im Gesamtgewicht bis zu 5 kg, wenn sie in besonderen abgeteilten Räumen gelagert werden. Proben von Spreng- und Schießmitteln und ähnlichen Stoffen mit explosiven Eigenschaften, von Munition sowie von Zündwaren und Feuerwerkskörpern dürfen nicht in die Lagerhäuser eingebracht werden.

(3) Auf die Unterbringung, Aufbewahrung und Lagerung von Verpackungsmaterial findet das Verbot nach Absatz 1 keine Anwendung.

(4) Die Einlagerer sind verpflichtet, dem Lagerhalter die erforderlichen Angaben über die Art und die Eigenschaft der einzulagernden Güter zu machen oder die schriftliche Erklärung abzugeben, daß die eingelagerten Packstücke keine feuergefährlichen Stoffe enthalten. Wenn bei verpackten Gegenständen der Inhalt der Packstücke nicht bezeichnet und auch sonst nicht zu erkennen ist und der Einlagerer keine Erklärung der im vorigen Satz bezeichneten Art abgegeben hat, so ist der Lagerhalter verpflichtet, sich davon zu überzeugen, daß die Packstücke keine feuergefährlichen Stoffe enthalten.

VI. Lagerung von giftigen oder ätzenden Stoffen, die bei Erwärmung oder Berührung mit Wasser giftige oder ätzende Gase abspalten

§ 12

Die Einlagerung von giftigen oder ätzenden Stoffen, die bei Erwärmung oder bei Berührung mit Wasser giftige oder ätzende Gase abspalten (z. B. Blausäure, Dimethylsulfat, Brom, durch Wasser zersetzliche Chloride, Natriumhydrosulfit) ist der Baubehörde — Feuerwehramt — anzuzeigen.

VII. Sonstige Vorschriften

§ 13

(1) In den Lagerräumen, Dachböden und Werkstätten und auf den unmittelbar zu diesen Räumen führenden Zugängen (Treppenhäusern, Fluren

usw.) ist das Rauchen und das Mitbringen glimmender Zigarren, Zigaretten oder Pfeifen verboten. Auf das Verbot ist durch Anschläge hinzuweisen. Die Anschläge müssen in den Treppenhäusern in jedem Geschoß und auf den Fluren augenfällig und in dauerhafter Beschaffenheit angebracht sein.

(2) In den Lagerräumen ist jeder Gebrauch von offenem Feuer und Licht, auch das Anzünden von Streichhölzern und Feuerzeugen, verboten.

(3) Die Ausführung von Lötarbeiten muß vor ihrem Beginn bei dem mit der Aufsicht in den Lagerhäusern beauftragten Beamten der Baubehörde — Feuerwehramt — angezeigt werden. Es dürfen nur Lötkolben benutzt werden, die elektrisch oder im Lötofen erwärmt werden. Die Lötöfen dürfen nur mit Holzkohle geheizt und müssen im Freien an ungefährlicher Stelle angezündet werden. Während des Betriebes müssen sie in einem Kasten aus Eisenblech mit mindestens 30 cm hohen Wänden stehen und mindestens 1 m von Waren entfernt aufgestellt werden. In unmittelbarer Nähe der Arbeitsstelle ist ein mit Wasser gefüllter Eimer oder ein anderes geeignetes Löschgerät bereitzuhalten.

§ 14

Stoffe, die zum Eindämmen und Aufsaugen ausgelaufener Flüssigkeiten benutzt worden sind, müssen sofort beseitigt werden.

§ 15

Unrat, Kehricht und andere Abfälle sind täglich aus den Lagerräumen zu entfernen; sie müssen, wenn sie nicht sofort abgefahren werden können, in metallenen, dicht zu schließenden Behältern aufbewahrt werden.

§ 16

Brennbare Stoffe, die zum Verpacken von Waren verwendet werden sollen, dürfen nicht mit den Waren zusammen gelagert, sondern müssen in geschlossenen Kästen oder in abgetrennten Räumen aufbewahrt werden.

§ 17

Raumunterteilungen und -abtrennungen müssen durch die zuständige Bauprüfabteilung besonders genehmigt sein. Vorübergehende Abtrennungen sind dem mit der Aufsicht in den Lagerräumen beauftragten Beamten der Baubehörde — Feuerwehramt — anzuzeigen.

§ 18

(1) In Räumen, die zur Warenlagerung dienen, sind die Waren so zu lagern, daß mindestens 0,85 m breite Gänge zu Türen und Luken freigehalten werden.

(2) Die Treppen und Vorplätze müssen für den Verkehr freigehalten werden. Kisten, Ballen, Tonnen und andere Packstücke oder Gegenstände dürfen dort nicht abgestellt werden.

VIII. Sicherheitliche Überwachungen

§ 19

(1) Die Lagerhäuser können hinsichtlich der Einhaltung der feuersicherheitlichen Vorschriften durch die Baubehörde — Feuerwehramt — jederzeit überprüft werden.

(2) Die Mieter, Inhaber oder Benutzer von Räumen innerhalb der Lagerhäuser und von anderen Lagerräumen sind verpflichtet, den Beauftragten der Baubehörde — Feuerwehramt — Zutritt zu ihren Räumen zu gesattten, desgleichen den Bauftragten anderer Behörden, die bei der Durchführung dieser Verordnung beteiligt sind.

(3) In den von der Hamburger Hafen- und Lagerhaus A. G. vermieteten Gebäuden ist dem mit der Prüfung der elektrischen Anlagen beauftragten Personal der Gesellschaft der Zutritt zu den Lager-, Büro- und Gewerberäumen zu gestatten.

(4) Die Absätze 1 bis 3 finden keine Anwendung auf Wohnungen innerhalb der Lagerhäuser.

IX. Schlußvorschriften

§ 20

Verstöße gegen die Vorschriften dieser Verordnung können mit Geldbuße bis zu 150,— DM geahndet werden, soweit sie nicht nach anderen Vorschriften mit Strafen bedroht sind.

§ 21

(1) Diese Verordnung tritt am 1. Juni 1955 in Kraft[1]).

(2) Gleichzeitig werden folgende Verordnungen aufgehoben:

1. Änderung der Bekanntmachung, betreffend feuerpolizeiliche Bestimmungen für die Lagerhäuser im nördlichen Freihafengebiet, vom 13. Mai 1931 (HGVBl. S. 132);

---

[1]) siehe Gesetz zur Aufhebung der Bekanntmachung betreffend feuerpolizeiliche Bestimmungen für die Lagerhäuser im nördlichen Freihafengebiet vom 9. 5. 1955 (HGVBl. I S. 159), dessen einziger Paragraph lautet:

„(1) Die Bekanntmachung, betreffend feuerpolizeiliche Bestimmungen für die Lagerhäuser im nördlichen Freihafengebiet, vom 4. Januar 1889 (ABl. S. 3) tritt mit dem Ablauf des 31. Mai 1955 außer Kraft.

(2) Der Senat wird ermächtigt, neue feuersicherheitliche Vorschriften für die Lagerhäuser im nördlichen Freihafengebiet mit dem 1. Juni 1955 in Kraft zu setzen."

2. Verordnung, betreffend Ergänzung der feuerpolizeilichen Bestimmungen für die Lagerhäuser im nördlichen Freihafengebiet vom 8. März 1912 (ABl. S. 142) in der Fassung der Verordnungen vom 22. Januar 1923, 30. Juni 1924, 4. Februar 1925, 6. Mai 1926, 28. April 1927, 9. Juli 1927, 4. November 1927 (HGVBl. 1923 S. 72, 1924 S. 474, 1925 S. 59, 1926 S. 316, 1927 S. 231, 355 und 500).

2. Verordnung über den Hamburger Wirtschaftsgüter-Rolltarif

vom 10. Juli 1956 (HGVBl. I S. 141)

§ 1

Für Fuhrleistungen mit Kaufmannsgütern im Sinne des § 2 Ziffer 3 der Nahverkehrspreisverordnung (NVP) PR Nr. 45/51 vom 14. September 1951 (BA. Nr. 185) dürfen, sofern bei der einzelnen Fahrt Güter für mehrere Absender oder Empfänger innerhalb des aus den Zonen I–III (Anlage, Abschnitt C) und dem Freihafen bestehenden Gebietes befördert werden, höchstens die in der Anlage aufgeführten Rollgeldsätze gefordert, versprochen, gezahlt oder angenommen werden, soweit nicht für einzelne Güterarten oder Beförderungsleistungen besondere Preisvorschriften maßgebend sind.

Die Anlage ist Bestandteil dieser Verordnung.

Anlage

A. Rollgeldsätze

II. Vom und zum Freihafen und innerhalb des Freihafens

a) Import

Gewichtsstufe von bis	rechtselbisch ausgenommen Rosskai		linkselbisch ausgenommen Rosskai		Rosskai	
	für je 100 kg DM	Mindestsatz DM	für je 100 kg DM	Mindestsatz DM	für je 100 kg DM	Mindestsatz DM
bis 500 kg	1,65	3,60	2,05	4,70	2,30	7,—
501— 1000 kg	1,50	8,25	1,95	10,25	2,20	11,50
1001— 1500 kg	1,40	15,—	1,80	19,50	2,05	22,—
1501— 2000 kg	1,25	21,—	1,65	27,—	1,95	30,75
2001— 2500 kg	1,20	25,—	1,60	33,—	1,80	39,—
2501— 3000 kg	1,15	30,—	1,45	40,—	1,70	45,—
3001— 4000 kg	1,10	34,50	1,40	43,50	1,65	51,—
4001— 5000 kg	1,—	44,—	1,20	56,—	1,55	66,—
5001—10000 kg	—,90	50,—	1,10	60,—	1,30	77,50
ab 10—15 t	—,80	90,—	1,—	110,—	1,10	130,—
ab 15—20 t	—,75	120,—	—,90	150,—	1,—	165,—
ab 20 t	—	150,—	—	180,—	—	200,—

b) Export

Gewichtsstufe von bis	rechts- und linkselbisch ausgenommen Rosskai		Rosskai	
	für je 100 kg DM	Mindestsatz DM	für je 100 kg DM	Mindestsatz DM
bis 1000 kg	1,40	3,—	1,75	4,—
1001—2000 kg	1,15	14,—	1,50	17,50
2001—3000 kg	1,—	23,—	1,20	30,—
3001—4000 kg	—,95	30,—	1,15	36,—
4001—5000 kg	—,80	38,—	1,05	46,—
ab 5001 kg	—,65	40,—	—,90	52,50

3. Gebührenordnung für das Freihafenamt

vom 20. Juli 1956 (HGVBl. I S. 318)

§ 1

Das Freihafenamt erhebt ausschließlich die in der Anlage festgesetzten Verwaltungsgebühren.

§ 2

Wird eine Amtshandlung, für die die Gebühr nach Stunden zu berechnen ist, auf Antrag außerhalb der ordentlichen Amtsstunden vorgenommen, so betragen die Gebühren das Doppelte der in der Anlage genannten Sätze.

§ 3

Werden die Gebühren nach dem Wert einer Ware erhoben, so gilt als Warenwert der Rechnungspreis einschließlich aller Kosten, die bis zur Ankunft im Hamburger Hafen entstanden sind.

§ 4

Die Gebühr für die Abfertigung im Rahmen der einfuhrrechtlichen Überwachung wird nicht erhoben, wenn eine entsprechende Gebühr für die Waren bereits entrichtet worden ist.

§ 5

Hamburger Hafen im Sinne dieser Gebührenordnung ist das Geltungsgebiet des Hafengesetzes vom 21. Dezember 1954 (HGVBl. S. 169) einschließlich aller dem Hafenumschlag dienenden Landflächen.

§ 6

(1) Diese Gebührenordnung tritt am 1. August 1956 in Kraft.

(2) Zum gleichen Zeitpunkt tritt die Gebührenordnung des Freihafenamtes der Behörde für Wirtschaft und Verkehr vom 4. März 1952 (HGVBl. S. 23) außer Kraft. Sie ist jedoch auch nach diesem Zeitpunkt auf diejenigen Fälle anzuwenden, in denen die Gebührenpflicht nach Maßgabe des § 7 Absatz 1 des Gebührengesetzes vor dem 1. August 1956 entstanden ist.

Anlage (Gebührensätze)

1. Bescheinigungen über den Warenverkehr zwischen dem Hamburger Hafen und dem Ausland (insbesondere Landungs-, Verschiffungs- und Durchfuhrbescheinigungen)	1,— bis 2,— DM
Bescheinigungen mit fremdsprachlicher Übersetzung	1,— bis 5,— DM
2. Bescheinigungen für die Zollabfertigung (insbesondere über die Untersuchung und Herkunft von Waren)	1,— bis 2,— DM
3. Zuschlag zu den Gebühren nach Ziffer 1 und 2, wenn besondere Ermittlungen erforderlich sind: für jeden in Anspruch genommenen Angehörigen des Freihafenamtes je angefangene Stunde	2,— bis 2,50 DM
4. Abfertigung im Rahmen der einfuhrrechtlichen Überwachung von Waren	½ v. T. des Warenwertes
Abfertigung von Waren, die in ihrer Gesamtmenge zur Wiederausfuhr, zum Gebrauch, zum Verbrauch oder zur Verarbeitung im Freihafen bestimmt sind und entsprechend angemeldet werden,	¼ v. T. des Warenwertes
Mindestgebühr	1,— DM
5. Sonstige Amtshandlungen, die im Zusammenhang mit der Abfertigung, Begleitung und Beaufsichtigung von Waren beantragt werden: für jeden in Anspruch genommenen Angehörigen des Freihafenamtes je angefangene Stunde	2,— bis 2,50 DM
6. Rechtsmittelverfahren: Ziffer 7 der Anlage zum Gebührengesetz findet Anwendung.	

4. Zollgesetz (ZG.)

vom 20. März 1939/23. Mai 1952 (RGBl. 1939 I S. 529, BGBl. 1952 I S. 317)

B. Auswirkung der Zollhoheit

IV. In den Zollausschlüssen

1. In den Freihäfen

§ 28

Verbrauch und Gebrauch von Waren

(1) Der Verbrauch und der ständige Gebrauch von unverzollten Waren und von Waren, für die der Zoll erlassen oder vergütet worden ist, ist in

Freihäfen verboten mit Ausnahme der Fälle, in denen er außerhalb der Freihäfen im Zollgebiet gestattet ist.

(2) Im alten Freihafen Hamburg dürfen unverzollte Waren und Waren, für die der Zoll erlassen oder vergütet worden ist, zu gewerblichen Zwecken verbraucht und gebraucht werden.

§ 29

Warenbehandlung

(1) Waren dürfen unbeschadet polizeilicher oder anderer Vorschriften ein-, aus- und umgeladen, gelagert, umgepackt, umgefüllt, geteilt und gesondert werden. Umpacken, Umfüllen, Teilen und Sondern sind verboten, wenn dadurch Zollvorteile entstehen.

(2) Waren dürfen vernichtet oder unter Zollaufsicht in nicht zollbare Waren oder in Waren umgewandelt werden, die einer geringeren Zollbelastung unterliegen. Die Umwandlung ist nur zulässig, wenn die ursprüngliche Beschaffenheit der Waren in lohnender Weise nicht wiederhergestellt werden kann.

(3) Der Oberfinanzpräsident[1]), im Freihafen Hamburg der Reichsstatthalter[2]) in Hamburg, kann Ausnahmen von Absatz 1 Satz 2 und Absatz 2 Satz 2 zulassen.

§ 30

Bearbeitung, Verarbeitung von Waren

(1) Schiffe dürfen unbeschränkt gebaut, ausgebessert und ausgerüstet werden. Andere gewerbliche Betriebe dürfen nur dann zugelassen werden, wenn für die Verwendung der aus dem Zollausland zu beziehenden Stoffe die Voraussetzungen des aktiven Veredelungsverkehrs vorliegen.

(2) Die Beschränkung des Absatzes 1 Satz 2 gilt nicht für den alten Freihafen Hamburg. Für Betriebswerkstätten des Reichs, der Länder und der Hafenverwaltungen erläßt der Reichsminister der Finanzen besondere Anordnungen.

C. Ausübung der Zollhoheit

I. Zollbehörden

§ 39

Gliederung

(5) Für den Freihafen Hamburg ist das Freihafenamt Hamburg Hauptzollamt im Sinne der §§ 27 bis 33. Im Rechtsmittelverfahren gegen Entscheidungen des Freihafenamts als Hauptzollamt tritt an die Stelle des Oberfinanzpräsidenten[1]) der Reichsstatthalter[2]) in Hamburg.

---

[1]) = Oberfinanzdirektion.

[2]) = Behörde für Wirtschaft und Verkehr.

5. Durchführungsbestimmungen zum Zollgesetz

(Allgemeine Zollordnung — AZO.) vom 21. März 1939 (RMBl. S. 313) nebst zahlreichen Änderungen

§ 44

Zollordnung

(1) Der Oberfinanzpräsident[1]) erläßt für jeden Freihafen eine Zollordnung, die die Vorschriften und Verwaltungsanordnungen von örtlicher Bedeutung zusammenfaßt.

(2) Für den Freihafen Hamburg stehen die Befugnisse des Oberfinanzpräsidenten nach den §§ 36 bis 53 dem Reichsstatthalter[2]) in Hamburg zu.

(3) Die Befugnisse nach § 41 und § 42 Absatz 2 stehen für den Freihafen Hamburg den Hauptzollämtern an der Grenze zu.

Zu § 30 Absatz 2

§ 48

Betriebswerkstätten

In den Betriebswerkstätten des Reichs, der Länder und der Hafenverwaltungen dürfen außer im alten Freihafen Hamburg nur Werkstoffe des freien Verkehrs und verzollte ausländische Werkstoffe verwendet werden.

6. Erlaß des Reichsstatthalters in Hamburg, betr. die Übertragung von Aufgaben nach §§ 29, 39 Absatz 5 Satz 2 des Zollgesetzes

vom 29. April 1939 (AA. S. 431)

Die nach §§ 29, 39 Absatz 5 Satz 2 des Zollgesetzes vom 20. März 1939 (RGBl. I S. 529) für den Freihafen Hamburg an Stelle des Oberfinanzpräsidenten dem Reichsstatthalter in Hamburg zugeteilten Aufgaben werden von dem Beigeordneten für die Verwaltung für Handel, Schiffahrt und Gewerbe[1]) oder dessen Vertreter wahrgenommen; er kann mit meiner Zustimmung nachgeordnete Beamte beauftragen. Die Sachbearbeitung liegt bei der Verwaltung für Handel, Schiffahrt und Gewerbe[1]).

Freihafenangelegenheiten von größerer oder grundsätzlicher Bedeutung, insbesondere der Schriftwechsel mit dem Oberfinanzpräsidenten und dem Reichsfinanzminister werden ausschließlich von der Verwaltung für Handel, Schiffahrt und Gewerbe[1]) bearbeitet. Die Überlassung von Grundstücken und Grundstücksteilen oder Räumen innerhalb des Freihafens durch die Kämmerei[2]) oder die Hamburger Freihafen-Lagerhaus-Gesell-

[1]) heute Behörde für Wirtschaft und Verkehr.

[2]) heute Finanzbehörde.

schaft[1]) bedarf der Zustimmung der Verwaltung für Handel, Schiffahrt und Gewerbe[2]), die gegebenenfalls die nach dem Zollgesetz erforderliche Zustimmung des Freihafenamtes herbeiführt.

7. Zollordnung für den Freihafen Hamburg (ZO.)

vom 29. Januar 1940 (AA. S. 91)[1])

Auf Grund des § 44 Abs. 1 und 2 der Allgemeinen Zollordnung (AZO.) vom 21. März 1939 (RMBl. S. 313) wird für den Freihafen Hamburg die nachstehende Zollordnung erlassen:

§ 1

Umfang des Freihafens

(Zu § 5 Abs. 1 Ziff. 1 ZG.)

Der Freihafen Hamburg besteht aus zwei an der Elbe gelegenen, durch den Köhlbrand voneinander getrennten Gebieten:

a) dem alten Freihafen Hamburg (östlich des Köhlbrands),

b) dem Freihafen Hamburg-Waltershof (westlich des Köhlbrands).

Der Verlauf der Zollgrenze gegen die beiden Freihafengebiete ergibt sich aus den Anlagen 1 und 2.

§ 2

Freihafenamt

(Zu § 39 Abs. 5 ZG.)

Für den Freihafen Hamburg ist nach § 39 Abs. 5 des Zollgesetzes (ZG.) das Freihafenamt Hamburg Hauptzollamt im Sinne der §§ 27 bis 33 des Zollgesetzes.

§ 3

Schiffsbedarf

(Zu §§ 28, 31 ZG., §§ 46, 51 AZO).

(1) Aus den Lagern des Freihafens bezogener Schiffsbedarf darf an Bord von Seeschiffen verbraucht oder gebraucht werden, wenn die Seeschiffe nicht aufgelegt sind.

(2) Für die Lieferung von Schiffsbedarf sind Bestell- und Lieferzettel nach den Mustern der Anlagen 3 und 4 zu verwenden.

(3) Abweichungen von den Mustern der Anlagen 3 und 4 sind nur mit Genehmigung des Freihafenamts zulässig.

---

[1]) heutige Bezeichnung: Hamburger Hafen- und Lagerhaus-AG.

[2]) Anlagen und Vordrucke sind weggelassen.

(4) Eine besondere schriftliche Erlaubnis des Freihafenamts zum Handel mit Schiffsbedarf ist nicht erforderlich, wenn technischer Schiffsbedarf aus dem freien Verkehr des Zollgebiets auf Grund schriftlicher Bestellungen an Reedereien oder Schiffe geliefert wird.

§ 4
Beförderung
(Zu § 29 ZG., § 47 AZO.)

Waren dürfen innerhalb des Freihafens nur befördert werden, wenn Belege über ihre Herkunft und Bestimmung jederzeit vorgelegt werden können.

§ 5
Kleinhandel
(Zu § 31 ZG., § 50 AZO)

Zugelassene Kantinen, Speiseanstalten und dergleichen dürfen Waren, die nachweislich aus dem freien Verkehr des Zollgebiets stammen, in kleinen Mengen (AZO. § 50 Abs. 1 Satz 1) erwerben und abgeben.

§ 6
Versteigerungen
(Zu § 31 ZG., § 50 Abs. 5 AZO.)

(1) Waren dürfen in kleinen Mengen (AZO. § 50 Abs. 1 Satz 1) versteigert werden, wenn die Versteigerung dem Freihafenamt spätestens 3 Tage vorher schriftlich gemeldet wird. In der Anmeldung sind anzugeben Art, Menge und Herkunft der Waren, Ort und Zeit der Versteigerung, Person des Versteigerers. Das Freihafenamt kann die Versteigerung und die Zuführung der versteigerten Waren zur Zollabfertigung durch eine Grenzzollstelle überwachen.

(2) Der Versteigerer hat über die Versteigerung eine Niederschrift zu fertigen, aus der Namen und Anschriften der Erwerber und Art und Menge der von diesen erworbenen Waren ersichtlich sind. Er hat die Niederschrift dem Freihafenamt binnen 3 Tagen vorzulegen. Die Erwerber haben Zollquittungen bis zum Ablauf des auf die Versteigerung folgenden Kalenderjahres aufzubewahren und auf Anfordern dem Freihafenamt vorzulegen.

§ 7
Versendung von Mustern und Proben
(Zu § 122 Abs. 5 AZO.)

Aus dem Freihafen Hamburg darf niemand Muster und Proben, die nach § 122 der Allgemeinen Zollordnung zollfrei sind, mit der Post selbst oder durch andere an sich selbst im Zollgebiet senden. Entsprechendes gilt für Muster und Proben, die durch den Freihafen durchgeführt werden.

§ 8

Ein-, Aus- und Durchfuhrverbote

(Zu §§ 106, 107 ZG.)

Das Freihafenamt überwacht die Durchführung der für den Freihafen Hamburg geltenden Ein-, Aus- und Durchfuhrverbote und Verkehrsbeschränkungen. Wer Waren, die in das Reichsgebiet nicht eingeführt, aber durch das Reichsgebiet durchgeführt werden dürfen, durch den Freihafen Hamburg durchführen will, hat sie zur Wahrung ihrer Eigenschaft als Durchfuhrgut mit der Verbringung in den Freihafen oder vor der Beendigung der zollamtlichen Ausgangsabfertigung an der Freihafenzollgrenze dem Freihafenamt anzumelden und seiner Aufsicht zu unterstellen.

§ 9

Zollaufsicht

(Zu § 33 ZG., § 53 AZO),

Die Buchführung nach § 33 des Zollgesetzes ist im Freihafen so einzurichten, daß neben Art und Menge der Waren jederzeit der Lieferer und der Empfänger ersichtlich sind.

§ 10

Schlußbestimmungen

(1) Für Überlassungsverträge über Grundstücke und Räume, die bereits vor dem 1. April 1939 abgeschlossen sind, gilt die nach § 27 des Zollgesetzes erforderliche Zustimmung als erteilt.

(2) Vordrucke zu den Bestell- und Lieferzetteln (§ 3 Abs. 2, 3) werden bis auf weiteres amtlich nicht geliefert.

(3) Diese Zollordnung tritt am 1. Februar 1940 in Kraft. Mit demselben Tage treten die Zollsicherungsordnungen für Freihafenmieter der Finanzdeputation und der Hamburger Freihafen-Lagerhaus-Gesellschaft vom 20. Juli 1927 (AA. S. 839) nebst Nachträgen außer Kraft.

8. Verwaltungsvereinbarung zwischen dem Bundesminister der Finanzen und dem Senat der Hansestadt Hamburg über die Durchführung der Warenkontrolle im Freihafen Hamburg

vom 24. Oktober 1951/30. November 1951

[Die Ziffer 2 dieser Vereinbarung ist inzwischen gegenstandslos geworden.]

IX. Elbtunnel

1. Verordnung für den Verkehr im Elbtunnel

vom 20. März 1956 (HGVBl. I S. 39)

§ 1

Auf den Verkehr im Elbtunnel finden die Vorschriften der Straßenverkehrs-Ordnung in ihrer jeweils gültigen Fassung sinngemäß Anwendung, soweit sich nicht aus den nachstehenden Bestimmungen etwas anderes ergibt.

§ 2

(1) Die Teilnehmer am Fahrverkehr haben stets das in der Fahrtrichtung rechte, die Fußgänger stets das in der Gehrichtung linke Tunnelrohr zu benutzen.

(2) In den Hauptverkehrszeiten haben Fußgänger, mit Ausnahme von Körperbehinderten, keinen Anspruch auf Beförderung mit den Fahrkörben.

(3) Besichtigungen des Tunnels durch geschlossene Gruppen von mehr als 10 Personen sind nur außerhalb der Hauptverkehrszeiten gestattet. Auf Antrag können Ausnahmen zugelassen werden.

§ 3

Bei Überbeanspruchung der Tunnelanlagen kann der Verkehr zeitweise eingestellt oder beschränkt werden. Fahrzeuge der Polizei, der Feuerwehr, des Zollgrenzschutzes, soweit diesen nach § 48 der Straßenverkehrs-Ordnung Sonderrechte zustehen, und Krankentransportfahrzeuge sind bevorzugt abzufertigen. Die Tunnelbediensteten haben die dafür erforderlichen Maßnahmen zu treffen; sie können insbesondere die Freimachung der Fahrkörbe von anderen Verkehrsteilnehmern anordnen[1]).

§ 4

Den auf den Verkehr in und vor den Tunnelanlagen bezüglichen Weisungen der Tunnelbediensteten ist zu folgen.

---

[1]) siehe Bekanntmachung über Sperrzeiten im Elbtunnel vom 20. 8. 1956 (AA. S. 823).

§ 5

Von der Beförderung durch die Aufzüge können ausgeschlossen werden:

1. betrunkene Personen,
2. Kinder ohne Begleitung Erwachsener bei starkem Andrang,
3. Personen, die sich verkehrswidrig verhalten oder den auf den Verkehr bezüglichen Anordnungen der Tunnelbediensteten nicht nachkommen.

§ 6

Verboten sind:

1. der unnötige Aufenthalt im Tunnel und jede mißbräuchliche Inanspruchnahme seiner Anlagen,
2. das Betreten und Verlassen der Fahrkörbe während des Öffnens und Schließens der Türen,
3. die Berührung oder Beschädigung der Betriebseinrichtungen,
4. die mißbräuchliche Benutzung von Alarmanlagen, die Nachahmung von Signalen, das Lärmen oder andere betriebsstörende Handlungen,
5. die Verunreinigung der Tunnelanlagen,
6. das Radfahren auf der Schachtsohle,
7. das Verteilen von Drucksachen, Flugblättern, Zeitungen, Geschäftswerbungen und dergleichen,
8. die Ausübung eines Gewerbebetriebes innerhalb der Tunnelanlagen und vor seinen Zugängen,
9. die Beförderung von Gegenständen, deren Transport mit Gefahr für den Verkehr verbunden ist, insbesondere von geladenen Schußwaffen und explosiven, leicht entzündlichen oder ätzenden Stoffen. Personen, die in Ausübung des öffentlichen Dienstes eine Schußwaffe führen dürfen, ist die Mitnahme von Handfeuerwaffen, auch in geladenem Zustand erlaubt. Jäger und Schützen dürfen Handmunition mitführen; ihre Schußwaffen dürfen jedoch nur in ungeladenem Zustand mit Überzug mitgenommen werden. Die Tunnelbediensteten sind berechtigt, sich von der Befolgung dieser Anordnungen zu überzeugen.

§ 7

(1) Die Höchstgeschwindigkeit beträgt im Tunnel für Kraftfahrzeuge und Radfahrer 20 km/Stunde, für bespannte Fahrzeuge und Reittiere Schrittgeschwindigkeit.

(2) Bei Ausfall der Tunnelbeleuchtung haben die Kraftfahrzeuge das Standlicht einzuschalten. Das Fahren mit abgeblendeten oder voll eingeschalteten Scheinwerfern oder anderen zusätzlichen Lichtern ist in jedem Falle verboten.

(3) Fahrzeuge aller Art mit schlecht gepackter Ladung sowie überladene und schadhafte Fahrzeuge können von der Beförderung ausgeschlossen werden.

(4) Die Abmessungen der Fahrzeuge einschließlich Ladung und Anhänger dürfen folgende Maße nicht überschreiten: Breite 2,20 m, Länge 9,50 m, Höhe 3,80 m über der Fahrbahn, Spurmaß 1,92 m zwischen den Außenkanten der Räder.

(5) In den Fahrkörben sowie beim Warten auf der Schachtsohle sind die Motoren der Kraftfahrzeuge abzustellen.

§ 8

Tiere, ausgenommen Zug- und Reittiere sowie Hunde, dürfen nur in geeigneten Behältern oder Transportmitteln (z. B. Transportwagen) durch den Tunnel befördert werden. Hunde sind an der Leine, Zug- und Reittiere, die nicht vor ein Fuhrwerk gespannt sind oder nicht geritten werden, sind kurz am Zügel zu führen.

§ 9

Vorsätzliche und fahrlässige Verstöße gegen die Bestimmungen dieser Verordnung können mit Geldbuße bis zu 1000,— DM geahndet werden.

§ 10

Diese Verordnung tritt am 1. April 1956 in Kraft.

§ 11

Auf Grund des § 26 Absatz 3 des Gesetzes vom 20. Dezember 1954 (HGVBl. S. 155) wird mit dem Inkrafttreten dieser Verordnung die Polizeiverordnung für den Verkehr im Elbtunnel vom 23. Dezember 1952 (HGVBl. S. 293) aufgehoben.

2. Gebührenordnung für die Benutzung des Elbtunnels

vom 20. März 1956 (HGVBl I. S. 41)

§ 1

(1) Im Verkehr mit Fahrzeugen und Tieren durch den Elbtunnel werden die in der Anlage aufgeführten Benutzungsgebühren erhoben.

(2) Die Gebühren werden durch Lösen von Gebührenmarken entrichtet. Die Gebührenmarken werden als Einzel-, Monats- oder Wochenkarten ausgegegeben.

(3) Die Einzelkarten gelten für eine einmalige Benutzung des Tunnels. Die Monats- und Wochenkarten werden auf das Fahrzeug ausgestellt.

§ 2

Für Behördenfahrzeuge der Freien und Hansestadt Hamburg, im Zustelldienst eingesetzte Fahrzeuge der Deutschen Bundespost, Unfallwagen, Fahrräder (auch mit Hilfsmotor), Kinderwagen und Hunde wird eine Gebühr nicht erhoben.

§ 3

Einwohner des linkselbischen Freihafengebietes, die sich entsprechend ausweisen, haben nur die Hälfte der in der Anlage aufgeführten Gebühren zu entrichten.

§ 4

Gebührenschuldner ist der jeweilige Benutzer des Elbtunnels.

§ 5

Diese Gebührenordnung tritt am 1. April 1956 in Kraft. Zum gleichen Zeitpunkt tritt die Gebührenordnung für die Benutzung des Elbtunnels vom 4. März 1952 (HGVBl. S. 24) außer Kraft.

Anlage

Lfd. Nr.	Benutzungsart	Gebührensätze		
		Einzelkarten DM	Monatskarten DM	Wochenkarten DM
1.	Karren, Handwagen, geführte Tiere	0,30	—	—
2.	Krafträder ohne Beiwagen oder Anhänger . .	0,30	10,—	3,—
3.	Krafträder mit Beiwagen oder Anhänger . .	0,50	10,—	3,—
4.	Personenkraftwagen mit höchstens acht Sitzen und Dreiradlieferkraftwagen	1,—	50,—	—
5.	Personenkraftwagen mit mehr als acht Sitzen, Last- und Vierradlieferkraftwagen, Zugmaschinen und ähnliche Kraftfahrzeuge, Anhänger, bespannte Fuhrwerke	1,50	75,—	—

X. Fürsorge und Hygiene

1. Verordnung betreffend die Ausführung der Seemannsordnung vom 2. Juni 1902

vom 23. März 1903 (ABl. S. 209)[1])

§ 1

Seemannsämter mit den durch die Seemannsordnung vom 2. Juni 1902 (RGBl. S. 175) ihnen zugewiesenen Befugnissen und Obliegenheiten sind im hamburgischen Staatsgebiete die als solche bezeichneten Behörden in Hamburg und Cuxhaven.

§ 2[2])

Ausnahmen von der im § 37 Absatz 2 der Seemannsordnung enthaltenen Vorschrift, nach welcher die zur Schiffsmannschaft gehörigen Personen an Sonn- und Festtagen mit Löschen und Laden nicht beschäftigt werden dürfen, solange das Schiff innerhalb des Reichsgebietes im Hafen oder auf der Reede liegt, können in Notfällen auf jedesmaligen Antrag in Hamburg von der Polizeibehörde, in Finkenwärder von der Landherrenschaft[3]) der Marschlande, in Cuxhaven vom Amtsverwalter gestattet werden.

§ 3

Als Festtage im Sinne der §§ 37, 38 der Seemannsordnung gelten im hamburgischen Staatsgebiete außer den Sonntagen: Der Neujahrstag, der Karfreitag, der Ostermontag, der Himmelfahrtstag, der Pfingstmontag, der Bußtag, der erste und der zweite Weihnachtstag[4]).

§ 4

Die vorstehenden Bestimmungen treten am 1. April d. J. in Kraft. Von demselben Tage an ist die Verordnung, betreffend die Ausführung der Seemannsordnung des Deutschen Reichs, vom 26. Februar 1873 (HGS. S. 10) aufgehoben.

2. Verordnung über die Wartezeiten der unständig beschäftigten Hafenarbeiter des Hamburger Hafens in der Arbeitslosenunterstützung

vom 16. August 1949 (HGVBl. I S. 190)

---

[1]) VO. erstreckt sich infolge Groß-Hamburg-Gesetzgebung nicht mehr auf Cuxhaven

[2]) im wesentlichen durch Tarifverträge überholt.

[3]) diese Dienststelle gibt es nicht mehr.

[4]) die gesetzlichen Feiertage sind nicht erschöpfend aufgezählt.

3. Bekanntmachung über die Sonntagsruhe

vom 26. März 1938 in der Fassung der Bekanntmachung vom 19. Juli 1940 (HGVBl. 1938 S. 83, HVBl. 1940 S. 109)[1])

§ 1

Allgemeine Bestimmungen

Für alle Sonn- und Feiertage, mit Ausnahme des 2. Oster-, Pfingst- und Weihnachtstages werden folgende Verkaufs- und Beschäftigungszeiten zugelassen:

. . . .

9. Für die Betriebe der Unterelbe- und Küstenschiffahrt des Speditions- und Schiffsmaklergewerbes:

Diese können an Sonn- und Feiertagen Gehilfen, Lehrlinge und Arbeiter bis zu 2 Stunden beschäftigen. Die Auswahl der Stunden wird den einzelnen Gewerbebetrieben überlassen.

4. Landesjugendplan

[Die Jugendbehörde Hamburg legt der Öffentlichkeit jedes Jahr einen Landesjugendplan vor, welcher die Anregung und Förderung der öffentlichen Jugendarbeit mit finanziellen Mitteln über den Bundesjugendplan hinaus bezweckt. Darin ist auch die Schiffahrt berücksichtigt. So heißt es z. B. im Landesjugendplan 1956 (AA. S. 497) unter II Erläuterungen und Bewilligungsbedingungen C. Freizeit und Erholung Pos. 5 Jugendpflegerische Betreuung der Jugend der See- und Binnenschiffahrt:

„Heime, die Schiffsjungen bis zu ihrer Anmusterung aufnehmen und ihnen zwischen den Fahrzeiten Obdach und Betreuung gewähren sowie eine Fortbildung ermöglichen, können Mittel aus dem Landesjugendplan zur Durchführung jugendpflegerischer und staatsbürgerlicher Erziehungsaufgaben erhalten. Einbegriffen sind dabei Freizeiten und Lehrgänge auch in Heimen außerhalb Hamburgs.

Ferner können aus dem Landesjugendplan auch alle sonstigen geeigneten Maßnahmen zur Betreuung der im Hamburger Hafen aufhältlichen Jugendlichen der See- und Binnenschiffahrt gefördert werden.

Für Maßnahmen und Anschaffungen nur zum Zwecke der Berufsausbildung können keine Zuschüsse gewährt werden.

---

[1]) hierzu besagt § 1 Feiertagsschutzverordnung vom 10. 11. 1953 (HGVBl. S. 311): „An Sonntagen und an gesetzlichen Feiertagen sind alle öffentlich bemerkbaren Arbeiten verboten, sofern sie nicht auf Grund von bundes- oder landesrechtlichen Vorschriften besonders zugelassen sind, insbesondere durch die Gewerbeordnung und durch die Bekanntmachung über die Sonntagsruhe vom 26. 3. 1938 (HGVBl. S. 83) in ihrer jeweils geltenden Fassung."

Anträge:

a) Name und Anschrift des Antragstellers.
b) Kennzeichnung der durchzuführenden Maßnahmen bzw. Anschaffung und Angabe des Zwecks, für den der Zuschuß gewünscht wird, einschl. Begründung.
c) Angaben über Personenkreis und Anzahl der Heimbewohner.
d) Bei Lehrgängen und Freizeiten Angabe des Tagesprogramms.
e) Gesamtkosten.
f) Höhe der Selbstbeteiligung und Zuschüsse anderer Stellen.
g) Erbetener Zuschuß."

5. Verordnung über die Speiserolle für die deutschen Seeschiffe und Seefischereifahrzeuge, deren Heimathafen oder Registerhafen Hamburg ist

vom 7. August 1951 (HGVBl. I S. 121)

§ 1

(1) Die Speiserolle für alle deutschen Seeschiffe und Seefischereifahrzeuge, deren Heimat- oder Registerhafen Hamburg ist, wird für alle Fahrten und alle Häfen neu festgesetzt.

(2) Die Speiserolle ist dieser Verordnung als Anlage beigefügt.

§ 2

Die Speiserolle ist auf jedem Schiff in der Mannschaftsunterkunft auszuhängen.

§ 3

Die bisher bestehenden Bestimmungen über die Speiserolle werden mit Inkrafttreten dieser Verordnung aufgehoben.

§ 4

(1) Die Verordnung tritt mit Wirkung vom 1. August 1951 in Kraft.

(2) Für auf Fahrt befindliche Schiffe gilt als Termin für das Inkrafttreten der neuen Speiserolle der Zeitpunkt des Anlaufens des nächsten Hafens oder Proviantausrüstungsplatzes.

Speiserolle

für die deutsche Seeschiffahrt und Seefischerei
— gültig ab 1. August 1951 —

A. Wochenrationen pro Besatzungsmitglied

		Küche	Messe	insges.
1.	Fleisch . . . . Die Fleischmahlzeiten sollen abwechslungsreich sein, wobei 400 g Rind- bzw. Hammel- bzw. Kalbfleisch	2800 g	—	2800 g

		Küche	Messe	insges.
	= 325 g Schweinefleisch = 225 g Speck = 200 g Dosenfleisch als Tagesration gerechnet werden.			
2.	Fette	200 g	500 g	700 g
	Von der Messeration müssen mindestens 250 g Butter sein. Schmalz rechnet im Verhältnis zu Fett 80:100			
3.	Fisch Frischfisch	500 g	—	500 g
	oder Räucherfisch oder Marinaden	300 g		bzw. 300 g
	Kann einmal wöchentlich als Hauptmahlzeit an Stelle von 400 g Fleisch gegeben werden. (Gilt nicht für Hochseefischerei)			
4.	Brot	—	3500 g	3500 g
5.	Mehl	1050 g	—	1050 g
	davon 30% Weizenmehl 500 g Brot — 350 g Mehl			
6.	Zucker	200 g	150 g	350 g
7.	Marmelade bzw. Kunsthonig	—	500 g	500 g
8.	Aufschnitt	—	250 g	250 g
9.	Käse	—	250 g	250 g
	Fettgehalt nicht unter 30%			
10.	Eier	—	2 Stück	2 Stück
	gegebenenfalls 25 g Trockenvolleipulver			
11.	Kartoffeln	8000 g	—	8000 g
12.	Hülsenfrüchte	500 g	—	500 g
13.	Nährmittel	500 g	—	500 g
14.	Gemüse (frisch)	3000 g	—	3000 g
	oder Trockengemüse	300 g		bzw. 300 g
	oder Gemüsekonserven	2 Dosen	—	bzw. 2 Dosen
15.	Essiggemüse, Sauerkraut, Rote Beete und Gewürzgurken	nach Küchenbedarf		
	Sauerkraut ersetzt eine Gemüsemahlzeit			
16.	Früchte, frisch oder in Dosen	—	500 g	500 g
	oder Trockenobst	250 g	—	bzw. 250 g
17.	Bohnenkaffee	—	50 g	50 g
	Kaffee-Ersatz	—	150 g	150 g
18.	Tee	—	30 g	30 g
19.	Dosenmilch	170 g	85 g	255 g
20.	Fruchtsaft	0,1 l	—	0,1 l
21.	Zwiebeln und Küchengewürze verschiedenster Art nach Bedarf			

B. Allgemeine Bestimmungen

1. Der frische Proviant und das Essen sollen möglichst dem Klima und den Jahreszeiten angepaßt werden.
2. Für das Maschinenpersonal ist während der Wache nach Bedarf Hafer- oder Gerstengrütze in Wasser als Getränk zu geben.

6. Bekanntmachungen, betreffend die Logis-, Wasch- und Baderäume sowie die Aborte für die Schiffsmannschaft auf Kauffahrteischiffen

vom 18. Dezember 1905 und 22. Dezember 1905 (ABl. S. 655 und 674)

[siehe Bekanntmachung, betreffend die Logis-, Wasch- und Baderäume sowie die Aborte für die Schiffsmannschaft auf Kauffahrteischiffen, vom 2. Juli 1905 — RGBl. S. 563 — und § 56 Abs. 2 Seemannsordnung.]

7. Bekanntmachung, betreffend Krankenfürsorge auf Kauffahrteischiffen

vom 8. Februar 1929 (HGVBl. S. 33)

[Enthält Zuständigkeitsteilung zwischen Gesundheitsbehörde und Hafenarzt.]

8. Bekanntmachung, betreffend Ausrüstung zur Krankenfürsorge auf Kauffahrteischiffen

vom 16. Februar 1929 (HGVBl. S. 41)

[Enthält nähere Ausführungsanordnungen.]

9. Bekanntmachung, betreffend Vorschriften für die Beförderung von Leichen auf dem Seewege

vom 16. Februar 1906 (ABl. S. 69)

10. Verordnung über die gesundheitliche Behandlung der Seeschiffe

vom 25. April 1932 in der Fassung der Verordnung vom 9. März 1934 (HGVBl. 1932 S. 137, 1934 S. 92)[1])

§ 1
Zuständigkeit

Die gesundheitliche Überwachung der Seeschiffe in den hamburgischen Häfen untersteht dem Hafenarzt. Beschwerden über ihre Ausführung sind an den Hafenarzt zu richten. Der Hafenarzt ist für die nach § 2 Abs. 1 und 8, § 12 Abs. 2, § 27 Abs. 1 und § 30 Abs. 1 der Reichsverordnung vom 21. Dezember 1931 an die Gesundheitsbehörde zu richtenden Anträge und Mitteilungen zuständig.

---

[1]) vgl. § 2 der 4. Durchführungsverordnung zum Gesetz über Groß-Hamburg und andere Gebietsbereinigungen vom 22. 3. 1937 (RGBl. I S. 335).

§ 2

Quarantäneuntersuchung

Die durch § 3 der Reichsverordnung vom 21. Dezember 1931 angeordnete amtsärztliche Untersuchung erfolgt nach Maßgabe folgender Bestimmungen bei Cuxhaven oder bei Brunsbüttelkoog oder in Hamburg.

1. Schiffe, welche Pest, Cholera, Gelbfieber, Fleckfieber oder Pocken in den letzten sechs Wochen an Bord gehabt haben oder bei der Ankunft noch haben, sind bei Cuxhaven zur Untersuchung zu bringen, einerlei ob sie nach Hamburg oder einem anderen Elbehafen oder nach dem Kaiser-Wilhelm-Kanal bestimmt sind.
2. Schiffe, welche Rattenpest oder ungewöhnliches Rattensterben in den letzten sechs Wochen an Bord gehabt haben oder bei der Ankunft noch haben, sind, wenn sie nach Hamburg oder einem anderen Elbehafen bestimmt sind, bei Cuxhaven, wenn sie nach dem Kaiser-Wilhelm-Kanal bestimmt sind, bei Brunsbüttelkoog zur Untersuchung zu bringen.
3. Bei Schiffen, die lediglich wegen der Herkunft aus einem befallenen Hafen untersuchungspflichtig sind, (§ 3 Abs. 1 Nr. 2 der Reichsverordnung vom 21. Dezember 1931) erfolgt die Untersuchung,
   a) wenn das Schiff nach einem anderen Elbehafen als Hamburg bestimmt ist, bei Cuxhaven,
   b) wenn es nach dem Kaiser-Wilhelm-Kanal bestimmt ist, bei Brunsbüttelkoog,
   c) wenn es nach Hamburg bestimmt ist, unbeschadet der nachfolgenden Ausnahmen, in Hamburg; jedoch sind Benzintankschiffe bereits bei Cuxhaven zur Untersuchung zu bringen, wenn sie sonst voraussichtlich zur Nachtzeit (zwischen 22 und 7 Uhr) in Hamburg eintreffen würden und die Vornahme einer Nachtabfertigung in Hamburg nicht beantragt worden ist.

   Für die hiernach in Hamburg zu untersuchenden Schiffe kann der Hafenarzt auf Antrag des Reeders oder Reedereivertreters anordnen, daß die Untersuchung bei Cuxhaven zu erfolgen hat. Jeder derartige Antrag ist unter Angabe des Grundes so früh beim Hafenarzt in Hamburg zu stellen, daß die beteiligten Dienststellen in Cuxhaven rechtzeitig vor der Ankunft des Schiffes auf der Elbe benachrichtigt werden können.

   Die Kosten der Benachrichtigung sind zu erstatten.

§ 3

Quarantänezeichen

Jedes untersuchungspflichtige Schiff muß beim Einlaufen in die Elbe, jedenfalls in Höhe des Feuerschiffs Elbe IV, am Fockmast das dem Gesundheitszustande an Bord entsprechende Quarantänesignal des internationalen Signalbuchs („Flagge Q“ oder „Flagge Q über dem ersten Hilfsstander“ oder das Signal „QL“) zeigen. Unter dem Quarantänesignal haben die bei Cuxhaven zu untersuchenden Schiffe den Antwortwimpel, die bei Brunsbüttelkoog zu untersuchenden zwei beliebige Wimpel des internationalen Signalbuchs zu führen; die in Hamburg zu untersuchenden Schiffe führen nur das Quarantänesignal. Diese Quarantänesignale müssen auch bei Nacht stehenbleiben; sie dürfen erst eingeholt werden, wenn der mit der Untersuchung der Schiffe beauftragte Arzt (Quarantänearzt) es angeordnet oder ausdrücklich erlaubt hat.

Bei Annäherung an das Bollwerk Alte Liebe sind als Quarantänezeichen folgende Schiffspfeifensignale zu geben

a) von den bei Cuxhaven abzufertigenden Schiffen viermal hintereinander je sechs kurze Töne (bei Nacht das Morsezeichen Q U C);
b) von den in Brunsbüttelkoog zu untersuchenden Schiffen drei Gruppen von je drei langen Tönen (bei Nacht das Morsezeichen Q U B);
c) von den in Hamburg zu untersuchenden Schiffen dreimal hintereinander je ein kurzer, ein langer und ein kurzer Ton (bei Nacht das Morsezeichen Q U H).

Jedes bei Dunkelheit die Alte Liebe passierende Schiff hat außerdem durch Lichtsignale nach Morse den Namen und die Herkunft anzugeben.

§ 4

Zeit der Quarantäneuntersuchung

Die quarantäneärztliche Untersuchung der Schiffe beginnt bei Cuxhaven im Sommer um 6 Uhr, im Winter um 7 Uhr; abends ankommende Schiffe werden noch untersucht, wenn sie bis 21 Uhr an der für die Untersuchung vorgeschriebenen Stelle liegen.

In Hamburg dauert der Untersuchungsdienst von 7 Uhr bis 22 Uhr, und zwar in der Weise, daß Schiffe, die bis 21 Uhr das Lotsenhöft passiert und bis 22 Uhr ihren Liegeplatz eingenommen haben, noch untersucht werden.

Anträge auf Untersuchung der Schiffe zur Nachtzeit (nach 22 Uhr) sind an dem der Ankunft vorhergehenden Tage bis 16½ Uhr im Geschäftszimmer des Hafenarztes in Hamburg zu stellen.

§ 5

Quarantäneuntersuchung bei Cuxhaven

Die bei Cuxhaven zu untersuchenden Schiffe sind auf den für sie vorgeschriebenen Ankerplatz vor Groden zu Anker zu bringen. Wenn besonders ungünstige Strom- und Wetterverhältnisse das Ankern vor Groden unmöglich machen, hat das Schiff dies durch Setzen der Landesflagge unter dem Quarantänesignal kenntlich zu machen und nach Anweisung des Lotsen oberhalb von Groden zu ankern und den Arzt abzuwarten. Vom Ankern kann mit Zustimmung des Lotsen abgesehen werden, wenn den Umständen nach anzunehmen ist, daß die quarantäneärztliche Untersuchung nicht lange dauern wird und daß das Schiff bis zur Beendigung der Abfertigung auf der Stelle im Strom gehalten werden kann. Erweisen sich diese Voraussetzungen als unrichtig, so ist das Schiff nach Anweisung des Lotsen zu Anker zu bringen. Segelschiffe ohne Schlepper sowie alle Schiffe, die vor oder nach der Abfertigungszeit eintreffen, müssen stets vor Anker gehen. Quarantänepflichtige Schiffe, die während der Nacht nicht abgefertigt werden, haben auf der Reede von Altenbruch zu ankern und bei Tagwerden auf den Ankerplatz vor Groden zurückzukehren.

§ 6

Quarantäneuntersuchung in Hamburg

Die in Hamburg zur quarantäneärztlichen Untersuchung kommenden Schiffe haben den ihnen vom Hafenlotsen angewiesenen Liegeplatz einzunehmen. Der Reeder und der Kapitän haften dafür, daß vor der Freigabe des Schiffes durch den Hafenarzt niemand — mit Ausnahme der zuständigen Hafenbeamten — das Schiff verläßt oder betritt. Nur Personen, die sich durch eine besondere schriftliche Erlaubnis des Hafenarztes ausweisen, darf gestattet werden, an Bord zu kommen; solange das Schiff noch nicht zum freien Verkehr zugelassen ist, dürfen diese Personen nur mit ausdrücklicher Erlaubnis des Quarantänearztes das Schiff wieder verlassen. Die Zugänge der unter Quarantänesignal liegenden Schiffe (Schiffsleitern, Fallreeptreppen, Landungsstege) sind bei Dunkelheit und zur Nachtzeit durch rote Lampen kenntlich zu machen.

Wenn zur Abwendung der Einschleppungsgefahr einer gemeingefährlichen Krankheit besondere Maßnahmen nötig werden, kann das Schiff hierfür an einen anderen Platz, erforderlichenfalls nach der Quarantäneanstalt Groden, verwiesen werden.

§ 7

Pflichten der Schiffsleitung

Den Ärzten und sonstigen Angestellten des Hafengesundheitsdienstes ist das An- und Vonbordkommen soviel wie möglich zu erleichtern. Geeignete Leitern, Treppen oder Stege sind rechtzeitig auszubringen und bei Nacht genügend zu beleuchten.

Bei der Untersuchung ist jede zur Feststellung der Gesundheitsverhältnisse verlangte mündliche Auskunft, insbesondere über die während der Reise vorgekommenen Krankheits- und Todesfälle, zu erteilen. Die an

Bord befindlichen Kranken sind vorzustellen. Es ist dafür zu sorgen, daß die Untersuchung der Schiffsbesatzung und der Reisenden ohne Verzug an einem geeignet belegenen, geschützten und hellen, bei Dunkelheit gut beleuchteten Platze vorgenommen werden kann. Die Logisräume der Schiffsmannschaft und die übrigen bewohnten Schiffsräume sind zur Besichtigung bereitzuhalten.

§ 8

Quarantänebescheinigung

Über das Ergebnis der Untersuchung und der sonstigen Feststellungen sowie über die getroffenen Anordnungen und die ausgeführten Maßnahmen wird jedesmal sogleich eine Bescheinigung ausgestellt. Vom Inhalt der Bescheinigung hat der Kapitän und, wenn ein Schiffsarzt an Bord ist, auch dieser Kenntnis zu nehmen und dies durch Unterschrift zu bestätigen. Der Kapitän hat für die Durchführung der in der Bescheinigung angegebenen Anordnungen zu sorgen, insbesondere dafür, daß Personen, für die dies angeordnet ist, das Schiff nicht eher verlassen, als bis es von zuständiger Stelle ausdrücklich erlaubt ist. Auf den in Cuxhaven untersuchten, nach Hamburg gehenden Schiffen ist die Bescheinigung dem nach der Ankunft in Hamburg an Bord kommenden Gesundheitsbeamten auszuhändigen; auf den nach einem nicht-hamburgischen Hafen bestimmten Schiffen ist sie zur Verfügung der dort zuständigen Behörde zu halten.

§ 9

Besondere Vorschriften für die vom Kaiser-Wilhelm-Kanal kommenden Schiffe

Für Schiffe, welche von der Ostsee durch den Kaiser-Wilhelm-Kanal nach einem hamburgischen Hafen fahren, kommen die in den §§ 9 bis 11, 13 bis 20 der Reichsverordnung vom 21. Dezember 1931 angegebenen Maßnahmen in dem hamburgischen Hafen nur insoweit zur Anwendung, als sie nicht schon nachweislich vor oder bei der Durchfahrt durch den Kanal erledigt worden sind. Nach einem hamburgischen Hafen bestimmte Schiffe, die danach noch Pest, Cholera, Gelbfieber, Fleckfieber, Pocken, Rattenpest oder auffälliges Rattensterben an Bord haben, unterliegen im hamburgischen Hafen einer abermaligen Untersuchung. Wenn einem nach einem hamburgischen Hafen bestimmten Schiffe für die Durchfahrt durch den Kaiser-Wilhelm-Kanal auferlegt worden ist, das Quarantänesignal am Fockmast zu führen oder sonstige Vorsichtsmaßnahmen zu beachten, so hat dies auch auf der Elbe bis zum Bestimmungshafen zu geschehen. Im Bestimmungshafen darf das Schiff nicht eher das Quarantänesignal einholen und den Verkehr eröffnen, als bis der Hafenarzt oder sein Vertreter die Erlaubnis dazu erteilt hat.

§ 10

Strafbestimmungen

Zuwiderhandlungen gegen diese Bestimmungen werden nach § 46 des Reichsgesetzes, betreffend die Bekämpfung gemeingefährlicher Krankheiten, vom 30. Juni 1900 in Verbindung mit der Reichsverordnung über Vermögensstrafen und Bußen vom 6. Februar 1924 mit Geldstrafe bis zu 150 RM oder mit Haft bestraft, sofern nicht nach anderen gesetzlichen Bestimmungen eine höhere Strafe verwirkt ist.

11. Verordnung über die Ausführung der behördlich angeordneten Rattenvertilgung auf Seeschiffen

vom 22. Januar 1938 (HGVBl. S. 27)

[Siehe dazu Richtlinien des Reichsgesundheitsamts für die Feststellung der Anwesenheit von Ratten auf Schiffen (Reichsgesundheitsblatt 1934 S. 675) und Dienstvorschrift der Gesundheitsbehörde Hamburg über die Kontrolle bei der Durchgasung von Schiffen mit Blausäure, einzusehen bei der Gesundheitsbehörde.]

XI. Lotsenwesen

1. Lotsenordnung für die Unterelbe

vom 28. Juli 1916 in der Fassung vom 31. März 1920
(ABl. 1916 S. 1187, 1920 S. 467 und 501)

[In § 6 Abs. 1 des Gesetzes über das Seelotswesen vom 13. Oktober 1954 (BGBl. II S. 1035) ist dem Bundesminister für Verkehr vorbehalten worden, nach Anhörung der Küstenländer und der Bundeslotsenkammer Lotsordnungen und Lotstarifordnungen als Rechtsverordnungen zu erlassen[1]). Bis dahin ist obige Lotsenordnung — die Anwendbarkeit einzelner Bestimmungen ist ohnehin zweifelhaft — gültig. Übrigens einigten sich Preußen und Hamburg seinerzeit erstmalig auf eine einheitliche Lotsregelung ab Hamburger Hafen seewärts.]

2. Bekanntmachung, betreffend Lotsentarif für die Unterelbe

vom 25. Juli 1924 in der Fassung vom 22. Oktober 1924, 3. Oktober 1925, 20. September 1946 und 12. März 1951 (HGVBl. 1924 S. 493 und 499, 1924 S. 634, 1925 S. 501, 1946 S. 98, AA. 1951 S. 227)

§ 1

Grundgebühren

Das Lotsgeld beträgt für eine Lotsung

I. von Brunsbüttel bis Hamburg
   a) für jedes Dezimeter des Tiefganges des gelotsten Schiffes . . . Rpf 90
   b) für jede Tonne des Nettoraumgehalts des Schiffes bis einschl. 1800 Tonnen . . . . Rpf 2
   für die überschießenden Tonnen bis einschl. 3600 Tonnen . . . Rpf 1,55
   für die überschießenden Tonnen . . . . Rpf 0,95

II. von Hamburg bis Ausholestation Feuerschiff „Elbe 3" 140% dieser Sätze,
   von Hamburg bis Ausholestation Lotsendampfer 195% dieser Sätze,

III. von Hamburg nach Cuxhaven 120% dieser Sätze,

---

[1]) siehe VO. über die Seelotsreviere, ihre Grenzen und die Lotsensignale (Allgemeine Lotsordnung und Lotsensignalordnung) vom 20. 9. 55 (BGBl. II S. 881) nebst Änderungs-VO. vom 9. 11. 56 (BGBl. II S. 964) sowie die VO. der Wasser- und Schiffahrtsdirektion Hamburg vom 24. 10. 56 (XI 5) und die VO. des Bundesministers für Verkehr vom 9. 11. 56 (XI 6).

IV. von Hamburg nach Brunsbüttel 90% dieser Sätze,

V. von See bis Brunsbüttel 165% dieser Sätze,

VI. von Cuxhaven nach Brunsbüttel und umgekehrt 55% dieser Sätze,

VII. von Brunsbüttel bis Ausholestation Feuerschiff „Elbe 3" 110% dieser Sätze,
von Brunsbüttel bis Ausholestation Lotsendampfer 165% dieser Sätze,

VIII. von See bis Cuxhaven 110% dieser Sätze,

IX. von Cuxhaven bis Ausholestation Feuerschiff „Elbe 3" 55% dieser Sätze,
von Cuxhaven bis Ausholestation Lotsendampfer 110% dieser Sätze.

Für Lotsungen von oder nach Elbehäfen, welche zwischen Hamburg und Brunsbüttel liegen, gelten die Sätze von und nach Hamburg. Für Lotsungen von oder nach Elbehäfen, welche zwischen Brunsbüttel und Cuxhaven liegen, gelten die Sätze von und nach Brunsbüttel.

Die Grundgebühren nach Ziffer I a und b werden auf volle Mark abgerundet, wie in den nachfolgenden Tabellen[1]) ausgeführt. Die Berechnung erfolgt auf Grund des größten Tiefganges. Angefangene Dezimeter werden für voll gerechnet. Maßgebend ist der Raumgehalt des nationalen Meßbriefes.

Für das Versetzen der Elblotsen auf der Elbe bei Brunsbüttelkoog durch den Lotsendampfer sind folgende Versetzgebühren zu zahlen:

von Schiffen bis zu 1500 BRT	7,50 DM,
von Schiffen bis zu 2000 BRT	11,— DM,
von Schiffen bis zu 3000 BRT	15,— DM,
von Schiffen über 3000 BRT	25,— DM.

§ 2

Mindestlotsgelder

Das geringste zur Erhebung gelangende Lotsgeld beträgt für eine Lotsung auf der Strecke von Brunsbüttel nach Hamburg M 45; für die übrigen Strecken gelten die im § 1 festgesetzten Prozentsätze auf M 45 berechnet

§ 3

Schleppzüge

Schleppzüge, bestehend aus dem Schleppdampfer und einem Kahn oder Leichter bezahlen das Mindestlotsgeld der betreffenden Strecke, für jeden weiteren Kahn oder Leichter ist ein Zuschlag von $^1/_6$ dieser Summe zu entrichten.

---

[1]) auf Abdruck der Tabellen „Grundgebühr nach dem Tiefgang" und „Grundgebühr nach dem Nettoraumgehalt" ist verzichtet.

§ 4

Segelschiffe mit oder ohne Hilfsmotor

Für eine Lotsung von Segelschiffen mit oder ohne Hilfsmotor, welche entweder ganz unter Segel sind oder teils segeln und sich teils schleppen lassen oder teils ihren Motor gebrauchen, tritt eine Erhöhung der in §§ 1 und 2 genannten Sätze um 25 % ein.

§ 5

Distanzgelder

Von der See kommende Schiffe, welche einen Lotsen aus Lotsschonern erhalten, haben neben den genannten Gebühren ein Distanzgeld zu zahlen. Dieses beträgt:

a) M 40 für einen Lotsen aus dem bei Norderney kreuzenden Schoner,
b) M 30 für einen Lotsen aus dem beim Weserfeuerschiff kreuzenden Schoner,
c) M 20 für einen Lotsen aus dem bei Wester Till kreuzenden Schoner.

§ 6

Sondergebühren für das Lotsen in Häfen

Für das Lotsen der Schiffe in Häfen (mit Ausnahme des Herauslotsens aus dem Hamburger Hafen) und das Anlegen der Schiffe an ein Bollwerk wird eine Sondergebühr erhoben, welche für Schiffe von einem Raumgehalt bis zu 1800 Netto-Registertonnen einschließlich M 2,90, für Schiffe von höherem Raumgehalt M 5,80 beträgt.

§ 7

Beköstigung

Den Lotsen gebührt an Bord des Schiffes freie angemessene Beköstigung und Aufenthalt in der Kajüte.

§ 8

Warte- und Tagegelder

Wird die Fahrt ohne Schuld des Lotsen, sei es auf Wunsch des Schiffsführers oder durch höhere Gewalt oder sonstige Zufälle, unterbrochen oder der Lotse gezwungen, nach Beendigung seines Dienstes an Bord zu bleiben, so hat er, wenn der unfreiwillige Aufenthalt mehr als eine Stunde dauert, für jede angefangene Stunde ein Wartegeld von M 0,80 zu beanspruchen, jedoch innerhalb 24 Stunden nicht mehr als das volle Tagegeld von M 9,60.

Wenn der Lotse für ein Schiff bestellt ist, die Fahrt aber aus irgendwelchem Grunde nicht angetreten wird, oder der Beginn sich um mehr als 3 Stunden verzögert, so hat der Lotse Anspruch auf ein Tagegeld von M 9,60. Verzögert sich der Beginn um weniger als 3 Stunden, aber mehr als 1 Stunde, so hat der Lotse für jede angefangene Stunde Anspruch auf ein Wartegeld von M 0,80.

Ist der Lotse aus einem seewärts bestimmten Schiffe nicht ausgeholt worden und muß er infolgedessen die Weiterfahrt mitmachen, oder wird ein Lotse nach einem fremden Hafen bestellt, so gebührt ihm für jeden Kalendertag das 1½ fache des in Abs. 2 festgesetzten Tagegeldes, außerdem für die Rückfahrt Ersatz der Fahrkosten 1. Klasse Schiff, 2. Klasse Eisenbahn sowie ein angemessenes Zehrgeld. Die Berechnung der Gebühren erfolgt vom Zeitpunkt des Passierens der Ausholestation an bis zur Ankunft in der Station des Lotsen oder in seinem Wohnort oder umgekehrt.

Für jede Kompaßregulierung ist ein Tagegeld in Höhe von M 9,60 zu bezahlen.

§ 9

Lotsgeld für umkehrende Schiffe

Wird ein mit einem Lotsen besetztes Schiff aus irgendeinem Grunde zur Umkehr genötigt, so hat der Lotse für die Strecke der Rückreise, während welcher er satzungsgemäß zum Lotsen an Bord bleiben darf, Anspruch auf die Streckengebühr gemäß § 1, die er für dieselbe Strecke auf der Hinfahrt zu beanspruchen hätte.

Hat ein mit einem Patentlotsen besetztes Schiff von Hamburg aus die Reise angetreten, kehrt jedoch vor der Westgrenze des Neumühlener Kais in den Hafen zurück, so hat es $^1/_5$ des bis zur Feuerschiffstation fälligen tarifmäßigen Lotsgeldes zu entrichten.

§ 10

Außergewöhnliche Lotsungen

Für die Lotsungen von außergewöhnlichen Schleppzügen (Wracks, manövrierunfähigen Schiffen, Docks, Docksektionen usw.) sowie bei außergewöhnlich starkem Eisgang sind zwei Lotsen an Bord zu nehmen und für beide die vollen Tarifsätze zu zahlen.

§ 11

Winterzuschlag

Während der Zeit vom 1. Oktober bis einschl. 31. März tritt als Wintertaxe eine Erhöhung aller Tarifsätze um 25 % ein.

§ 12

Die Sätze dieses Tarifs sind in Reichsmark erstellt. Bruchteile einer Reichsmark, die sich bei Errechnung des Lotsgeldes ergeben, werden, wenn sie unter 50 Pf. betragen, nicht gerechnet, wenn sie 50 Pf. und darüber betragen, auf volle Reichsmark aufgerundet.

3. Polizeiverordnung über die Beförderung der Lotsen von Cuxhaven nach See

vom 22. November 1939 (HVBl. S. 185)[1])

Alle auf der Elbe nach See gehenden Schiffe sind verpflichtet, Cuxhavener Lotsen von Cuxhaven aus auf deren eigene Gefahr unentgeltlich mizunehmen und auf dem Lotsendampfer in der Elbemündung abzusetzen. Auf der Fahrt ist den Lotsen ein geeigneter Unterkunftsraum zuzuweisen.

Zuwiderhandlungen gegen diese Polizeiverordnung werden mit Geldstrafe bis zu 150 RM oder mit Haft bis zu 6 Wochen bestraft, sofern nicht nach anderen Bestimmungen eine höhere Strafe verwirkt ist.

4. Bekanntmachung über Lotsgeldpflicht

vom 23. August 1935 (HGVBl. S. 197)

Alle von See kommenden Schiffe mit einem Raumgehalt von mehr als 200 Nettoregistertonnen mit Ausnahme der Dienstfahrzeuge des Reichs und der Länder sind für die Fahrt von See nach Brunsbüttel und nach den dazwischenliegenden Häfen lotsgeldpflichtig, auch wenn sie keinen Lotsen in Anspruch nehmen. Die für die Lotsgeldpflicht vorgeschriebene niedrigere Raumgrenze des § 15 A der Cuxhavener Lotsenordnung vom 20. Dezember 1838/24. Juni 1844 und der Verordnung, betreffend die Zollabgabe, vom 29. Dezember 1862 wird damit aufgehoben.

5. Vorläufige Lotsordnung für die Elbe

vom 24. Oktober 1956 (BA. Nr. 222 S. 1)

§ 1

Das Lotsrevier Elbe wird in zwei Lotsbezirke gegliedert.

---

[1]) § 128 Seeschiffahrtsstraßen-Ordnung hat folgenden Wortlaut: „Ein von See einlaufendes Fahrzeug soll möglichst von der Ausholstation die Lotsen, die zurückbefördert werden wollen, auf deren eigene Gefahr als Fahrgäste unentgeltlich mitnehmen."

Der Lotsbezirk I umfaßt die Fahrtstrecken zwischen Hamburg und Brunsbüttelkoog. Der Lotsbezirk II umfaßt die Fahrtstrecken zwischen Brunsbüttelkoog und der Außenstation der Lotsendampfer bei Feuerschiff „Elbe 1."

§ 2

Der Betrieb des Lotsbezirks I untersteht der Lotsenstation Hamburg. Der Betrieb des Lotsbezirks II untersteht der Lotsenstation Cuxhaven.

§ 3

Für die von Hamburg ausgehende Schiffahrt wird der Lotsenwechsel östlich der Kanalreede Brunsbüttelkoog bei der Tonne B durchgeführt.

§ 4

Diese Verordnung tritt am 15. November 1956 in Kraft.

6. Verordnung über die Vereinigung der Lotsenbrüderschaften Hamburg und Cuxhaven

vom 9. November 1956 (BA. Nr. 222 S. 1)

§ 1

Die Lotsenbrüderschaften Hamburg und Cuxhaven werden zu der Lotsenbrüderschaft Elbe vereinigt.

§ 2

Diese Verordnung gilt nach § 14 des Dritten Überleitungsgesetzes vom 4. Januar 1952 (BGBl. I S. 1) in Verbindung mit § 61 des Gesetzes über das Seelotswesen auch im Land Berlin.

§ 3

Diese Verordnung tritt am 15. November 1956 in Kraft.

XII. Sachverständigenwesen

1. Verordnung über öffentlich angestellte Schiffseichaufnehmer

vom 5. Juli 1933 in der Fassung der Verordnungen vom 28. Februar 1934 und 4. Januar 1944 (HGVBl. 1933 S. 262, 1934 S. 81, HVBl. 1944 S. 3)

§ 1

Für die Vornahme von Gewichtsfeststellungen bei Massengütern durch Schiffseichaufnahme oder sonstige Ausmessungsverfahren werden von der Handelskammer je nach Bedürfnis beeidigte Sachverständige öffentlich angestellt und von dem Präses der Deputation für Handel, Schiffahrt und Gewerbe[1]) vereidigt.

§ 2

Voraussetzung für die öffentliche Anstellung als Schiffseichaufnehmer ist, daß seitens des Antragstellers die Befähigung für die Tätigkeit des Schiffseichaufnehmers und eine längere praktische Erfahrung nachgewiesen wird.

§ 3

Die Schiffseichaufnehmer werden für die Dauer von drei Jahren öffentlich angestellt. Der seine Wiederernennung wünschende Schiffseichaufnehmer hat vor Ablauf dieser Frist bei der Handelskammer einen diesbezüglichen Antrag zu stellen. Im Falle einer Wiederanstellung genügt die Verweisung auf den früher geleisteten Eid.

§ 4

Einem öffentlich angestellten Schiffseichaufnehmer können auf seinen Antrag je nach Bedürfnis von der Handelskammer Gehilfen beigegeben werden, welche als solche für die Dauer ihrer Tätigkeit bei dem betreffenden öffentlich angestellten Schiffseichaufnehmer gleichfalls durch den Präses der Deputation für Handel, Schiffahrt und Gewerbe zu ereidigen sind.

Jeder öffentlich angestellte Schiffseichaufnehmer ist für seine Gehilfen verantwortlich. Er ist verpflichtet, die Beendigung des Dienstverhältnisses, den Tod und jede sonstige Veränderung eines Gehilfen der Handelskammer sofort schriftlich anzuzeigen.

---

[1]) siehe Gesetz über die vorläufige Regelung der Rechtsverhältnisse der Handelskammer Hamburg vom 27. 2. 1956 (HGVBl. S. 21) § 3 Abs. 1 Ziffer 4; danach jetzt Präses der Handelskammer Hamburg zuständig.

§ 5

Die öffentliche Anstellung erlischt

1. durch Tod,
2. infolge Verlegung der gewerblichen Niederlassung nach einem außerhalb des hamburgischen Staatsgebietes liegenden Orte,
3. auf Antrag des Schiffseichaufnehmers,
4. durch Widerruf.

§ 6

Die öffentlich angestellten Schiffseichaufnehmer unterstehen der Aufsicht der Handelskammer. Diese kann die Anstellung eines Schiffseichaufnehmers widerrufen. Der Widerruf muß drei Monate vor seinem Inkrafttreten dem öffentlich angestellten Schiffseichaufnehmer bekanntgegeben werden.

Der Widerruf kann auf eine bis zu einem Jahre beschränkte Zeit oder dauernd ausgesprochen werden.

Falls Tatsachen zur Kenntnis der Handelskammer gelangen, die einen öffentlich angestellten Schiffseichaufnehmer als zu seiner Tätigkeit ungeeignet erscheinen lassen, kann der Widerruf fristlos ausgesprochen werden.

§ 7

Falls eine Beschwerde gegen einen Gehilfen für begründet erachtet wird, ist die Handelskammer berechtigt, zu verfügen, daß seine Eigenschaft als ein einem öffentlich angestellten Schiffseichaufnehmer beigegebener Gehilfe erlischt.

§ 8

Die öffentlich angestellten Schiffseichaufnehmer und ihre Gehilfen haben ihrem Eide gemäß mit strengster Unparteilichkeit, Verschwiegenheit, aller Sorgfalt und Aufmerksamkeit die ihnen auf Grund dieser Verordnung aufgetragenen Geschäfte wahrzunehmen. Außer ihren Gebühren dürfen sie Vergütungen oder Geschenke irgendwelcher Art mit Bezug oder bei Gelegenheit von Schiffseichaufnahmen und Vermessungen nicht annehmen.

§ 9

Für die Beglaubigung der über die Gewichtsfeststellung ausgestellten Bescheinigungen führen die öffentlich angestellten Schiffseichaufnehmer ein Dienstsiegel, das vom Senat festgestellt und dem Schiffseichaufnehmer von der Handelskammer gegen Erstattung der Kosten ausgehändigt wird.

Der öffentlich angestellte Schiffseichaufnehmer ist, wenn seine Anstellung erlischt, verpflichtet, das Dienstsiegel an die Handelskammer zurückzugeben. Beim Ableben des Schiffseichaufnehmers hat die Ablieferung an die Handelskammer durch die Angehörigen sofort zu erfolgen. Im Falle eines Verlustes des Dienstsiegels oder einer wesentlichen Beschädigung desselben ist der Handelskammer sofort Anzeige zu machen. Die Handelskammer wird im Falle des Verlustes des Siegels auf Antrag des öffentlich angestellten Schiffseichaufnehmers ein neues Siegel auf seine Kosten anfertigen lassen und ihm übergeben. Eine Ausfertigung des Siegels oder eines Gummistempels ist ohne Genehmigung der Handelskammer nicht gestattet.

Die Bezeichnung „vereidigter" oder „öffentlich angestellter Schiffseichaufnehmer" darf von einem Schiffseichaufnehmer, dessen öffentliche Anstellung erloschen ist, nicht weiter geführt werden.

§ 10

Den öffentlich angestellten Schiffseichaufnehmern ist es untersagt, Geschäfte in denjenigen Waren zu tätigen oder sich an solchen zu beteiligen, für die eine Gewichtsfeststellung durch Schiffseichaufnahme oder Vermessung in Frage kommt.

Der Eichaufnehmer hat jede Eiche persönlich und nach bestem Wissen und Gewissen vorzunehmen. Er kann den Auftrag zur Ausführung einer Eichaufnahme nur ablehnen, wenn er durch andere Aufträge dieser Art oder sonstige wichtige Umstände verhindert ist. Die Ablehnung hat er in jedem Falle dem Auftraggeber unverzüglich anzuzeigen.

In allen Fällen, in denen er selbst oder einer seiner Familienangehörigen am Schiff oder Ladung beteiligt ist, oder sonst ein Interesse an dem Ausfall der Eichaufnahme hat, darf er seine Tätigkeit nicht ausüben. Außerdem ist dem Eichaufnehmer untersagt, Schiffseichaufnahmen auszuführen, wenn der Auftrag von einer Person oder Firma erteilt wird, von der der Eichaufnehmer weiß oder wissen muß, daß sie an der Ladung nicht beteiligt ist.

§ 11

Der Eichaufnehmer hat sich vor Aufnahme der Eiche durch persönliche Inaugenscheinnahme der Schiffspapiere davon zu überzeugen, daß der Schiffer im Besitz einer gültigen Eichbescheinigung ist, sowie zu prüfen, daß die Eichskalen in vorschriftsmäßigem Zustand sind. Der Eichaufnehmer darf die Leereiche nur aufnehmen, wenn ihm seitens des Schiffsführers oder der Schiffsmannschaft die Luken der Laderäume, Wohnräume und sämtliche sonstigen Räume, die verschlossen sind, zur Besichtigung zugänglich gemacht worden sind, so daß er sich davon überzeugen kann, daß das Schiff tatsächlich entleert ist. Falls dies verhindert wird, hat der Eichaufnehmer einen entsprechenden Vermerk in die Eichbescheinigung einzutragen und diese seinem Auftraggeber sofort zu übermitteln.

Alle den Tiefgang der Schiffe verändernden Umstände (Wind, Regen, offener Strom, Aufsitzen des Schiffes, Fehlen von schweren Gerätschaften u. a.) sind bei jeder Eichaufnahme zu berücksichtigen.

Die Prüfung der Wasserführung der Schiffe erfolgt nur auf besonderen Antrag.

Falls dem Ersuchen der Eichaufnehmer um Hilfeleistungen bei Aufnahme der Eichen während der gesetzlichen Hafenarbeitszeit — auch bei Ruhepausen — durch das Schiffspersonal nicht stattgegeben wird, können die Eichaufnehmer für die sich nachweisbar ergebenden Mängel der Eichaufnahme nicht verantwortlich gemacht werden.

§ 12

Der Eichaufnehmer darf das Ergebnis der Eichaufnahme nur seinem Auftraggeber mitteilen. Über jede Aufnahme hat er seinem Auftraggeber einen schriftlichen Bericht nach besonderem Muster zu erstatten.

Er ist verpflichtet, über seine Aufnahmen ein Tagebuch zu führen, aus welchem unter laufender Nummer die Namen des Schiffes und Schiffers, der Tag der Aufnahme, die genommenen Maße und das ermittelte Gewicht ersichtlich sind. Das Tagebuch ist 10 Jahre nach Schließung aufzubewahren.

§ 13

Die von dem öffentlich angestellten Schiffseichaufnehmer zu berechnende Gebühr beträgt 5 Rpf per Tonne einschließlich Unkosten, falls nicht besondere Vereinbarungen zwischen Auftraggeber und Eichaufnehmer getroffen sind.

§ 14

Entstehen zwischen dem Auftraggeber und dem Eichaufnehmer Meinungsverschiedenheiten über die Ablehnung oder Ausführung der Eichaufnahme oder über die Gebühren, so sind der Auftraggeber und der Eichaufnehmer verpflichtet, die Entscheidung der Handelskammer anzurufen und sich dieser zu unterwerfen. Die Handelskammer setzt für diesen Fall ein aus drei Personen bestehendes Schiedsgericht ein. Bei Meinungsverschiedenheiten über die Richtigkeit des festgestellten Ladungsgewichts ist die Entscheidung des Schiffsvermessungsamtes als Eichbehörde herbeizuführen.

2. Gesetz, betreffend die Ernennung von nautischen Sachverständigen

vom 28. Mai 1886 (HGS. S. 50)

§ 1

Die Handelskammer hat 6 nautische Sachverständige für den Zeitraum von 3 Jahren zu ernennen, welche auf Antrag der Beteiligten über Stauung und Garnierung der Ladung, über Tiefgang, Ladefähigkeit der Schiffe und Ausnutzung des Laderaums sowie über sonstige nautische Vorkommnisse (soweit die Begutachtung nicht zur Zuständigkeit der beeidigten Schiffstaxatoren gehört) Besichtigungen vorzunehmen, und über den Befund und dessen Beurteilung Befundzeugnisse und Gutachten auszustellen und auch sonst über technische, von Schiffahrtskundigen zu beurteilende Fragen Gutachten zu erteilen haben.

Die Sachverständigen werden durch den Präses der Deputation für Handel und Schiffahrt[1]) beeidigt bzw. bei der Wiederernennung auf den geleisteten Eid verwiesen.

§ 2

Über die gleichmäßig von den Sachverständigen auszuübende Geschäftsführung hat die Handelskammer ein Regulativ festzustellen, welches wie die von ihr zu erlassende Gebührentaxe, der Genehmigung des Senats bedarf, und zu veröffentlichen ist.

Die Sachverständigen stehen hinsichtlich ihrer Geschäftsführung unter der Aufsicht der Handelskammer.

§ 3

Die Zahl der Sachverständigen kann auf Antrag der Handelskammer vom Senate jedesmal um zwei vermehrt werden.

§ 4

Die Schifferalten[2]) sind so lange zu Sachverständigen zu ernennen, als sie nach dem Ermessen der Deputation für Handel und Schiffahrt zur Erfüllung der im § 1 bezeichneten Obliegenheiten geeignet sind. Tritt im Laufe der dreijährigen Periode eine Vakanz ein, so wird für den Rest derselben ein neuer Sachverständiger von der Handelskammer unter Beobachtung der vorstehenden Bestimmung ernannt.

§ 5

Übergangsbestimmung

Die ersten Ernennungen auf Grund dieses Gesetzes gelten bis Ende des Jahres 1889.

3. Bekanntmachung der Handelskammer Hamburg, betreffend Regulativ für die beeidigten nautischen Sachverständigen

vom 5. Juni 1886 in der Fassung vom 21. März 1888, 3. September 1931 und 13. Dezember 1955 (HGS. 1886 S. 127, 1888 S. 143, AA. 1931 S. 861, 1955 S. 1169)

[Das Regulativ befaßt sich mit der von den Sachverständigen auszuübenden Geschäftsführung nebst Gebührentaxe; es kann auch bei der Handelskammer eingesehen werden.]

---

[1]) siehe Gesetz über die vorläufige Regelung der Rechtsverhältnisse der Handelskammer Hamburg vom 27. 2. 1956 (HGVBl. S. 21) § 3 Abs. 1 Ziff. 4.

[2]) die jetzt nicht mehr existierenden Schifferalten waren die Vorgänger der nautischen Sachverständigen.

4. Gesetz über das Dispachewesen

vom 12. Juli 1922 in der Fassung der Verordnung vom 16. November 1934 (HGVBl. 1922 S. 307, 1934 S. 369)

§ 1

Die Deputation für Handel, Schiffahrt und Gewerbe[1]) wird befugt, nach Bedarf eidlich zu verpflichtende Dispacheure zu bestellen. Die beeidigten Dispacheure gelten ebenso wie die amtlichen als Dispacheure im Sinne des § 729 des Handelsgesetzbuches, der §§ 87 ff. des Gesetzes, betr. die privatrechtlichen Verhältnisse der Binnenschiffahrt, vom 15. Juni 1895 (RGBl. S. 301) in der Fassung vom 20. Mai 1898 (RGBl. S. 370 und 868) und des Gesetzes über die Angelegenheiten der freiwilligen Gerichtsbarkeit vom 20. Mai 1898 (RGBl. S. 771). Sie sind für alle Häfen des Staatsgebietes zuständig.

Sie sind verpflichtet, auch diejenigen Dispachen zur Erledigung zu übernehmen, welche ihnen von der Deputation für Handel, Schiffahrt und Gewerbe überwiesen werden.

§ 2

Die beeidigten Dispacheure unterstehen der Aufsicht der Deputation für Handel, Schiffahrt und Gewerbe.

Die Aufsichtsbehörde ist befugt, dem beeidigten Dispacheur, welcher sich eine Handlung hat zuschulden kommen lassen, die sich mit dem Anspruch auf das für seine Tätigkeit als Dispacheur erforderliche Vertrauen nicht verträgt, die Bestellung zu entziehen.

Gegen die Anordnung der Aufsichtsbehörde steht dem Dispacheur die Anfechtung im Verwaltungsrechtswege zu.

Die Anfechtung muß binnen zwei Wochen nach Zustellung der Anordnung der Aufsichtsbehörde erfolgen[2]).

Die Aufsichtsbehörde ist befugt, wenn ihre Anordnung auf Entziehung der Bestellung vor dem Verwaltungsgericht angefochten wird, dem beeidigten Dispacheur die Ausübung seiner Tätigkeit vorläufig zu untersagen.

Der beeidigte Dispacheur kann seine Bestellung mit halbjähriger Frist kündigen.

Die Bestellungsurkunde ist beim Ausscheiden, das Amtssiegel bei der vorläufigen Untersagung und beim Ausscheiden zurückzugeben.

---

[1]) = Behörde für Wirtschaft und Verkehr.

[2]) siehe Verordnung 165 über die Verwaltungsgerichtsbarkeit in der britischen Zone sowie Gesetz über die Einführung des Einspruchs als einzigen Rechtsmittels gegen Verwaltungsakte in der Hansestadt Hamburg vom 29. 10. 1949 (HGVBl. 1949 S. 265, 1954 S. 135).

§ 3

Die beeidigten Dispacheure haben die ihnen überwiesenen Dispachen unparteiisch und unter Beiseitsetzung aller persönlichen Rücksichten nach den Reichs- und hamburgischen Gesetzen und nach den bestehenden Gebräuchen oder, wenn solches von den Parteien vereinbart ist, nach den betreffenden Vereinbarungen, die auch eine Regelung nach ausländischen Rechtsvorschriften und Gebräuchen vorsehen können, aufzumachen.

Es ist ihnen hierbei verboten, irgendwelche Rückgaben (Retourkommissionen) und Gebührennachlässe zu gewähren sowie besondere Vergütungen anzunehmen.

§ 4

(1) Die beeidigten Dispacheure haben eine Gebühr zu erheben:

A) Für Aufmachung einer Besonderen Haverei

½ v. H. von allen bei der Schadensrechnung in Betracht kommenden Versicherungssummen.

B) Für Aufmachung einer Großen Haverei

5 v. H. des als Große Haverei zu vergütenden Schadens, soweit er 200 000 RM nicht übersteigt,

2 v. H. für die folgenden 300 000 RM und

1 v. H. des den Betrag von 500 000 RM übersteigenden Restes des als Große Haverei zu vergütenden Schadens.

(2) Die zu berechnenden Mindestbeträge der Gebühren betragen für Aufmachung einer Dispache über

Besondere Haverei	10 RM,
Große Haverei	50 RM.

(3) Der Gesamtbetrag der Gebühren darf unbeschadet der Bestimmungen über die Mindestbeträge 5 v. H. des zu vergütenden Schadens nicht übersteigen.

(4) Die unter B genannten Gebühren stehen zu $^9/_{10}$ den Dispacheuren und zu $^1/_{10}$ dem Staate zu, gleichgültig ob sie voll berechnet werden oder als Mindest- oder Höchstbeträge gemäß Absatz 2 und 3 angesetzt sind.

§ 5

(ist aufgehoben)

§ 6

Die Bekanntmachungen, betreffend den Tarif für Aufmachung von Dispachen, vom 18. Februar 1887 (ABl. S. 87) und Ziffer 3 der Bekanntmachung vom 30. Dezember 1895 (ABl. 1896 S. 4), betreffend Einführung des Reichsgesetzes über die privatrechtlichen Verhältnisse der Binnenschiffahrt vom 15. Juni 1895, werden aufgehoben.

§ 7

Mit Geldstrafe bis zu M 1500 oder mit Haft wird bestraft, wer sich unbefugt einer Bezeichnung bedient oder eine Handlung vornimmt, die ihn als beeidigten Dispacheur erscheinen läßt, sofern nicht auf Grund anderer Bestimmungen eine höhere Strafe verwirkt ist.

§ 8

Dies Gesetz tritt am 1. September 1922 in Kraft.

5. Bekanntmachung zur Ausführung des Gesetzes über das Dispachewesen

vom 22. August 1922 in der Fassung der Verordnung vom 27. November 1923 (HGVBl. 1922 S. 395, 1923 S. 1487)

§ 1

Die Bestellung von Dispacheuren erfolgt durch Beeidigung vor dem Präses der Deputation für Handel, Schiffahrt und Gewerbe[1]).

Der Eid lautet: Ich schwöre, daß ich die mir überwiesenen Dispachen unparteiisch und unter Beiseitesetzung aller persönlichen Rücksichten nach den für sie geltenden Gesetzen und Gebräuchen aufmachen und dafür keine anderen Vergütungen irgendwelcher Art als die gesetzlich vorgeschriebenen Gebühren annehmen, auch keine Rückgaben oder Gebührennachlässe gewähren werde.

§ 2

Die Namen der bestellten und beeidigten Dispacheure werden im Amtlichen Anzeiger und durch Börsenanschlag bekanntgemacht.

§ 3

Jeder beeidigte Dispacheur führt für die Beglaubigung der von ihm ausgestellten mit seinem Namen zu unterzeichnenden Urkunden ein Amtssiegel, das vom Senate festgestellt und ihm gegen Erstattung der Anfertigungskosten von der Deputation für Handel, Schiffahrt und Gewerbe ausgehändigt wird. Seine Unterschrift ist von ihm vor Beginn seiner Tätigkeit handschriftlich in ein bei der Deputation für Handel, Schiffahrt und Gewerbe geführtes Protokoll einzutragen. Das Siegel kann in Farbe, Siegellack oder Oblate aufgedruckt werden.

§ 4

Die beeidigten Dispacheure sind zur Buchführung über die ihnen überwiesenen Dispachen verpflichtet. Die Bücher sind mit laufenden Nummern

[1]) = Behörde für Wirtschaft und Verkehr.

für die einzelnen Dispachen zu führen und müssen den Namen des Schiffes und des Zahlungspflichtigen, die Daten des Auftrages und der Fertigstellung, die Bezeichnung der Sache als Große oder Besondere Haverei und ferner die zu erhebenden Gebühren unter besonderer Benennung des dem Staate zustehenden Gebührenanteils enthalten. Die am 1. September 1922 bereits vorhandenen Bücher können mit Genehmigung der Deputation für Handel, Schiffahrt und Gewerbe weiter benutzt werden.

Der gesamte Schriftwechsel ist nach den einzelnen Dispachen geordnet aufzubewahren.

§ 5

Die gemäß § 4 Abs. 4 des Gesetzes über das Dispachenwesen vom 12. Juli 1922 dem Staate zustehenden Gebührenanteile sind von den beeidigten Dispacheuren innerhalb drei Tagen nach Eingang der Dispachegebühren, die betreffenden Anteile der im Oktober und November 1923 eingegangenen Dispachegebühren bis zum 3. Dezember 1923 an die Hauptstaatskasse[1]) abzuführen. Soweit die Dispachegebühren den beeidigten Dispacheuren in Devisen gezahlt werden, hat auch die Abführung des Staatsanteils an die Hauptstaatskasse in der entsprechenden Devise zu erfolgen.

Die beeidigten Dispacheure haben der Deputation für Handel, Schiffahrt und Gewerbe zum Vierteljahresersten eine Abrechnung über die bis zu diesem Tage eingegangenen Gebühren einzureichen. Die Abrechnung ist in der Form von Auszügen aus den von den Dispacheuren geführten Büchern zu geben.

§ 6

Der Deputation für Handel, Schiffahrt und Gewerbe steht als Aufsichtsbehörde das Recht zu, jederzeit und ohne vorherige Benachrichtigung durch einen von ihr beauftragten Beamten die Buchführung und den Schriftwechsel der Dispacheure nebst Unterlagen zur Berechnung der Gebühren prüfen zu lassen. Dem Beamten sind alle zur Erledigung der Prüfung notwendigen Auskünfte zu erteilen.

§ 7

Unbeschadet der Anwendung von Zwangsmitteln können Verstöße gegen die Bestimmungen dieser Verordnung, sofern sie nicht durch Bundesrecht mit Strafe bedroht sind, als Ordnungswidrigkeiten mit Geldbuße geahndet werden[2]).

---

[1]) = Landeshauptkasse.

[2]) diese Fassung beruht auf § 26 Abs. 2 des 1. Überleitungsgesetzes zum Landesgesetz über Ordnungswidrigkeiten vom 20. 12. 1954 (HGVBl. S. 155).

6. Bekanntmachung der Handelskammer Hamburg über vereidigte Schiffsschätzer

vom 9. Juli 1929 in der Fassung vom 17. Mai 1939/28. Juli 1950 und 4. Januar 1955 (AA. 1929 S. 641, 1950 S. 564, 1955 S. 43, Mitteilungen der Industrie- und Handelskammer Hamburg Nr. 20 vom 20. Mai 1939)

[Schiffsschätzer, früher Schiffstaxatoren genannt, haben die Aufgabe, nicht nur Schiffe, sondern auch Schiffsmaschinen, Tauwerk und Segel abzuschätzen; das Recht zur öffentlichen Bestellung und Vereidigung steht der Handelskammer nach § 3 Abs. 1 Ziff. 4 des Gesetzes über die vorläufige Regelung der Rechtsverhältnisse der Handelskammer Hamburg vom 27. 2. 1956 — HGVBl. S. 21 — zu.]

XIII. Strandrecht

1. Ausführungsverordnung zur Strandungsordnung

vom 3. November 1930 in der Fassung der Verordnung vom 28. Mai 1936
(HGVBl. 1930 S. 469, 1936 S. 120)

§ 1

Aufsichtsbehörde für die hamburgischen Strandämter ist die Deputation für Handel, Schiffahrt und Gewerbe[1]).

§ 2

Der Amtsbereich des Strandamtes Hamburg umfaßt den Hamburger Hafen[2]). Der Amtsbereich des Strandamtes auf dem Hause Ritzebüttel umfaßt den Hafen von Cuxhaven, die Küsten des Hamburgischen Amtes Ritzebüttel und der Inseln Neuwerk und Schaarhörn sowie die Wasserflächen des hamburgischen Staatsgebiets vor diesen Küsten.

§ 3

(1) Für die Festsetzung von Berge- und Hilfslohn und die Entscheidung über die Erstattung sonstiger Bergungs- und Hilfskosten gemäß den §§ 36 bis 41 der Strandungsordnung im Hafen Hamburg und auf der unteren Elbe bis zur Verbindungslinie des Kirchturms Freiburg (Elbe) mit dem Kirchturm Brokdorf ist das Strandamt Hamburg zuständig.

(2) Für die Festsetzung von Berge- und Hilfslohn und die Erstattung sonstiger Bergungs- und Hilfskosten auf der unteren Elbe von der Verbindungslinie des Kirchturms Freiburg (Elbe) mit dem Kirchturm Brokdorf bis zur Elbmündung an der Küste des Hamburgischen Amtes Ritzebüttel und an der Küste der Provinz Schleswig-Holstein bis zur Barlter Schleuse und dem Schleusenstrom ist das Strandamt auf dem Hause Ritzebüttel zuständig. Die Zuständigkeit des Strandamtes Helgoland bleibt unberührt.

§ 4

(1) Vorsitzender des Strandamtes Hamburg ist der Präses der Deputation für Handel, Schiffahrt und Gewerbe. Vorsitzender des Strandamtes auf dem Hause Ritzebüttel ist der Bürgermeister der Stadt Cuxhaven.

---

[1]) in dieser VO. = Behörde für Wirtschaft und Verkehr.

[2]) siehe § 66 Hafengesetz.

(2) Die Deputation für Handel, Schiffahrt und Gewerbe wählt auf bestimmte Zeit für jedes Strandamt einen stellvertretenden Vorsitzenden und eine genügende Anzahl schiffahrtskundiger Personen zu Beisitzern, von denen die Hälfte durch die zuständigen preußischen Regierungspräsidenten vorgeschlagen wird und ihren dauernden Wohnsitz im preußischen Gebiet an der Unterelbe haben müssen.

§ 5

(1) Über Ansprüche auf Berge- oder Hilfslohn oder die Erstattung sonstiger Bergungs- und Hilfskosten entscheiden die Strandämter durch den Vorsitzenden und zwei von ihm zu berufende Beisitzer. Einer der zu Entscheidungen über Bergungs- und Hilfeleistungen, die im preußischen Hoheitsgebiet vorgekommen sind, hinzugezogenen Beisitzer muß auf Vorschlag des zuständigen preußischen Regierungspräsidenten gewählt sein und seinen dauernden Wohnsitz im preußischen Unterelbegebiet haben.

(2) Über im hamburgischen Staatsgebiet vorgekommene Bergungs- und Hilfeleistungen mit einem Streitwert bis zu 500 RM können die Vorsitzenden der Strandämter allein entscheiden.

§ 6

Die hamburgischen Strandämter haben einander und den preußischen Strandämtern im Gebiet der unteren Elbe und der Elbmündung einschließlich des Strandamtes Helgoland auf Erfordern Rechts- und Verwaltungshilfe zu leisten und diese Amtshandlungen nach Maßgabe der Strandungsordnung und dieser Ausführungsverordnung sowie der preußischen Ausführungsverordnungen gebührenfrei vorzunehmen.

§ 7

(1) Dem Strandamt Hamburg untersteht der Hafenkapitän des Hamburger Hafens als Strandvogt. Der Amtsbereich der Strandvogtei ist der Hamburger Hafen.

(2) Dem Strandamt auf dem Hause Ritzebüttel unterstehen der Strandvogt von Neuwerk, der Strandvogt in Duhnen und der Leiter des Hafenamtes in Cuxhaven als Strandvogt. Diese Strandvogteibezirke haben folgende Amtsbereiche:

Strandvogtei Neuwerk:	Insel Neuwerk und Schaarhörn,
Strandvogtei Duhnen:	Weststrand des Amtes Ritzebüttel bis zur Kugelbaake,
Strandvogtei Cuxhaven:	Nordstrand des Amtes Ritzebüttel von der Kugelbaake an.

(3) Zuständig für die Leitung einer Bergung oder Hilfeleistung ist im Zweifel der Strandvogt, der ein in Seenot befindliches Schiff zuerst betritt. Für die Behandlung geborgener Sachen ist der Strandvogt zuständig, in dessen Bezirk die Sachen gelandet werden.

§ 8

Zuständige Behörde für die Beseitigung von Schiffahrtshindernissen nach § 25 der Strandungsordnung ist im Hamburger Hafen und im Hafen von Cuxhaven die Deputation für Handel, Schiffahrt und Gewerbe.

§ 9

Die Bekanntmachung, betreffend Ausführung der Strandungsordnung, vom 23. Dezember 1874 (HGS. I S. 96) in der Fassung vom 17. Oktober 1923 (HGVBl. S. 1257) und 30. Mai 1928 (HGVBl. S. 217) wird aufgehoben[1]).

2. Dienstanweisung zur Ausführung des § 25 der Strandungsordnung

vom 3. Dezember 1930[2])

Vorbemerkung

Der § 25 der Strandungsordnung behandelt nicht die Frage, in welchem Umfange, d. h. in welchen Fällen und unter welchen Umständen die Behörde verpflichtet ist, ein Schiffahrtshindernis zu beseitigen, sondern gibt der Behörde nur das Recht zu bestimmten Eingriffen in das Privateigentum in Fällen, wo sie eine Behinderung der Schiffahrt feststellt.

1. Begriffsbestimmung

Fahrwasser sind alle für Seeschiffe nutzbaren Wasserläufe und Wasserflächen des Hamburger Hafens (§ 1 Abs. 3 und 4 H. O. H.)[3]) und des Hafens Cuxhaven (§ 1 Abs. 1 Hafenordnung für den Hafen Cuxhaven)[4]) innerhalb des Geltungsbereichs der Strandungsordnung.

---

[1]) infolge der Groß-Hamburg-Gesetzgebung haben ihre Bedeutung verloren: § 2 Satz 2, § 3 Abs. 2 Satz 1, § 4 Abs. 1 Satz 2 und § 7 Abs. 2, während aus dem Land Preußen im Bereich dieser VO. bekanntlich die Länder Niedersachsen und Schleswig-Holstein hervorgegangen sind.

[2]) diese Anweisung des „Präses der Deputation für Handel, Schiffahrt und Gewerbe" (heute Behörde für Wirtschaft und Verkehr) ist abgedruckt bei Ewald-Graf, Kommentar zur Strandungsordnung, 2. Aufl., Hamburg 1955, S. 144 Anl. 5.

[3]) siehe § 66 Hafengesetz.

[4]) entfällt infolge Groß-Hamburg-Gesetzgebung.

2. Einschreiten der Behörde

Sobald in einem Fahrwasser ein Fahrzeug, Schwimmkörper jeglicher Art, Schiffsteil oder sonstiger Gegenstand sinkt, hilflos treibt oder auf Grund geraten ist und dadurch die Schiffahrt behindert oder gefährdet wird, hat die Behörde das Recht, unverzüglich einzuschreiten und das Erforderliche zur Sicherung der Schiffahrt zu veranlassen, ohne daß sie hierzu des Einverständnisses des Eigentümers des Hindernisses bedarf. Von diesem Recht soll die Behörde jedoch nur Gebrauch machen, wenn die alsbaldige Einleitung der Räumungsarbeiten durch die Behörde selbst nach der Sachlage geboten erscheint, insbesondere, wenn das Schiffahrtshindernis besonders gefährlich und verkehrsstörend ist und wenn der Eigentümer unbekannt oder wenn nach der Art und Größe des Hindernisses, nach der voraussichtlichen Schwierigkeit der Beseitigung oder nach den der Behörde bekannten Verhältnissen des Eigentümers von vornherein anzunehmen ist, daß dieser die Beseitigung nicht unternehmen oder nicht wirksam durchführen wird. Auch die Besorgnis, daß wertvolle Teile des Hindernisses, insbesondere Teile der Ladung eines Schiffes, vor dem Einschreiten der Behörde entfernt, und dadurch der Haftung für die Beseitigungskosten entzogen werden könnten, rechtfertigt ein sofortiges Einschreiten der Behörde. Liegen besondere Gründe hierzu nicht vor, und ist der Eigentümer bekannt und ohne größeren Zeitaufwand erreichbar, so soll die Behörde zunächst feststellen, ob der Eigentümer selbst die Beseitigung des Hindernisses übernehmen will. Dies ist besonders zu beachten, wenn es sich um geringfügige Schiffahrtshindernisse an weniger gefährlichen Stellen handelt. In solchen Fällen ist abzuwägen, ob der durch die alsbaldige Beseitigung des Hindernisses für die Schiffahrt zu erzielende Erfolg im richtigen Verhältnis zu dem dadurch dem Eigentümer erwachsenden Schaden steht. Die Behörde soll jedoch die Beseitigungsarbeiten dem Eigentümer nur gestatten, wenn er ausreichende Gewähr für ihre sachgemäße Erledigung bietet; auch soll ihm die Verfügung über etwa geborgene Ladung oder Teile des Schiffahrtshindernisses erst dann gestattet werden, wenn die Gefahr für die Schiffahrt beseitigt und die Deckung der etwa der Behörde entstandenen oder noch entstehenden Kosten sichergestellt ist.

Jedoch soll die Behörde dem Eigentümer die Verfügung über etwa geborgene Ladung oder Teile des Schiffahrtshindernisses auch dann gestatten, wenn zwar die Gefahr für die Schiffahrt noch nicht beseitigt und die Deckung der etwa der Behörde entstandenen oder noch entstehenden Kosten noch nicht sichergestellt ist, aber der Eigentümer Gewähr dafür bietet, daß er die freigegebenen Werte dafür verwendet, die Kosten der Beseitigung des Schiffahrtshindernisses zu bestreiten und die Kosten der Behörde zu decken.

In jedem Falle hat die Behörde dem Eigentümer, soweit er bekannt ist, von dem beabsichtigten Einschreiten vorher oder doch gleichzeitig damit Mitteilung zu machen. Steht das Fahrzeug noch unter Aufsicht der Besatzung, so genügt eine Benachrichtigung des Führers des Fahrzeuges.

Außer der Mitteilung an den Eigentümer ist das Einschreiten der Behörde am Wrack selbst öffentlich erkennbar zu machen. Zu diesem Zweck ist an dem Wrack die Flagge W des internationalen Signalbuches zu setzen.

Daneben ist das Einschreiten in dem Amtlichen Anzeiger und in den „Nachrichten für die Seefahrt" bekannt zu geben.

3. Kriegs- und Staatsfahrzeuge

a) Solange ein Schiffahrtshindernis, das von einem Kriegs- oder Staatsfahrzeug herrührt, noch unter Aufsicht der Besatzung steht, soll die Behörde sich wegen der Beseitigung mit dem Führer des Fahrzeugs ins Benehmen setzen. Wird keine Einigung erzielt, so ist die Entscheidung des Senats einzuholen.

b) Steht ein solches Schiffahrtshindernis nicht mehr unter Aufsicht der Besatzung, und handelt es sich um ein deutsches Fahrzeug, so sind die Belange der Eigentümerverwaltung sorgfältig zu wahren, und insbesondere bei Fahrzeugen der Reichsmarine darüber zu wachen, daß keine Gegenstände ohne Genehmigung der zuständigen Marinebehörde entfernt werden.

Duldet die Beseitigung keinen Aufschub und ist auch keine schnelle Verständigung mit der für das Schiffahrtshindernis zuständigen Verwaltung möglich, so kann die Behörde die Räumungsarbeiten in Angriff nehmen. Der Verwaltung ist auf dem kürzesten Wege Nachricht zu geben. In nicht dringlichen Fällen soll sich die Behörde wegen der Räumungsarbeiten mit der Eigentümerverwaltung ins Benehmen setzen und, wenn keine Einigung erzielt wird, meine Entscheidung einholen.

Handelt es sich um ein fremdes Kriegs- oder Staatsfahrzeug, so ist in allen Fällen an den Senat zu berichten. In dringlichen Fällen kann die Beseitigung sofort eingeleitet werden. Im Bericht ist dieses besonders zu vermerken und zu begründen.

4. Deckung der Beseitigungskosten

a) Zur Deckung der Kosten kann sich die Behörde grundsätzlich nur an den beseitigten Gegenständen schadlos halten. Eine persönliche Haftung der Eigentümer der Gegenstände tritt nicht ein. Reicht der Erlös aus dem Verkauf der beseitigten Gegenstände zur Deckung der Kosten nicht aus, so ist in jedem Falle zu prüfen, ob etwa nach den allgemeinen Bestimmungen des Bürgerlichen Rechts über Schadensersatz (BGB. § 823) die persönliche Haftung eines Beteiligten gegeben ist (HGB §§ 485, 486, 774, Entsch. des RG. in Zivilsachen Bd. 64 S. 197, Bd. 73 S. 8ff.).

Zu den Kosten der Beseitigung eines Schiffahrtshindernisses gehören alle Ausgaben, die der Behörde durch die Bezeichnung und Wegräumung, wie z. B. durch Gestellung von Personal, Betonnungsgerät, Überwachungsfahrzeugen, entstanden sind.

b) Verkauf beseitigter Schiffahrtshindernisse

Bei dem öffentlichen Verkauf beseitigter Gegenstände gemäß § 25 Abs. 2 der Strandungsordnung ist die Vorschrift des § 383 Abs. 3 des BGB. zu beachten. Vor der Vollziehung des öffentlichen Verkaufs ist, soweit tunlich, den Eigentümern Nachricht zu geben, damit diese ihre Belange wahrnehmen, insbesondere durch Sicherstellung den Verkauf abwenden können. Mit Zustimmung aller Beteiligten kann statt des öffentlichen Verkaufs eine andere angemessene Verwertung der geborgenen Gegenstände erfolgen. Da das Gesetz den öffentlichen Verkauf ausschließt, soweit Sicherheit gestellt wird, so sind, auch wenn dies für einzelne geborgene Gegenstände geschieht, diese freizugeben.

Wegen der Kosten der Beseitigung von Kriegs- und Staatsfahrzeugen siehe Ziffer c).

c) Kriegs- und Staatsfahrzeuge

Bei deutschen Kriegs- oder Staatsfahrzeugen oder Gegenständen, die dem Reiche oder einem Lande gehören, ist wegen der Erstattung der Beseitigungskosten und des endgültigen Verbleibs der bei der Beseitigung geborgenen Sachen mit der Eigentümerverwaltung in Verbindung zu treten. Wird keine Einigung erzielt, so ist die Entscheidung des Senats einzuholen.

Bei fremden Kriegs- oder Staatsfahrzeugen oder Gegenständen, die einem fremden Staate gehören, ist wegen der Erstattung der Beseitigungskosten und des endgültigen Verbleibs der bei der Beseitigung geborgenen Sachen die Entscheidung des Senats einzuholen.

5.

Die Anweisung zur Handhabung des § 25 der Strandungsordnung vom 8. Oktober 1902 ist aufgehoben.

3. Gebührenordnung für das Verfahren vor den hamburgischen Strandämtern

vom 26. März 1931 (HGVBl. S. 96)

I.

Für das Verfahren vor den Strandämtern in Hamburg und auf dem Hause Ritzebüttel[1]) zur Festsetzung von Berge- und Hilfslöhnen oder sonstigen Bergungs- und Hilfskosten werden die folgenden Gebühren erhoben:

[1]) dies Strandamt nicht mehr hamburgische Angelegenheit.

1. Für die Ladungsverfügung	1,— RM
2. für jede Verhandlung	2,— RM bis 20 RM
3. für einen Bescheid über die Festsetzung von Berge- oder Hilfslöhnen	
bei einem Streitgegenstand bis zu 10000 RM	10 v. T.
von dem übersteigenden Betrage des Streitgegenstandes bis zu 25000 RM	5 v. T.
von dem übersteigenden Betrage des Streitgegenstandes bis zu 50000 RM . . .	3 v. T.
von dem übersteigenden Betrage des Streitgegenstandes	1½ v. T.
Mindestgebühr.	5,— RM
4. für einen Bescheid über die Unzuständigkeit des Strandamtes	3,— RM bis 200 RM
5. Schreibgebühr je Seite	0,30 RM
6. Beglaubigung einer Abschrift ohne Rücksicht auf die Seitenzahl	1,— RM
7. für den Abschluß eines Vergleiches vor dem Strandamt werden die unter Ziffer 3 genannten Gebühren nur zur Hälfte erhoben.	

II.

Die Strandämter können aus Billigkeitsgründen die Gebühren ermäßigen.

III.

Die Bekanntmachung, betreffend Gebührenordnung für das Verfahren vor den Strandämtern in Hamburg und auf dem Hause Ritzebüttel, vom 12. September 1921 (HGVBl. S. 539) in der Fassung vom 26. Januar 1924 (HGVBl. S. 128) wird aufgehoben.

IV.

Diese Gebührenordnung tritt sofort in Kraft. In anhängigen Verfahren werden die Sätze dieser Gebührenordnung für die nach ihrem Inkrafttreten vorgenommenen Amtshandlungen erhoben.

4. Anweisung für die Hafenpolizei-Beamten, betreffend die Bergung stromtriftiger Gegenstände,

vom 31. Januar 1898 (ABl. S. 101)[1])

§ 1

Die Hafenpolizei-Beamten haben, soweit es ihre sonstigen Dienstobliegenheiten zulassen, auf die herrenlos auf dem Wasser treibenden Fahr-

---

[1]) Polizei im Sinne dieser VO. ist die Wasserschutzpolizei Hamburg.

zeuge, mögen dieselben beladen oder leer sein, sowie auf einzelne im Wasser schwimmende Colli zu achten und für deren Bergung zu sorgen.

§ 2

Beladene Fahrzeuge sind bei den Schutenwachtstationen im Freihafen oder Zollgebiet, je nachdem die Bergung hier oder dort erfolgt ist, abzuliefern. Ebenso ist mit leeren Fahrzeugen zu verfahren, wenn der Transport nach der nächsten Schutenwachtstation ohne erheblichen Zeitverlust erfolgen kann. Ist letzteres nicht der Fall, so sind die geborgenen leeren Fahrzeuge unter Beachtung des § 19 Absatz 3 des Hafengesetzes[1]) an einem geeigneten Platze in der Nähe der Bergungsstelle festzulegen. Im Zollgebiet geborgene leere Fahrzeuge können auch beim Arsenal zwischen Admiralitätstraße und Herrlichkeit abgeliefert werden, soweit der Platz daselbst zur Festlegung derselben ausreicht.

§ 3

Die im Freihafen aufgefischten Colli sind entweder bei den Hafenpolizeiwachen im Freihafengebiet unterzubringen oder bei dem Sammelschuppen am Magdeburgerhafen abzuliefern.

Die im Zollgebiet geborgenen Colli sind nach den Hafenpolizeiwachen im Zollgebiet zu schaffen oder dem Arsenal in der Admiralitätstraße abzuliefern.

§ 4

Erfolgt die Ablieferung der geborgenen Fahrzeuge oder Colli bei einer anderen Stelle als der Hafenpolizeiwache, zu welcher die bei der Bergung beteiligten Hafenpolizei-Beamten gehören, so haben die Berger sich über die erfolgte Ablieferung eine Empfangsbescheinigung ausstellen zu lassen.

§ 5

Beamte, welche eine Bergung bewirkt haben, sind verpflichtet, unter Angabe des Ortes, der Zeit der Bergung und der sonstigen Umstände unverzüglich dem Vorsteher ihrer Hafenpolizeiwache, im Falle des § 4 unter Beifügung der Empfangsbescheinigung, Anzeige zu erstatten. Der Anzeige ist ein Vermerk darüber beizufügen, wo die geborgenen Fahrzeuge oder Gegenstände sich befinden.

§ 6

Der Vorsteher der Polizeiwache hat für Ablieferung der festgelegten leeren Fahrzeuge an eine Schutenwachtstation oder an das Arsenal Sorge zu tragen. Derselbe hat ferner dem Oberhafenmeister[2]), als stellvertreten-

[1]) entsprechende Bestimmung des neuen Hafengesetzes ist § 19 Abs. 1.
[2]) = Hafenkapitän.

dem Strandvogt, mit möglichster Beschleunigung schriftliche Mitteilung von der Bergung zu machen und dem Schreiben ein Verzeichnis der geborgenen Gegenstände nach anliegendem Muster[1]) beizufügen. In jedem Falle ist genau anzugeben, wohin das geborgene Fahrzeug oder Gut gebracht worden ist.

§ 7

Die Hafenpolizei-Beamten sind befugt, die zur Beförderung der geborgenen Fahrzeuge und Güter an die Ablieferungsstellen erforderlichen Hilfskräfte und Transportmittel (Schleppdampfschiffe) zu beschaffen. Bei Annahme eines Schleppdampfers ist über die zu zahlende Vergütung stets im Voraus eine Vereinbarung zu treffen, wobei eine Vergütung von M 2—3 als ortsüblich anzusehen ist, sofern nicht Eisverhältnisse oder sonstige Umstände den Transport besonders erschweren. Die entstehenden Kosten sind in dem Verzeichnisse (Spalte 7) zu vermerken.

Die Barkassen der Hafenpolizei dürfen zum Schleppen geborgener Fahrzeuge, abgesehen von dringenden Notfällen, nicht verwendet werden.

§ 8

Der Strandvogt, bzw. sein Stellvertreter, ist befugt, mit den zur Empfangnahme der geborgenen Gegenstände Berechtigten — erforderlichenfalls nach Anhörung der Beamten, welche die Bergung bewirkt haben — eine gütliche Vereinbarung über den zu zahlenden Bergelohn unter Vorbehalt der Zustimmung des Capitains der Hafenpolizei zu treffen.

Diese Zustimmung wird nur dann zu versagen sein, wenn die vereinbarte Höhe des Bergelohns zu der von den betheiligten Beamten aufgewendeten Mühe nach Ansicht des Capitains der Hafenpolizei ganz außer Verhältnis steht.

Kommt eine Vereinbarung zwischen dem Strandvogt und dem Empfangsberechtigten nicht zu Stande, oder erhebt der Capitain der Hafenpolizei Widerspruch, so entscheidet auf Antrag derselben das Strandamt.

§ 9

Eine Ablieferung der im Gewahrsam der Hafenpolizei verbliebenen geborgenen Gegenstände an den Empfangsberechtigten hat erst stattzufinden, nachdem auf Grund einer Bescheinigung des Strandvogts oder des Strandamts feststeht, daß der Bergelohn bezahlt oder sicher gestellt ist.

§ 10

Der Bergelohn ist der Polizei-Casse zu überweisen und zum Nutzen sämmtlicher Hafenpolizei-Beamten nach näherer Anweisung des Polizeiherrn zu verwenden.

---

[1]) auf Abdruck ist verzichtet.

XIV. Meldewesen und Statistik

1. Verordnung über das Meldewesen (Meldeordnung)

vom 26. April 1949 in der Fassung der Verordnung vom 21. 1. 1950 sowie des Gesetzes vom 20. 12. 1954 (HGVBl. I 1949 S. 71, 1950 S. 15, 1954 S. 155)

VI. Inkrafttreten

§ 27

(1) Die Verordnung tritt am 1. Mai 1949 in Kraft.

(2) An diesem Tage verlieren alle bisherigen Vorschriften über das Meldewesen ihre Gültigkeit, mit Ausnahme der besonderen Meldevorschriften für Seeleute und Binnenschiffer.

2. Verordnung zur Durchführung der Meldeordnung

vom 23. August 1949 (HGVBl. I S. 203)

14

(1) Seeleute und Binnenschiffer, die eine Wohnung an Land haben, unterliegen der gleichen Meldepflicht wie andere Personen.

(2) Auf Seeleute, die keine Wohnung an Land haben, finden die Bestimmungen der Meldeordnung keine Anwendung.

(3) Binnenschiffer und Schifferfamilien, die ständig an Bord von Binnenschiffen wohnen, sind meldepflichtig.

3. Gesetz über die hamburgische Handels- und Schiffahrtsstatistik

vom 17. Dezember 1928 in der Fassung der Gesetze vom 19. März 1936, 16. Juni 1937 und 20. Dezember 1954 (HGVBl. 1928 S. 503, 1936 S. 45, 1937 S. 101, 1954 S. 155)

[Hierzu sind ergangen:
1. Ausführungsverordnung vom 28. Mai 1929 (HGVBl. S. 217)
— §§ 1 bis 5 und § 8 aufgehoben —
2. Ausführungsverordnung vom 20. August 1929 (HGVBl. S. 423)
— aufgehoben —
3. Ausführungsverordnung vom 15. Dezember 1930 (HGVBl. S. 525)
— aufgehoben —
4. Ausführungsverordnung vom 5. Februar 1935 (HGVBl. S. 33)
— Ziffern 1 bis 5 aufgehoben —
5. Ausführungsverordnung vom 24. März 1938 (HGVBl. S. 71)
— aufgehoben —
6. Ausführungsverordnung vom 16. Januar 1952 (HGVBl. S. 1)
— gültig —]

XV. Gebührenwesen

1. Gebührengesetz

vom 5. Juli 1954 (HGVBl. I S. 51)

§ 23

Auf Gebühren für die Inanspruchnahme von Hafenbehörden sowie für die Benutzung des Hafens und der Hafenanlagen findet dieses Gesetz mit folgenden Maßgaben Anwendung:

a) § 4 Absatz 1 [betr. gebührenpflichtige Tatbestände] und § 6 Absatz 2 Satz 2 [betr. Gebührensatz] gelten nur bis zum Inkrafttreten entsprechender Ermächtigungen des Hafengesetzes [siehe nunmehr dessen §§ 63 und 65];

b) die Gebührenordnungen können von den §§ 5 [betr. sachliche Gebührenfreiheit], 8 [betr. Gebührenschuldner] und 9 [betr. persönliche Gebührenbefreiung] abweichen;

c) § 22 Absatz 2 Satz 2 [betr. Rechtsüberleitung] ist nicht anwendbar[1]); geltende gebührenrechtliche Bestimmungen bleiben bis zu ihrer Änderung oder Aufhebung in Kraft.

2. Verordnung über Entgelte der Hafenschiffahrt im Gebiet des Hafens Hamburg

vom 11. Dezember 1951 (HGVBl. S. 225)
in Verbindung mit Hafengesetz vom 21. Dezember 1954 (HGVBl. I S. 169)

§ 1

(1) Diese Verordnung gilt für den Bereich des Hafens Hamburg[2]) und betrifft die Entgelte der Hafenschiffahrt (Transportsätze, Bugsiertarife, Barkassentarife, Liegegelder, Extraleute, Überstunden, Nacht-, Sonn- und Feiertagsarbeit, Entgelte für Vermietung von Binnenschiffen, Assistenz für

---

[1]) diese Bestimmung besagt, daß geltende gebührenrechtliche Vorschriften längstens für zwei Jahre ab 1. 8. 1954 noch in Kraft bleiben. Da sich die Nichtanwendung dieses Grundsatzes aber nur auf Gebühren für die Inanspruchnahme von Hafenbehörden sowie für die Benutzung des Hafens und der Hafenanlagen bezieht, dürfte die Gebührenordnung für die Benutzung staatlicher Anlagen an der Alster und an Gewässern im Landgebiet vom 13. Februar 1933 in der Fassung der Verordnungen vom 5. 4. 1933, 3. 5. 1933, 22. 7. 1933, 26. 1. 1934 und 22. 8. 1934 (HGVBl. 1933 S. 32, 77, 129, 295, 1934 S. 20 und 316) überholt sein.

[2]) siehe §§ 66, 67 Abs. 1 Hafengesetz.

Seeschiffe, Einlagerung von Gütern in Wasserfahrzeugen, Bewachung und sonstige Nebenleistungen, die mit der Beförderung in unmittelbarem Zusammenhang stehen).

(2) Sie gilt nicht für Verkehr, der über den Hafenbereich hinausgeht[1]).

§ 2

(1) Die Entgelte der Hafenschiffahrt werden durch Beschluß des Frachtenausschusses für den Hafen Hamburg oder seiner Unterausschüsse allgemein festgesetzt.

(2) Die Beschlüsse des Frachtenausschusses und seiner Unterausschüsse bedürfen zu ihrer Wirksamkeit der Bestätigung der Behörde für Wirtschaft und Verkehr.

(3) Die vogeschriebenen Sätze dürfen weder über- noch unterschritten werden.

§ 3

(1) Der Frachtenausschuß kann Unterausschüsse einsetzen zur Festsetzung von Entgelten

1. für schnell veränderliche Verhältnisse, insbesondere bei Behinderung durch Eis,
2. für bevorstehende Leistungen, deren Abgeltung noch nicht geregelt ist, wenn die Festsetzung keinen Aufschub duldet,
3. wenn Ausnahmen von der bestehenden Regelung notwendig erscheinen,
4. wenn es sich um Leistungen handelt, die selten vorkommen oder von geringer Bedeutung sind.

(2) Die Festsetzung ist in den Fällen des Absatzes 1, Ziffern 2, 3 und 4 vor Beginn der Leistung zu beantragen.

§ 4

(1) Der Frachtenausschuß und seine Unterausschüsse unterstehen der Aufsicht der Behörde für Wirtschaft und Verkehr.

(2) Der Frachtenausschuß setzt sich zusammen aus je 4 Vertretern der Hafenschiffahrt und der verladenden Wirtschaft und einem Beauftragten der Aufsichtsbehörde als Vorsitzendem.

(3) Ein Beauftragter der Aufsichtsbehörde führt auch den Vorsitz in den Unterausschüssen.

(4) Die Mitglieder des Frachtenausschusses sowie deren Stellvertreter werden von der Aufsichtsbehörde berufen und abberufen; sie sind ehrenamtlich tätig.

---

[1]) durch § 45 Abs. 2 Ziff. 2 des Gesetzes über den gewerblichen Binnenschiffsverkehr vom 1. 10. 1953 (BGBl. I S. 1453 und 1485) ist diese VO. ausdrücklich unverändert aufrechterhalten worden.

§ 5

(1) Der Frachtenausschuß gibt sich eine Geschäftsordnung, die der Genehmigung der Aufsichtsbehörde bedarf.

(2) Die Geschäfte werden bei der Behörde für Wirtschaft und Verkehr geführt.

§ 6

(1) Die Beschlüsse des Frachtenausschusses und seiner Unterausschüsse werden im Amtlichen Anzeiger (Teil II des Hamburgischen Gesetz- und Verordnungsblattes) veröffentlicht.

(2) Die Beschlüsse des Frachtenausschusses treten am Tage nach der Verkündung in Kraft.

§ 7

Verstöße gegen diese Verordnung werden nach dem Gesetz zur Vereinfachung des Wirtschaftsstrafrechts (Wirtschaftsstrafgesetz) vom 26. Juli 1949/29. März 1950/30. März 1951 (WGBl. 1949 S. 193, BGBl. 1950 S. 78, 1951 I S. 223) geahndet[1]).

§ 8

(1) Diese Verordnung tritt am Tage nach der Verkündung in Kraft.

(2) Gleichzeitig treten die Verordnung über die Entgelte der Hafenschiffahrt vom 30. Juli 1938 (HVBl. S. 137) und die Verordnung zur Änderung der Verordnung über die Entgelte der Hafenschiffahrt vom 6. September 1940 (HVBl. S. 125) außer Kraft.

3. Hafengeldordnung für den Hafen Hamburg

vom 14. März 1930 in der Fassung der Verordnungen vom 30. April 1930, 26. September 1931, 10. Juni 1936, 20. November 1951 und 4. November 1955 (HGVBl. 1930 S. 96 und 173, 1931 S. 263, 1936 S. 127, 1951 S. 217, 1955 S. 326) in Verbindung mit Hafengesetz vom 21. Dezember 1954 (HGVBl. I S. 169)

I. Geltungsgebiet

§ 1

Der Hafen Hamburg besteht aus folgenden Hafenteilen:

a) dem Hamburger Hafen,
b) dem Altonaer Hafen[2]),
c) dem Harburg-Wilhelmsburger Hafen[2]),
d) dem Hafen der Hamburgisch-Preußischen Hafengemeinschaft G. m. b. H.[2])

---

[1]) siehe jetzt § 67 Abs. 2 Hafengesetz.

[2]) abgesehen davon, daß es diese Häfen infolge der Groß-Hamburg-Gesetzgebung nicht mehr gibt, sondern nur noch einen Hamburger Hafen, siehe §§ 66, 67 Abs. 1 Hafengesetz.

II. Hafengeld für Seeschiffe

§ 2

(1) Für die im Hafen Hamburg ankommenden Schiffe, insoweit sie zum Erwerb durch die Seefahrt dienen, wird ein Hafengeld erhoben.

(2) Das Hafengeld beträgt für 1 cbm des Nettoraumgehalts

1. für Segel- und Motorschiffe bis zu 400 cbm des Nettoraumgehalts . . . . 8 Rpf.
2. für Segelschiffe über 400 cbm des Nettoraumgehalts 8½ Rpf.
3. für Schiffe aller Art, die von Häfen des Nord- und Ostseegebietes ankommen, wenn sie dorthin wieder abgehen . . . . 8½ Rpf.
4. für andere Schiffe . . . . 10½ Rpf.

(3) Zum Nordseegebiet im Sinne dieser Ordnung gehören auch Norwegen, Großbritannien und Irland und die französische Küste bis einschließlich Le Havre.

§ 3

Die Hälfte des Hafengeldes ist zu entrichten:

1. für Schiffe, deren Ladung lediglich aus folgenden Massengütern besteht:
   Bau-, Stab- und Papierholz,
   Steine aller Art, auch roh bearbeitet, Pflastersteine, Mauersteine, Dachpfannen, Fliesen, Schiefer,
   Zement, Kalk, Sand,
   Gips, Kreide, Ton, Tonerde (Chinaclay), Bauxit,
   Eisenerze, Zinkerze, Phosphat und Schwefel, Schwefelkies, Gasreinigungsmasse, Kiesabbrände;
2. für Schiffe, die nicht aus See kommen, wenn sie seewärts mit Ladung wieder abgehen;
3. für Schiffe, die aus See in Ballast ankommen, wenn sie seewärts mit Ladung wieder abgehen.

§ 4

Ein Hafengeld von 4 Reichspfennig ist zu entrichten:

1. für Schiffe, deren Ladung ausschließlich in deutschen Häfen eingenommen und ausschließlich für deutsche Häfen bestimmt ist;
2. für Schiffe, die mit Ladung von deutschen Rheinhäfen kommen und einen Teil ihrer Ladung in einem außerdeutschen Hafen zugeladen haben, wenn ihnen diese Teilladung von deutschen Rheinhäfen aus auf dem Wasserwege zugeführt worden ist;
3. für Schiffe, die aus See in Ballast ankommen und seewärts mit Ladung nach deutschen Häfen wieder ausgehen.

§ 5

Schiffe, die von dem hamburgischen Teil des Hafens Cuxhaven ankommen, zahlen, wenn sie den Nachweis erbringen, daß sie dort bereits Hafengeld entrichtet haben, den zwischen der Hafengeldordnung für Cuxhaven und dieser Hafengeldordnung sich ergebenden Unterschiedsbetrag.

§ 6

Von der Entrichtung des Hafengeldes sind befreit:

1. Schiffe, die nicht aus See kommen, wenn sie seewärts in Ballast wieder abgehen;
2. Schiffe, die aus See in Ballast ankommen, wenn sie seewärts in Ballast oder nicht seewärts wieder abgehen;
3. Fischereifahrzeuge mit ausschließlich eigenem Fang;
4. Schiffe, die den Hafen nur wegen Eisganges, Unwetters, Havarie oder infolge einer sonstigen Notlage zur Ausbesserung oder zur Ergänzung ihres Kohlenvorrats aufsuchen, wenn sie mit derselben Ladung wieder ausgehen;
5. Schiffe, die von den deutschen Nordseebädern kommen und lediglich Reisende, ihr Gepäck und Post anbringen;
6. Schiffe, die vor Antritt der Reise nach ihrem Bestimmungshafen zunächst zur Aufnahme eines Teiles der Ladung eine Reise nach einem anderen Hafen gemacht haben, für die Rückreise von diesem Hafen, wenn die dort übernommene Ladung nicht gelöscht wird;
7. Schiffe mit Ladung für den Hafen Hamburg und einen anderen Hafen, die zunächst ihre für den Hafen Hamburg bestimmte Ladung hier gelöscht haben, nach Löschen ihrer Restladung in dem anderen Hafen für die Rückreise von diesem Hafen;
8. Schiffe, die im Gebiet des Hafens Hamburg neu erbaut sind, für die Rückreise vom Bestimmungshafen ihrer ersten Ausreise.

IIa. Wartegebühr für Hafenlotsen

§ 6a

(1) Wird ein Hafenlotse für eine frühere Zeit als eine Stunde vor Abfahrt oder Verholen des Schiffes angefordert, ist für seine Inanspruchnahme eine Gebühr zu entrichten. Sie beträgt je angefangene Stunde vom Anbordkommen des Hafenlotsen ab bis zur tatsächlichen Abfahrt des Schiffes:

für Schiffe	bis 500 BRT	20,— DM
für Schiffe über	500 bis 2000 BRT	30,— DM,
für Schiffe über	2000 bis 10000 BRT	40,— DM,
für Schiffe über	10000 BRT	50,— DM.

Kommt der Hafenlotse schon vor dem Zeitpunkt an Bord, zu welchem er angefordert worden ist, so wird diese Zeit nicht mitgerechnet.

(2) Absatz 1 gilt entsprechend, wenn ein angeforderter Hafenlotse nicht rechtzeitig abbestellt wird, obwohl seine Dienste nicht in Anspruch genommen werden. Die Gebühr bemißt sich nach dem Zeitverlust einschließlich des Hin- und Rückweges des Hafenlotsen.

(3) Hat ein Hafenlotse auf einem unter Zollzeichen fahrenden Schiff nach Erreichen des Liegeplatzes im Seezollhafen länger als eine halbe Stunde zu warten, bis das Schiff vorschriftsmäßig unter Zollaufsicht genommen ist, so werden für die eine halbe Stunde überschreitende Wartezeit Gebühren nach Absatz 1 erhoben.

(4) Gebührenschuldner sind der Reeder oder derjenige, der das Schiff im eigenen Namen verwendet, deren Vertreter und der Schiffsführer, im Falle der Absätze 1 und 2 auch derjenige, der den Hafenlotsen angefordert hat.

III. Liegegeld für Seeschiffe

§ 7

(1) Für Seeschiffe ist nach einem vierwöchigen, für Segelschiffe, die von außereuropäischen Ländern ankommen, nach einem sechswöchigen Aufenthalt im Hafen Hamburg ein Liegegeld zu entrichten. Dieses ist für jeden weiteren angefangenen Zeitraum von 4 Wochen zu berechnen und beträgt 3 Reichspfennig vom Kubikmeter des Nettoraumgehalts. Bei Schiffen, die an einer Werft zur Ausbesserung liegen, wird die Zeit, während der sie dort liegen, bei der Bemessung des Liegegeldes nicht angerechnet.

(2) Seeleichter können auf Antrag von der Entrichtung des Liegegeldes befreit werden, solange sie im Gebiet des Hafens Hamburg zur Güterbeförderung verwendet werden.

(3) Reichs- und Staatshoheitsfahrzeuge sowie Fischereifahrzeuge sind von der Entrichtung des Liegegeldes befreit.

IV. Allgemeine Bestimmungen

§ 8[1]

(1) Schiffe, die mehrere Hafenteile des Hafens Hamburg aufsuchen, haben das Hafengeld nur einmal, und zwar in dem Hafenteil zu entrichten, in dem sie zuerst ankommen.

(2) Das Liegegeld ist in dem Hafenteil zu entrichten, in dem das Schiff zur Zeit der Fälligkeit (§ 7) liegt.

§ 9

Das Hafengeld ist binnen einer Woche nach Ankunft, bei kürzerem Aufenthalt spätestens am Tage vor der Abfahrt zu entrichten. Für Schiffe,

[1]) siehe Anm. 2 zu § 1.

die aus See in Ballast oder nicht aus See ankommen, ist das Hafengeld spätestens am Tage vor der Abfahrt zu entrichten.

Bei der Fälligkeit des Hafengeldes ist ein Schein nach dem anliegenden Muster[1]) ausgefüllt einzureichen. Gleichzeitig ist der Meßbrief oder das Schiffszertifikat vorzulegen. Für regelmäßige Reihenfahrer kann auf Antrag gestattet werden, daß diese Urkunden nur einmal jährlich vorgelegt werden.

§ 10

Die nach vorstehenden Bestimmungen zu erhebenden Beträge sind auf 10 Rpf nach oben abzurunden.

§ 11

Die zuständigen Hafenbehörden können aus Billigkeitsgründen die Zahlung der nach dieser Ordnung zu entrichtenden Abgaben erlassen oder ermäßigen.

§ 12

Verstöße gegen diese Hafengeldordnung werden nach Artikel IV, §§ 1 bis 3 und 7 des Reichsgesetzes, betreffend den Ausbau der deutschen Wasserstraßen und die Erhebung von Schiffahrtsabgaben, vom 24. Dezember 1911 (RGBl. S. 1137f.) in Verbindung mit Artikel III der Verordnung über Vermögensstrafen und Bußen vom 6. Februar 1924 (RGBl. I S. 44) bestraft, soweit nicht nach allgemeinen Vorschriften eine schwerere Strafe eintritt[2]).

§ 13[3])

Die Erhebung eines Liegegeldes für Binnenfahrzeuge und von Abgaben für besondere Leistungen im Hafen bleiben der örtlichen Regelung in den einzelnen Hafenteilen des Hafens Hamburg vorbehalten.

§ 14

(1) Das hamburgische Gesetz, betreffend die Erhebung eines Hafengeldes in Hamburg und Cuxhaven, in der Fassung der Bekanntmachungen vom 26. Februar, 26. Juli, 21. August, 11. September, 18. Oktober, 20. November, 4. Dezember 1923, 28. Juni, 9. Dezember 1926, 30. August 1927 ist durch das hamburgische Gesetz zur Aufhebung des Gesetzes, betreffend die Erhebung eines Hafengeldes in Hamburg und Cuxhaven, vom 14. März 1930 (HGVBl. S. 80) aufgehoben.

(2) Mit dem Inkrafttreten dieser Ordnung werden folgende hamburgische Vorschriften aufgehoben:

---

[1]) auf Abdruck ist verzichtet.

[2]) siehe jetzt § 67 Abs. 2 Hafengesetz (Ahndung von Verstößen als Ordnungswidrigkeit.)

[3]) siehe Anm. 2 zu § 1.

1. Die Bekanntmachung, betreffend die Ermäßigung des Tonnengeldes für Schiffe, deren Ladung aus Massengütern besteht, vom 12. März 1902.
2. Die Bekanntmachung der Deputation für Handel, Schiffahrt und Gewerbe, betreffend Ausführungsbestimmungen zu dem Gesetz, betreffend die Erhebung eines Hafengeldes in Hamburg und Cuxhaven, vom 26. Februar 1923.

(3) Ferner werden mit dem Inkrafttreten dieser Ordnung folgende preußische Vorschriften aufgehoben:

1. Tarif für den staatlichen Hafen in Harburg vom 23. Februar 1927 mit den Nachträgen vom 7. März 1928 und vom 30. Oktober 1929.
2. Tarif für die unter städtischer Verwaltung stehenden Hafenanlagen in Altona vom 16. Februar 1924.

§ 15

Diese Hafengeldordnung tritt am 1. April 1930 in Kraft.

4. Gebührenordnung für die Benutzung der öffentlichen Anlagen im Hamburger Hafen [1])

vom 26. März 1931 in der Fassung der Verordnungen vom 15. Juli 1932, 29. November 1933, 2. Mai 1934, 23. Oktober 1935, 4. März 1952 und der Satzung vom 26. März 1941 (HGVBl. 1931 S. 89, 1932 S. 215, 1933 S. 535, 1934 S. 210, 1935 S. 227, 1952 S. 24, HVBl. 1941 S. 31) in Verbindung mit Hafengesetz vom 21. Dezember 1954 (HGVBl. I S. 169)

§ 1

Geltungsgebiet

Für die Benutzung der öffentlichen Anlagen im Hamburger Hafen[2]) werden Gebühren nach den Bestimmungen dieser Gebührenordnung erhoben.

(2) (ist aufgehoben)

(3) Öffentliche Anlagen im Sinne dieser Gebührenordnung sind:
die öffentlichen Landungsanlagen (§ 2 Abs. 4),
die öffentlichen Kräne und Waagen (§§ 8, 9),
die öffentlichen Schleusen und Brücken (§§ 10, 11)
und der Elbtunnel (§ 12)[3]).

---

[1]) § 1 Abs. 1 der Satzung vom 26. 3. 1941 machte die Gebührenordnung auch für das nach § 1 Abs. 1 des Gesetzes über Groß-Hamburg und andere Gebietsbereinigungen vom 26. 1. 1937 (RGBl. I S. 91) von Preußen auf Hamburg übergegangene Gebiet, also Altonaer und Harburg-Wilhelmsburger Hafen, auch Hafen der früheren Hamburgisch-Preußischen Hafengemeinschaft, gültig.

[2]) siehe §§ 66, 67 Abs. 1 Hafengesetz.

[3]) für Elbtunnel jetzt besondere Gebührenordnung, daher auch § 12 aufgehoben.

(4) Für die Benutzung der öffentlichen Kaianlagen und der dem Fischereiamt unterstehenden Anlagen am St. Pauli Fischmarkt treten an die Stelle dieser Gebührenordnung die jeweiligen Bestimmungen des Kaitarifs und der Gebührenordnung für den St. Pauli Fischmarkt.

§ 2

Erhebung von Anlegegebühren

(1) Für die mittelbare oder unmittelbare Benutzung der öffentlichen Landungsanlagen im Hamburger Hafen wird von allen mit eigener Triebkraft fortbewegten Seeschiffen, Flußschiffen und Hafenfahrzeugen eine Anlegegebühr nach den §§ 3 und 4 erhoben. Zur Zahlung der Gebühr ist der Eigentümer des Schiffes oder sein Vertreter verpflichtet.

(2) Befreit von der Anlegegebühr nach §§ 3 und 4 dieser Gebührenordnung sind

a) die Harburger Dampfschiffe, soweit sie im Verkehr zwischen Hamburg und Harburg-Wilhelmsburg und den Zwischenstationen beschäftigt sind; für diesen Verkehr gelten die Gebührenbestimmungen des Vertrages zwischen Hamburg und Hannover vom 18. Februar 1845[1]),

b) die Dampf- und Motorschiffe, die im Hamburger Hafen im Fähr- oder Jollenführerbetrieb beschäftigt sind,

c) deutsche und ausländische Staatshoheitsfahrzeuge,

d) solche nicht zur Personen- und Passagierbeförderung zugelassene Hafenfahrzeuge, die ständig unentgeltlich Hafenlotsen an und von Bord von Seeschiffen befördern.

(3) Die jährliche Anlegegebühr (§ 3 und § 4 Abs. 1 und 2) ist für das Kalenderjahr im voraus binnen einer Woche nach Zustellung der Rechnung an die Hafenverwaltung[2]) in Hamburg zu entrichten. Auf Antrag wird diese Gebühr zur Hälfte zurückerstattet, falls das Schiff erst mit oder nach dem 1. Juli in die Fahrt auf der Elbe eingestellt oder vor dem 1. Juli dauernd aus der Fahrt auf der Elbe gezogen wird. Der Antrag ist spätestens bis zum 7. Januar jedes Jahres für das vorhergehende Kalenderjahr zu stellen. Die für jede Benutzung einer Anlage zu entrichtende Anlegegebühr (§ 4 Abs. 3) ist sofort nach der Benutzung gegen Empfangsbescheinigung an den Aufsichtsbeamten zu entrichten.

(4) Öffentliche Landungsanlagen im Sinne dieser Gebührenordnung sind: alle zum Anlegen von Schiffen bestimmten Anlagen des Hamburger Staates, die nicht verpachtet sind, insbesondere die von der Deputation für Handel, Schiffahrt und Gewerbe[2]) als solche bekanntgemachten öffent-

---

[1]) hinfällig infolge Groß-Hamburg-Gesetzgebung.

[2]) Oberhafenamt bzw. Behörde für Wirtschaft und Verkehr.

lichen Lösch- und Ladeplätze, die Landungsbrücken, Pontons, Rampen und Wassertreppen.

§ 3

Anlegegebühr für alle öffentlichen Landungsanlagen.

(1) Die jährliche Anlegegebühr beträgt für alle mit eigener Triebkraft bewegten Hafenfahrzeuge, die in Hamburg im Seeschiffsregister, im Binnenschiffsregister oder in der Liste für kleine Fluß- und Hafenfahrzeuge eingetragen sind und im Hamburger Hafen verkehren sowie für die auswärts eingetragenen, aber im Hamburger Hafen ständig verkehrenden Hafenfahrzeuge bei einer Tragfähigkeit bis zu

50 Tonnen 30 RM,
von 50 bis 250 Tonnen 40 RM,
über 250 Tonnen 50 RM.

(2) Hafenfahrzeuge, die die Jahresgebühr nach § 4 Abs. 1 bezahlen, sind von der Entrichtung der Gebühr nach Abs. 1 befreit.

(3) Nicht amtlich vermessene Schiffe aller Art haben für jede Benutzung der öffentlichen Landungsanlagen 0,50 RM zu bezahlen.

§ 4

Anlegegebühren für die St. Pauli-Landungsbrücken, Überseebrücke, Landungsanlagen am Stadtdeich, Viehlandestelle am Kirchenpauerhafen.

(1) Die Anlegegebühr wird für alle für die Beförderung von Personen im Hamburger Hafen oder von Passagieren auf der Elbe vermessenen Schiffe, die einen regelmäßigen Dienst nach bestimmtem Fahrplan unterhalten, nach der auf Grund dieser Vermessung maßgebenden Höchstzahl berechnet, ohne Rücksicht auf die Zulassung zur Personen- oder Passagierbeförderung; sie beträgt jährlich für den Kopf der hiernach für die Verwendung im Erhebungszeitraum maßgebenden Personen- oder Passagierzahl:

a) 1 RM, wenn das Schiff fahrplanmäßig einmal täglich von einer der Landungsanlagen an den St. Pauli Landungsbrücken oder dem Stadtdeich abfährt und die Seegrenze auf seinen Fahrten nicht überschreitet; für jede Sonderfahrt wird ein Zuschlag von 0,05 RM für den Kopf nach der maßgebenden Personenzahl erhoben,

b) 1,50 RM, wenn das Schiff täglich mehrmals von den in Ziffer a) bezeichneten Anlagen abfährt oder die Seegrenze überschreitet.

(2) Für die Benutzung der in Absatz 1 a genannten Anlagen wird von allen, für die Beförderung von Personen im Hamburger Hafen oder Passagieren auf der Elbe vermessenen Fluß- und Seeschiffen, die keinen regelmäßigen Dienst nach bestimmtem Fahrplan unterhalten, eine Anlegegebühr von jährlich 1 RM für den Kopf der maßgebenden Personen- oder Passagierzahl erhoben.

(3) Für nicht für die Personen- oder Passagierbeförderung im Hamburger Hafen oder auf der Elbe vermessene See- und Flußschiffe wird die Anlegegebühr nach dem Bruttoraumgehalt berechnet; sie beträgt

a) für jede Benutzung der öffentlichen Landungsanlagen an den St. Pauli Landungsbrücken und am Stadtdeich sowie für die Benutzung der Viehlandepontons am Kirchenpauerhafen 1 RM für jede angefangenen 100 cbm des Bruttoraumgehalts,
b) für die Benutzung der öffentlichen Landungsanlagen an der Überseebrücke 0,50 RM für jede angefangenen 100 cbm des Bruttoraumgehalts und jede angefangenen 24 Stunden.

Die Mindestgebühr beträgt in beiden Fällen für Schiffe bis zu 500 cbm Bruttoraumgehalt 20 RM, für größere Schiffe 50 RM.

§ 5

Ufergeld für die öffentlichen Lösch- und Ladeplätze

(1) Das Ufergeld für jede mittelbare oder unmittelbare Benutzung der öffentlichen Lösch- und Ladeplätze im Hamburger Hafen durch See- und Flußschiffe und Hafenfahrzeuge beträgt für jede angefangenen 24 Stunden

a) für Seeschiffe 0,025 RM für 1 cbm Nettoraumgehalt,
b) für Flußschiffe und Hafenfahrzeuge für die Tonne Tragfähigkeit oder für 1,5 cbm Bruttoraumgehalt 0,01 RM, mindestens 1 RM.
   Bei Schiffen, die sowohl auf Tragfähigkeit geeicht als auch auf Raumgehalt vermessen sind, wird die Tragfähigkeit zugrunde gelegt.
c) für Flöße 1 RM.

(2) Regelmäßig einen Löschplatz vor Finkenwärder, am Köhlfleth und an der Aue benutzende Schiffseigner können ein Jahresufergeld entrichten; dieses beträgt für ein Fahrzeug bis zu 15 Tonnen Tragfähigkeit oder 22,5 cbm Bruttoraumgehalt 10 RM; für jede weiteren angefangenen 7,5 Tonnen Tragfähigkeit oder 11,25 cbm Bruttoraumgehalt 5 RM.

(3) Für die Benutzung der Löschplätze vor Finkenwärder, am Köhlfleth und an der Aue zum Aushökern von Waren aus dem Fahrzeug wird für jeden angefangenen Zeitabschnitt von sieben Tagen und jede $^2/_3$ Tonne Tragfähigkeit oder jedes Kubikmeter Bruttoraumgehalt des Fahrzeuges ein Ufergeld von 0,05 RM, mindestens aber 5 RM, erhoben.

(4) Das Ufergeld für Flußschiffe und Hafenfahrzeuge ist im voraus von demjenigen, der den Antrag auf Benutzung des Lösch- und Ladeplatzes stellt, an die Aufsichtsbeamten gegen Empfangsbescheinigung zu entrichten. Dabei ist die Bezeichnung der Fahrzeuge nach Bauart und Registernummer, die Liegezeit und die Benutzungsart, für welche die Gebühr entrichtet werden soll, nachzuweisen. Die Empfangsbescheinigung ist auf-

zubewahren und den Aufsichtsbeamten auf Verlangen vorzuzeigen. Die Gebühr muß an den Aufsichtsbeamten nochmals bezahlt werden, falls die Bezahlung nicht durch die Empfangsbescheinigung nachgewiesen wird; sie wird auf Antrag von der Hafenverwaltung erstattet, soweit die Bezahlung anderweitig nachgewiesen wird. Das Ufergeld für Seeschiffe ist binnen einer Woche nach Zustellung der Rechnung an die Hafenverwaltung zu entrichten.

(5) Das Ufergeld nach Absatz 1 wird nicht erhoben von Jollen, Barkassen und solchen Fahrzeugen von höchstens 20 Tonnen Tragfähigkeit oder 30 cbm Bruttoraumgehalt, welche nur zur sofortigen Übernahme und zum sofortigen Löschen einzelner Güter anlegen, sowie von Marktfahrzeugen jeder Größe, welche die für den Marktverkehr bestimmten Anlagen zum Löschen von Marktwaren für den ersten auf das Anlegen folgenden Markttag benutzen.

§ 6

Zusatzgebühr

(1) Schiffe, die an einer öffentlichen Landungsanlage im Hamburger Hafen Wagen oder Vieh an Bord nehmen oder landen, haben außer der Anlegegebühr eine Zusatzgebühr zu bezahlen. Diese beträgt jedesmal

für einen Kraftwagen	10,— RM,
für eine Handkarre	0,10 RM,
für einen Wagen	2,— RM,
für ein Pferd, Maultier oder einen Esel	1,— RM,
für ein Stück Rindvieh	0,50 RM,
für ein Kalb, Schaf, Schwein oder eine Ziege	0,25 RM.

(2) Die Zusatzgebühr ist mit Ausnahme der für die Benutzung der Viehlandestelle am Kirchenpauerhafen zu bezahlenden Zusatzgebühr sofort nach Aufforderung durch die Aufsichtsbeamten an diese gegen Empfangsbescheinigung zu bezahlen.

(3) Die im § 2 Abs. 2 genannten Schiffe sind von der Entrichtung der Zusatzgebühr befreit.

(4) Zur Zahlung der Zusatzgebühr ist der Eigentümer des Schiffes oder sein Vertreter verpflichtet.

§ 7

Lagergebühr

(1) Für die Lagerung von Gütern auf den öffentlichen Lösch- und Ladeplätzen im Hamburger Hafen ist vom Empfänger der Güter für jede 50 qm des eingenommenen Flächenraums eine Lagergebühr von 1 RM für je 24 Lagerstunden zu bezahlen.

(2) Befreit sind die Güter aus Marktfahrzeugen der in § 5 Abs. 5 genannten Art.

(3) Die Gebühren sind sofort nach Aufforderung durch die Aufsichtsbeamten an diese gegen Empfangsbescheinigung zu bezahlen.

§ 8

Krangebühren

(1) Für die Benutzung der öffentlichen Kräne im Hamburger Hafen werden folgende Krangebühren erhoben:

a) bei Hebung beliebiger Gütermengen oder von Einzelstücken bis zu 5 000 kg an sämtlichen Kränen
für je 100 kg ohne Stellung der Hebekraft . . . . 0,03 RM,
für je 100 kg mit Stellung der Hebekraft . . . . . 0,07 RM,

b) bei Hebung einzelner Stücke am „Großen Kran"[1])
für Lasten von 5001 bis zu 10000 kg jede 100 kg. . . 0,20 RM,
für Lasten von 10001 bis zu 15 000 kg jede 100 kg . . 0,30 RM.
Die Mindestgebühr beträgt für alle Fälle zu a) und b) . . 0,30 RM.

(2) Für Überarbeit im Anschluß an die regelmäßige Arbeitszeit, die höchstens bis zur Dauer einer Stunde gestattet werden kann, sind die Selbstkosten nach Festsetzung der Hafenverwaltung zu bezahlen.

(3) Die Gebühren sind von demjenigen, der die Benutzung der Kräne beantragt hat, sofort nach der Benutzung an den Kranmeister gegen Empfangsbescheinigung zu entrichten.

(4) Die Gebührensätze nach Absatz 1 gelten auch für die Benutzung der an Privatpersonen vermieteten öffentlichen Kräne durch Dritte, soweit diese Benutzung zulässig ist.

§ 9

Wiegegebühr

(1) Für die Benutzung der öffentlichen Waagen im Hamburger Hafen wird eine Gebühr nach nachstehendem Tarif erhoben:

für Benutzung der zum Wiegen eingerichteten Kräne außer der Krangebühr für jede 100 kg . . . . 0,05 RM,
für Wiegen mit der Dezimalwaage für je 100 kg . . . . 0,05 RM,
für Wiegen mit der Brückenwaage für je 100 kg . . . . 0,02 RM,
Die Mindestgebühr beträgt . . . . 0,30 RM.

(2) Die zur Ermittlung des Nettogewichts erforderlichen Feststellungen des Brutto- und Taragewichts gelten als eine Wiegung, wenn beide Wiegungen am selben Tage vorgenommen werden. Die Gebühr wird in diesem Fall nach dem Bruttogewicht berechnet.

(3) Für die Ausstellung einer zweiten und jeder ferneren Wiegebescheinigung ist eine Gebühr von 0,50 RM zu bezahlen.

---

[1]) existiert nicht mehr.

(4) Die Gebühren sind von demjenigen, der die Benutzung der Waagen beantragt hat, sofort nach der Benutzung an den Waagemeister oder den Kranmeister des zu der Waage gehörenden Kranes gegen Empfangsbescheinigung zu entrichten.

§ 10

Brückengebühr

(1) Für das Bewegen der nachstehend genannten Brücken im Hamburger Hafen werden folgende Gebühren erhoben:

Hubbrücke an den Kajen:

von 7 bis 16 Uhr . . . . 0,50 RM,
von 16 bis 22 Uhr . . . . 1,— RM,
von 22 bis 7 Uhr . . . . 2,— RM.

Erste und zweite Reiherstiegdrehbrücke:

Außerhalb der von der Deputation für Handel, Schiffahrt und Gewerbe festgesetzten regelmäßigen Betriebszeit werden diese Brücken an Sonntagen und gesetzlichen Feiertagen bis 9 Uhr, an Werktagen von 16 bis 8 Uhr geöffnet; hierfür sind die entstandenen Selbstkosten nach Festsetzung der Deputation für Handel, Schiffahrt und Gewerbe, Strom- und Hafenbau, zu erstatten, und zwar auch dann, wenn der Antrag auf Öffnung der Brücken nicht rechtzeitig zurückgenommen ist oder das Fahrzeug die Brücke nicht zur festgesetzten Zeit erreicht und daher nicht mehr durchgelassen wird.

Drehbrücken über den östlichen Bahnhofskanal und Lotsekanal außerhalb der besonders bekanntgemachten Öffnungszeiten:

a) in der Zeit von 19 Uhr bis 7 Uhr werktäglich . . . . 5,— RM,
b) an einem Sonn- oder gesetzlichen Feiertag in der Zeit vom Vortage 22 Uhr bis zum Folgetage 7 Uhr . . . 10,— RM.

(2) Anträge auf Bewegung der Reiherstiegdrehbrücken sind an den Betriebsleiter der Schleusenwerkstatt bei den Ellerholzschleusen zu richten. Die Hebung der Hubbrücke an den Kajen ist beim Kranmeister (Bei dem neuen Kran) zu beantragen. Eine Bewegung der Brücken nach 16 Uhr ist bis 15 Uhr zu beantragen. Der Antrag auf Öffnen der Drehbrücken über den östlichen Bahnhofskanal und Lotsekanal in den unter Abs. 1a und b genannten Zeiten ist schriftlich oder mündlich bis 15 Uhr im Hafenamt 5 an der großen Schleuse unter Angabe des Zeitpunktes zu stellen. Wird dem Antrage entsprochen, so ist die Abgabe sogleich zu entrichten. Der Antragsteller hat dafür zu sorgen, daß das Fahrzeug zu der für die Öffnung der Brücke angegebenen Zeit an der Brücke liegt. Ist innerhalb einer Stunde nach der angegebenen Zeit das Fahrzeug nicht zur Stelle, so wird angenommen, daß auf das Öffnen der Brücke verzichtet wird. Die entrichtete Abgabe wird nicht zurückgezahlt. Muß auf Wunsch des Bestellers über die Zeit

hinaus gearbeitet werden, so ist für jede angefangene weitere Stunde die gleiche Abgabe zu entrichten. Das Hilfspersonal ist vom Antragsteller zu stellen.

(3) Die Gebühren sind im voraus gegen Empfangsbescheinigung an die Brückenwärter oder den Kranmeister zu entrichten.

§ 11

Schleusengebühr

(1) Für die Benutzung der Schleusen im Abflußgebiet der Alster und Bille sowie der Hammerbrookkanäle sind folgende Gebühren zu bezahlen:

für Ruderfahrzeuge, sonstige Fahrzeuge bis zu 10 m Länge	0,50 RM,
für Fahrzeuge von mehr als 10 m Länge bis zu 75 Tonnen Tragfähigkeit sowie Holzflöße bis zu 5 Stämmen Inhalt für jede Stammlänge	1,50 RM,
für Fahrzeuge von mehr als 75 bis zu 100 Tonnen Tragfähigkeit sowie Holzflöße in Schleusenkammerbreite von mehr als 5 Stämmen Inhalt für jede Stammlänge	2,— RM,
für Fahrzeuge von mehr als 100 bis zu 150 Tonnen Tragfähigkeit	3,— RM,
für Fahrzeuge von mehr als 150 bis zu 200 Tonnen Tragfähigkeit	4,— RM,
für Fahrzeuge von mehr als 200 bis zu 300 Tonnen Tragfähigkeit	6,— RM,
für Fahrzeuge von mehr als 300 bis zu 400 Tonnen Tragfähigkeit	8,— RM,
für Fahrzeuge mit einer Tragfähigkeit von mehr als 400 Tonnen	10,— RM.

(2) Die Schleusengebühr für die Benutzung der Schleusen im Abflußgebiet der unteren Alster und unteren Bille sowie der Hammerbrookkanäle wird nur für die nach der Elbe ausfahrenden Schiffe erhoben, an den Niederdammschleusen jedoch nur dann, wenn für das betreffende Fahrzeug nicht bereits an den Alsterschleusen die Schleusengebühr bezahlt ist.

(3) Die Gebühren sind an die Schleusenwärter bei der Durchschleusung zu entrichten.

(4) Für die Benutzung der Hafenschleusen in Harburg, und zwar für einmaliges Ein- und Ausschleusen sind zu zahlen:

I. während der Zeit des regelmäßigen Schleusenbetriebes von 7 Uhr bis 19 Uhr

A. von Seeschiffen im Binnenverkehr für je cbm netto 0,015 RM,
mindestens 0,50 RM,

B. von Binnenschiffen für je 1 t = 1000 kg Tragfähigkeit 0,03 RM,
mindestens 0,50 RM,

C. von Flößen für je 10 qm . . . . 0,10 RM.

II. außerhalb der regelmäßigen Schleusenzeit von 19 Uhr bis 7 Uhr werktäglich ein Zuschlag zu den Sätzen unter I wie folgt:

A. von Seeschiffen

a)	bis einschließlich 200 cbm Netto-Raumgehalt	3,— RM,
b)	von mehr als 200 cbm bis einschließlich 600 cbm . .	5,— RM,
c)	von mehr als 600 cbm bis einschließlich 1000 cbm . .	8,— RM,
d)	von mehr als 1000 cbm bis einschließlich 1500 cbm . .	10,— RM,
e)	von mehr als 1500 cbm bis einschließlich 2000 cbm . .	12,— RM,
f)	von mehr als 2000 cbm bis einschließlich 3000 cbm . .	15,— RM,
g)	von mehr als 3000 cbm	20,— RM,

B. von Binnenschiffen

a)	bis einschließlich 300 t Tragfähigkeit	3,— RM,
b)	von mehr als 300 t bis einschließlich 500 t	4,— RM,
c)	von mehr als 500 t bis einschließlich 750 t	5,— RM,
d)	von mehr als 750 t bis einschließlich 1000 t	6,— RM,
e)	von mehr als 1000 t bis einschließlich 1250 t	7,— RM,
f)	von mehr als 1250 t	8,— RM,

C. von Flößen

für je 10 qm . . . . 0,15 RM,
mindestens 3,— RM.

III. an einem Sonn- oder gesetzlichen Feiertag in der Zeit vom Vortage 19 Uhr bis zum Folgetage 7 Uhr zu den Sätzen unter I. und II. ein Zuschlag von 50 v. H.

Die Abgaben unter II. und III. sind auch zu entrichten, sobald eine Schleusung eine Viertelstunde nach der regelmäßigen Schleusenzeit beendet wird.

Ist eine Schleusung für die Zeit außerhalb der regelmäßigen Schleusenzeit bestellt, aber innerhalb 2 Stunden nicht in Anspruch genommen, so ist das tarifmäßige Schleusengeld zu zahlen.

Binnenfahrzeuge, die ständig im Harburger Hafen verbleiben, zahlen eine Jahresabgabe von 1 RM für je t = 1000 kg Tragfähigkeit.

Schleppdampfer, soweit sie nur ihrem Zwecke gemäß benutzt werden, sind frei vom Schleusengeld.

§ 12

Elbtunnelgebühr

(ist aufgehoben)

§ 13

Berechnung

(1) Angefangene Jahre, Wochen, Tage und Stunden werden bei allen Gebührensätzen für voll gerechnet.

(2) Bei Berechnung nach Tagen oder nach 24 Stunden werden Sonntage und gesetzliche Feiertage, an denen beim Laden oder Löschen von Fahrzeugen gearbeitet wird, mitgezählt; bei Berechnung der Anlegegebühr nach § 4 Abs. 3b wird jeder Tag mitgezählt.

§ 14

Erlaß und Ermäßigung

(1) Die nach §§ 2 bis 10 dieser Gebührenordnung zu entrichtenden Gebühren können von der Deputation für Handel, Schiffahrt und Gewerbe, die nach § 11 zu entrichtenden Gebühren von der Baubehörde[1]) aus Billigkeitsgründen erlassen oder ermäßigt werden.

(2) Die Deputation für Handel, Schiffahrt und Gewerbe kann aus Billigkeitsgründen die nach § 2 Abs. 1 und § 4 des Gesetzes, betreffend Gebühren für die Benutzung der öffentlichen Landungsanlagen im Hamburger Hafen bei der Beförderung von Personen, Wagen oder Vieh, vom 29. November 1920/1. März 1924 zu erhebende Gebühr für nicht zur Personen- oder Passagierbeförderung zugelassene Fahrzeuge mit Wirkung vom 1. Januar 1929 ab ermäßigen.

§ 15

Strafen

Jeder Verstoß gegen diese Gebührenordnung wird mit Geldstrafe bis zu 150 RM oder entsprechender Haft bestraft, soweit nicht nach allgemeinen Vorschriften eine schwerere Strafe eintritt[2]).

§ 16

Aufhebung alter Vorschriften

(1) Mit dem Inkrafttreten dieser Gebührenordnung werden aufgehoben:

a) Gesetz, betreffend Gebühren für die Benutzung der öffentlichen Landungsanlagen im Hamburger Hafen bei der Beförderung von Personen, Wagen oder Vieh, vom 29. November 1920 (ABl. S. 1423)

---

[1]) = Strom- und Hafenbau.

[2]) siehe jetzt § 67 Abs. 2 Hafengesetz (Ahnung von Verstößen als Ordnungswidrigkeit).

in der Fassung der Bekanntmachungen vom 8. November 1922, 1. März 1924 und 9. September 1926 (HGVBl. 1922 S. 577, 1924 S. 182, 1926 S. 606),

b) Bekanntmachung, betreffend Gebühr für das Anlegen von Seeschiffen an die Kaimauer vor dem Johannisbollwerk und den Vorsetzen, vom 26. Juni 1922 (HGVBl. S. 255) in der Fassung der Bekanntmachung vom 14. März 1924 (HGVBl. S. 202),

c) Gebührenordnung für die Benutzung des Elbtunnels vom 24. Oktober 1928 (HGVBl. S. 445),

d) Bekanntmachung über die Gebühr für das Öffnen der Brücke nach den Kaltehofe vom 31. Mai 1928 (HGVBl. S. 217),

e) Bekanntmachung über die Gebühren für die beweglichen Brücken im Hafen vom 19. Februar 1925 (HGVBl. S. 82),

f) Bekanntmachung über die Benutzung der Hubbrücke an den Kajen vom 30. August 1928 in der Fassung der Bekanntmachung vom 28. September 1928 (HGVBl. S. 369 und 433).

(2) Für den Geltungsbereich dieser Gebührenordnung werden aufgehoben:

a) Bekanntmachung, betreffend Gebühren für Benutzung der öffentlichen Lösch- und Ladeplätze in der Stadt durch Lastfahrzeuge und Flöße, vom 2. März 1903 (ABl. S. 131) in der Fassung der Bekanntmachungen vom 27. Februar 1911 (ABl. S. 103) und 5. Januar 1924 (HGVBl. S. 53),

b) Gebührenordnung für die Benutzung der hamburgischen Häfen und der öffentlichen Lösch- und Ladeplätze an der Ober- und Norderelbe, vor Finkenwärder, am Köhlfleth und an der Aue vom 26. Januar 1924 in der Fassung der Bekanntmachungen vom 19. Februar 1925 und 9. Oktober 1930 (HGVBl. 1924 S. 129, 1925 S. 81, 1930 S. 435),

c) Gebührenordnung für die Benutzung der Schleusen im Abflußgebiet der Alster und Bille sowie der Hammerbrookkanäle vom 31. Mai 1928 in der Fassung vom 27. März 1930 (HGVBl. 1928 S. 219, 1930 S. 136),

d) Tarif für die Benutzung der öffentlichen Kräne und Waagen vom 7. Mai 1925 in der Fassung der Bekanntmachungen vom 26. Juni 1926, 2. Mai 1928 und 13. Juni 1929 (HGVBl. 1925 S. 232, 1926 S. 419, 1928 S. 187, 1929 S. 290).

§ 17

Inkrafttreten

(1) Diese Gebührenordnung tritt am 1. April 1931 in Kraft.

(2) Die jährliche Anlegegebühr nach den §§ 3 und 4 wird zuerst für das Kalenderjahr 1931 erhoben, an Stelle der nach dem Gesetz, betreffend Ge-

bühren für die Benutzung der öffentlichen Landungsanlagen im Hamburger Hafen bei der Beförderung von Personen, Wagen oder Vieh, vom 29. November 1920 (ABl. S. 1423) zu erhebenden Gebühren.

5. Gebührenordnung für den Sondergebrauch der Wasserflächen des Hamburger Hafens

vom 15. Februar 1955 (HGVBl. I S. 101)

Auf Grund des § 63 Absatz 1 Buchstabe d und Absatz 3 des Hafengesetzes vom 21. Dezember 1954 (HGVBl. S. 169) sowie der §§ 4, 6, 7, 8, 12 und 23 des Gebührengesetzes vom 5. Juli 1954 (HGVBl. S. 51) wird verordnet:

§ 1
Geltungsgebiet

(1) Diese Gebührenordnung gilt für den Hamburger Hafen innerhalb des hamburgischen Staatsgebietes, jedoch nicht für die abgeschleusten Wasserflächen der Kanäle zur Alster, der Hammerbrookkanäle sowie der Bille und ihrer Kanäle.

(2) Auf den Sondergebrauch der Wasserflächen der Dove Elbe oberhalb der Tatenberger Schleuse, der Gose Elbe und des Schleusengrabens sowie aller anderen außerhalb des Hafengebietes liegenden, aber in hamburgischer Verwaltung stehenden Wasserflächen der Elbe und ihrer Arme einschließlich ihrer der Ebbe und Flut zugänglichen Nebengewässer ist diese Gebührenordnung entsprechend anzuwenden.

§ 2
Gebührenpflichtige Tatbestände

(1) Für den Sondergebrauch der Wasserflächen, auch der innerhalb der Uferlinien liegenden Flächen, die vorübergehend nicht vom Wasser bedeckt sind, sowie der Uferbefestigungen innerhalb und außerhalb der Uferlinien werden die in der Anlage genannten Benutzungsgebühren erhoben.

(2) Die Gebührensätze der Anlage gelten nicht für Liegeplätze, die von See- oder Binnenschiffen einschließlich der Hafenfahrzeuge auf Grund der §§ 17 bis 19 des Hafengesetzes in Anspruch genommen werden.

(3) Die Inanspruchnahme von Wasserflächen, die nicht Bundeswasserstraße sind und die im Eigentum eines andern als der Freien und Hansestadt Hamburg stehen, verpflichtet nur nach Maßgabe des § 27 der Verordnung zur Durchführung des Hafengesetzes vom 7. Januar 1955 (HGV Bl. S. 1) zur Entrichtung staatlicher Benutzungsgebühren.

§ 3

Gebührenzeitraum

(1) Die Gebühren sind jeweils für den Zeitraum zu entrichten, für den der Sondergebrauch gestattet wird. Wird bei Erteilung der Gebrauchs, erlaubnis der Zeitpunkt des Beginns des Sondergebrauchs nicht genannt- so ist für die Gebührenberechnung der im Antrag angegebene Zeitpunkt, sonst der Zeitpunkt der Erteilung der Gebrauchserlaubnis maßgeblich.

(2) Darüber hinaus sind die Gebühren in jedem Falle für den Zeitraum zu entrichten, in dem ein Sondergebrauch tatsächlich ausgeübt wird.

§ 4

Jahresteilgebühr

Endet der der Gebührenberechnung zugrunde zu legende Zeitraum (§ 3) während eines laufenden Jahres, ohne daß die Gebrauchserlaubnis verlängert wird, so ist die Jahresgebühr nur anteilig, entsprechend der Zahl der in diesen Zeitraum fallenden laufenden Monate, zu entrichten; hierbei zählt jeder begonnene Monat voll. Dies gilt auch für die jährlichen Mindestgebühren, jedoch ermäßigt sich in diesem Falle die Gebühr höchstens auf einen Betrag von 5,— DM.

§ 5

Entstehung der Gebührenpflicht; Fälligkeit

(1) Die Pflicht zur Zahlung der Gebühr entsteht mit Beginn des in § 3 genannten Gebührenzeitraums.

(2) Die zu zahlenden Gebühren werden am ersten Werktage des Gebührenzeitraums fällig, Jahres- und Jahresteilgebühren jedoch jeweils erst am ersten Werktage eines jeden laufenden Jahres (Gebührenjahr). § 14 des Gebührengesetzes bleibt unberührt.

(3) Die Absätze 1 und 2 gelten nicht, sofern die Anlage etwas anderes bestimmt.

§ 6

Rahmengebühren

Soweit die Anlage Rahmengebührensätze vorsieht, ist die jeweilige Gebühr unter Berücksichtigung der Stärke der Inanspruchnahme und deren Einfluß auf den Gemeingebrauch, bei Zuführung von festen, flüssigen oder gasförmigen Stoffen insbesondere unter Berücksichtigung ihres Einflusses auf die Wassergüte, festzusetzen.

§ 7

Gebührenschuldner

Gebührenschuldner ist der Inhaber einer Gebrauchserlaubnis und jeder, der ohne Gebrauchserlaubnisschein einen Sondergebrauch tatsächlich ausübt (§ 8 Absatz 2 Buchstaben a und b des Gebührengesetzes).

§ 8

Anwendbarkeit allgemeiner Bestimmungen

Neben den Gebührenvorschriften bleiben die allgemeinen Bestimmungen, insbesondere über den Widerruf von Gebrauchserlaubnissen, über Zwangsmaßnahmen und über die Ahndung von Verstößen in den Fällen eines unerlaubten Sondergebrauchs, unberührt.

§ 9

Inkrafttreten; Aufhebung und Überleitung bisherigen Rechts

(1) Diese Gebührenordnung tritt am 1. März 1955 in Kraft.

(2) Gleichzeitig treten alle entgegenstehenden Bestimmungen außer Kraft; insbesondere wird im Geltungsgebiet dieser Gebührenordnung die Liegegeldordnung für Ligger in hamburgischen Häfen vom 14. März 1930 in der Fassung der Verordnung vom 5. November 1935 (HGVBl. 1930 S. 117, 1935 S. 231) aufgehoben.

(3) Unberührt bleiben die Gebührenordnung für die Benutzung der öffentlichen Anlagen im Hamburger Hafen, die Hafengeldordnung für den Hafen Hamburg und die Gebührenordnung für die Benutzung staatlicher Anlagen an der Alster und an Gewässern im Landgebiet sowie bestehende Sonderregelungen auf Grund von vertraglichen Konzessionen und ähnlichen Rechtsverhältnissen.

(4) Für alle am 1. März 1955 oder später fällig werdenden Benutzungsgebühren (z. B. Jahresgebühren), die für fortbestehende wasserpolizeiliche Genehmigungen aus der Zeit vor Inkrafttreten des Hafengesetzes (1. Januar 1955) zu entrichten sind, gelten die Vorschriften dieser Gebührenordnung sinngemäß.

Anlage

Lfd. Nr.	Art des Sondergebrauchs	Gebührensatz
1.	Inanspruchnahme der Hafengewässer einschl. der Hafensohle, auch durch Überbauung,	
	a) für den Betrieb eines Gewerbes, insbesondere durch gewerbliche Anlagen oder als Liegeplatz für Materialschuten (Ligger), Werkstatt- und Bürofahrzeuge,	
	b) als Liegeplatz für Wohnschiffe	
	je qm im Jahr	0,20 DM bis 0,50 DM
	Mindestgebühr für die jährliche Inanspruchnahme	15,— DM
	Für Lösch- und Ladeeinrichtungen, die in Ruhestellung zurückklappbar sind, wird eine Gebühr nach der lfd. Nr. 1 nicht erhoben.	
	Werden bei Erteilung der Gebrauchserlaubnis Teile der unter a) genannten Flächen als Liege- oder Ankerplätze für Sportfahrzeuge (z. B. bei Bootswerften, Bootsvermietungen, Bootslagerungen) oder als Liegefläche für Schiffsbewachungsunternehmen zur Verfügung gestellt, so wird die Gebühr für diese Fläche gesondert festgesetzt. Sie beträgt	
	je qm im Jahr	0,01 DM
	Mindestgebühr für die jährliche Inanspruchnahme	5,— DM
2.	Holzlagerung	
	je qm im Jahr	0,05 DM
	Mindestgebühr für die jährliche Inanspruchnahme	10,— DM
3.	Halten eigener Einzelpfähle und Dalben in den Hafengewässern, soweit dieser Sondergebrauch nicht schon unter lfd. Nr. 1 mit erfaßt ist,	
	je Pfahl im Jahr	2,— DM
	Mindestgebühr für die jährliche Inanspruchnahme	5,— DM
4.	Inanspruchnahme der Hafengewässer als regelmäßiger Liegeplatz für Sportfahrzeuge und für ähnliche Sportzwecke, ausgenommen die unter lfd. Nr. 1 geregelten Fälle	
	je qm im Jahr	0,01 DM
	Mindestgebühr für die jährliche Inanspruchnahme	5,— DM
5.	Kreuzungen der Gewässer durch Düker, Kabel oder Freileitungen, ausgenommen Postkabel,	
	für jede Kreuzung je angefangene 100 lfd. m im Jahr	10,— DM bis 15,— DM
6.	Entnahme von Oberflächenwasser	
	a) für gewerbliche Zwecke, ausgenommen jedoch Feuerlöschwasser,	
	je cbm der Tageshöchstmenge im Jahr	0,005 DM
	Mindestgebühr für die jährliche Inanspruchnahme je Entnahmestelle	5,— DM
	b) für landwirtschaftliche und häusliche Zwecke mittels Pumpen	
	je Entnahmestelle im Jahr	5,— DM

Lfd. Nr.	Art des Sondergebrauchs	Gebührensatz
7.	Einleitung von gebrauchtem Kühlwasser, das nicht mit anderem Abwasser gemischt ist,	
	je cbm der Tageshöchstmenge im Jahr	0,005 DM
	jährliche Mindestgebühr für die Inanspruchnahme je Einleitungsstelle	5,— DM
8.	Einleitung von gewerblichem Abwasser sowie von häuslichem Abwasser aus Gewerbebetrieben oder aus Sammelleitungen mehrerer Wohnhäuser, auch in Mischung mit Reinwasser oder Regenwasser	
	je cbm der gesamten Tageshöchstmenge im Jahr	0,01 DM bis 0,02 DM
	Mindestgebühr für die jährliche Inanspruchnahme je Einleitungsstelle	10,— DM
	Für jeden Fall einer Abwassereinleitung, bei dem der in der Gebrauchserlaubnis festgesetzte Verschmutzungs- oder Wärmegrad der Abwässer überschritten wird, erhöht sich der vorgenannte Gebührensatz um einen Zuschlag von je	15 v. H.
	Diese zusätzliche Gebühr kann jedoch für jeden Kalendermonat nur einmal erhoben werden. Sie wird nachträglich, in der Regel für das jeweils abgelaufene Gebührenjahr, festgesetzt und mit der Festsetzung fällig.	
9.	Einleitung von Regenwasser oder reinem Sickerwasser aus Gewerbebetrieben, soweit es nicht mit anderem Abwasser gemischt ist,	
	für die jährliche Inanspruchnahme je Einleitungsstelle	5,— DM
10.	Zuführung von festen Stoffen	
	je angefangenen cbm	0,10 DM bis 2,— DM
	Mindestgebühr	5,— DM
11.	Zuführung von gasförmigen Stoffen	
	je angefangenen cbm	0,05 DM bis 1,— DM
	Mindestgebühr	5,— DM
12.	Sonstiger Sondergebrauch, soweit unter lfd. Nr. 1 bis 10 keine besondere Regelung getroffen ist,	
	je qm im Jahr	0,01 DM bis 0,50 DM
	Ist eine Gebührenfestsetzung in dieser Form nicht möglich, so gelten die Gebührensätze für diejenige Art des Sondergebrauchs, die dem der Gebührenfestsetzung zugrunde liegenden Tatbestand am nächsten kommt.	

6. Liegegeldordnung für Ligger in hamburgischen Häfen[1])

vom 14. März 1930 in der Fassung der Verordnung vom 5. November 1935 (HGVBl. 1930 S. 117, 1935 S. 231) in Verbindung mit Hafengesetz vom 21. Dezember 1954 (HGVBl. I S. 169)

§ 1

(1) Für alle im Hamburger Hafen und in Cuxhaven liegenden Ligger (Materialschuten) wird ein Liegegeld von monatlich 0,05 RM je Quadratmeter der benutzten Liegefläche einvierteljährlich im voraus von dem Verfügungsberechtigten erhoben.

(2) Werden Fahrzeuge als Ligger in Benutzung genommen, so sind sie von den Verfügungsberechtigten innerhalb zwei Wochen bei den Hafenämtern anzumelden, in deren Bezirk sie liegen. Über das zu entrichtende Liegegeld wird dem Zahlungspflichtigen für Hamburg von der Hafenverwaltung, für Cuxhaven vom dortigen Hafenamt eine Zahlungsaufforderung zugestellt. Der Betrag ist innerhalb acht Tagen nach der Zustellung zu entrichten.

§ 2

Die Deputation für Handel, Schiffahrt und Gewerbe kann aus Billigkeitsgründen die Zahlung des nach dieser Ordnung zu entrichtenden Liegegeldes erlassen oder ermäßigen.

§ 3

Verstöße gegen diese Liegegeldordnung werden mit Geldstrafe bis zu 150 RM oder entsprechender Haft bestraft, soweit nicht nach allgemeinen Vorschriften eine schwerere Strafe eintritt.

§ 4

Diese Liegegeldordnung tritt am 1. April 1930 in Kraft.

7. Gebührenordnung für Maßnahmen auf den Gebieten der öffentlichen Sicherheit

vom 30. Juli 1956 (HGVBl. I S. 377)

§ 2

(1) Die Gestellung von Polizei- . . . Wasserfahrzeugen ist nur dann gebührenpflichtig, wenn sie auf Antrag vorgenommen wird und nicht der Abwehr von Gefahren für die öffentliche Sicherheit oder Ordnung dient.

(2) Werden für diese Amtshandlungen Gebühren erhoben, so ist der An- und Abmarsch mit zu berechnen.

---

1) gilt nicht im Geltungsgebiet der „Gebührenordnung für den Sondergebrauch der Wasserflächen des Hamburger Hafens" vom 15. 2. 1955 (§ 9 Abs. 2 a. a. O.).

Anlage (Verwaltungs- und Benutzungsgebühren)

III. Sicherheit und Verkehr auf dem Wasser

Lfd. Nr.	Gegenstand	Gebührensatz
26	Amtshandlungen nach dem Hafengesetz	
	a) Erlaubnis zum Betreten ankommender Schiffe vor der polizeilichen Abfertigung (§ 12 Absatz 3) für ein Jahr	3,— DM
	b) Einsatz polizeilicher Kräfte zur Schiffsabfertigung (§ 13) bei unrichtiger Anzeige des Abfahrtszeitpunktes	15,— DM
	c) Erlaubnis für das Abbrennen von Feuerwerkskörpern oder bengalischen Streich- und Zündhölzern sowie für sportliche Veranstaltungen jeder Art (§ 55)	
	1. für die Dauer bis zu einer Stunde	2,— DM
	2. für die Dauer bis zu drei Stunden	3,— DM
	3. für die Dauer bis zu einem Tag	5,— DM
	4. für jeden weiteren angefangenen oder vollen Tag	5,— DM
27	Amtshandlungen nach der Verordnung betreffend Sicherung der Beförderung von Passagieren mit Dampfschiffen auf der Elbe	
	a) Zulassung zur Passagierbeförderung auf der Unterelbe (§ 3)	
	1. bis zu 100 Personen	10,— DM
	2. bis zu 300 Personen	20,— DM
	3. bis zu 500 Personen	40,— DM
	4. über 500 Personen	60,— DM
	b) Erlaubnis zu Fahrten nach der Unterelbe (§ 2 Absatz 3) für ein halbes Jahr	5,— DM
28	Amtshandlungen nach der Hafenpolizeiordnung	
	a) Erlaubnis zum Löschen und Laden verpackter brennbarer Flüssigkeiten der Gefahrenklasse A 1, A 2 und B im Parkhafen (§ 19 Absatz 2)	
	1. bis zu 60 t Bruttogewicht	erlaubnisfrei
	2. über 60 t bis 200 t Bruttogewicht	20,— DM
	3. über 200 t bis 1000 t Bruttogewicht	30,— DM
	4. für jede weiteren angefangenen 1000 t Bruttogewicht	10,— DM
	b) Erlaubnis zum Löschen und Laden verpackter brennbarer Flüssigkeiten der Gefahrenklassen A 1, A 2 und B außerhalb der Petroleumhäfen und des Parkhafens (§§ 19 Absatz 2, 67)	
	1. bis zu 20 t Bruttogewicht	erlaubnisfrei
	2. über 20 t bis 50 t Bruttogewicht	5,— DM
	3. über 50 t bis 100 t Bruttogewicht	10,— DM
	4. über 100 t bis 150 t Bruttogewicht	15,— DM
	5. über 150 t bis 200 t Bruttogewicht	20,— DM
	6. für jede weiteren angefangenen 100 t Bruttogewicht	10,— DM

Lfd. Nr.	Gegenstand	Gebührensatz
	c) Erlaubnis für See-Tankschiffe zur Abgabe von Heiz- und Treiböl an Seeschiffe außerhalb der Petroleumhäfen (§ 19 Absatz 6)	
	1. bis zu 500 t Brennstoff	10,— DM
	2. über 500 t Brennstoff	20,— DM
	d) Erlaubnis für Barkassen, Dampf- und Motorschlepper sowie andere Fahrzeuge zum Befahren der Petroleumhäfen (§ 23 Absätze 3 b und 5)	
	1. einmalig	
	Barkassen	2,— DM
	Schlepper und andere Fahrzeuge	3,— DM
	2. für die Dauer von zwei Jahren	5,— DM
	e) Genehmigung zum Löschen und Laden explosionsgefährlicher Gegenstände (§ 22)	5,— DM
	f) Sonstige Erlaubnisse nach §§ 23 Absatz 3 b, 25 Absatz 1, 25 a, 25 d, 29, 31 Absätze 1, 2 und 3, 35 Absätze 2 und 3, 36 Absätze 1 und 2, 37 Absatz 2	
	1. für See-Tankschiffe	
	einmalig	10,— DM
	für die Dauer von drei Monaten	20,— DM
	2. für andere Seeschiffe einmalig	10,— DM
	3. für Rammen, Greifer und ähnliche Schwimmkörper	
	bis zu einem Monat	3,— DM
	bis zu sechs Monaten	10,— DM
	Zusätzlich werden erhoben bei Beteiligung eines Bediensteten der Arbeitsbehörde (Amt für Arbeitsschutz)	
	je angefangene Stunde	8,— DM
	der Feuerwehr	
	je angefangene Stunde	4,— DM
	g) Zulassung von Tankleichtern zur Beförderung brennbarer Flüssigkeiten der Gefahrenklassen A 1, A 2 und B (§ 40) für die Dauer von zwei Jahren bei einer Tragfähigkeit	
	1. bis zu 50 t	10,— DM
	2. über 50 t bis 400 t	20,— DM
	3. über 400 t bis 700 t	30,— DM
	4. über 700 t	40,— DM
29	Amtshandlungen nach der Polizeiverordnung über den Befähigungsnachweis der Führer von Dampf- und Motorfahrzeugen im Hafen Hamburg	
	a) Prüfungsgebühr einschließlich Ausstellung des Befähigungszeugnisses (§§ 2, 3, 4)	10,— DM
	b) Befreiung vom Besitz des Befähigungszeugnisses (§ 8)	5,— DM
	c) Bescheinigung über den Besitz der erforderlichen Befähigungsnachweise (§ 5)	2,— DM

Lfd. Nr.	Gegenstand	Gebührensatz
30	Amtshandlungen nach der Verordnung über entgeltliche Personenbeförderung im Hamburger Hafen	
	a) Erlaubnis (einschließlich Bescheinigung) zu entgeltlicher Personenbeförderung (§ 1 Absatz 1) je Fahrzeug bei einem Vermessungsergebnis	
	1. bis zu 100 Personen	10,— DM
	2. bis zu 300 Personen	20,— DM
	3. bis zu 500 Personen	40,— DM
	4. über 500 Personen	60,— DM
	b) Erlaubnis (einschließlich Bescheinigung) zur Veranstaltung von Hafenrundfahrten (§ 1 Absatz 2) je Fahrzeug bei einem Vermessungsergebnis	
	1. bis zu 100 Personen	20,— DM
	2. bis zu 300 Personen	40,— DM
	3. bis zu 500 Personen	60,— DM
	4. bis zu 1000 Personen	100,— DM
	c) Erlaubnis zum Führen eines der entgeltlichen Personenbeförderung dienenden Fahrzeugs (§ 47 der Ausführungsbestimmungen)	3,— DM
31	Amtshandlungen nach der Verordnung über Sicherung der Personen- und Güterbeförderung im Hamburger Hafen Zulassung eines Fahrzeugs zur Personen- und Güterbeförderung (einschließlich Bescheinigung) (§ 2) bei einem Vermessungsergebnis	
	1. bis zu 100 Personen	5,— DM
	2. über 100 Personen	10,— DM
32	Amtshandlungen nach der Verordnung über die Beförderung gefährlicher Gegenstände mit Seeschiffen	
	a) Genehmigung zum Weiterverladen aus dem Auslande kommender explosionsgefährlicher und selbstentzündlicher Stoffe (§ 5)	
	1. einmalig	5,— DM
	2. für ein Jahr	100,— DM
	b) Ausnahmegenehmigung (§ 12)	5,— DM
	c) Bescheinigung über die vorschriftsmäßige Einrichtung von Pulverkammern auf Schiffen (Anlage 1, Verladungsvorschriften zur Klasse I a)	50,— DM
33	Amtshandlungen nach der Alsterordnung	
	a) Zulassung eines Dampf- oder Motorfahrzeugs zur Fahrgastbeförderung (§ 4) bei einem Vermessungsergebnis	
	1. bis zu 100 Personen	10,— DM
	2. bis zu 300 Personen	20,— DM
	3. bis zu 500 Personen	40,— DM
	4. über 500 Personen	60,— DM

Lfd. Nr.	Gegenstand	Gebührensatz
	b) Erlaubnis zum Verkehr auf der Alster mit Dampf- oder Motorfahrzeugen (außer Fahrgastschiffen) (§ 4) je Fahrzeug	
	1. einmalig	1,— DM
	2. für ein Jahr	5,— DM
	c) Registrierung eines Sportfahrzeugs (§§ 25, 28)	
	1. Ruderboote und ähnliche Fahrzeuge	3,— DM
	2. Segelboote	5,— DM
	3. Umschreibung der Registrierungskarte	1,— DM
	4. Auskunft über den Eigentümer eines Bootes	0,50 DM
	d) Vermessung von Fahrzeugen (§ 29)	3,— DM
	e) Genehmigungen (§ 2 Absatz 2, §§ 9, 10)	
	1. für die Dauer bis zu einer Stunde	2,— DM
	2. für die Dauer bis zu drei Stunden	3,— DM
	3. für die Dauer bis zu einem Tag	5,— DM
	4. für jeden weiteren angefangenen oder vollen Tag	5,— DM
34	Amtshandlungen nach der Polizeiverordnung über die Einrichtung, den Betrieb und die Benutzung von Fähren in der Hansestadt Hamburg	
	a) Zulassung (§ 4 Absatz 1)	
	1. Fährprähme und Fährfahrzeuge mit eigenem Antrieb bei einem Vermessungsergebnis	
	bis zu 25 Personen	3,— DM
	bis zu 50 Personen	5,— DM
	bis zu 100 Personen	10,— DM
	über 100 Personen	20,— DM
	2. Fährfahrzeuge ohne eigenen Antrieb	2,— DM
	b) Fährmeisterprüfung (einschließlich Ausstellung des Fährmeisterzeugnisses) (§ 3)	10,— DM
35	Bescheinigung über den Wohnort der Angehörigen von Binnenschiffern zur Erlangung von Fahrpreisermäßigung auf der Bundesbahn	0,50 DM
36	Zweitausfertigung einer Urkunde	1,— DM
37	Für die Ausfertigung von Landgangsausweisen und Ausnahmesichtvermerken werden Gebühren nach der Paßgebührenordnung vom 6. Juli 1953 (BGBl. I S. 493) erhoben.	
38	Für Schiffsuntersuchungen und für die Ausstellung von Schiffszeugnissen werden Gebühren nach der Strom- und Schiffahrtspolizeiverordnung über die Sicherheitsanforderungen, denen See- und Binnenschiffe auf der Elbe genügen müssen, erhoben.	
39	Gestellung von Wasserfahrzeugen für jede angefangene Stunde je Schiff mit	
	a) bis zu 80 PS	10,— DM
	b) bis zu 300 PS	20,— DM

Lfd. Nr.	Gegenstand	Gebührensatz
	c) bis zu 1000 PS	30,— DM
	Schleppzuschlag je angefangene Stunde	2,— DM
	Für die Gestellung von Bootsführern und anderen Bediensteten werden zusätzlich Gebühren nach Nr. 4 [je Person und jede angefangene oder volle Stunde = 4,— DM] berechnet.	
40	Inanspruchnahme des Sprengstoffhafens auf der Kleinen Kattwick (Benutzungsgebühr)	
	a) Inanspruchnahme des Sprengstoffhafens durch Binnen- und Hafenfahrzeuge, die mit Sprengstoffen beladen sind, je angefangene 24 Stunden und je 100 kg Rohgewicht der Ladung	10,— DM
	mindestens	3,— DM
	b) Inanspruchnahme des Kochhauses je angefangene 24 Stunden .	5,— DM
	Gebührenschuldner sind nebeneinander diejenigen, die eine Inanspruchnahme beantragt haben und denen sie zugute kommt[1]).	

8. Gebührenordnung für das öffentliche Gesundheitswesen

vom 17. Juli 1956 (HGVBl. I S. 159)

§ 2

Ausnahmen

(1) Die Gebührenordnung findet keine Anwendung auf

a)
b) [folgen gewisse ärztliche Behandlungen]
c)

von Personen, bei denen auf Grund gesetzlicher Vorschriften ... die Seekrankenkasse ... für die Kosten aufkommt.

§ 5

Gebührenschuldner bei Benutzungsgebühren

(1) Gebührenschuldner für die in der Anlage enthaltenen Benutzungsgebühren sind

a) ...
b) für ärztliche Hilfe auf Schiffen (Abschnitt 126),
für die ärztliche Untersuchung von Auswanderern in der Auswandereruntersuchungsstelle des Hafenärztlichen Dienstes (Abschnitt 127),
...
die behandelte, untersuchte oder in Pflege genommene Person;

[1]) vgl. auch Gesetz über Gebührenerhebung für die Vermessung von Schiffen zur Personenbeförderung und für Stabilitätsprüfungen vom 15. 1. 1923 (HGVBl. S. 27).

c) für die Desinfektion (Entwesung) von Räumen, Sachen, Waren und dergleichen, Körperdesinfektion sowie Schädlingsbekämpfung (Abschnitt 129/30)

...

der Benutzer der Einrichtungen;

d) ...

e) ...

(2) Neben den in Absatz 1 Buchstaben b) bis d) aufgeführten Zahlungspflichtigen ist weiterer Gebührenschuldner derjenige, dem die Benutzung oder Leistung zugutekommt, in den Fällen des Absatzes 1 Buchstaben b) und c) außerdem derjenige, der die Benutzung oder Leistung selbst oder durch Dritte, deren Handeln ihm zuzurechnen ist, veranlaßt.

Anlage

(Gebührentarif für das öffentliche Gesundheitswesen)

Abschnitt 123/24	Bescheinigungen über die Entrattung von Schiffen und über die Befreiung davon	
1230	Für ein Frachtschiff bis zu 500 BRT Raumgehalt . . .	3,— DM
1231	Für ein Frachtschiff von mehr als 500 bis 1000 BRT Raumgehalt . . .	10,— DM
1232	Für ein Frachtschiff von mehr als 1000 bis 5000 BRT Raumgehalt . . .	15,— DM
1233	Für ein Frachtschiff von mehr als 5000 bis 10 000 BRT Raumgehalt . . .	20,— DM
1234	Für ein Frachtschiff von mehr als 10 000 BRT Raumgehalt	25,— DM
1235	Für ein Passagierschiff bis 1000 BRT Raumgehalt	10,— DM
1236	Für ein Passagierschiff von mehr als 1000 bis 5000 BRT Raumgehalt . . .	20,— DM
1237	Für ein Passagierschiff von mehr als 5000 bis 10 000 BRT Raumgehalt . . .	25,— DM
1238	Für ein Passagierschiff von mehr als 10 000 bis 20 000 BRT Raumgehalt . . .	30,— DM
1239	Für ein Passagierschiff von mehr als 20 000 BRT Raumgehalt . . .	40,— DM
1240	Als Passagierschiffe (Tarifnummern 1235—1239) sind solche Fahrzeuge anzusehen, die mit festen Einrichtungen für mehr als 25 Passagiere ausgerüstet sind.	
Abschnitt 125	Nachprüfung der Ausrüstung der Kauffahrteischiffe mit Arznei- und anderen Hilfsmitteln sowie mit Lebensmitteln zur Krankenpflege	
1250	Bei Ausrüstungen nach den Verzeichnissen I c und I d der Anlagen zur Verordnung betr. Krankenfürsorge auf Kauffahrteischiffen vom 4. Januar 1929 (RGBl. II S. 33),	
	wenn die Prüfung im Geschäftszimmer des Hafenärztlichen Dienstes stattfindet, je . . .	5,— DM
	wenn sie an Bord stattfindet, je . . .	15,— DM

1251 Bei Ausrüstungen nach Verzeichnis II a. a. O., wenn die Prüfung im Geschäftszimmer des Hafenärztlichen Dienstes stattfindet, je . . . . 6,— DM
wenn sie an Bord stattfindet, je . . . . 20,— DM

1252 Bei Ausrüstungen nach Verzeichnis III a. a. O., je . . . 30,— DM

1253 Für den Fall, daß zur Untersuchung ein Apotheker hinzugezogen werden muß, erhöhen sich die Gebühren der Tarifnummern 1250 bis 1252 auf das Doppelte.

1254 Die Ausstellung des Befundscheines ist gebührenfrei.

Abschnitt 126 Ärztliche Hilfe auf Schiffen (Benutzungsgebühren)

1260 Für ärztliche Hilfe auf Schiffen sind Gebühren nach den Abschnitten 290 bis 343 zu erheben.

1261 Daneben werden an Fahrtkosten erhoben:
für jede angefangene halbe Stunde . . . . 5,— DM
mindestens . . . . 10,— DM
Bei Behandlung von mehreren Patienten auf einem Schiff werden die Fahrtkosten nur einmal berechnet.

Abschnitt 127 Ärztliche Untersuchung von Auswanderern durch die Auswanderer-Untersuchungsstelle des Hafenärztlichen Dienstes (Benutzungsgebühren)
[es folgen diverse Gebührenpositionen].

Abschnitt 128 Für die quarantäneärztliche Untersuchung von Schiffen werden keine Gebühren erhoben.

Abschnitt 129/30 Desinfektion (Entwesung) von Räumen, Sachen, Waren und dergleichen, Körperdesinfektion, sowie Schädlingsbekämpfung (Benutzungsgebühren).

12 953 Inanspruchnahme einer Barkasse während der Zeit von 7 bis 19 Uhr, je angefangene Stunde . . . . 8,20 DM

12 954 desgleichen, während der Zeit von 19 bis 7 Uhr, je angefangene Stunde . . . . 10,60 DM

13 041 Maßnahmen zur Rattenbekämpfung (gebührenfrei)

13 043 Ponton- und Brückendesinfektionen (gebührenfrei)

13 044 Beaufsichtigung von Schiffsausräucherungen (gebührenfrei)

Abschnitt 142 Amtstierärztliche Dienstgeschäfte
[enthält auch Gebühren-Positionen zur Untersuchung von Tieren im Schiffsverkehr].

9. Gebührenordnung für Amtshandlungen auf dem Gebiet des Arbeitsschutzes und der technischen Überwachung

vom 31. Juli 1956 (HGVBl. I S. 391)

Anlage (Gebührentarif)

Abschnitt 7 (Schiffskörper und Maschinen der zur Personen- und Güterbeförderung im Hamburger Hafen und auf der Unterelbe benutzten Schiffe, ferner der See- und Binnentankschiffe)

7.1 Besichtigung der Maschinenanlage eines Schiffes

7.11 bis 50 PS . . . . 8,— DM

7.12 für je angefangene weitere 50 PS bis 300 PS . . . mehr . . . . . 5,— DM

7.13 für je angefangene weitere 50 PS über 300 PS hinaus . . . mehr 3,— DM

Maßgebend für die Gebührenberechnung ist die Gesamtzahl der in PS ausgedrückten Maschinenhöchstleistung.

7.2 Besichtigung zur Feststellung des baulichen Zustandes des Schiffskörpers (Slipbesichtigung)

Die Gebühr richtet sich nach Tarifnummer 7.1 entsprechend der vorhandenen Maschinenhöchstleistung.

7.3 Die unter den Tarifnummern 7.1 und 7.2 genannten Gebühren erhöhen sich um . . . . 8,— DM

je Stunde, die der Sachverständige für das Prüfungsgeschäft bei einem außerhalb des hamburgischen Gebietes liegenden Wasserfahrzeug einschließlich Hin- und Rückweg benötigt.

7.4 Tankschiffe der See- und Binnenschiffahrt und Personen- und Frachtschiffe

7.41 Vorprüfung

7.411 bei klassifizierten Schiffen . . . . 20,— DM

7.412 bei nicht klassifizierten Schiffen . . . . 50,— DM

7.42 jede Bauprüfung, Besichtigung oder Abnahme nach dem Zeitaufwand, je Stunde . . . . 8,— DM

Abschnitt 13 (Befähigungsnachweise)

13.1 Prüfung eines Schiffsführers zur Bedienung eines Verbrennungsmotors bis 150 PS . . . . 5,— DM

13.2 Prüfung eines Binnenschiffsmaschinisten (Motor oder Dampf) 10,— DM

10. Gebührenordnung für die Wirtschaftsverwaltung

vom 20. Juli 1956 (HGVBl. I S. 327)

Anlage

Teil B (Benutzungsgebühren)

Abschnitt II Nr. 1
Allgemeine Gebühren

1. Überlassung von Arbeitsräumen, Lagerräumen und Plätzen je nach Lage gemäß Wertstufenplan, je qm und Monat

   Gruppe D . . . . 1,— DM

Teil C (Wertstufen zu Anlage Teil B)

Abschnitt II Nr. 1

Gruppe D: Abstellfläche auf den Pontons.

11. Gebührenordnung für die Fischereiverwaltung

vom 26. Juni 1956 (HGVBl. I S. 118)

Anlage (Verwaltungsgebühren)

3. Jahreserlaubnis für das Angeln auf der Alster vom Boot aus . . . . . . 15,— DM
4. Zuteilung von Unterscheidungsbuchstaben und Erkennungsnummern der Fischereifahrzeuge nach den Rechtsvorschriften über die Bezeichnung von Fischereifahrzeugen
   a) für Hochseefischdampfer . . . . 10,— DM
   b) für Segelfahrzeuge der Hochseefischerei, auch mit Motorantrieb . . . . 5,— DM
   c) für Küsten- und Elbfischereifahrzeuge . . . . 3,— DM
   Erteilung einer Zweitschrift der Eintragungsbescheinigung . . . . . . 2,— DM

Andere Amtshandlungen nach den genannten Vorschriften sind gebührenfrei.

12. Gebührenordnung für das öffentliche Schulwesen

vom 20. Juli 1956 (HGVBl. I S. 261)

Anlage A (Schulgeld und Prüfungsgebühren)

I. Schulgeld

C. Fachschulen

7. Besuch der Seefahrtschule

a) Lehrgang zum Kapitän auf großer Fahrt (A 6) . . . . 100,— DM
b) Lehrgang zum Seesteuermann auf großer Fahrt (A 5), je Semester . . 80,— DM
c) Lehrgang zum Kapitän in großer Hochseefischerei (B 5) . . . . . . 40,— DM
d) Zusatzlehrgang zum Seesteuermann in großer Hochseefischerei (B 4) 20,— DM
e) Lehrgang zum Kapitän auf kleiner Fahrt (A 4) . . . . 30,— DM
f) Lehrgang zum Seesteuermann auf kleiner Fahrt (A 2) und in kleiner Hochseefischerei (B 2) (Kleinsteuermannslehrgang) . . . . 30,— DM
g) Lehrgang zum Erwerb des Seefunkzeugnisses 1. Klasse . . . . . . 80,— DM
h) Lehrgang zum Erwerb des Seefunkzeugnisses 2. Klasse . . . . . . 200,— DM
i) verkürzter Lehrgang zum Erwerb des Seefunkzeugnisses 2. Klasse . . 100,— DM
k) Lehrgang zum Erwerb eines Seefunksonderzeugnisses monatlich . . 20,— DM
l) Lehrgang zum Erwerb eines Allgemeinen Seefunksprechzeugnisses monatlich . . . . 20,— DM
m) Schulbesuch zur Vorbereitung auf eine Wiederholungs- oder Nachprüfung für ein Seefunkzeugnis monatlich . . . . 20,— DM

D. Geschlossene Kurse

12. Ingenieurschule . . .

a) Besuch der Technischen Abendfachschule für . . . Schiffsingenieure und Seemaschinisten, Schiffbau . . . je Halbjahr 60,— DM
   Bei Teilunterricht für eine Wochendoppelstunde je Halbjahr 8,— DM

II. Prüfungsgebühren

A. Fachschulen

27. Seefahrtschule

a) Prüfung zum Kapitän auf großer Fahrt (A 6)	30,— DM
b) Prüfung zum Seesteuermann auf großer Fahrt (A 5)	20,— DM
c) Prüfung zum Kapitän in großer Hochseefischerei (B 5)	15,— DM
d) Prüfung zum Kapitän auf kleiner Fahrt (A 4)	15,— DM
e) Zusatzprüfung zum Seesteuermann in großer Hochseefischerei (B 4)	10,— DM
f) Kleinsteuermannsprüfung (A 2 und B 2)	15,— DM
g) Küstenschifferprüfung (A 1)	5,— DM
h) Sportseeschifferprüfung	10,— DM
i) Sporthochseeschifferprüfung	20,— DM
k) Teilprüfung für ehemalige Angehörige der Reichsmarine in Gesetzeskunde und Gesundheitspflege	15,— DM

28. Ingenieurschule

f) Abschlußprüfung (ohne Schulbesuch) für	
Seemaschinisten II (C 3)	20,— DM
Seemaschinisten I (C 4)	25,— DM
Schiffsingenieure II (C 5)	35,— DM
Schiffsingenieure I (C 6)	40,— DM
g) Prüfung zum Seemotorführer	10,— DM
h) Prüfung zum Kleinmaschinisten (Dampf oder Motor)	10,— DM

Anlage C (Gebühren des Prüfungsamtes)

9. Prüfung der Seefahrtoberlehrer	100,— DM
Ergänzungsprüfung	50,— DM

Anlage D (Allgemeine Verwaltungsgebühren)

1. Zweitausfertigungen

d) Prüfungszeugnisse für Seemotorführer und Kleinmaschinisten ohne Schulbesuch je	3,— DM

13. Gebührenordnung für die Feuerwehr

vom 31. Juli 1956 (HGVBl. I S. 411)

Anlage (Gebührensätze)

I. Einsatz von Feuerwehrbeamten, -fahrzeugen und -geräten

2. Einsatz eines Feuerwehrfahrzeuges je Einsatz und je angefangene 3 Stunden für:

f) Löschboot	500,— DM

Für Fahrzeuge, deren eingebaute Ausrüstung nicht gebraucht worden ist, wird die halbe Gebühr erhoben.

Zusätzlich werden Gebühren nach Nr. 1 b [Einsatz eines Feuerwehrbeamten in sonstigen Fällen] erhoben.

14. Gebührenordnung für die Benutzung der Badeanstalten der Freien und Hansestadt Hamburg

vom 11. Mai 1956 (HGVBl. I S. 89)

§ 2 Abs. 1 Satz 1

Zu den Sommerbädern im Sinne dieser Gebührenordnung rechnen die Fluß- und Seebäder ausschließlich der Freibadeplätze.

Anlage (Benutzungsgebühren)

6. Benutzung

d) eines Bootes

durch 1—4 Personen für jede angefangene halbe Stunde	0,50 DM
durch 5—8 Personen für jede angefangene halbe Stunde	1,— DM

XVI. Sonstiges

1. Gesetz, betreffend das Verklarungswesen

vom 30. Januar 1891 (HGS. S. 3)

[Nur unter Berücksichtigung der Verordnung zur Vereinfachung des Verfahrens über Verklarungen vom 16. August 1944 — RGBl. I S. 183 — anwendbar.]

2. Verordnung, betreffend die Abnahme von Verklarungen bei dem Amtsgericht Hamburg

vom 25. Mai 1891 in der Fassung der Bekanntmachung vom 31. August 1934 (HGS 1891 S. 27, HGVBl. 1934 S. 319)

[Nur unter Berücksichtigung der Verordnung zur Vereinfachung des Verfahrens über Verklarungen vom 16. August 1944 — RGBl. I S. 183 — anwendbar.]

3. Ordnung der staatlichen Prüfung für Seefahrtlehrer an der Schiffsingenieur- und Seemaschinistenschule zu Hamburg

vom 10. Oktober 1930 (HGVBl. S. 441)

4. Bekanntmachung über die Ordnung der staatlichen Prüfung für Studienräte an der Seefahrtschule nebst Ausführungsbestimmungen

vom 15. August 1935 in der Fassung vom 9. Mai 1952 (HGVBl. 1935 S. 186, 1952 S. 93)

Sachverzeichnis

in Stichworten nach Überschriften

(Ausschnitt aus einer Stromkarte)

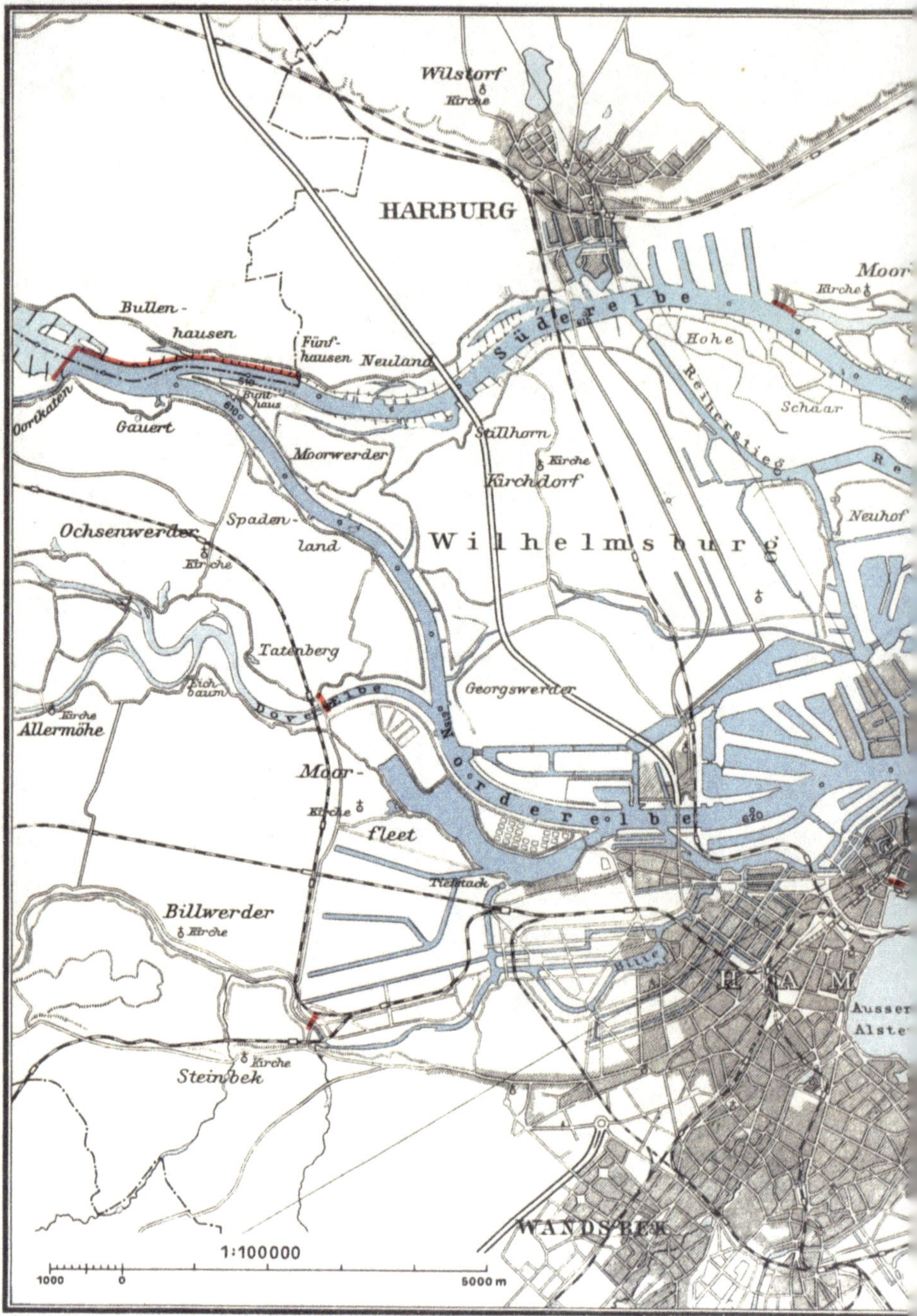

Bearbeitet im Kartogr. Büro Strom- u. Hafenbau, Hamburg 1954.

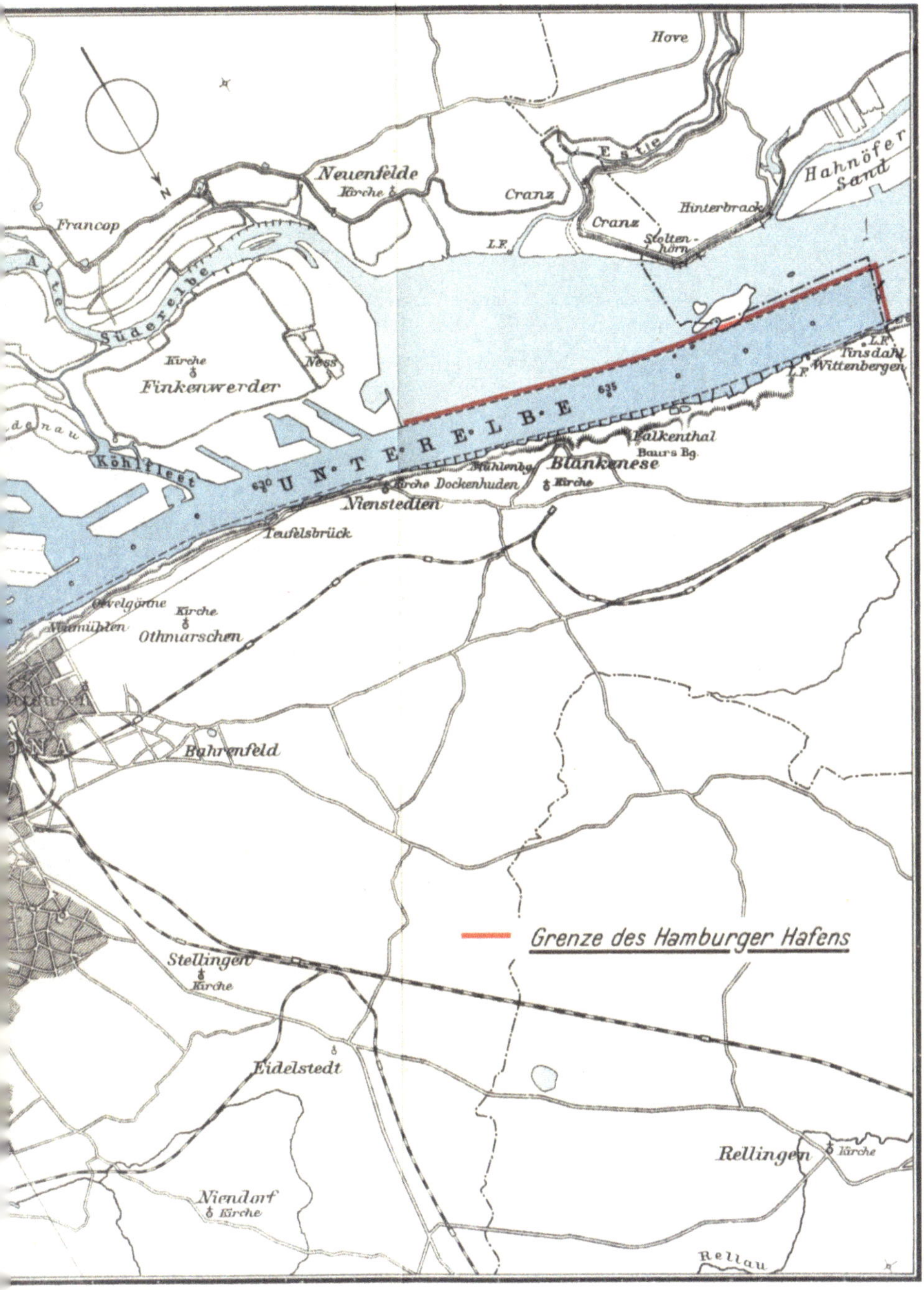
Hove
Neuenfelde
Kirche
Cranz
Este
Hahnöfer Sand
Hinterbrack
Cranz
Stelten-hörn
L.F.
Francop
N
Alte Süderelbe
Kirche
Finkenwerder
Ness
Köhlfleet
U N T E R E L B E
630
635
L.F.
Tinsdahl
Wittenbergen
L.F.
Falkenthal
Baurs Bg.
Mühlenbg.
Blankenese
Kirche
Kirche
Dockenhuden
Nienstedten
Teufelsbrück
Övelgönne
Neumühlen
Kirche
Othmarschen
Bahrenfeld
Grenze des Hamburger Hafens
Stellingen
Kirche
Eidelstedt
Rellingen
Kirche
Niendorf
Kirche
Rellau

FSC
www.fsc.org
MIX
Papier | Fördert
gute Waldnutzung
FSC® C083411

Kolibri 360 GmbH
Ferdinand-Jühlke-Straße 7
99095 Erfurt, Deutschland
produktsicherheit@kolibri360.de